Ursula von Kardorff

Berliner Aufzeichnungen 1942–1945

Unter Verwendung der Original-Tagebücher
neu herausgegeben und kommentiert
von Peter Hartl

Verlag C.H. Beck München

Die Veröffentlichung des Textes der Aufzeichnungen geschieht mit freundlicher Genehmigung von Frau Dr. Anita Krätzer, München.

Die Veröffentlichung von Texten aus dem schriftlichen Nachlaß von Ursula von Kardorff geschieht mit freundlicher Genehmigung von Herrn Rechtsanwalt Frieder Roth, München.

Mit 21 Abbildungen auf Tafeln

Die Deutsche Bibliothek – CIP-Einheitsaufnahme

Kardorff, Ursula von:
Berliner Aufzeichnungen : 1942–1945 / Ursula von Kardorff.
Unter Verwendung der Orig.-Tagebücher neu hrsg. und kommentiert von Peter Hartl. – München : Beck, 1992
ISBN 3 406 35962 0
NE: Hartl, Peter [Hrsg.]; Kardorff, Ursula von: [Sammlung]

ISBN 3 406 35962 0

Druck- und Bindearbeiten: Franz Spiegel Buch GmbH, Ulm
Gedruckt auf alterungsbeständigem (säurefreiem) Papier
gemäß der ANSI-Norm für Bibliotheken
Printed in Germany

Inhalt

Einführung zur Neuauflage

Am 8. November 1942 erschien im Feuilleton der *Deutschen Allgemeinen Zeitung* (DAZ) ein Aufsatz, der eine zeitgemäße Tendenz ins Blickfeld rückte: «Es scheint [...], daß seit einigen Jahren das Tagebuchführen im allgemeinen wieder zunimmt, ungeachtet des Totalitätsanspruchs, den das heutige Leben an die Zeit des einzelnen stellt.» Diese Beobachtung war zweifellos richtig. Nicht nur literarisch manifestierte sich das «Zeitalter des Tagebuchs» (Gerhard Nebel) in einer Flut von Kriegstagebüchern, tagebuchartigen Essays und Reisejournalen. Auch für sich persönlich hielten die Menschen mehr als zu anderen Zeiten im Tagebuch fest, was sie bewegte und was sich bewegte. Und gerade der in dem Artikel erwähnte «Totalitätsanspruch» des Dritten Reiches dürfte diese Entwicklung erheblich befördert haben. In einer Zeit, in der die öffentliche Meinung monopolisiert und das veröffentlichte Wort zensiert war, blieben die privaten Aufzeichnungen ein Refugium. Hier konnte man sich vom Druck der ungesagten Worte befreien, dem vorgestanzten Propagandabild selbsterlebte Erfahrungen entgegensetzen. Das Tagebuch war in einer zunehmend entprivatisierten Gesellschaft das «Logbuch» (Ernst Jünger) der persönlichen Orientierung.

Zugleich sollte es späteren Generationen das Zeugnis einer außergewöhnlichen Zeit überliefern. Denn «federführend» war für viele Tagebuchschreiber das «Bewußtsein, eine historische Epoche zu erleben, in der nicht nur das Persönliche, sondern die äußeren Ereignisse vor allem des Aufzeichnens wert scheinen», wie es in dem DAZ-Artikel heißt. «Hinzu kommt, daß im Kriege, da die Existenzen im Strudel der Geschehnisse umhergewirbelt werden, da vieles früher Feststehende ungewiß und fragwürdig scheint, die Besinnung so viel größer, so viel dringlicher ist.»

Daß diese Zeilen nicht nur essayistische Randbemerkungen waren, sondern ein sehr persönliches Anliegen der Autorin durchschimmern ließen, darauf läßt schon der Umstand schließen, daß die Journalistin diesen Vorsatz wenige Wochen später selbst in die Tat umsetzte: Zum Jahresbeginn 1943 nahm Ursula von Kardorff ihr seit Jahren brachliegendes Tagebuch wieder auf; etwas skeptisch noch («sehr energisch durchführen werde ich es ja doch nicht»), aber mit einem feierlichen Gelöbnis: «Also eines vor allem: schonungslos ehrlich, nicht in Hinsicht auf eventuelle Leser schreiben und auch nicht von nun an anfangen, das Leben, das eigene Leben nur noch von der literarischen Seite zu betrachten, jedes Abenteuer als guten Coup fürs Tagebuch ansehen, dies nämlich ist die große Gefahr bei der Affäre.»

Von da an führte Ursula von Kardorff Buch über ihr Leben in den Kriegsjahren, manchmal mit flüchtigen Notizen, manchmal in seitenlangem innerem Monolog, mit wochenlangen Pausen, dann wieder mehrmals am Tag, wutentbrannt, euphorisch oder ironisch, aber stets mit unbefangener Direktheit. Wie in den meisten Tagebüchern gab das private Geschehen den Ton an; Liebeskummer und persönliche Begegnungen ließen die Chronistin am ehesten zur Feder greifen. Auf der Leinwand vordergründiger Alltäglichkeit zeichneten sich wie in einem Schattenspiel die Umrisse der politischen Verhältnisse ab; je mehr die äußeren Ereignisse in die Privatsphäre eindrangen, desto sichtbarer wurden deren Konturen. Und wenn der private Alltag allzusehr Platz griff, dann rief die Autorin sich selbst zur Räson: «Aber wozu schreibe ich diesen persönlichen Mist? Ich will ja diese unglaubliche Zeit festhalten. Ich will ja später erinnern, wie es war...»

Später: die Zuversicht, daß es dieses «später» geben würde, daß es nach dem Ende des Krieges und des «Tausendjährigen Reiches» eines Tages wieder möglich sein würde, die vorgehaltene Hand vom Mund zu nehmen, war die Kraft, die Ursula von Kardorff antrieb festzuhalten, was unwiederbringlich verlorenzugehen drohte. Dabei war damals noch kaum vorherzusehen, wie tiefgreifend die kommenden Jahre ihr Leben und das von Familie und Freunden verändern sollten. Die wechselvollen Erfahrungen der jungen Berliner Journalistin spiegeln charakteristisch den Werdegang einer Generation durch eine Zeit des Umbruchs.

Zur Autorin

Ursula von Kardorff, 1911 in Berlin geboren, entstammte einer Familie mit preußisch-konservativer Tradition; ihr Großvater hatte zu den Freunden Bismarcks gezählt, der Bruder des Vaters war in der Weimarer Republik Vizepräsident des Reichstages. In dem Elternhaus, in dem sie mit ihren beiden Brüdern aufwuchs, herrschte eine liberale, weltoffene Atmosphäre, durchweht von anregendem, künstlerischem Geist. Der Vater, ein bekannter Porträt- und Landschaftsmaler, unterrichtete seit 1928, nach einem Zwischenspiel an der Breslauer Kunstakademie, als Professor an der Grunewalder Schule für Kunsterziehung. Die Mutter betrieb eine Kunstwerkstatt, in der sie moderne Inneneinrichtungen, Stoffe und Accessoires entwarf; gelegentlich schrieb sie auch Glossen für die Gesellschaftsmagazine des *Ullstein*-Verlags. Die Welt der Eltern war das bohèmehaft-großbürgerliche Gesellschaftsleben im Berlin der zwanziger Jahre; in ihrem Salon traf sich ein erlauchter Kreis von Künstlern, Literaten und Politikern. Schon früh begegnete die Tochter bekannten Persönlichkeiten wie Alfred Kerr, Samuel Fischer und Kurt Ullstein. Zu Hause erwarb sie sich auch ihren Sinn für Lebensfreude und Feierlaune. Vermögend war die Familie nicht, aber am Lebensstil wurde zuletzt gespart, und auch nicht am Humor: bei Kardorffs betrachtete man die Dinge vorzugsweise von ihrer komischen Seite, auch in düsteren Zeiten. Vom unbekümmerten und extrovertierten Geist der golden glänzenden zwanziger Jahre wurde Ursula von Kardorff geprägt. Bälle, Feten, Theaterbesuche und Reisen hielten das aufgeweckte Mädchen vollauf in Beschlag. Als einzige Tochter mußte sie an Berufskarriere und Lebensplanung nicht übermäßig viele Gedanken verschwenden. Ohne besonderen Ehrgeiz besuchte sie nach dem Lyzeum, das sie mit der mittleren Reife abschloß, Zeichenstunden, Stenographiekurse und eine Modeschule, gab Nachhilfestunden, führte den Haushalt und half im Atelier der Mutter aus.

Eher beiläufig nahm sie die politische Entwicklung zur Kenntnis. Das Gebaren des neuen Reichskanzlers Hitler und seiner Vasallen reizte sie mehr zu übermütigem Spott als zu ernsthafter Sorge. In gleichem Maße wie die beißende Kritik des

Vaters an den neuen Machthabern mißfiel ihr die kritiklose Begeisterung der Mutter. Im übrigen schien sie, wie so viele, den «politischen Unfug» zunächst nicht sonderlich ernst zu nehmen. Doch als der neue politische Stil sich unübersehbar in den Straßen manifestierte, als sich am 1. April 1933 SA-Männer zur Durchsetzung des Boykotts martialisch vor jüdischen Geschäften aufbauten und deren Inhaber in aller Öffentlichkeit schikanierten, traf das ihren Sinn für Menschlichkeit und Fairneß zutiefst. «Man geniert sich bald, eine Deutsche zu sein», schrieb Ursula von Kardorff an ihre Freundin Hanna Boye. Jüdische Bekannte ihrer Eltern wie der Bankier Hugo Simon oder der Maler Rudolf Levy wurden ins Exil getrieben. Alexander Schwab, der Vater eines Freundes, kam wegen seines politischen Engagements als Linkssozialist ins Gefängnis. Max Liebermann, der Freund und Lehrer des Vaters, wurde aus der Berliner Akademie der Künste gedrängt. Im Jahr darauf verlor Konrad von Kardorff selbst, der sich an die neue Zeit nicht anpassen konnte und wollte, seinen Lehrauftrag an der Grunewalder Kunstschule. Für Ursulas Vater begann ein unaufhaltsamer Rückzug in innere Emigration und Resignation, während die Mutter an dem nationalen Pathos durchaus Gefallen fand; die innige Beziehung der Eltern blieb von politischen Differenzen unberührt.

Die scheinbar absurde Situation war charakteristisch für eine weitverbreitete Ambivalenz: Während im Salon der Mutter die Ehefrauen der Nazigrößen ein und aus gingen, um Schnittmuster zu begutachten, wurden über den Hintereingang Verfolgte und Gegner des Regimes mit Geld, Lebensmitteln und Zuspruch versorgt. Dieser Zwiespalt schlug sich in Ursula von Kardorffs Stimmungslage nieder: «Ich schwanke zwischen Wohlwollen, mokieren und Angst», notierte sie im März 1934. Auch in ihrem Bekanntenkreis machten sich die Zeichen der neuen Zeit bemerkbar. Zu den Tanzveranstaltungen des Rot-Weiß-Tennisclubs, ihrer zweiten Heimat in diesen Jahren, erschienen nun nicht wenige junge Männer in der schwarzen Uniform der SS. Wenn auch die junge Dame solch uniformiertes Erscheinungsbild durchaus attraktiv fand, blitzten die Parteisoldaten mit weiteren Avancen bei ihr schnell wieder ab, wie sie ihrer Freundin Hanna Boye im August 1934 berichtete: «Es ging einfach nicht mehr, er war nämlich fanatischer Radikalnazi, und das geht eben nicht zusammen. Wenn man bis ins kleinste im Leben gänzlich verschiedener Meinung ist, dann ist das eben unmöglich.» Dem fanatischen und strammen Gehabe überzeugter Nationalsozialisten konnte Ursula von Kardorff nichts abgewinnen; jedoch entsprang diese Einstellung eher instinktiver Abneigung als ausgeprägt politischer Überzeugung. Das politische Geschehen rangierte in ihrer persönlichen Prioritätenliste ohnehin hinter dem privaten Glück, dem seit 1934 der junge Leutnant Eberhard Fürst von Urach, der einer Nebenlinie des württembergischen Königshauses entstammte, konkrete Gestalt verlieh.

Ohne Enthusiasmus, aber auch ohne große Bedenken, setzte Ursula von Kardorff bei der Volksabstimmung vom 19. August 1934, mit der Hitler seine Alleinherrschaft plebiszitär absegnen ließ, ihr Kreuz hinter das Ja. Gegen «dieses Aufgebot von Propaganda» könne sie nicht mehr an, gestand sie der Freundin, außerdem habe es «ja doch keinen Zweck». Unter den 90 Prozent Befürwortern waren viele, die ähnlich dachten wie sie. Dem neuerwachten Wir-sind-wieder-wer-Nationalgefühl konnte sie sich auch nicht entziehen, als im Jahr der Olympischen Spiele das nun fest im Sattel sitzende Regime der Welt seine glanzvolle Fassade präsentierte. Den Sommer 1936 verbrachte Ursula von Kardorff in Paris, wo sie die Gelegenheit hatte, sich im deutschfreundlichen Comité France-Allemagne ein kleines Zubrot zu verdienen und gleichzeitig eine andere Welt zu erleben. Unvermittelt geriet sie dort einmal in eine kommunistische Demonstration, die sie ihrer Mutter in grellen Farben beschrieb. Abschreckend und faszinierend zugleich erschien ihr dieser ungebändigte Protestausbruch, umweht vom Schauder des Verbotenen. Immer war es zuerst die Neugier, die ihren Blick auf das Geschehen bestimmte. Dann aber fügte sie wie zur Richtigstellung hinzu – wohl wissend, daß ein solches Bekenntnis der Mutter nicht mißfallen würde: «Unser sauberes nettes freundliches Deutschland ist mir doch ein ander Ding.» Daß die «Sauberkeit» im NS-Staat auch mit Säuberungen zusammenhängen könnte, bestimmte zu dieser Zeit noch nicht ihr Bewußtsein.

Zurück in Deutschland, erhielt Ursula von Kardorff im

Frühjahr 1937 die Einladung, als Gutssekretärin auf dem Schloß Neuhardenberg anzufangen. Sie nutzte die Gelegenheit, in der Vergangenheit und der reichhaltigen Bibliothek des Schinkel-Schlosses zu stöbern, lange Gespräche mit dem Grafen Hardenberg zu führen, der später in die Verschwörung gegen Hitler einbezogen sein sollte und dessen prominente Gäste, darunter viele Militärs, kennenzulernen. Ihrem unerschöpflichen Wissensdrang und der Lust, Erfahrungen zu sammeln, kam der Aufenthalt in dem märkischen Schloß entgegen. Die ersten Ausflüge in den Journalismus, die sie zu dieser Zeit unternahm, entsprangen eher der Neigung, ihr Talent auf neuem Terrain zu erproben, und der Gunst der Stunde. Daß sie dabei zu Beginn ausgerechnet beim NS-Kampfblatt *Der Angriff* landete, ergab sich aus Zufall: Eine Freundin arbeitete dort als rechte Hand des Chefredakteurs. «Treu-deutsche Modeberichte und kitschige, sowie politisch angehauchte Artikel» schreibe sie für den *Angriff*, berichtete sie Hanna Boye mit spöttisch-schauderndem Unterton. Doch auch das war schon eine gelinde Übertreibung. Themen von politischer Brisanz wurden einer wenig erfahrenen Mitarbeiterin gar nicht erst anvertraut. Ihr Betätigungsfeld waren muntere Modebeschreibungen und feuilletonistische Plaudereien. Freilich konnte eine einfühlsame Betrachtung über das Glück der ersten Geburt im Kontext der völkischen Geburtenpropaganda politische Bedeutung gewinnen.

Die ersten Ansätze gelangen unerwartet gut, Ursula von Kardorff hatte ihre journalistische Ader entdeckt. Aber regelmäßig publizieren durften im bürokratisch gelenkten Pressesystem des Dritten Reiches nur staatlich geprüfte Journalisten. Im November 1937 trat die 26jährige im Haus der Presse zur «Schriftleiteraufnahmeprüfung» an – als einzige Frau und Nicht-Parteigenossin, die außer einer noch rasch erworbenen Mitgliedschaft in der Nationalsozialistischen Volkswohlfahrt keine NS-Lorbeeren vorzuweisen hatte. Dementsprechend gründlich nahmen die Prüfer sie aufs Korn. Doch von Angst oder Schüchternheit war die selbstbewußte junge Frau nie sonderlich geplagt. Mit sportlichem Ehrgeiz griff sie die Spielregeln der absurden Gesinnungsprüfung auf. Im Lebenslauf ließ sie diskret den Besuch der adligen Schule unter den Tisch fallen, kehrte dagegen die Mitarbeit im Comité France-Allemagne und beim *Angriff* besonders hervor. Fünf Stunden lang hatte sie sich dann durch ein abstruses Fragengestrüpp zu kämpfen, das Themen wie «positives Christentum» und selbst Hitlers Rolle als «Religionsstifter» umfaßte. Dabei ging es im wesentlichen darum, historische «Führerworte» exakt zu rezitieren und «Bibelfestigkeit» in der Auslegung von «Mein Kampf» zu beweisen. Journalistisches Können stand nicht auf dem Prüfstand. «Ob man auch etwas Begabung zum Schreiben hat, spielt gar keine Rolle», befand Ursula von Kardorff in einem Brief an die Freundin. So waren weder professionelle Kenntnisse noch sprachliche Gewandtheit dafür ausschlaggebend, daß sie das Examen letztlich bestand. Beeindruckt waren die Prüfer von der vermeintlichen Passion, mit der sie zum Finale die Namen aller 16 «Novembergefallenen» des Hitlerputsches wie eine Litanei heruntergebetet hatte. Erfolgreicher Abschluß einer Farce.

Damit war der Weg frei zu einem Volontariat bei der renommierten *Deutschen Allgemeinen Zeitung* (DAZ), deren Feuilletonchef Bruno E. Werner offensichtlich Gefallen an den ersten Talentproben der freien Mitarbeiterin gefunden hatte. Die DAZ, in den zwanziger Jahren zeitweise vom Auswärtigen Amt mitfinanziert und bis 1938 im Besitz des Ruhrindustriellen Hugo Stinnes, war der nationalkonservative Gegenpol zu den großen liberaldemokratischen Zeitungen. Wegen ihrer außenpolitischen Berichterstattung galt die DAZ als eine der wichtigsten, auch im Ausland beachteten deutschen Zeitungen. Diese Reputation verschaffte ihr in der NS-Zeit einen gewissen Freiraum. So war die Berichterstattung, bei aller Treue zu Staat und Partei, mehr als nur willfähriger Abdruck der amtlichen Sprachregelung. In Ausdruck und Stil blieb die DAZ weiter auf einen großbürgerlich-intellektuellen Leserkreis zugeschnitten, dessen Ansprüchen grobgestrickte Propagandaparolen nicht genügten. In der flurbereinigten Presselandschaft des Dritten Reichs vermochte schon ein gewisses Maß an journalistischer Initiative, professioneller Sorgfalt und, besonders im Kulturteil, gepflegter Konversation den Anschein von Dissidenz zu erwecken.

Bei weitem nachhaltiger, als es im Blatt zum Ausdruck kam, hielt die kaum von Parteigenossen durchsetzte Redaktion *intern* an einem eigenständigen und unabhängigen Selbstbild fest. Der privilegierte Zugang zu streng gehüteten Informationen und offene Worte unter Kollegen verstärkten den Eindruck, in einem Kreis von Gleichgesinnten der totalen Vereinnahmung zu widerstehen. Dieser Anspruch war charakteristisch auch für den Freundeskreis, in dem Ursula von Kardorff sich bewegte: jene Generation junger Fachleute, die ihren Aufstieg im Zeichen des Hakenkreuzes gemacht hatten, mit ihren Anschauungen und Werten jedoch weiter in der traditionellen bürgerlichen Gesellschaft beheimatet blieben. Viele der Freunde hatten Positionen in den Schaltstellen der Politik, im diplomatischen Dienst, in den Ministerien, den Stäben der Wehrmacht oder in den Zeitungshäusern, aber sie legten Wert darauf, von völkischer Ideologie nicht infiziert zu sein. Viele von ihnen trugen adlige Namen, und oft hatten schon die Väter im Dienst des Kaiserreichs und der Republik gestanden. Sie verfügten meist über eine profunde akademische Bildung, pflegten Lebensstil und Weltoffenheit, sie hatten eine eigene Meinung und konnten es sich, in Grenzen, auch leisten, sie kundzutun. Wer auf gleicher Wellenlänge lag, fand schnell zusammen in den weitverzweigten Bekanntenkreisen.

Bis in die Kriegsjahre hinein war das kulturelle Leben in der Reichshauptstadt keineswegs völlig von der internationalen Entwicklung abgeschnitten. Mit Begeisterung las man Romane von Ernest Hemingway oder Essays von Ortega y Gasset, sah sich in den großen Kinopalästen Filme mit Clark Gable oder Greta Garbo an und traf sich zum Swing in eleganten Nachtlokalen. In dem Maß, in dem die Vielfalt des öffentlichen Lebens erlosch, gewann die private Geselligkeit an Bedeutung. Gemeinsame Ausflüge, Bootsfahrten auf dem Wannsee, Feten und ausgelassene Tanzparties schufen Nischen in einer äußerlich zum Gleichschritt formierten Gesellschaft. Der private Rückzugsbereich bot Raum für Individualismus und intellektuelle Dispute, für die es kein öffentliches Forum gab. Man diskutierte über die Schriften Ernst Jüngers, über religiöse Fragen oder Existenzphilosophie. Am nächsten Morgen nahm jeder wieder seinen Platz im Räderwerk von Staat und Politik ein. Man suchte persönlichen Freiraum, aber nicht den Bruch mit dem System. Man war integriert, ohne sich mit diesem Staat absolut zu identifizieren.

Im Januar 1938 trat Ursula von Kardorff im Haus des ehemaligen *Ullstein*-Verlags in der Kochstraße ihre journalistische Lehrzeit an. Als eine von zwei Volontärinnen unter 43 männlichen Redakteuren hatte sie keinen leichten Stand – und ein Dauerabonnement auf das Abfassen von «harmlosen Plauderartikeln», wie sie selbst sie nannte. Aber sie fand «irrsinnigen Spaß» an ihrer neuen Tätigkeit und an dem Echo, das ihr die Artikel in der vielgelesenen DAZ einbrachten. Außerdem war die selbstbewußte Nachwuchsjournalistin entschlossen, sich nicht so leicht unterkriegen zu lassen; die bekannte Auslandskorrespondentin Margret Boveri, die den Einbruch in die Männerdomäne erfolgreich gemeistert hatte, war ihr darin leuchtendes Vorbild. Mitunter zeigte Ursula von Kardorffs Beharrlichkeit Wirkung. Auf dem Höhepunkt der Sudetenkrise im Oktober 1938 erkämpfte sie sich einmal den Zutritt zur hochoffiziellen Redaktionskonferenz mit dem Hinweis, daß ihre beiden Brüder «an der Front» stünden.

Im Schatten des bevorstehenden Krieges wurde der allgemeine Druck spürbar stärker. Ende 1938 war es mit der Eigenständigkeit der DAZ auch auf dem Papier vorbei. Die Zeitung wurde unter die Kuratel des parteieigenen *Deutschen Verlages* gestellt; die Redakteure quittierten es mit Verbitterung. «Es ist eine solch morbide und traurige Stimmung in der Redaktion wegen der ganzen Änderungen», notierte Ursula von Kardorff. In allen Bereichen des öffentlichen Lebens ging die Schonzeit der «Friedensjahre» nun zu Ende. Die von Goebbels organisierten Novemberpogrome der «Reichskristallnacht» trugen den Terror gegen die jüdische Bevölkerung unübersehbar für jeden auf die Straße. Die Münchner Konferenz hatte einen Aufschub, aber nicht die Aufhebung der drohenden Kriegsgefahr gebracht. Die Angst davor lastete unheilvoll auf der allgemeinen Stimmung, wie Ursula von Kardorff in einem Brief bemerkte: «Es gibt keinen Menschen, der daran glaubt, daß es noch ohne Krieg abgeht.»

Gut ein Jahr später sollte die Befürchtung Realität werden. Der Überfall auf Polen am 1. September 1939 wirkte zunächst wie ein Schock. «Es ist alles so unvorstellbar grauenhaft, daß man sich wundert, wie man alles erträgt», hielt Ursula von Kardorff in ihrem Notizbuch fest. Dabei war es weniger das Entsetzen über Hitlers Eroberungsdrang, das sie zu diesem Bekenntnis bewegte, als eine rasende Angst um die beiden Brüder und die vielen Freunde in Uniform. Nach dem Abschluß des Volontariats und des obligatorischen dreimonatigen Kurses an der Reichspresseschule zur ideologisch-professionellen Ertüchtigung hatte die 27jährige Journalistin inzwischen eine feste Stelle als Feuilletonredakteurin bei der DAZ angetreten. In den ersten Kriegstagen, in denen die schmal gewordene Zeitung mit offiziellen Verlautbarungen überschwemmt wurde, kam sie dort jedoch kaum zum Zug. Getrieben von dem Bedürfnis, «nicht unnütz» zu sein und «das ganze Furchtbare genauso» zu erleben «wie die Jungs», meldete sie sich spontan zu einem Ausbildungskurs für Rotkreuz-Schwestern. Denn das sei «immer noch besser als dieses untätige Rumgesitze». Dies sollte jedoch bald ein Ende haben. Über die Hälfte der Redaktionsmitglieder wurde zum Militärdienst verpflichtet, auf die verbliebene Mannschaft kamen zusätzliche Aufgaben zu. Ursula von Kardorff pendelte nun laufend zwischen Bilderdienst, Feuilleton und Politikressort, wo sie beim Redigieren aushalf. Das Netz der militärischen Zensur engte die geringe Freiheit der Zeitungsmacher noch weiter ein.

Doch auch im Krieg ebnete die Gewohnheit den Alltag. Trotz Verdunkelung und Lebensmittelrationierung ging das Leben in der Hauptstadt ohne große Veränderungen weiter. Berlin tauchte «sachte und fast unmerklich in den Kriegszustand» hinein, wie ein amerikanischer Korrespondent beobachtete.[1] Theater, Kino, Konzerte und Varietés blieben geöffnet und sorgten für Ablenkung. Angesichts des raschen Vorstoßes der deutschen Truppen wich die gedrückte Stimmung der ersten Kriegstage allmählich wieder gedämpftem Optimismus. In ihrem weitgehend ungetrübten Alltag muteten die Berliner die Frontberichte manchmal wie Nachrichten von einem anderen Planeten an. «Ich muß meinen ganzen Intellekt anstrengen, mir zu sagen, daß wir im Krieg leben, hier merkt man aber auch nichts davon», schrieb Ursula von Kardorff ihrer Freundin am 25. März 1940. Selbst die Luftschutzübungen faßten viele anfangs eher als amüsantes Versteckspiel auf. Nach dem ersten größeren Bombenangriff in der Nacht zum 24. September 1940 pilgerten Scharen von Schaulustigen zu den zerstörten Straßenzügen, um die Ruinen zu besichtigen – mit Beklommenheit oder Neugier.

Erst allmählich rückte die Kriegswirklichkeit näher. Engpässe bei der Versorgung mit Lebensmitteln und Energie, die steigende Zahl der Todesanzeigen und die Meldungen vom verheerenden Winterkrieg in der Sowjetunion 1941 waren die Vorboten. Hier und da sickerten auch schon Berichte von den Massenerschießungen hinter der Ostfront durch. Wer nicht wegsehen wollte, dem konnten die systematischen Deportationen der deutschen Juden nach Osteuropa, die im Oktober 1941 begannen, nicht entgehen. «Es ist maßlos und zerschneidet einem das Herz», schrieb Ursula von Kardorff ihrer Freundin unter dem Eindruck dieser Massentransporte. «Vor allem, daß man so hilflos dabei zusehen muß und so furchtbar wenig helfen kann.»

Je schroffer sich die Abgründe auftaten, je deutlicher sich das Ausmaß der bevorstehenden Katastrophe abzeichnete, desto mehr wuchs ihr Gefühl der Ohnmacht. «Man fühlt wie eine näherrückende schwarze Gewitterwand diese bedrohliche Zukunft auf einen zukommen, ohne ihr entweichen zu können», heißt es am 6. Juli 1943 im Tagebuch. Die Kriegsjahre wurden zu einer Zeit des langsamen, bösen Erwachens, der allmählichen Bestätigung schlimmer Ahnungen. Unter den zunehmenden Flächenbombardements von Beginn des Jahres 1943 an ging auch die Fassade des Dritten Reiches zu Bruch. Die Katastrophe von Stalingrad zerstörte die Vorstellung einer raschen Beendigung des Krieges endgültig. Der totale Krieg enthüllte das Antlitz des totalitären Staates. Für Ursula von Kardorff bedeutete der Tod ihres Bruders Jürgen, der am 2. Februar 1943 im Alter von 24 Jahren als Oberleutnant einer Aufklärungsabteilung an der Ostfront ums Leben kam, den wohl tiefsten Einschnitt. Tagelang war sie wie betäubt. Mit dem feinfühlig und musisch veranlagten Bruder hatte die um sieben Jahre Ältere stets eine besonders innige Beziehung verbunden. Schlagartig war die Realität des Krieges unmittelbar in ihr Leben eingedrungen. Die politischen Verhältnisse rückten nun deutlich stärker in ihr Bewußtsein, zugleich wuchs der Zwiespalt. Konnte man sich das Ende des Krieges und den Zusammenbruch herbeiwünschen, ohne damit Verrat an den Freunden in Uniform und dem Glauben an das «gute Deutschland» zu begehen? Nationale Empfindungen und die Bindung an Traditionen, die sie als positives preußisches Vermächtnis empfand, ließen sich nicht so ohne weiteres verleugnen, auch wenn die Abneigung gegen deren Pervertierung durch das herrschende Regime mit jedem Kriegstag größer wurde.

In der täglichen Zeitungsarbeit sah Ursula von Kardorff sich zusehends mit unangenehmen Aufgaben konfrontiert. Neben munteren Glossen im Plauderstil und Filmkritiken mußte sie nun auch Reportagen über Flakhelferinnen und dienstverpflichtete Rüstungsarbeiterinnen verfassen. Wenn sie auch den «Eiertanz» (Kardorff) zwischen den strengen Vorgaben des Propagandaministeriums und dem Bemühen um Wirklichkeitsnähe im allgemeinen mit Geschick durchstand, so verstärkte sich doch der Widerwille gegen die mehr und mehr fremdbestimmte Arbeit. Die bürokratische Bevormundung wirkte lähmend wie ein Alpdruck. Eine unbedachte, gleichwohl der Realität entsprechende Bemerkung am Telefon, daß ein Manuskript wohl beim Propagandaministerium «vorlagepflichtig» sei, hätte die Redakteurin nach eigener Einschätzung 1940 beinahe um ihren Beruf gebracht. Als sie für ihre Reportage über die «Kriegsjugend 1943» in der Redaktionskonferenz dickes Lob erhielt, verbunden mit dem Angebot, ihr Talent nun verstärkt auch dem Politik-Ressort zur Verfügung zu stellen, war ihre Reaktion keineswegs Genugtuung, sondern vielmehr Panik: «Ich will nicht auch noch in [!] die Propagandamaschine geschlossen werden», schallt es wie ein Hilferuf aus ihrem Tagebuch. Statt Ehrgeiz hieß die Devise nun Unauffälligkeit; im Feuilleton, das von Sprachregelungen und Zensur am wenigsten behelligt blieb, ließ sich noch am besten überwintern.

Dennoch waren die Kriegsjahre nicht nur von grauer Tristesse beherrscht. Im Gegenteil: Gerade das Erlebnis der existentiellen Bedrohung, die Angst und Ungewißheit im Luftschutzkeller, brachen sich Bahn in einem vitalen Ausbruch von Lebensfreude, der auch im Tagebuch zu verspüren ist: «Eine Lebenslust ergreift einen nach so einem Angriff, als ob man die Welt erobern könnte.» Die gewohnte Umgebung versank in Schutt und Asche, aber man lernte darin zu überleben. Nach einem Luftangriff unversehrt aus den Trümmern zu kriechen, das erschien jedesmal wie eine kleine Wiedergeburt. Alte Bindungen und Zwänge verloren an Wert. Was zählte, waren die gemeinsam durchlebten Bombennächte. Ein eigentümliches Doppelleben erwuchs daraus, hin- und hergerissen zwischen existentieller Bedrohung im Bunker und «Bombenstimmung» beim Tanz auf dem Vulkan. Unbändig wie kaum jemals zuvor wurde gefeiert, getrunken und geflirtet. Mit viel Improvisationstalent ließen sich stets irgendwo Räume und Requisiten organisieren. An Gästen herrschte kein Mangel und ebensowenig an deren Bereitschaft, wie Ursula von Kardorff es im Tagebuch formulierte, «mit einer gewissen Panik ihr Leben noch recht zu genießen, ehe es im Bunker oder Splittergraben dahinvegetiert.» Einen Abend lang ließ sich die graue Wirklichkeit vergessen, oft genug setzte das Sirenengeheul den Schlußpunkt. Nächtelang wurde diskutiert, hochgeistig und tiefsinnig. Berichte von Fronturlaubern demaskierten die Siegeseuphorie der Wochenschaupropaganda, hier und da sickerten Gerüchte über das grausige Schicksal der Juden durch. Nicht alles wurde offen ausgesprochen, doch über die Einstellung der Freunde wußte man Bescheid.

Ihre vielfältigen Verbindungen und Kontakte zu den Kreisen der jungen Intelligenz in Berlin brachten Ursula von Kardorff fast zwangsläufig in das Umfeld der Verschwörung des 20. Juli. Die Einzelheiten der Attentatspläne gegen Hitler waren zwar nur wenigen Eingeweihten bekannt, aber es konnte ihr nicht entgehen, daß in ihrer Umgebung geheime Vorbereitungen im Gange waren. Die Vorstellung, daß sich da etwas zusammenbraute, hatte durchaus auch einen sensationellen Aspekt. Das Bewußtsein der Gefährdung wurde in den Hintergrund gedrängt von dem erhebenden Gefühl, dazuzugehören – oft auch von schierer Abenteuerlust. Endlich war man befreit von dem lähmenden Bewußtsein der Untätigkeit und konnte seinen Teil beitragen. Von Fritz-Dietlof von der Schulenburg, der eine rege Aktivität entwickelte, «zuverlässige» Kontaktpersonen ausfindig zu machen, Verbindungen herzustellen und vertrauliche Treffen zu vereinbaren, erhielt auch Ursula von Kardorff eine kleine Nebenrolle zugewiesen. Nach der Verhaftung des Sozialdemokraten Julius Leber, der im Zentrum der Staatsstreichplanung stand, sollte sie am 15. Juli 1944 dessen Frau im Krankenhaus aufsuchen und über sie in Erfahrung bringen, wie weit die Gestapo durch Leber bereits über die Vorbereitungen im Bilde war.

Das ganze Ausmaß der Verschwörung und ihre Folgen enthüllten sich ihr erst, nachdem am 20. Juli 1944 Stauffenbergs Bombe im Führerhauptquartier detoniert war. Freunde und Bekannte, mit denen sie noch wenige Tage zuvor zusammengetroffen war, wurden als Drahtzieher des Attentats verhaftet, verurteilt, ermordet. Die gnadenlose Verfolgungswelle zog immer weitere Kreise. Beinahe täglich wurden neue Schreckensmeldungen von Verhaftungen und Todesurteilen publik. Mit unerbittlicher Gründlichkeit durchwühlten die Fahnder der Gestapo das Geflecht der privaten Beziehungen im weiten Umfeld der Verschwörer. Akribisch wurde erfaßt, wer zu welchem Zeitpunkt mit wem über welche Dinge gesprochen hatte. Vor der Willkür der Verhaftungen gab es keine Sicherheit. Am 15. September wurde Ursula von Kardorff von der Gestapo zur Vernehmung vorgeladen. Ihr Talent, sich auf extreme Situationen mit Selbstsicherheit und Gewandtheit einzustellen, half ihr dabei, das Verhör durchzustehen und unbehelligt davonzukommen. Aber es blieb das bedrängende Gefühl der Bedrohung. Die Enttäuschung darüber, daß alle Versuche, die Katastrophe noch abzuwenden, gescheitert waren, lag wie ein dunkler Schatten über dieser Zeit. Tiefe Depressionen wechselten mit selbstauferlegter Zuversicht. Die Leichtigkeit war verflogen.

Unweit ihres kleinen Quartiers am Pariser Platz, im Hotel Adlon, dem Domizil der Staats- und Parteielite, erlebte sie den bizarren Abgesang einer untergehenden Welt. Der Weg zur Redaktion, die nach der Zerstörung des Zeitungsviertels im Januar 1945 in ein Tempelhofer Ausweichquartier verlagert worden war, wurde jedesmal zu einem risikoreichen Abenteuer. Das Dasein war ausgefüllt vom elementaren Kampf ums Überleben. Am 11. Januar 1945 starb der Vater, sein Tod verstärkte Ursula von Kardorffs Gefühl der Verlassenheit. Kaum etwas war geblieben, um dessentwillen es sich noch gelohnt hätte, in der zertrümmerten Heimatstadt auszuharren. Dennoch war der Abschied aus der bedrohten, vertrauten Umgebung ein schmerzlicher Prozeß. «Irrsinnig traurig, wie so langsam der Boden unter den Füßen wegbricht», schrieb Ursula von Kardorff am 8. Februar 1945 in ihr Tagebuch. Es war der Tag, als der Verlag ihr Entlassungsgesuch endlich bewilligte. Wie «ein kleines Nußbötchen in ungewisse, weite, böse, schwankende Ferne», und wegen «Fahnenflucht» vom schlechten Gewissen geplagt, verließ sie am 17. Februar Berlin. Zusammen mit ihrer treuen Gefährtin «Bärchen», die sie als Redaktionssekretärin bei der DAZ kennengelernt hatte, fand sie Zuflucht im schwäbischen Dorf Jettingen bei Augsburg, wo ihnen ein Bekannter Unterschlupf angeboten hatte.

Ein Zuhause wurde ihr das neue Domizil nicht. Die Abgeschiedenheit der ländlichen Idylle, die dennoch nicht von Luftangriffen verschont blieb, und die unverhohlene Feindseligkeit der Dorfbewohner vertieften ihren Eindruck von Verlorenheit. Die beiden «Emigrantinnen» verbrachten ihre Zeit vorwiegend mit Warten, ohne zu wissen worauf. Die erzwungene Untätigkeit und die Dämmerung der Apokalypse weckten trübe Gedanken. Wie so viele suchte Ursula von Kardorff in dieser Zeit Rückhalt in der Religion. Daß die wenig kirchlich gebundene Protestantin kurze Zeit später zum katholischen Glauben konvertierte, war jedoch in erster Linie von ihrer persönlichen Zukunftsplanung bestimmt. Eberhard von Urach, der 1944 in britische Kriegsgefangenschaft geraten war, hatte dies zur Bedingung einer späteren Heirat gemacht.

Als am 26. März 1945 die ersten amerikanischen Jeeps Jettingen erreichten, erlebte Ursula von Kardorff dies zweifellos als einen Tag der Befreiung, befreit nicht zuletzt von der tiefsitzenden Angst vor Verfolgung und Verhaftung. Dennoch ging mit dem Beginn der Besatzungszeit auch eine Vision zu Bruch. Wie sehr hatte sie dieses Kriegsende herbeigesehnt, wie oft nächtelang mit Freunden über die Gestaltung eines neuen Europa diskutiert! Und nun waren sie vor allem anderen Besiegte. Die Befreiten durften sich kaum frei bewegen, mußten bürokratische Fragebögen ausfüllen und hatten darüber hinaus nicht viel zu vermelden. Neue Zwänge schienen die alten abzulösen, Willkür schien wiederum das Grundprinzip zu sein. Die Aufarbeitung der Vergangenheit und die Grundlegung der Zukunft wurden zu einer Angelegenheit der Sieger. Aus dem kleinen Radiogerät in ihrer notdürftig eingerichteten Bauernkammer drangen schreckliche Enthüllungen der alliierten Sender über das Ausmaß der nationalsozialistischen Verbrechen. In das Entsetzen und den Haß auf die Täter mischte sich ein verletztes Gerechtigkeitsempfinden darüber, daß nun alle Deutschen gleichermaßen für diese Schuld aufkommen sollten. Wie sollten

Außenstehende ermessen können, was in all den Jahren wirklich in den Köpfen der Menschen vorgegangen war? Wieder war das Tagebuch Auffangbecken für Enttäuschung und Wut: «Als ob diese Leute auch nur einen blassen Schimmer von der deutschen Tragödie haben.»

Bruchstückhafte Meldungen und Gerüchte, die genährt wurden durch die Nachwirkung von Goebbels' Feindpropaganda, beschworen das bedrohliche Szenario einer neuen Schreckensherrschaft herauf, die in der Gestalt des Stalinismus unaufhaltsam vorzurücken schien. «Man hat auch gar nicht das Gefühl von einer Art Ruhe, es schwelt so unruhig weiter, man wagt nicht aufzuatmen», heißt es im Tagebuch. «Jetzt, wo meine größten Feinde, die ich mehr als alles in der Welt gehaßt habe, die Nazis, vernichtet sind, möchte ich die nächsten, die Sowjets, geschlagen wissen.» Ohne genaue Kenntnis der alliierten Absprachen über die Aufteilung Deutschlands mußte auch der Rückzug der US-Truppen aus Sachsen und Thüringen wie eine Kapitulation des Westens vor der Sowjetunion erscheinen. Für die Mehrheit der Deutschen war der vorherrschende Eindruck im Sommer 1945 der Zusammenbruch, nicht der Aufbruch. Nun, da die Narkose der Indoktrination, die die Wirklichkeitswahrnehmung selbst der NS-Gegner bis zuletzt getrübt hatte, jede Wirkung verloren hatte, mußte die Aufklärung über die Tragweite des Unrechts wie eine eiskalte Dusche wirken. In Nürnberg wurde Ursula von Kardorff im Frühjahr 1946, von der neugegründeten *Süddeutschen Zeitung* als Berichterstatterin beauftragt, aus unmittelbarer Nähe Zeugin, wie die Siegermächte über die NS-Zeit zu Gericht saßen. Um einiges lieber wäre es ihr gewesen, hätten die Deutschen mit ihrer Schuld und Sühne selbst ins reine kommen können. Doch seit dem 20. Juli 1944 war diese Hoffnung zerstört. Gerade den Betreibern des Umsturzversuches gegenüber fühlte sich die Journalistin einer besonderen Aufgabe verpflichtet: eine Chronik dieser Jahre zu verfassen, wie sie die Beteiligten selbst erlebt hatten, ein Psychogramm des Lebens unter der Diktatur, ohne apologetische Verzerrung, aber auch ohne voreilige Verdammung. Ihre Tagebücher und Kalendernotizen, die, im Garten der Lübecker Freundin vergraben, das Kriegsende überdauert hatten, dienten ihr als Leitfaden für diesen Gang durch die Erinnerung, der im Sommer 1947 begann. Sein Ergebnis ist das vorliegende Buch.

Jettingen war inzwischen ihr Zuhause, Freunde aus den Berliner Jahren kamen auf der Durchreise vorbei, viele verweilten für einige Zeit in dem schwäbischen Dorf. Ursula von Kardorff war wieder in ihrem Lebenselement: Freunde, Gespräche und Feste. Einer der Ankömmlinge blieb nur für kurze Zeit: Eberhard von Urach, der im August 1947 aus der Gefangenschaft zurückkehrte, fand keinen Zugang zu dem ungezwungenen «Emigrantenleben» in Jettingen und vermochte sich der Ablehnung seiner adligen Familie gegen eine «nicht-standesgemäße» Ehe letztlich nicht zu widersetzen. Die langjährige, oft ferne Verbindung zerbrach Anfang 1948 endgültig – und damit auch Ursula von Kardorffs Traum von der Ehe.

Mit Tatkraft bemühte sie sich, im Journalismus wieder Fuß zu fassen – ein mühsames Unterfangen, denn die strengen Auswahlkriterien der amerikanischen Militärregierung versperrten früheren Mitarbeitern von NS-Zeitungen zunächst die Rückkehr in den Beruf. So beschränkte sie sich nach ihrem Intermezzo bei den Nürnberger Prozessen darauf, Artikel an die neu lizenzierten Zeitungen zu versenden – mit wechselndem Erfolg. Auch die Stelle, die sie im März 1948 bei der unter amerikanischer Regie herausgegebenen *Neuen Zeitung* in München antrat, blieb nur Episode. Einige schönfärberische Formulierungen in ihrem DAZ-Artikel vom 14. November 1944 über «Flakhelferinnen», von Kollegen angeprangert, gaben den Vorwand für ihre Entlassung.

Doch im Mai 1948 fand Ursula von Kardorff eine dauerhafte berufliche Heimat bei der Süddeutschen Zeitung. Mit der Zeit gelang es ihr, sich in allen Ressorts zu etablieren, besonders aber zu Themen wie der Vergangenheitsbewältigung anhand prekärer Naziprozesse Stellung zu beziehen. Ob sie über Mode, Literatur oder gesellschaftliche Anlässe schrieb, ihre Artikel zeugten stets von einfühlsamer Teilnahme und couragiertem Urteil. Eine Institution wurde ihre Kolumne «Durch meine Brille», die über ein Vierteljahrhundert hinweg jede Woche in der Münchner Abendzeitung erschien. Wie alles aus ihrer Feder zeichnete sie sich durch Mut zur Subjektivität und durch Leichtigkeit aus. Ihre besondere Liebe galt Paris, das sie oft besuchte und dem sie zwei ihrer Bücher widmete. Zu Hause war sie in Schwabing in einem Appartment, das wiederum zu einem Kristallisations-

und Treffpunkt vieler Künstler, Literaten und Journalisten aller Altersstufen wurde. Aber auch in München blieb sie eine Berlinerin. Bei aller Beschäftigung mit der politischen und kulturellen Vergangenheit war sie der Gegenwart leidenschaftlich zugetan. Ursula von Kardorff starb am 25. Januar 1988 im Alter von 76 Jahren.

Zur Edition

Ursula von Kardorffs *Berliner Aufzeichnungen* gehören zu den wichtigsten autobiographischen Zeugnissen der Kriegsjahre in Berlin.[2] Als ein spannend erzählter, aus dem unmittelbaren Miterleben schöpfender Erfahrungsbericht ist das Buch nicht nur literarisch interessant; für Historiker ist es zugleich eine dokumentarische Quelle, die, aussagekräftiger als die meisten amtlichen Dokumente, Aufschluß über Alltag und Atmosphäre in der Endphase des Dritten Reichs zu geben vermag und insbesondere das Umfeld der Verschwörer des 20. Juli beschreibt. Angesichts der Bedeutung dieser Quelle lag es nahe, die *Berliner Aufzeichnungen* anläßlich der Neuherausgabe auf ihre Verläßlichkeit und historische Genauigkeit zu überprüfen, die aufgrund der Tatsache, daß das Buch erst in der Nachkriegszeit zusammengestellt worden war, gelegentlich angezweifelt wurde. Grundlage dieser Prüfung waren Ursula von Kardorffs eigene handschriftliche Notizen aus den Kriegsjahren.

In ihrem schriftlichen Nachlaß, der im Institut für Zeitgeschichte in München verwahrt wird, sind für den Zeitraum, den das vorliegende Buch umfaßt, neun Tagebuchhefte erhalten. Vom 2. Januar 1943 bis in die Nachkriegszeit führte Ursula von Kardorff kontinuierlich und ausführlich Tagebuch. Unterbrechungen gab es nur im Februar und März 1943, nach dem Tod ihres Bruders Jürgen, und von Juli bis November 1944, nach dem fehlgeschlagenen Staatsstreich gegen Hitler. Darüber hinaus pflegte sie beinahe täglich in einem kleinen Taschenkalender sämtliche bedeutenden und weniger bedeutsamen Begebenheiten, vom politischen Tagesgeschehen bis zum Friseurbesuch, in knappen Stichworten festzuhalten. Mit Ausnahme des Jahreskalenders 1944, den sie nach dem 20. Juli aus Vorsicht vernichtete, sind auch diese Kalender im Nachlaß überliefert. Außerdem enthält der Nachlaß Briefe von Bekannten, Freunden und Familienangehörigen, darunter die umfangreiche Korrespondenz mit Hanna Boye und Eberhard von Urach.

Tagebuch, Kalendervermerke und Briefe dienten Ursula von Kardorff als Vorlage, als sie 1947 in Jettingen die *Berliner Aufzeichnungen* verfaßte. Auch in der Form orientierte sie sich dabei an der Darstellungsweise des Tagebuchs. Alle Ereignisse werden aus der Erzählperspektive des durch das Datum bezeichneten Tages geschildert und erscheinen dadurch unmittelbar gegenwärtig. Gleichwohl handelt es sich nicht um eine originalgetreue Abschrift aus dem Tagebuch. Auf der Grundlage ihrer handschriftlichen Notizen schuf Ursula von Kardorff ein neues, auch literarisch ambitioniertes Werk. Als sie die *Berliner Aufzeichnungen* verfaßte, versetzte sie sich gleichsam wieder in ihre Situation als Chronistin der Kriegsjahre zurück, nur mit dem Unterschied, daß sie ihre Empfindungen nun offen aussprechen konnte, ohne den Zwang zu Geheimhaltung, Andeutung und Verschlüsselung, dem sie sich in der NS-Zeit ausgesetzt sah. Ihre erklärte Absicht war es, ehrlich und ungetrübt durch später gewonnene Erkenntnisse die Zeitsicht der Kriegsjahre einzufangen.

Wie weit sie diesem Vorsatz gerecht wurde, läßt sich aus dem Vergleich des Buchtextes mit den handschriftlichen Vorlagen ablesen. Der überwiegende Teil, so zeigte die vom Herausgeber vorgenommene Überprüfung, wurde wortgetreu oder sinngemäß aus dem Tagebuch übernommen, überarbeitet nur in dem Bemühen, sie besser lesbar zu machen oder zu pointieren. Auch kann nicht behauptet werden, daß wesentliche Tagebuchpassagen im Buch generell unterdrückt wurden. Wenn Ursula von Kardorff Eintragungen aus dem Tagebuch in der Buchfassung nicht berücksichtigte, handelte es sich in den meisten Fällen um Schilderungen rein privater Natur oder um einzelne nachteilige Bemerkungen über Bekannte. Allerdings enthält das Buch umgekehrt Passagen, für die es in den handschriftlichen Aufzeichnungen keine Entsprechungen gibt. Dies rührt in vielen Fällen wohl einfach daher, daß für bestimmte Zeitabschnitte, also etwa die zweite Jahreshälfte 1944, keine oder nur spärliche Tagebuchnotizen vorlagen. Wo das Tagebuch Lücken aufwies, griff

Ursula von Kardorff vielfach auf Vermerke in den Taschenkalendern, Briefe und rückschauende Tagebucheintragungen zurück und formulierte sie aus. Einige Ereignisse scheint sie mangels Vorlage auch aus dem Gedächtnis oder anhand der Schilderung von Bekannten rekonstruiert zu haben. In der Regel war ihr jedoch das handschriftliche Tagebuch Leitfaden der Darstellung. Dabei läßt sich häufig feststellen, daß Ursula von Kardorff Begebenheiten, die im Tagebuch nur kurz erwähnt waren, im Buch mit zusätzlichen Details anreicherte, ohne dadurch die Aussage zu verändern. So ergänzte sie beispielsweise den Hinweis auf die weihnachtliche Pressezensur für christliche Themen, die im Tagebuch unter dem 24. Dezember 1943 lediglich in einem Nebensatz angedeutet war, in der Buchfassung um Erläuterungen zur offiziellen Begründung und zur Reaktion der DAZ.

Einige Unterschiede in der Formulierung, die der Vergleich zwischen Buchtext und Vorlage erkennen ließ, waren offensichtlich das Ergebnis einer Entschlüsselung. Persönliche Chiffren im Tagebuch, die einem Außenstehenden wenig aussagekräftig oder unklar erscheinen mußten, ließen oft erst durch ihre Auflösung in der Buchfassung ihren brisanten Inhalt erkennen. Für das Buch «dechiffrierte» Ursula von Kardorff vorsichtig formulierte Andeutungen, faßte unausgesprochen gebliebene Hintergedanken in Worte, erschloß Zusammenhänge, ohne deren Kenntnis der Tagebuchtext einem uneingeweihten Leser nur die halbe Wahrheit enthüllt hätte. So hieß es beispielsweise unter dem 6. Mai 1943 im Tagebuch geheimnisvoll: «Heute von Feldwebel S. und Schwester gehört. Wunderbare Menschen ...» In der Buchfassung wurde deutlich, daß die Bemerkung auf die Geschwister Scholl und ihre Widerstandsgruppe «Weiße Rose» gemünzt war. Für den Tod von Alexander Schwab machte Ursula von Kardorff im Tagebuch unter dem 16. November 1943 nur nebulös das «Schicksal» verantwortlich. Nichts deutete darauf hin, daß der Linkssozialist in NS-Haft ums Leben gekommen war, wie später im Buch erläutert. Während Ursula von Kardorff im Tagebuch unter dem 25. Januar 1943 nur unverbindlich schrieb: «In der Redaktion ist ziemliche Hysterie ausgebrochen, weil sich alles dauernd ändert ...», führte sie im Buch aus, was damit wirklich gemeint war: daß das Propagandaministerium mit stets neuen Auflagen in die tägliche Zeitungsarbeit pfuschte.

Diese Beispiele dokumentieren, wie in der NS-Zeit selbst die Sprache des privaten Tagebuchs von Vorsicht und Zurückhaltung geprägt wurde, wenn es um politische Fragen ging. Todesurteile wegen angeblich «defaitistischer» Bemerkungen in Tagebüchern und Briefen führten drastisch vor Augen, daß solche Vorsicht nicht unberechtigt war. Insgesamt ergab sich der Eindruck, daß Ursula von Kardorff Themen von politischer Brisanz im Tagebuch deutlich zurückhaltender und verschlüsselter thematisierte als im Buch. Typisch für ihre Arbeit am Buchmanuskript schien auch zu sein, daß sie an Textstellen, die sie dem Tagebuch entlehnte, in der Buchfassung häufig noch einen kommentierenden Nachsatz anhängte, mit dem sie zusammenfaßte, ergänzte oder Stellung bezog. So berichtet sie im Buch beispielsweise unter dem 25. Januar 1943 entsprechend dem Tagebuch von der Mobilisierung zum «totalen Krieg», und schließt dann eine Bemerkung an, die nicht im Tagebuch belegt ist: «Das wird die Stalingrader Strategie auch nicht wieder gutmachen. Es ist grotesk.» Ein weiterer wesentlicher Punkt unterscheidet den Buchtext vom privaten Journal: Kein Tagebuchschreiber käme auf die Idee, sich selbst die eigenen Bekannten näher vorzustellen und vertraute Sachverhalte zu erläutern. Für eine Tagebuchfassung, die sich an Leser wendet, sind solche Erläuterungen jedoch wichtig. Deshalb fügte Ursula von Kardorff Personenbeschreibungen oder Hintergrundinformationen ein, wenn die Angaben in den handschriftlichen Aufzeichnungen zur Erklärung offensichtlich nicht ausreichten.

Einige wenige Abweichungen des Buchtextes von der Vorlage sprechen allerdings auch vom vorsichtigen Umgang mit der eigenen Geschichte in der Nachkriegszeit. Begriffe der NS-Terminologie, die in den Kriegsjahren noch im allgemeinen Sprachgebrauch waren, tilgte Ursula von Kardorff in der Buchfassung oder ersetzte sie durch neutralere Ausdrücke: Aus «Führer» wurde «Hitler», «schweißtriefende Plutokraten» nannte sie nun «verängstigte Reiche», «Russenweiber» wurden zu «Ostarbeiterinnen»; Schlagworte aus dem Tagebuch wie «systemzeithaft» oder «Terrorangriffe» kamen im Buch nicht mehr vor. Auch nationale Töne, die im Tagebuch an manchen Stellen anklingen, versuchte Ursula von Kardorff in der Buchfassung offensichtlich nach Möglichkeit zu vermeiden. Diese Distanzierung mag damit zusammenhängen, daß nach den Erfahrungen mit dem Nationalsozialismus jegliche Form des Patriotismus gründlich kompromittiert war. Ursula von Kardorff hegte offenbar die Befürchtung, Bemerkungen wie jene, die sie am 20. April 1943 in ihr Tagebuch notiert hatte, könnten nun mißverständlich in die Nähe der NS-Durchhaltepropaganda gerückt werden: «Dieses Volk ist schon sehr zu bewundern und es wird ganz einfach nicht untergehen.» Mit großer Zurückhaltung verwertete sie auch Aufzeichnungen aus der unmittelbaren Nachriegszeit, aus denen allzu unverblümt der Unmut über die alliierte Besatzungspolitik und die Furcht vor sowjetischem Expansionismus sprachen. Manche zum Zeitpunkt der Tagebuchführung noch übermächtig drohende Vision hatte zwei Jahre später einiges von ihrem Schrecken verloren. Möglicherweise wollte Ursula von Kardorff auch vermeiden, im Klima des Kalten Krieges mit antisowjetischen Äußerungen Öl ins Feuer zu gießen. So blieb beispielsweise die Feststellung aus dem handschriftlichen Tagebuch vom 28. Juni 1945, das Antlitz dieses Jahrhunderts werde Stalins Züge tragen, im Buch nur noch als rhetorische Frage stehen.

Wie authentisch also sind die *Berliner Aufzeichnungen*? Wenngleich Ursula von Kardorff ihr eigenes Tagebuch weitgehend als Vorlage verwendete, darf das Buch nicht als dessen wortgetreue Wiedergabe verstanden werden. Diesen Eindruck hat die Autorin allerdings auch nie zu erwecken versucht. Aber der Vergleich mit den handschriftlichen Notizen läßt keinen Zweifel daran, daß die *Berliner Aufzeichnungen* die *ehrliche* Rekonstruktion eines persönlichen Erlebnisberichtes aus der NS-Zeit sind. In der Diktion und in der Bewertung der Ereignisse stimmt die Buchfassung, von den beschriebenen Unschärfen der Retrospektive abgesehen, mit den Eintragungen im Tagebuch überein. Selbst heikle Themen wie Judenvernichtung, politische Verfolgung oder Pressekontrolle hatte Ursula von Kardorff auch in ihrem Tagebuch nicht ausgespart, oft in scheinbar «unverfänglichen» Randbemerkungen versteckt. Zur präzisen Rekonstruktion der Fakten sind die *Berliner Aufzeichnungen* sicher nur bedingt geeignet. Aber sie können als verläßliches und authentisches Zeugnis der Atmosphäre und des Lebensgefühls in der NS-Zeit gelten.

Eine Absicht bei der vorliegenden Neuedition und ein besonderer Reiz lagen darin, den Buchtext in den Anmerkungen um wichtige, bisher nicht berücksichtigte Auszüge aus den handschriftlichen Aufzeichnungen zu ergänzen. Die Gegenüberstellung von Buchtext und Vorlage eröffnet gleichsam einen Dialog zwischen der Buchautorin der Nachkriegszeit und der unmittelbar im Geschehen stehenden Tagebuchschreiberin. Dabei konnte es freilich nicht darum gehen, jeder Eintragung im Buch spiegelbildlich das Pendant aus dem Tagebuch entgegenzusetzen. Originalzitate wurden dann in die Edition aufgenommen, wenn sie merklich vom Buchtext abweichen oder zusätzliche Informationen bergen, die für das Verständnis der Zeit und des Textes von Bedeutung sind. Tagebucheintragungen zu rein privaten Angelegenheiten oder Randereignissen (Kinobesuch, Einladung zum Essen etc.) wurden dagegen nicht berücksichtigt.

Das Datum von Tagebuchzitaten wurde dann vermerkt, wenn es von der Datumsangabe im Buch abweicht. Steht in den Anmerkungen lediglich der Hinweis: «Im Tagebuch heißt es: ...», so war die Eintragung im Buch unter demselben Datum im Tagebuch zu finden. Aus Gründen der besseren Lesbarkeit wurden die zusätzlich abgedruckten Auszüge aus dem Tagebuch und den sonstigen Aufzeichnungen den geltenden Regeln der Orthographie und Grammatik behutsam angepaßt. Allerdings wurden Eigenheiten im Stil der Autorin, etwa die Bezeichnung von Zahlenangaben mit Ziffern, nach Möglichkeit beibehalten. [!] bedeutet, daß ein Ausdruck buchstäblich in dieser Schreibweise aus dem Originaltext übernommen wurde; [?] wurde hinter Formulierungen gesetzt, die nicht eindeutig zu identifizieren sind. Was im Tagebuch unterstrichen oder besonders hervorgehoben war, wurde in der Transkription kursiv gesetzt. Drei Punkte in eckigen Klammern [...] stehen für Auslassungen. Ergänzende Erläuterungen [ebenfalls in eckigen Klammern] wurden nur dort eingefügt, wo sie zum Verständnis des Textes notwendig erschienen.

Eine Absicht bei der Neuherausgabe der *Berliner Aufzeichnungen* war es auch, transparent zu machen, welche Textstellen nicht in den überlieferten, handschriftlichen Aufzeichnungen belegt werden konnten. Diese Hinweise geben Aufschluß darüber, welche Bemerkungen und Informationen aus dem Buch in dieser Form keine Entsprechung im Tagebuch oder in den anderen Aufzeichnungen haben. Dies sagt jedoch noch nichts über deren Verläßlichkeit aus. Um den Anmerkungsapparat nicht zu sprengen, wurden diese Anmerkungen auf Textstellen beschränkt, an denen ein Verweis auf die Originalquelle tatsächlich relevant erschien. Wenn Ursula von Kardorff beispielsweise lediglich das Schloß Neuhardenberg und ihren Aufenthalt dort beschrieb, dann wurde nicht ausdrücklich betont, daß davon im Tagebuch nicht die Rede war. Der Bericht von den Enthüllungen des Hausherrn von Neuhardenberg über die NS-Verbrechen an der Ostfront war hingegen eine entsprechende Anmerkung wert. Für Zeitabschnitte, für die keine Original-Aufzeichnungen überliefert sind, mußte auf Hinweise zur Belegbarkeit ganz verzichtet werden. Die Anmerkungen sollen auch eine Hilfe zum Verständnis des Geschehens sein. Namen und Begriffe, die heute nicht mehr als allgemein bekannt vorausgesetzt werden können, werden kurz erläutert, Hintergründe zu den beschriebenen Ereignissen erhellt. Dabei wurden auch ungenaue oder aus historischer Sicht korrekturbedürftige Aussagen zurechtgerückt. Biographische Angaben zu den im Text erwähnten Personen enthält das Personenregister im Anhang.

München 1991 — Peter Hartl

1 Howard K. Smith: Feind schreibt mit. Ein amerikanischer Korrespondent erlebt Nazi-Deutschland [Last Train from Berlin] Berlin 1982, S. 40. 2 Hier ein Überblick über Augenzeugenberichte der Kriegsjahre in Berlin, darunter auffallend viele Berichte ausländischer Beobachter. Ruth *Andreas-Friedrich*, Der Schattenmann. Tagebuchaufzeichnungen 1938–1945. Frankfurt 1983. Theo *Findahl*, Letzter Akt – Berlin 1939–1945 [Undergang. Berlin 1939–1945]. Hamburg 1946. Ulrich von *Hassell*, Die Hassell-Tagebücher 1938–1944. Aufzeichnungen vom Andern Deutschland. Berlin 1988. René *Juvet*, Ich war dabei... 20 Jahre Nationalsozialismus 1923–1943. Ein Tatsachenbericht. Zürich/New York 1944. Den Netzen entronnen. Die Aufzeichnungen

des Joel *König*. Göttingen 1967. Jacob *Kronika*, Der Untergang Berlins [Berlins Undergang]. Flensburg/Hamburg 1946. Erich *Kuby*: Mein Krieg. Aufzeichnungen aus 2129 Tagen. München 1975. Matthias *Menzel* [d. i. Karl Willy *Beer*], Die Stadt ohne Tod. Berliner Tagebuch 1943/45. Berlin 1946. Hans Dieter *Schäfer*, Berlin im Zweiten Weltkrieg. Der Untergang der Reichshauptstadt in Augenzeugenberichten. München 1985. Howard K. *Smith*, s. Anm. 1. Hans Georg von *Studnitz*, Als Berlin brannte. Diarium der Jahre 1943–1945. Stuttgart 1963. Marie *Wassiltschikow*, Die Berliner Tagebücher der «Missie» Wassiltschikow 1940–1945. [The Berlin diaries 1940–45 of Marie «Missie» Vassiltchikov]. Berlin 1987. Konrad *Warner*, Schicksalswende Europa? Ich sprach mit dem deutschen Volk... Ein Tatsachenbericht. Rheinfelden 1944.

Vorbemerkung von Ursula von Kardorff

Jeder, der diese Aufzeichnungen liest, wird sich fragen, ob ich so wahnwitzig war, sie in dieser Form – unter einer Diktatur – niederzuschreiben. Selbstverständlich war ich nicht so wahnwitzig. Ich hätte nicht nur mich, sondern zahlreiche Freunde damit in Todesgefahr gebracht.

Nein, so war es nicht. Sie entstanden im Sommer 1947, zwei Jahre nach dem Kriege, aufgrund von Notizen in Taschenkalendern, Briefen und Tagebüchern sehr privater Natur, in denen Schnüffler nichts Verdächtiges hätten finden können. Nur Liebesgeschichten, Alltägliches, Bombenkrieg, Wehrmachtsberichte, Feste, denn die feierten wir auch im Chaos.

Im Klartext schrieb ich diese Aufzeichnungen erst, als keine Gefahr mehr drohte, im kleinen Dorf Jettingen, zwischen Augsburg und Ulm, umgeben von Freunden, die das gleiche erlebt hatten. Chiffren, nur mir verständlich, wurden aufgelöst, Gespräche, die wir damals untereinander offen führten, konnten aus der Erinnerung, die noch hellwach war, rekonstruiert werden.

Nichts Neues, später Erfahrenes wurde eingefügt, Irrtümer stehengelassen. Wir wußten auch damals viel, doch das ganze Ausmaß des Grauens ahnten wir nicht. Erkenntnisse, die ich als Berichterstatterin der Nürnberger Kriegsverbrecherprozesse gewann, verwendete ich nicht.

Man kann diesem Tagebuch viel vorwerfen: unliterarischen Stil, Oberflächlichkeit, Naivität, Unwissenheit, nur eines nicht: Unwahrheit. Es ist nicht frisiert, nicht nachgeschönt. Es ist ehrlich.

Momentaufnahmen, aneinandergereiht, geben ein Zeitbild vom Kriegsalltag in Berlin; von den Bedrückungen und Bedrohungen, den Ängsten und Hoffnungen, der Trauer und der Verzweiflung – aber auch von den Freuden. Allzu Persönliches wurde fortgelassen.

1942

Berlin, 28. Oktober 1942[1]

Wurde geweckt mit der Nachricht: Jürgen[2] kommt heute abend. Fügt sich auf wunderbare Weise, daß die beiden Brüder wieder ihren Urlaub gemeinsam verbringen können, obwohl der eine aus Rußland und der andere aus Frankreich kommt. So sind wir Geschwister wieder vereint.

Bewußt genießen wir dieses Glück, das stets von neuem unter der Drohung steht: Dies war vielleicht das letzte Mal.

1 Für das Jahr 1942 ist im Nachlaß von Ursula von Kardorff (hier kurz: UvK) als einziges authentisches Dokument ein Taschenkalender überliefert, in dem die Autorin täglich die wichtigsten Ereignisse in knappen Stichworten festhielt. Die Aufzeichnungen in den handschriftlichen Tagebüchern beginnen erst mit dem Jahr 1943. 2 Biographische Angaben zu allen im Text erwähnten Personen enthält das Personenregister im Anhang.

Berlin, 30. Oktober 1942

Gehe wie auf einer Wolke zwischen den beiden Riesenbrüdern eingehakt. Die Redaktion zeigt sich loyal und läßt mir soviel freie Zeit wie möglich.

Begegneten, als die beiden mich von der DAZ[1] abholen kamen, in der Kochstraße einer kümmerlichen alten Jüdin mit einem kleinen Mädchen. Beide mit dem Stern.[2] Jürgen wurde blaß. Er leidet unter diesen Dingen mehr als Klaus, der robuster ist und das Grübeln, sobald er wieder draußen ist, aufgibt. Während Jürgen sich unter seinen Kameraden, seitdem sein bester Freund gefallen ist, oft einsam fühlt. Er hat ebensowenig wie Papa diese seelische Hornhaut, mit der sich heute so viele zu helfen versuchen.

Beide Brüder ziemlich schweigsam beim Essen. Welcher Schatten über diesen Tagen.

1 Die *Deutsche Allgemeine Zeitung* (DAZ) gehörte seit 1938 zum NS-Presseimperium. Auch zuvor schon, im Besitz des Ruhrindustriellen Stinnes, hatte das nationalkonservative Blatt dem NS-Staat seine Loyalität gezeigt, wenngleich es sich, besonders im Feuilleton, in Sprache

und Stil von der einförmigen Propagandapresse abhob. Privilegiert nicht zuletzt wegen ihrer Sprachrohr-Funktion für das Ausland, überlebte die renommierte Hauptstadtzeitung, deren Auflage mitunter 375 000 Exemplare überstieg, bis 24. April 1945. 2 Seit dem 19. September 1941 waren alle jüdischen Erwachsenen und Kinder ab sechs Jahren verpflichtet, zur Kennzeichnung in der Öffentlichkeit einen gelben Judenstern zu tragen.

31. Oktober 1942

Geschwisterabend mit Adelheid Veltheim und ihrem jüngeren Bruder Josel, der nach anderthalbjähriger Lazarettzeit gerade wieder am Stock gehen kann, obwohl die Wunde am Bein noch ständig eitert. Klaus, Jürgen, Josel, nach außen alle drei unbeschwert, sind Offiziere, die nicht wissen, wie sie die Gegensätze von Front und Heimat verarbeiten sollen. Ich überlegte, wieweit ist es eine Illusion, wenn sie glauben, im Kampf gegen Rußland auf der Seite der christlich-westlichen Kultur zu stehen? Klaus sagte: «Wir kämpfen, damit wir euch diese Heimat erhalten können.» Jürgen: «Jeder Franzose, jeder Russe verteidigt sein Land, wenn es bedroht ist, das ist doch selbstverständlich.» Josel: «Aber ist dieses Vaterland, für das schon so viele gefallen sind, in Wirklichkeit nicht schon tot? Verteidigen wir nicht Ideale, die von der Heimat längst verraten wurden?» Ich schwieg. Ich hatte nicht den Mut, sie noch mehr zu belasten.

Wurde sentimental, als Jürgen sich beim Abschied vor Adelheid verbeugte. Er hat die Grazie, die so selten in der Zeit der Ellbogen geworden ist. Dazu eine Heiterkeit, die nur auf dem Grund von Melancholie wächst. Er nimmt nichts leicht, auch nicht seinen Glauben. Eigentlich wollte er Geschichte studieren. Um der Partei zu entgehen, wurde er aktiver Soldat. Als er zwei Jahre gedient hatte und gerade Leutnant geworden war, brach der Krieg aus.

1. November 1942

Am Sonnabend fünfzig Personen bei uns, die die halbe Nacht blieben. Ein Fest im Zeichen des Krieges. Wir hatten eigentlich nur leere Gläser aufgestellt, sie zu füllen besorgten die Gäste, die genügend Flaschen mitgebracht hatten. Sechs Schwerverwundete kamen, für sie war der Abend gedacht. Einer hatte den Arm hochgeschient, ein anderer humpelte auf Krücken. Schwab-Felisch tanzte sogar, obwohl ihm die Füße halb erfroren sind und er noch keine richtigen orthopädischen Schuhe hat.

Merkwürdiger Abend. Viele hatten keine Lust zum Tanzen, sondern saßen in meinem Zimmer und diskutierten. Nicht ganz ungefährlich, da in letzter Minute Schwarz van Berk erschienen war, SS-Mann und Journalist.[1] Vermutlich hat er selten so offen reden gehört wie bei uns. Gestern sagte er am Telefon zu Mama, er sei entsetzt gewesen über so viel Defaitismus. Es war ihm wenig erspart worden. Die heftigsten Angriffe kamen von den Soldaten. Vor allem wegen der Kirchenpolitik. Josel konnte den Ort in Posen nennen, in dem alle Kirchen geschlossen worden sind.[2] «Gehören zu einem Eid nicht zwei?» fragte er. «Muß nicht auch der, auf den er geleistet wird, sich an ihn halten?» «Wir sind alle wie die Ratten auf einem Schiff, nur mit dem Unterschied, daß wir es nicht mehr verlassen können», war die Antwort. «Also Nibelungentreue?» fragte Adelheid. Werner Haeften, ein Neffe von Brauchitsch,[3] der mit seiner schweren Verwundung monatelang im Lazarett gelegen hat und bei uns nur auf einem Gummiring sitzen konnte, sagte ironisch zu Schwarz van Berk: «Wir wollen nichts anderes mit euch machen, als euch alle auf eine Insel bringen, dort müßtet ihr von morgens bis abends durch den Lautsprecher eure eigenen Reden anhören.»

Schwarz van Berk verteidigte sich, so gut er konnte. Er gilt als der begabteste Journalist, den die Nazis haben. Schließlich wurde es ihm zu bunt. Als Konrad Zweigert sagte: «Es wird ja alles getan, um die Wahrheit zu unterdrücken», sprang er auf und wollte gehen. Klaus und ich beruhigten ihn mit Mühe.[4] Solche Aussprachen sind nicht ungefährlich für alle Beteiligten. Freilich können sich verwundete Soldaten die offenste Sprache erlauben.

Am schönsten war der Abend gewesen, bevor die Gäste kamen und ich mit den beiden Brüdern abwechselnd im ausgeräumten Eßzimmer tanzte.

1 Hans Schwarz van Berk war einer der professionell herausragenden

NS-Propagandisten. Als Chefredakteur des von Goebbels gegründeten *Angriff* gelang ihm eine Verdreifachung der Auflage. Besonders seit Kriegsbeginn genoß er als In- und Auslandskorrespondent, Mitarbeiter des Propagandaministeriums und der NS-Renommierzeitung *Das Reich* eine Ausnahmestellung unter den Journalisten mit weitreichenden Freiheiten. 2 Im Reichsgau Wartheland, dem vom Deutschen Reich 1939 annektierten Gebiet um Posen, nahm die nationalsozialistische Kirchenverfolgung besonders krasse Formen an. Die katholische Kirche, als Hort des polnischen Nationalismus verdächtigt, wurde zerschlagen, der polnische Klerus vertrieben oder ermordet. Klöster und kirchliche Vereine wurden aufgelöst, Gotteshäuser geschlossen, Friedhöfe enteignet und Gottesdienste verboten. Auch die evangelische Kirche wurde einem zivilen Verein gleichgestellt. 3 Generalfeldmarschall Walther von Brauchitsch, seit 1938 Oberbefehlshaber des Heeres, wurde dieser Position im Dezember 1941 enthoben, nachdem es zu Auseinandersetzungen über die Kriegsführung gekommen war. Hitler übernahm selbst die Heeresführung. 4 Im Taschenkalender heißt es unter dem 31. Oktober 1942 lediglich: «Krach Zweigert Schwarz».

7. November 1942

In zwei Tagen ist Jürgens Urlaub zu Ende. Beide Brüder saßen noch bis drei Uhr nachts in meinem Zimmer. Jürgen sprach wieder davon, daß sie beide fallen würden. Er hatte schon als Sextaner Todesahnungen. «Wozu soll ich lernen; wenn ich alle Examen bestanden habe, ist Krieg und ich bekomme einen Bauchschuß.» Müssen ihn solche Vorstellungen nicht in Gefahrenmomenten schwächen? Klaus kennt das nicht.

8. November 1942

Letzter Urlaubstag. Hörten abends im englischen Sender von der Landung in Nordafrika. In diesem Moment wurde mir klar, daß beide Brüder nicht mehr an den Sieg glauben. Ich fühlte es deutlich. Die meisten, die von der Front kommen, sind anders, sie kennen nur ihren Abschnitt und haben keine Übersicht über das Ganze – stehen dem Berliner Pessimismus befremdet oder sogar ärgerlich gegenüber. Wir sind durch Papa so erzogen, daß wir uns wenig Illusionen machen. Ich fürchte und hoffe zugleich – das ist kein Widerspruch –, daß mit dieser Landung der Krieg einem schnelleren Ende zugeht.[1]

Malten uns aus, als wir allein waren, wie es wäre, wenn wir als Emigranten irgendwo säßen und nach dem Muster der hiesigen Weißrussen ein Lokal aufmachen würden. Wir überboten uns an Zynismus. Seltsam, sobald die beiden wieder an der Front sind, tun sie, was von ihnen gefordert wird. Ich weiß aus Erzählungen, daß Jürgen sich beim Rückzug vor Moskau freiwillig auf eine Art verlorenen Posten meldete, nur um Teile seiner Kompanie nicht im Stich zu lassen.

Saß lange an Jürgens Bett. «Einmal», sagte er, «als ich gerade unter schwerem Artilleriebeschuß auf dem Bauch im Wald lag, sang über mir unbekümmert ein Vogel. Ich haßte diesen Vogel. Ich dachte, er singt weiter, während ich hier sterben muß.» In solchen Momenten hilft ihm auch der Glaube nicht. «Man will leben», sagte er, «nur leben, nichts als leben.»

1 Im Taschenkalender heißt es: «Letzter Jürgen-Tag. [...] Amerikaner besetzen an 4 Stellen Afrika. Große Angst um Rommel. Beklemmende Gefühle. Wende?» Am 7. und 8. November 1942 landeten starke alliierte Verbände unter General Eisenhower in Marokko und Algerien. Das von Generaloberst Erwin Rommel geführte deutsch-italienische Afrikakorps, durch eine Offensive des britischen Generals Montgomery wenige Tage zuvor in Bedrängnis gebracht, mußte angesichts dieser Bedrohung in seinem Rücken zum Rückzug bis weit nach Tunesien antreten.

9. November 1942

Jürgen ist fort! Wir mimten gemütliches Familienfrühstück, mit dieser verkrampften Heiterkeit, wie sie sich beim Abschied immer einstellt. Sprachen von den nebensächlichsten Dingen. Nur keine Sentiments. Klaus und ich brachten ihn auf den Bahnhof. Es regnete. Als Jürgen wegen seines Gepäcks voranging und seine Gestalt in dem glänzenden Regenmantel in der Menge verschwand, sagte Klaus: «Glaube mir, das gute Deutschland geht nicht unter.»[1] Wie ich diese Abschiede hasse! Diese Bahnhöfe! Sie sind der Ausdruck der heillosen Zeit. Orte geschäftiger Trostlosigkeit, Kulisse für die Trennung, die so oft eine Trennung für immer ist.

Kam völlig zerschlagen in der Redaktion an, dauernd bemüht, die Fassung nicht zu verlieren. Bärchen,[2] die gute Seele im Vorzimmer von Silex,[3] machte mir schnell eine Tasse Tee.

Eine dieser ungezählten Tassen, die sie für jeden bereithält, der Kummer hat. Sie ist dreißig, blaß und hübsch, voll von Verständnis, Einfühlung. Vielleicht weil ihre Stimme so sanft ist oder weil sie Intuition hat, gelingt es ihr immer wieder zu helfen.

Bei jeder Krise – und es gab schon viele –, bei jedem Ungewitter, das sich vom Promi[4] über unsere Zeitung ergießt, bei jeder neuen Einberufung und jeder neuen Kriegserklärung – stets trifft sich alles bei Bärchen und trinkt Tee, der aus einer anscheinend unerschöpflichen Kanne fließt.

Morgen geht auch Klaus. Ziel noch ungewiß.

1 Im Taschenkalender heißt es: «Klaus: Das ist das anständige Deutschland, das geht nicht unter.» 2 Erna Bähr, genannt Bärchen, Chefsekretärin der DAZ. 3 Karl Silex, früher London-Korrespondent der DAZ, leitete die Redaktion seit 1933. Sein Vorgänger Fritz Klein war wegen eines unbotmäßigen Kommentars bei den neuen Machthabern in Ungnade gefallen. Für sein Bemühen, der Zeitung ein gewisses Maß an Eigenständigkeit zu wahren, mußte auch Silex wiederholt Mahnungen des Propagandaministeriums einstecken. 4 Das Reichsministerium für Volksaufklärung und Propaganda, kurz «Promi» (Propaganda-Ministerium) genannt, kontrollierte die Presse. Das Spektrum der Reglementierung reichte von der Auswahl der Journalisten über Disziplinarmaßnahmen bis zu detaillierten Sprachregelungen («Presseanweisungen»). Subjektiv erlebten die Beteiligten die Pressesteuerung in vielen Fällen eher als bürokratische Bevormundung denn als autoritären Zwang. In einem früheren Tagebuch von UvK heißt es unter dem 13. September 1939: «Von 1 bis 3 sitze ich auf dem Promi wegen einer Bilderseite mit politischen Köpfen. Sie sind alle in feldgrauer Uniform und betont höflich und machen ganz sachliche Einwände.»

12. November 1942

Heute Anruf von Frau Reuber, ihr Mann, Theologe und Arzt, war auf Urlaub. Sie hat ihn an den Frontzug begleitet. Eine Stunde sei ihnen vom Schicksal zusätzlich geschenkt worden, sagte sie, eine kostbare Stunde, weil die Uhrzeit für den Winter zurückgestellt worden war. Er geht nach Stalingrad.

Noch ist Jürgen in Frankreich. Daran klammere ich mich.

16. November 1942

Klaus hat ein Kommando zu einer neuen Division erhalten und wird auf Panzer umgeschult. Bin glücklich, so bleibt er in den nächsten Wochen in der Nähe von Berlin und kann sonnabends nach Hause kommen.[1]

1 Im Taschenkalender heißt es: «Klaus kommt schon wieder zurück. 4-Monats-Kommando Hermann Göring Div. Prima.» Die Division «Hermann Göring», ursprünglich der Luftwaffe unterstellt, wurde nach der Kapitulation in Nordafrika als Panzerdivision neu formiert und ab Mai 1943 bei den Kämpfen in Sizilien und Italien eingesetzt.

17. November 1942

Lange Unterhaltung mit Martin Raschke, der mich heute abend besuchte. Wir sprachen über Umsturzmöglichkeiten.[1] Er war skeptisch. Fragte mich, ob ich vielleicht zur Freude der Gestapo einen Verein mit Namenslisten und Adressen gründen wollte. Hat natürlich recht. Die Vorsichtigen haben meistens recht. Aber diese Tatenlosigkeit ringsum ist erschütternd. Ich kenne keinen überzeugten Nazi, und doch wird alles hingenommen, als sei es unabänderlich.

Der eine fragt: Was kommt danach?
Der andere fragt nur: Ist es recht,
Und also unterscheidet sich
Der Freie von dem Knecht.[2]

Papas Lieblingsspruch. Wir sind ein Volk von Knechten geworden. Das Frontnetz spannt sich immer weiter. Jetzt haben wir auch noch den anderen Teil Frankreichs besetzt.[3]

1 Im Taschenkalender heißt es: «Sehr gemütliches Essen, nachher bekomme ich Krach wegen Zukunftsideen. R[aschke] doch streng, will mich eifersüchtig machen.» 2 Theodor Storms Gedicht «Werke». 3 Der unbesetzte südliche Teil Frankreichs mit der Hauptstadt Vichy, deren autoritäre Regierung unter Marschall Pétain formell souverän, de facto jedoch stark von Deutschland abhängig war, wurde am 11. November 1942 handstreichartig besetzt. Auf diese Weise wollte sich die Wehrmacht den Zugriff auf die französischen Kolonien in Nordafrika sichern, um der alliierten Invasion zu begegnen.

20. November 1942

Gestern im Dämmern klingelte es. Draußen zwei Gestalten, die zögernd eintreten, im Licht des Flures sehe ich, daß sie den Judenstern tragen. Verwandte eines Breslauer Kaufmanns, der von Papa ein Bild besaß, das sie nun verkaufen wollen, weil sie Geld brauchen. Wir geben ihnen erst einmal zu essen. Langsam tauen sie auf. Es ist unbeschreiblich, was diese Menschen durchmachen. Sie wollen, kurz ehe sie abgeholt werden, untertauchen, den Stern entfernen und als Bombengeschädigte aus dem Rheinland ein Unterkommen finden. Natürlich kauft Papa ihnen das Bild ab, ich glaube, daß sie nicht nur die materielle Hilfe nötig haben, sondern auch einen gewissen Zuspruch. Wir borgen ihnen englische Bücher. Entwürdigend, daß man nur heimlich helfen kann, sich nicht öffentlich mit ihnen zeigen darf, will man nicht seine Freiheit riskieren. Bin froh, daß alle unsere jüdischen Freunde schon vor Jahren ausgewandert und in Sicherheit sind, denn Papa hätte das auf die Dauer nicht ertragen.[1]

1 Zur Eintragung unter diesem Datum kein Beleg im Taschenkalender. Am 17. Oktober 1941 hatte UvK in einem Brief an ihre Freundin Hanna Boye von den Deportationen berichtet: «Hier geschehen augenblicklich die deprimierendsten Dinge. Alle Juden bis zu 80 Jahren werden nach Polen abtransportiert. Man sieht nur verweinte Gestalten auf der Straße. Es ist maßlos und zerschneidet einem das Herz. Vor allem, daß man so hilflos dabei zusehen muß und nur so furchtbar wenig helfen kann. Sie dürfen nur ein ganz kleines Bündel in der Größe einer Aktentasche mitnehmen. Dies alles angesichts der maßlosen und welterschütternden Dinge, die draußen passieren.»

22. November 1942

In der Redaktion düstere Konferenz über Afrika. Versuche der Politiker,[1] in ihren Kommentaren etwas durchblicken zu lassen,[2] haben meist einen gegenteiligen Erfolg. Der Leser merkt nichts – aber das Promi um so mehr. Jürgen schreibt aus Perpignan. Die Bevölkerung hätte seine Soldaten freundlich aufgenommen. Einen jungen Bauern hätte er gefragt, ob er lieber englische oder deutsche Besatzung möchte: «Pourvu qu'on nous donne du pain, ça m'est bien égal.»[3] Wie weise doch der Großinquisitor bei Dostojewski ist!

Zum Abendessen bei einem Schweizer Diplomaten.[4] Das letzte Mal, daß ich so etwas mitmache, so sehr die materiellen Genüsse auch locken. Die Gefahr der Bespitzelung bei Ausländerempfängen ist zu groß, und für reine Konversation bin ich nicht mehr zu gebrauchen.

In der Redaktion Dettmann aus Afrika zurück. Berichtet äußerst pessimistisch. Die Landung der Alliierten an vier Stellen geglückt. Dazu in Rußland Durchbruch am Don.[5] Sollte es jetzt schneller gehen?

1 Politiker – Politikredakteure. 2 So deutete beispielsweise Karl Silex im Leitartikel vom 17. November 1942 an: «Der amerikanisch-britische Überfall auf Französisch-Nordafrika ist insoweit geglückt, als die Eindringlinge den örtlichen Widerstand in Algier und Marokko entweder überwinden oder durch andere Mittel ausschalten konnten.» 3 «Solange man uns Brot zu essen gibt, ist mir das ziemlich egal.» 4 Der Empfang fand laut Taschenkalender am 20. November 1942 bei dem Schweizer Gesandten Obersteg statt. 5 Vom 19. November 1942 an durchbrachen sowjetische Truppen nördlich und südlich Stalingrads die Front der ausgelaugten deutschen Armee. Sie vereinigten sich am Don, umzingelten die 6. Armee in Stalingrad und leiteten damit endgültig die Wende des Krieges ein.

23. November 1942

Martin Raschke las mir sein neuestes Manuskript vor. ‹Zwiegespräche im Osten›, klug, kühl, durchgefeilt bis ins kleinste Detail – aber warum ergreift es mich nicht?

Bis nachts Feldpostpäckchen für Weihnachten gepackt. An Jürgen und Eberhard Urach Zigarettenschachteln geschickt, in deren Deckel ich ein Foto von mir klebte. Vielleicht macht ihnen das Spaß, weil es unvermutet ist. Eberhard am Kaukasus wird schwere Tage haben, dort scheint es böse auszusehen.

Im «Reich»[1] ein Artikel «Gespräche, Gerüchte, Urteile», der sich auf den Abend bei uns bezieht, ohne uns zu nennen.[2]

Die Gauleiter unterstehen jetzt direkt Bormann und haben den pathetischen Titel «Reichsverteidigungs-Kommissare» erhalten.[3]

1 Die Wochenzeitung *Das Reich*, gegründet im Mai 1940, gehörte mit einer Millionenauflage zu den erfolgreichsten NS-Publikationen. Orientiert am britischen *Observer*, sollte sie mit sachlicher Information,

stilistischer Qualität und prominenten Autoren einen anspruchsvollen Leserkreis erreichen. Daß die Zeitung strikt im Dienst der NS-Meinungsmache stand, offenbarte nicht zuletzt der wöchentliche Leitartikel aus der Feder von Josef Goebbels. 2 In seinem Artikel «Gespräche, Gerüchte, Urteile» vom 22. November 1942 nahm Hans Schwarz van Berk allgemein Anstoß an der mangelnden Kriegsbegeisterung, ohne erkennbare Anspielungen. 3 Den Reichsverteidigungskommissaren unterstand die gesamte zivile Verwaltung in den Wehrkreisen. Bei Kriegsbeginn zunächst nur den Reichsstatthaltern vorbehalten, wurde diese Funktion am 16. November 1942 sämtlichen Gauleitern der NSDAP zugewiesen. Der Leiter der Parteikanzlei und spätere «Sekretär des Führers», Martin Bormann, einer der zuletzt mächtigsten Figuren im NS-Staat, übernahm Anfang 1943 zusammen mit Heinrich Lammers und Wilhelm Keitel anstelle des politisch geschwächten Hermann Göring die Aufsicht über die Reichsverteidigungskommissare.

25. November 1942

Jürgen schickte eine Postkarte mit dem Gemälde von Gérard, das wir vor Jahren zusammen im Louvre sahen: Amor und Psyche. Ein Empire-Mädchen wird von einem Jüngling mit Flügeln behutsam umarmt. Das sei für ihn das Sinnbild der Liebe, und obwohl er viel Abstoßendes gesehen und erlebt habe, erhielt er sich doch ein solches Bild von der Frau.

4. Dezember 1942

Jürgen schrieb: «Gestern besah ich mir den Hafen von Toulon. In den großen Cafés, die direkt am Kai liegen, sitzen dicht gedrängt Franzosen und Deutsche bei einem Glas Apéritif und betrachten gleichmütig die schiefen Panzertürme der auf Grund gesetzten Kriegsschiffe. Am Kai drängt sich mit Fotoapparaten eine beutegierige Menge, wie das Aas um ein verendetes Wild. Bizarres Schauspiel. Die französischen Matrosen in Uniform nützen bei den hübschen Mädchen den Eindruck eines tragischen Heldentums, das doch recht zweifelhaft ist.»

Klaus ist nach Münsingen auf den Truppenübungsplatz versetzt, hatte noch ein langes Gespräch mit ihm über den unvermeidlichen Rückzug.[1]

1 Im Taschenkalender heißt es unter dem 6. Dezember 1942: «Lange Unterhaltung mit Klaus über Rückzug usw.»

12. Dezember 1942

Erhart Kästner ist plötzlich aus Griechenland gekommen. War mit ihm und Raschke bei Kempinski, wo es erstaunlich viel Rotwein gab, wir bestellten einen Schoppen nach dem andern. Nachmittags beide bei mir zum Kaffee. Kästner wirkt neben dem funkelnden Raschke stiller, in sich gekehrter. Sein Griechenlandbuch[1] wird bald fertig sein.

1 Erhart Kästner: Griechenland. Ein Buch aus dem Kriege. Berlin 1943. Neuauflage: Ölberge, Weinberge. Ein Griechenlandbuch. Wiesbaden 1953.

13. Dezember 1942

Früh in der Gedächtniskirche. Nüchterne Predigt. Weltfremd, ohne auf die Geschehnisse einzugehen. Beneide die Katholiken, für die die Predigt nicht der Mittelpunkt des Gottesdienstes ist. Jürgen schrieb über den Besuch einer Basilika in Espira: «Wie falsch ist es doch vom Protestantismus gewesen, nüchterne, schmucklose Kirchen zu fordern. Wer in seiner Jugend in so einer weihevollen schönen Kirche Einkehr gehalten hat, kommt sein ganzes Leben nicht davon los. Kerzenlicht und Weihrauch erleichtern die Abkehr vom Alltag.»

Heute wird er dreiundzwanzig Jahre alt. Was hat er bis jetzt von seinem Leben eigentlich gehabt?

17. Dezember 1942

Begleite Erhart Kästner an die Bahn. Etwas wehmütiger Abschied, obwohl es in Griechenland augenblicklich nicht so gefährlich ist. Kurz vorher sahen wir einen Schornsteinfeger. Ich brach von seinem Besen zwei winzige Stückchen ab, eins davon gab ich Kästner, das andere hob ich mir auf. Ob das Glück bringt? Schrieb abends viele Feldpostbriefe. Merkwürdig, wie diese Beschäftigung mich immer wieder anstrengt, weil es so schwer ist, die Hoffnungslosigkeit zu verbergen.

20. Dezember 1942

Bernhard Mutius ist auf Urlaub. Er war mit seiner Schwester heute nachmittag bei mir. Ich hatte Mamas kostbarste Tassen und die Augsburger Silberkannen aus dem Keller geholt und die Kerzen in den Wandleuchtern angezündet. Ich weiß, wie Bernhard das genießt, dieser Ästhet. Er war verändert. Frischer, robuster, angefüllt mit dieser sichtbaren Bereitschaft, den Urlaub bis zur Neige auszukosten. Das kenne ich schon von den Brüdern. Die ersten Tage sind die schönsten. Die Sensation eines Bettes, eines Bades und eines gedeckten Tisches. Dann kommt langsam die Unruhe. Die Hälfte des Wesens ist schon wieder im Osten – dazu die Enttäuschung, daß alles eigentlich doch nicht so war, wie man es sich erträumt hatte. Erst in der Erinnerung ist der Urlaub dann wieder so schön, daß der nächste als einzig erstrebenswertes Ziel vor Augen steht.

Seine Schwester, Marie-Elisabeth, ist in einem Rüstungswerk dienstverpflichtet.[1] Dort als neueste Verordnung gemeinsames Pflichtturnen in einem Schulhof, bei dem die Kinder über die Mauer gucken und sich wundern über die Erwachsenen, die dort krumm und müde Leibesübungen machen. Auch die Gesundheit des einzelnen ist Staatseigentum. Es muß geturnt werden, weil es so befohlen wurde.

Beide Geschwister fügen sich in die veränderte Umwelt und erfüllen eine Pflicht, die ihnen verhaßt ist.

1 Seit Februar 1939 war das Recht auf freie Arbeitswahl eingeschränkt. Die Beschäftigten konnten zwangsweise zum Arbeitseinsatz, etwa in der Rüstungsindustrie, verpflichtet werden.

22. Dezember 1942

Viel in der Redaktion zu tun. Ohne Mittagessen. Abends die Nachricht, daß Jürgen auf dem Weg nach Rußland ist! Er wollte es uns noch verschweigen, in seinen Briefen stand nichts davon, aber ein Leutnant von seiner Kompanie rief an. Ich fürchte mich vor nichts mehr als vor Rußland.[1] Papa elend mit Gallengeschichten. Im polnischen Feldzug lag Jürgen fünf Wochen auf den Tod mit schwerer Ruhr. Die Ärzte dachten, sie bekämen ihn nicht durch. Im französischen Feldzug wurde er am dritten Tag verwundet. Den ersten russischen Winter überstand er wie durch viele Wunder, während alle jüngeren Offiziere seines Regimentes gefallen sind.

1 Zu diesem Zeitpunkt kam der deutsche Vormarsch im Osten endgültig zum Stillstand. Trotz der Umklammerung durch die sowjetischen Truppen hatte das Oberkommando der Wehrmacht am 24. November 1942 befohlen, den Kessel von Stalingrad zu halten. 250000 Soldaten waren dort eingeschlossen. Die Nachricht von der Abkommandierung ihres Bruders an die Ostfront hatte UvK laut Taschenkalender am 17. Dezember 1942 erhalten.

26. Dezember 1942

Weihnachten – ohne Brüder. Die Gedächtniskirche war am Heiligen Abend so voll, daß ich nur auf einem Gang, dicht gedrängt zwischen vielen Menschen, einen Teil der Andacht hören konnte. Alle Frauen weinten. Viele Soldaten.

Von Jürgen kam ein Brief vom 11. 12. «Ich liege als völlig unbeschwerter Polykrates mit einer guten Zigarre im Bett. Auf dem Tisch eine Kanne Bohnenkaffee, Weihnachtsgebäck, die Päckchen von drei hübschen Mädchen und eine brennende Kerze, in die ich Tannenzweige halte, um weihnachtlichen Geruch zu verbreiten. Man muß diese Art von Behaglichkeit jetzt schon betreiben, da wir am Weihnachtsabend in Rußland sein werden. Habe das Gefühl, vom Schicksal mal wieder ganz nach oben getragen zu werden. Ein Leben mit Höhen und Tiefen ist lebenswerter als ein plattes Bürgerdasein. Als ich heute morgen nach einem schweren Traum erleichtert aufwachte, hatte ich plötzlich ganz klar den Gedanken, der vielleicht sehr alt ist: Der Tod ist auch nur ein Erwachen von einem schweren Traum.»

Papa malt wenig. Ein gut angefangenes Porträt von Generaloberst Beck,[1] der den Kopf eines Gelehrten hat, zart und sensibel, mußte aufgeschoben werden, weil Beck krank geworden ist. Die Sitzungen waren für Papa ein Labsal. Die beiden verstehen sich gut. Beck betonte wiederholt, er habe seine Generalstäbler schlecht erzogen, sonst wären viele Dinge nicht möglich geworden. Er läßt sich in Zivil malen.

1 Generaloberst Ludwig Beck war 1938 als Generalstabschef des Heeres zurückgetreten, nachdem er vergeblich gegen Hitlers Kriegspläne

Einspruch eingelegt hatte. In der Folgezeit wurde er zum führenden Kopf der militärischen Opposition.

27. Dezember 1942

Von Jürgen kam ein Weihnachtspäckchen mit Spitzen für mich. «Très chic», habe die Verkäuferin gemeint. Seine französischen Quartiersleute hätten beim Abschied tatsächlich geweint. «Que Dieu vous garde»,[1] hätte die alte Frau gesagt.

Eben erschien Raschke, um sich zu verabschieden. Er geht nach Rußland auf ein Kommando. Es entstand wieder diese forcierte Lustigkeit, die ich so hasse, aber wie sollte man sonst eigentlich sein?[2]

1 «Gott behüte Sie.» 2 Im Taschenkalender heißt es unter dem 26. Dezember 1942: «Abends Raschke, der nun wirklich an die Front fährt und etwas unnatürlich frohen Soldatenmutes tut. Komischer Mensch, kalt und unecht.»

28. Dezember 1942

Besuchte mit den Eltern Frau Liebermann, die immer noch relativ ungestört in der Hohenzollernstraße wohnt.[1] Sie hat einen Schlaganfall gehabt und lag im Bett. Beinahe hätte sie in die Schweiz ausreisen können, Freunde, vor allem Albrecht Bernstorff,[2] hatten sich darum bemüht, aber es scheiterte immer wieder an der zu hohen Devisenforderung. Wie sie so dalag, mit dem Vogelgesicht, von Pergament überzogen, mit der kleinen, vertrockneten Hand, war es nicht zu fassen, daß man diese Frau mit ihren 85 Jahren nicht in Frieden sterben läßt, daß auch sie zittern muß, eines Tages abgeholt zu werden. Wieviel Würde ging von ihr aus. Sie war es, die Papa tröstete, die ihn nach Jürgen fragte und nach den Bildern, die er zur Zeit malt. An den Wänden hingen immer noch die herrlichen Bilder, die Liebermann gemalt, und die Impressionisten, die er gesammelt hat.

Jürgen schrieb in einem Brief an Mama: «‹Nicht rechnen, nicht zählen, reifen wie ein Baum, der getrost in den Stürmen des Frühlings steht, ohne die Angst, daß dahinter kein Sommer kommen könnte. Er kommt doch. Aber er kommt nur zu den Geduldigen, die da sind, als ob die Ewigkeit vor ihnen läge, so sorglos, still und weit. Ich lerne es täglich, lerne es unter Schmerzen, denen ich dankbar bin.› Das sagt Rilke, er meint es in bezug auf sein Reifen zum Dichter, aber ich finde, es paßt auch für Dich und mich in bezug auf den Krieg sehr schön.»[3]

Abends bei Bärchen zu ihrem Geburtstag. Waren vorher bei mir unbekannten Juden, denen wir Fett und warme Sachen brachten. Wir mußten dreimal klingeln und dann noch einmal, bevor sie aufmachten. Bärchen kennt viele Adressen. In ihrem Haus am Savignyplatz, einen Stock über ihr, ist eine solche Judenwohnung.[4] Sie wird immer wieder geleert, und immer wieder ziehen neue ein. Bärchen rüstet alle aus, so gut sie kann, mit Woll- und Eßsachen. Sie hat eine Art Organisation geschaffen. Erstaunlich, wie viele Leute ihr Geld und Nahrungsmittel zur Verfügung stellen, denen ich das im allgemeinen nicht zugetraut hätte. Vielleicht wollen sie sich damit von ihrem Gewissen loskaufen. Etwas anderes sind unsere Besuche schließlich auch nicht. Wirklich helfen kann man doch nicht. Wohin sie eigentlich alle geschafft werden, ist nicht herauszubekommen. Mich überkam Trauer. Die Angst um Jürgen war so greifbar, fast hätte ich die Beherrschung verloren.

1 Martha Liebermann, die Witwe des Malers Max Liebermann, blieb auch nach dem Tod ihres Mannes 1935 in Berlin, obwohl sie wegen ihrer jüdischen Herkunft von der Verfolgung bedroht war. Liebermann, Wegbereiter des modernen Impressionismus in Deutschland, war im Dritten Reich Schikanen und Berufsverbot ausgesetzt gewesen. Er war an der Berliner Kunstakademie Lehrer von UvKs Vater gewesen und daher mit der Familie bekannt. 2 Albrecht von Bernstorff wurde 1933 als deutscher Botschaftsrat in London von den Nationalsozialisten entlassen. Er blieb jedoch weiterhin in Kontakt mit dem Oppositionskreis im Auswärtigen Amt und half Verfolgten des NS-Regimes. Im Juli 1943 wurde er von der Gestapo verhaftet und bei Kriegsende von der SS ermordet. 3 Rilke, Briefe an einen jungen Dichter (= Brief an Franz Xaver Kappus vom 23.4.1903), Frankfurt am Main 1991, S. 17. 4 Seit 30. April 1939 wurden jüdische Mieter, oft zwangsweise, in gesonderte «Judenwohnungen» eingewiesen, die von 1942 an eigene Kennzeichnungen erhielten. Auf diese Weise sollte die jüdische Bevölkerung isoliert werden, unauffällig, ohne Errichtung von Ghettos. Ende 1941 begann aus den Judenhäusern heraus die Deportation in die osteuropäischen Ghettos und Vernichtungslager. Zur Eintragung in diesem Absatz kein Beleg im Taschenkalender.

31. Dezember 1942

Die Bilanz dieses Jahres ist nicht ermutigend. Anfangs die Rückzüge in Rußland, die planlose Wollwoche,[1] Rommels Aufgabe der Cyrenaika, die Landung der Amerikaner in Afrika, Kessel bei Stalingrad. Dazu die Bombardierungen des Rheinlands, die Zerstörung Lübecks. Ernährung etwas besser organisiert, vor allem auch durch geschickte Schachzüge wie das «Führerpaket» für Urlauber,[2] Weihnachtssonderkarten und Weinspenden. Sonst Depression über die Ausrottung der Juden, gegen die die Masse der Bevölkerung allerdings gleichgültig bleibt.[3]

1 Im Rahmen einer großangelegten Kampagne wurde die Bevölkerung im Winter 1941 dazu aufgerufen, Wolldecken, warme Kleidung, Pelzmäntel und Skiausrüstungen für die Frontsoldaten zu spenden. Die Bilanz im Januar 1942 ergab ein Spendenaufkommen von insgesamt etwa 4000 Güterwaggonladungen. 2 Führerpaket – Lebensmittelpaket für Soldaten auf Fronturlaub. 3 Im Original-Taschenbuch heißt es unter dem 2. Januar 1943 rückblickend: «Also 1942. Äußerlich gesehen: Ganz übler Beginn mit Rückzügen, Wollwoche, Generalsabsetzungen, die große Frühjahrs-Hoffnung; auch nur im Kaukasus erfolgreich. Dazu am 8. Nov. die amerikanische Invasion in Afrika, verbunden mit Rommels Aufgabe der gesamten Cyrenaika und der ersten wilden Depression überall (Schlacht am Bodensee). Dann wieder allgemeine Konsolidierung. Unsere Besetzung von ganz Frankreich, das energische Festsetzen in Tunis, Italiens Bei-der-Stange-Bleiben, genau wie Finnland [...] und auch dem zähen Standhalten im Osten trotz ständiger Angriffe an wohl allen Fronten, Don-Einbrüche, Kessel um Stalingrad, Nicht-Einnahme Leningrads [...]. Innenpolitisch: Große Schwierigkeiten durch die Bombardierungen der Städte Lübeck, Bremen, Rostock, Düsseldorf, Köln, Mainz, Duisburg. Ernährung im ganzen wohl etwas besser, in punkto Gemüse auch wesentlich besser organisiert, wie auch sehr geschickte Schachzüge wie Weihnachtsspenden, Führerpaket, usw. Sonst allerdings großer Druck durch Verhaftungen [Nikolaus von] Halem, Schub [Harro Schulze-Boysen?], usw. und die Ausrottung aller Juden, wogegen die große Masse allerdings gleichgültig oder auch zustimmend ist.»

3.00 Uhr nachts

Eben gingen unsere Gäste. Bernhard Mutius mit Mutter und beiden Schwestern. Es war ein stiller Abend. Wir spielten die Matthäus-Passion auf dem Grammophon. Bernhard in der schwarzen Panzeruniform, vom Kerzenlicht flackernd beleuchtet, sah unwirklich aus. Erstaunlich, wie dieser überzüchtete Jüngling, der ganze Passagen von Proust auswendig kann, sein Dasein in der Realität Rußlands meistert.

1943

3. Januar 1943

Jürgen schrieb: «Wieviel Macht hat ein Mensch über sein Schicksal? Darüber denke ich oft nach. Ich glaube, man ist an bestimmte Bahnen gebunden, mit gewissen Engpässen, durch die man hindurch muß. Sie lassen dem Menschen aber einen Spielraum, und diesen Spielraum gilt es auszunutzen im guten Sinne. Und daß jeder in seiner Bahn möglichst weit kommt.»

Weihnachten feierten sie im Wartesaal. Jetzt wird er schon in Rußland sein.

7. Januar 1943

Abschiedsabend bei Bernhard mit einigen Offizieren. Weder von Krieg noch von sonstiger Not gesprochen. Wozu ihnen auch das Herz schwermachen. Sie können's doch nicht ändern.[1]

Grausig, wie Bernhard bei der Erwähnung eines Freundes, der am Weihnachtsabend gefallen ist, sagte: «Ich dachte, meine Freunde wären schon alle tot, nun sehe ich, daß noch einer übrig war, an den ich im Moment nicht gedacht hatte.» Die Verluste in den jüngeren Offiziersjahrgängen sind am höchsten. Jürgens sadistischer Unteroffizier bei der Ausbildung der Fahnenjunker in Sondershausen: «Wer geht im Krieg voran?» Im Chor mußte geantwortet werden: «Die Fahnenjunker.» «Warum?» «Damit sie zuerst fallen.»

1 Im Taschenkalender heißt es: «Nachmittag bei Mutius und seinen Kameraden. Nicht besonders nett, mehr Gequatsche. Er ist doch auch zu einseitig äußerlich. [...] Blieb bis 12 trotz großer Kälte. Krieg änderte nichts.»

8. Januar 1943

Jürgen schrieb: «Vorbei am Asowschen Meer. Selbst dieses Küstengebiet, das doch sonst überall durch den Zusammenklang von Erde und Wasser besondere landschaftliche Reize hat, ist hier langweilig, trübe, grau. Gelesen: Trojanische Gesänge von Schiller. Papa gleich Kassandra.»

Abends Geschwister Veltheim zu dritt bei mir, dazu Klausens Freundin Jutta Sorge, Hans Savigny und Zweigert. Savigny las zum Schluß eine seiner Elegien vor.[1] Für unsere NS-geschulten Ohren so ungewohnt wie etwa eine Ausstellung von «Entarteten» im «Haus der Deutschen Kunst».[2] Einer von Savignys Gedanken: Gott hätte den Menschen mit der Entscheidung zu Gut und Böse etwas so Schweres aufgebürdet, daß sie damit nicht fertig werden könnten, folglich böse werden müßten, bis auf Heilige, wie Franz von Assisi. Vielleicht hat er recht. Aber es gibt auch Grenzen des Bösen – oder nicht? Schließlich auch die Umkehr oder die Reue.[3]

Neulich in der U-Bahn an die wirklichen Glücksmomente in meinem Leben gedacht, und wie selten sie einem doch bewußt werden. Seit vier Wochen keine Post von Eberhard.[4] Am Kaukasus soll es übel aussehen. Jürgen schrieb: «Die Leute vertrauen meiner Führung. Angriff auf T., ohne Verluste. Ich bin froh, daß mein Gebet erhört wurde: Herr, laß mich stark sein im Streite.»

1 Im Tagebuch heißt es: «Nachher las S[avigny] eine Elegie auf Jutta vor, lang und eher unverständlich, ich immer in der Angst, rausplatzen zu müssen im Gedenken an Klausens Ausspruch über die widerliche Schwülstigkeit und Erotik des Gedichtes, das trotz allem ärgerlicherweise begabt ist.» 2 Die Ausstellung «Entartete Kunst» war von Juli bis November 1937 in den Arkaden des Hofgartens in München zu besichtigen. In bewußtem Kontrast zur offiziellen «völkischen» Kunstschau im nahegelegenen Haus der Deutschen Kunst wurden darin Werke moderner, in der NS-Zeit verfemter Künstler an den Pranger gestellt. 3 Im Tagebuch heißt es nur: «Savigny brachte eine ganz kluge Überlegung.» Am 10. Januar 1943 hielt UvK eine weitere bemerkenswerte Diskussion vom Vorabend in ihrem Tagebuch fest: «Abends dann bei Ulrich [Doertenbach?], dort Gespräch mit NS-Leuten über Freiheit. Worin sie überhaupt besteht? Einsicht, daß auch im gepriesenen 19. Jahrhundert nicht soviel Freiheit war, wie man denkt. Siehe Konventionen gesellschaftlicher Art und vor allem die verheerende Unfreiheit des Mädchens. [...] Bemerkung eines SS-Mannes bei Ulrich: ‹Es gibt heute schon wieder Leute, die einen Freibrief haben, das sind die Ritterkreuzträger›. Das stimmt. Meine eigene Idee, wo die Unfreiheit unerträglich wird, abgesehen von Kriegsmaßnahmen, die ich einsehe: die ständige Angst vor Denunziation, auch im geschlossenen Kreis Gleichgearteter und das Beispiel meiner Filmkritik über ‹Komödianten›.» 4 Eberhard Fürst von Urach war als Oberstleutnant am Kaukasus im Einsatz.

Mal wieder in Jüngers «Abenteuerliches Herz» gelesen: «Wie Odysseus zwischen Scylla und Charybdis, so segeln wir zwischen Kriegen und Bürgerkriegen dahin – und kennen vielleicht, wie die Fische, nicht einmal den Namen des Vorgangs, in dessen Maschen wir gefangen sind.»[1] Paßt gut auf uns.

Komme mir manchmal vor wie eine Kerze, die an beiden Enden zugleich brennt.[2] Draußen kämpfen Brüder und Freunde für den Sieg, vor dem ich ein Grauen nicht unterdrücken kann. Hitler als Herrscher über Europa? Die Bildseite, die ich für unsere Neujahrsnummer machen mußte, hieß: «Der deutsche Soldat auf der Wacht» – im russischen Winter, unter der afrikanischen Sonne, im U-Boot auf dem Atlantik, in Südfrankreich unter Palmen, in Finnland im Eis. Wie soll diese Spannweite auf die Dauer gehalten werden? Sie ist unmäßig und fordert die Mächte der Vergeltung heraus. «Was hülfe es dem Menschen, wenn er die ganze Welt gewönne und nähme doch Schaden an seiner Seele.»

Aber kann man die Niederlage für sein eigenes Volk wünschen? Ist das nicht pervers? Dem Bürger, der sich an Macht und Besitz freut, im übrigen völlig unverständlich.

Im Moment bin ich völlig abgestumpft. Ist das ein Heilmittel der Natur? Oder ein Nachlassen der Kräfte, die an Jürgen sonst unablässig denken? Wie gefährlich, dies Sichergeben in ein Schicksal, dies ständige Rechnen mit dem Schlimmsten.

Gestern erschien Klaus aus Münsingen. Ich lud ihm ein paar Leute ein. Erst kam Alarm, nach der Entwarnung entstand eine etwas fatale Lustigkeit, die Papa, der von einer Gedächtnisfeier für E. R. Weiß[3] zurückkam und an brennenden Häusern vorbeigegangen war, schockierte.

Ich war bis zum Bersten mit Vitalität und Heiterkeit angefüllt. Eigentlich furchtbar, dieses Gefühl ... durch eine Mauer von allem Schrecklichen abgesperrt zu sein. So als ging nichts mich wirklich an.

1 Ernst Jünger, Das abenteuerliche Herz (Der schwarze Sey) 2 Zu den folgenden Bemerkungen über den Krieg kein Beleg in den Original-Aufzeichnungen. 3 Emil Rudolf Weiß, Direktor der Kunstgewerbeschule in Karlsruhe, war am 7. November 1942 verstorben. Die Gedächtnisfeier fand laut Tagebuch am 16. Januar 1943 statt.

19. Januar 1943

Neulich ziemlich heftiger Angriff, den ich vom Balkon beobachtete. Bis plötzlich ein infernalischer Ton mich schneller in den Keller brachte als je zuvor. In der Zähringerstraße hat eine Sprengbombe zwei Häuser wegrasiert.

Heute in der Stadtbahn, als wir einen Frontzug überholten, hatte ich plötzlich die Vision, jede Radumdrehung führt diese Soldaten näher an den Tod heran. Unaufhaltsam. Auf der Lokomotive stand mit weißer Schrift: Räder müssen rollen für den Sieg. Für den Tod, dachte ich.[1]

1 Im Tagebuch unter dem 21. Januar 1943 folgt an dieser Stelle: «Und daß ich dies nun aufschreibe, ist schon wieder greuliche Literatur. Eben der eitle Nachteil dieses Büchleins, mit dem ich mich doch schon allmählich befreunde.»

22. Januar 1943

Zweigerts Geburtstag in einer italienischen Kneipe gefeiert. Er hielt eine Rede auf die sanfte Gewalt des Stillen und Schönen, der man sich nicht entziehen dürfe. Neben mir saß ein Maler aus der Klosterstraße,[1] der plötzlich sagte: «Ich trinke auf den Soldaten bei Stalingrad oder Rostow, an den Sie jetzt gerade denken.» Ich hatte an Eberhard gedacht, um den ich mich sorge. Zwei Nächte hintereinander träumte ich, er sei in furchtbarer Bedrängnis. Im Kaukasus erfolgreiches Absetzen vom Feind, heißt es im OKW-Bericht.[2]

Schreibe mühsam an einem Artikel: Sehnsucht nach Gesprächen.[3]

1 In einem ehemaligen Schulgebäude in der Klosterstraße lebten und arbeiteten etwa 40 Bildhauer und Maler, die ihre Ateliergemeinschaft als Enklave im gleichgeschalteten Kulturbetrieb betrachteten; unter ihnen Käthe Kollwitz, Ludwig Kasper, Hermann Blumenthal und Werner Heldt. 2 Bericht des Oberkommandos der Wehrmacht (OKW) vom 23. Januar 1943: «Die Absetzbewegung im Nordkaukasus verläuft planmäßig.» Bereits am 11. Januar hatte UvK in ihren Taschenkalender notiert: «Im Kaukasus soll es sehr übel aussehen.» Wie die Offensive in Stalingrad scheiterte um die Jahreswende 1942/43 auch die Eroberung der kaukasischen Erdölfelder, das zweite große Ziel des Ostfeldzuges. Anfang 1943 begann die Heeresgruppe A mit dem planmäßigen Rückzug aus dem Hochkaukasus. 3 Der Artikel «Sehnsucht nach Ge-

sprächen», am 7. April 1943 in der DAZ erschienen, ist ein im Feuilletonstil gehaltenes Plädoyer für menschlichen und toleranten Gedankenaustausch.

23. Januar 1943

Heute in der Pressekonferenz die Nachricht, daß Stalingrad aufgegeben wird. 90 000 Mann. 160 000 waren es.[1] Unvorstellbar. Man wird verrückt, einfach verrückt. Was sie durchgemacht haben in den letzten sechs Wochen, und dann alles umsonst. Der Gesandte Schmidt soll gesagt haben: Die größte Tragödie der Kriegsgeschichte. Wer ist schuld daran?

Allmählich schmilzt auch meine Lethargie. Und gestern trotz allem wieder diese lächerliche weltferne Heiterkeit. Als ich von Zweigerts Geburtstagsfeier nach Hause fuhr und am Bahnhof Zoo ausstieg, stand ein Soldat vor mir und sang: «Zeig mir deine kleinen weißen Hände...» Ich ging an ihm vorüber und zeigte meine Hände: «Gar nicht schlecht, wie?» sagte ich lachend. Ging dann eilends die Treppe hinunter, als er mir nachrief, ob ich nicht noch etwas Zeit für ihn hätte. Wie komme ich auf solche Kindereien?

1 Die 6. Armee in Stalingrad kapitulierte am 31. Januar 1943; am 2. Februar wurden die letzten Kampfhandlungen eingestellt. Von den ursprünglich 250 000 Soldaten hatten nur 90 000 die Kämpfe und den harten Winter im schlecht versorgten Kessel überlebt. Gerade noch 6000 von ihnen kehrten später aus der Gefangenschaft zurück. Die dringend erbetene Erlaubnis zum Rückzug an die Wolga hatte Adolf Hitler kategorisch verweigert, eine Kapitulation kam für ihn nicht in Frage. Bereits am 21. Januar 1943 hatte UvK in ihren Taschenkalender notiert: «Stalingrad scheint aufgegeben.»

25. Januar 1943

Groteskes Leben: Abgründe der Trauer, und dann wieder stundenweise so, als gäbe es ein friedliches Dasein, in dem unsere Bequemlichkeit wichtig ist. Zugleich vollzieht sich in Stalingrad etwas Unbeschreibliches. Radio und Zeitung tun das Ihre mit einem Trommelfeuer der Stalingrader Leiden. Eine Tragödie, die bereits wieder als Propaganda frisiert wird. Schließung aller Bars und Luxusläden, dazu Frauendienstverpflichtung als Gesetz.[1] Sie sollen genauso eingezogen werden wie die Männer. Das wird die Stalingrader Strategie auch nicht wieder gutmachen. Es ist grotesk. In der Redaktion allgemeine Hysterie, weil dauernd andere Befehle aus dem Promi kommen. Alle blaß, nervös, mager und verzweifelt.

1 Die Antwort des NS-Regimes auf Stalingrad war die Mobilisierung zum «totalen Krieg». Vom 27. Januar 1943 an galt für alle Frauen von 17 bis 45 Jahren und alle Männer von 16 bis 65 Jahren eine Meldepflicht. Ziel dieser Verordnung war es, in großem Stil Frauen zur Arbeit in den Rüstungsbetrieben zu verpflichten, um noch mehr Männer an die Front schicken zu können. Weitere Arbeitskräfte sollten durch die Schließung aller Gaststätten, Vergnügungslokale und nicht kriegswichtigen Betriebe am 4. Februar gewonnen werden. Gleichzeitig wurde die Rüstungsproduktion durch längere Schichtzeiten und den Maseneinsatz von Zwangsarbeitern forciert. Im Tagebuch heißt es unter dem 29. Januar 1943: «Heute kam das Gesetz der Frauenmeldepflicht heraus. Alles, was weniger als 48 Stunden arbeitet, wird erfaßt. Eine große Verschärfung zum Totalen, die Bonzen und Drückeberger aber werden sich auch weiter drücken. Das ist ja klar.»

29. Januar 1943

Nachrichten von Jürgen beunruhigend. Auf vereistem Hang kippte sein Panzer um. Er trägt nun einen Verband um den Kopf. Am nächsten Tag bekam er einen Artillerietreffer auf seinen Panzer, der ihm aber nichts tat.

Morgen zehn Jahre Nazismus. Stalingrad ein Vorzeichen für dieses Jubiläum?[1]

1 Im Tagebuch heißt es: «Morgen 10 Jahre Nazismus. Stalingrad ist nicht gerade ein beglückendes Vorzeichen für dieses prächtige Jubiläum.»

31. Januar 1943

Bin verzweifelt. Spiele immer wieder die Bachplatte: O Schmerz, wie zittert das gequälte Herz.[1] Gestern gespenstischer Tag der Zehnjahresfeier, begleitet von Flak[2] bei zwei Tagesangriffen, Reden über das, was wir alles erreicht haben. Wie herrlich uns der Führer vor Untergang, Juden, Bolschewismus gerettet hat. Dagegen Stalingrad, Woronesch, Ladogasee, Illmensee, Rshew, die fliehende Kaukasusarmee.[3] Die Judentransporte. Kann man noch beten? Ich kann es nicht mehr.

1 «O Schmerz! hier zittert das gequälte Herz.» Johann Sebastian Bach, Matthäuspassion, Tenorrezitativ und Choral Nr. 19 (vormals 25). Text von Picander (Christian Friedrich Henricei). 2 Flak – Flugabwehrkanone. 3 Im Tagebuch folgt an dieser Stelle: «Wie kann man dies ertragen! Und wieviel Furchtbareres wird man noch ertragen müssen. [...] Kann man noch echt, konzentriert beten? Oder bin ich in dem fortwährenden Versuch, mich feige zu betäuben?»

2. Februar 1943, nachts

Ging heute abend von der Redaktion zu einem Dämmerschoppen mit Zweigert und den Malern in die Klosterstraße und kam merkwürdig sorglos nach Hause. Fand dann auf dem Tisch wieder die kleinen, schmutzigen Zettel vor, die Jürgens Briefe darstellen. Mich überkam beim Lesen dieser krakeligen Schrift plötzlich eine Verzweiflung, wie ich sie noch nie erlebt habe. Er schreibt am 14. Januar, daß er seit dem 6. Januar zum ersten Male mehr als eine halbe Stunde geschlafen habe. «Nie wird einem die absolute Gewalt des militärischen Gehorsams so offenbar, als wenn man aus einem totenähnlichen Schlaf geweckt wird und zu einer vorgesetzten Dienststelle muß. Viele Verluste. Was ist man für ein Tier geworden. Nächtliche Begegnung mit einem T 34[1] auf zehn Meter.»

Ich weiß es jetzt: Er wird diesen Krieg nicht überleben. Wenn er sterben muß, soll es schnell gehen. «Es wachsen Flügel mir an beiden Schultern, durch stille Ätherräume schwingt mein Geist», so wie es der Prinz von Homburg sagt.[2] Ich wünsche ihm diesen Zustand.

Stalingrad zu Ende. Drei Tage Landestrauer sind angesagt. Alles wird geschlossen.[3]

1 T 34 – sowjetischer Kampfpanzer. In höchster Geheimhaltung geplant, traf sein erstmaliger Einsatz am 3. Juli 1941 die deutsche Armee völlig überraschend und trug erheblich zum Erfolg der sowjetischen Gegenoffensiven bei. 2 Heinrich von Kleist, Prinz Friedrich von Homburg, 5. Akt, 10. Auftritt. 3 Nach der Niederlage von Stalingrad ordnete Josef Goebbels am 3. Februar 1943 die Schließung aller Theater, Kinos, Variétés und ähnlicher Einrichtungen zum Zeichen der Landestrauer an. Im Taschenkalender heißt es unter dem 3. Februar

1943: «Stalingrad zu Ende. Grauenhafte, fluchwürdige Tragödie. 3 Tage Landestrauer. Alles geschlossen.»

6. Februar 1943

Jürgens Division ist lobend im Wehrmachtsbericht erwähnt worden. Man weiß, was das heißt. Adelheid rief aus Elvershagen an. Nur aus Mitgefühl. Mamas Gesicht!

Idiotischer Abend bei mir. Meine Gäste griffen meinen Pessimismus an. Papa sei ätzend verbittert. Wir alle hier in Berlin seien Stammtischstrategen, die von nichts eine Ahnung hätten. Ich wurde scharf, redete unüberlegt und fing fast zu heulen an. Aber ich kann es nicht ertragen, wenn man Papa angreift. Er hat es schwerer als Mama, die immer noch irgendwelche Notwendigkeiten für diesen Krieg sieht.[1]

1 Im Tagebuch heißt es: «Eben gingen Schüddes [Ehepaar Schüddekopf] und Raschkes weg. Ein ziemlich scheußlicher Abend. S[schüddekopf] enttäuschte mich zutiefst, weil er Papa mit dem Wort ätzendverbittert abtat, er und Raschke waren sich einig in ihrem Urteil, daß wir Stammtisch-Strategen seien, die von nichts eine Ahnung hätten. Ich wurde scharf, hysterisch und heulerisch, unüberlegen und gräßlich, aber ich kann es nicht vertragen, wenn man Papa angreift, ohne seine Tragödie zu erkennen. Im Grunde hat er es noch schwerer als Mama, die ja immer noch irgendwelche Notwendigkeiten sieht. [...] Selten ist mir meine zerrissene Lage so schauerlich klar geworden. Man sucht dann irgendwo Zuflucht bei Bach? Hölderlin? Kleist? [...] ‹Wie in der berühmten Kleist'schen Anekdote, wo in dem preußischen Husaren 1806 ein Soldatentum geschildert wird, das unabhängig von dem Mißerfolg des Ganzen seinen Glanz behält, so will ich nach dem besten Können stets meine eigene Kraft einsetzen, ohne nach dem möglichen Ausgang zu fragen.› So schreibt Jürgen am 23. 1., daran muß man sich halten, illusionslos und pflichtgetreu. Sehr schwer.»

7. Februar 1943

Trost suchen bei irgend jemand ist Unsinn, es gibt nur noch die Wärme, die manche Menschen ausstrahlen, die helfen kann. Vielleicht muß man Trost geben, um selbst Trost zu finden. Eben wieder einen dieser unsinnigen Kräche mit Mama, die mich beschimpft, daß ich Dauerwellen habe, Journalistin bin, statt in eine Rüstungsfabrik zu gehen.

Überlegung: Worin besteht Haltung? Habe ich sie an dem fatalen Abend gestern verloren? Es waren aber Tränen der Wut über dieses Maß von Unverständnis. Wie sollte man wirklich sein? Gleichmäßig, beherrscht, eisern, das heißt unnatürlich?

Vielleicht sind die Russen schon in vierzehn Tagen in Warschau.[1] Kleine Handwerksbetriebe werden geschlossen. Alle Waren beschlagnahmt, die Räume und Büroeinrichtungen ebenfalls. Dafür werden sie mit Geld entschädigt. Was ist schon Geld?[2]

Auch die Fakultäten, bis auf Medizin und Technik, sollen schließen. Die Studenten und alle Frauen unter 45 Jahren ohne Arbeit müssen sich zum Einsatz (sprich: Fabrik) melden. Ilse Curtius erzählte, daß die Bonner Professoren im Schießen ausgebildet werden, gegen eventuelle Arbeiteraufstände. Beim Umbruch in der Setzerei sagte mein Metteur: «In eine schönere Zukunft sollen wir geführt werden – Gashahn auf und ab ins Himmelreich!»

1 Diese Mutmaßung beruhte wohl auf einer Mitteilung von Hans Schwarz van Berk, die im Tagebuch unter dem 12. Februar 1943 erwähnt ist: «Vorgestern Anruf Schwarz v. Berk: ‹Sie wissen ja gar nicht, wie schlimm es steht, die Kurfürstendamm-Mädchen versagen, da sie nicht freiwillig in die Fabriken gehen. Was wäre denn, wenn die Russen in 14 Tagen in Warschau sind.› Ist das schon Panik oder Hysterie? Oder Anzeichen einer tollen Improvisation, die sich gefährlich auswirken kann?» 2 Im Tagebuch unter dem 12. Februar 1943 folgt an dieser Stelle: «Eine ziemliche Verproletarisierung wird die Folge sein.»

8. Februar 1943

Gestern abend 70. Geburtstag von Onkel Siegfried.[1] Viele Leute, deren Namen ich nur vom Hörensagen kannte, waren da. Auch Severing und Löbe. Moldenhauer hielt eine Rede.[2] «Sie sind, lieber Kardorff, einen schweren Weg gegangen, aber Sie sind bei aller Tragik etwas geblieben: ein Charakter.»[3]

Unterhielt mich lange mit Paul Löbe. Ein kluger, bescheiden auftretender Mensch mit einem offenen Gesicht. Er sagte, die Arbeiter würden jeder Art von Verfassung zustimmen, wenn Deutschland nur wieder ein Rechtsstaat würde.

Ein Volontär in der Redaktion tut ernsthaft kund, daß er zweihundert Liter Benzin für sein Auto versteckt habe. Dazu zwanzig Eierhandgranaten. Damit will er, wenn die Russen kommen, in die Schweiz fliehen. Ich überlege: fliehen? Ohne Brüder, ohne Eltern, ohne Freunde? Lieber sterben, ich hänge viel zu sehr an diesem Land. Als Emigrantin im Ausland, angewiesen auf die Gnade der anderen, die uns sowieso hassen – das wäre zu schwer zu ertragen.

Merkwürdiger Traum gestern nacht. Hilde, die mit dreiundzwanzig Jahren gestorben ist, erschien mir. Sie sah so aus, daß ich es eigentlich nur mit dem Wort «glückselig» in seiner ursprünglichen Bedeutung andeutungsweise beschreiben kann; sie lächelte und sagte: «Du kannst gar nicht ahnen, wie es hier ist.» Dann war sie verschwunden. Wachte auf und dachte an Jürgen. Ich glaube nicht, daß er noch lebt.

1 Siegfried von Kardorff war von 1920 bis 1932 Abgeordneter, von 1928 an Vizepräsident des Reichstags. Die *Deutschnationale Volkspartei* (DNVP) hatte er 1920 aus Protest gegen den Rechtsruck der Partei verlassen und war zur konservativ-liberalen *Deutschen Volkspartei* (DVP) übergetreten. 2 Die Weimarer Politiker Carl Severing, Paul Löbe und Paul Moldenhauer waren seit der NS-Machtergreifung aus dem öffentlichen Leben verbannt. Severing, bis 1932 SPD-Innenminister von Preußen, zog sich, zeitweise unter falschem Namen lebend, aus dem politischen Leben gänzlich zurück. Löbe, von 1924 bis 1932 Präsident des Reichstags, wurde 1933 als Sozialdemokrat kurzzeitig inhaftiert und nach dem 20. Juli 1944 erneut ins Konzentrationslager eingewiesen. Der DVP-Politiker Moldenhauer, 1929 bis 1930 Wirtschafts- und Finanzminister, beschränkte sich nach 1933 auf seine Lehrtätigkeit an der Technischen Hochschule Berlin. 3 Im Tagebuch unter dem 12. Februar 1943 folgt an dieser Stelle: «Ich überlegte diese Kardorffsche Devise, dazu Jürgen in den anhaltend schweren Kämpfen, Bismarck, das zerfetzte Deutschland usw. und mußte sehr heulen. Dann sprach Siegfried [von Kardorff], heulte dabei. Es war alles sehr rührend.»

12. Februar 1943

Träumte heute, ich käme in unsere Wohnung, die total zerstört war, nur noch geborstene Wände, in der Mitte des Eßzimmers auf dem Parkett eine riesige Blutlache.

13. Februar 1943

Jürgen ist tot. Am 2. Februar bei Slawiansk gefallen. Der Dekan der theologischen Fakultät überbrachte die Nachricht.

16. Februar 1943

Kann nichts tun, nichts denken, nichts schreiben.[1] Heute seine Anzeige in der Zeitung, die ich seit Jahren vor mir sah. Das Kreuz über seinem Namen. Warum wußte ich das immer schon? «Bei den schweren Kämpfen am Donez fiel am 2. Februar im Angriff unser geliebter jüngster Sohn und Bruder, Oberleutnant und Kompaniechef in einem Panzerregiment, Jürgen von Kardorff.» Wir hatten daruntergesetzt «Er starb, wie er gelebt hatte, als tapferer Mensch und gläubiger Christ.» Diese Formulierung ging gerade noch durch. Ist es feige, an Erlösung zu denken? Oder ist unser christlicher Glaube nur eine Schwäche, weil wir ohne ihn den Tod nicht ertragen können?

Manchmal überkommt mich die Angst, ich könnte vergessen, wie Jürgen aussah. Den Klang seiner Stimme, sein heiseres Lachen.

1 Von diesem Datum an bis 2. April 1943 keine weiteren Einträge im Original-Tagebuch, mit Ausnahme einer Aufzeichnung unter dem 23. Februar. UvKs Notizen im Taschenkalender zeugen vom tiefen Schmerz nach dem Tod des Bruders: 14. Februar 1943: «Völlig betäubt. Wie kann man das ertragen?» 15. Februar: «Man kann sich nicht daran gewöhnen, es ist so unfaßbar entsetzlich.» 16. Februar: «Anzeige in der DAZ: ‹als tapferer Mensch und gläubiger Christ›. So steht es nun, was ich schon immer vor mir gesehen hatte.» 17. Februar: «Innerlich alles so hoffnungslos leer.» 19. Februar: «Das Leben geht weiter. Manchmal durchfährt es einen wie ein elektrischer Schlag: Jürgen ist tot.» 20. Februar: «Heute vor einer Woche: Man ist immer noch wie betäubt.» 22. Februar: «Alles läßt einen ganz kühl und kalt bei dem eigenen Schmerz.»

18. Februar 1943

Goebbels redete im Sportpalast vor einer auserwählten Menge, die nur auf Einlaßkarten hineinkam. Es muß wie im Tollhaus gewesen sein. Als er fragte: «Wollt ihr den totalen Krieg?», hat alles «ja» gebrüllt. Einer unserer Schriftleiter, der zur Berichterstattung da war, erzählte uns, wie die Menge getobt hat. Er ist ein ruhiger, bedächtiger Mann und Anti-Nazi. Und doch ertappte er sich dabei, wie er mit aufsprang und um ein Haar mitgeschrien hätte, bis er sich beschämt wieder auf seinen Sitz zurückfallen ließ. Er sagte, wenn Goebbels weitergefragt hätte: «Wollt ihr alle in den Tod gehen?», so hätten sie genauso «ja» gebrüllt.[1]

1 Mit seiner Rede am 18. Februar 1943 im Berliner Sportpalast schlachtete Goebbels den Stalingrad-Schock propagandistisch zur Mobilmachung für den «totalen Krieg» aus. Dabei machte er sich auch die Tatsache zunutze, daß die Alliierten wenige Tage zuvor kategorisch die bedingungslose Kapitulation Deutschlands gefordert hatten. Die ausgesuchte Zuhörermenge ließ sich zu fanatischer Zustimmung hinreißen. Zu dieser Kundgebung kein Beleg in den Original-Aufzeichnungen.

23. Februar 1943

Seit zehn Tagen wissen wir es. Aber am 2. Februar wußte ich es schon. Die Verbundenheit zwischen uns Geschwistern reichte über die Entfernung. Das tröstet mich. Klaus bekommt aus Frankreich keinen Urlaub.

Das Leben geht weiter. Ein Satz, der in seiner Banalität viel Wahrheit hat. Wir haben Jürgens Bild, das Papa vor einem Jahr malte, aufgestellt. Ich mochte es früher nicht, jetzt erkenne ich es besser. In seinem Ausdruck, den ich damals als zu alt empfand, ist schon so viel von seinem Schicksal vorweggenommen. Vor dem Bild stehen täglich neue Blumen von den vielen Besuchern. Wußte nicht, daß ich so viele Freunde habe. Auch nicht, daß Teilnahme Trost geben kann. Die Redaktion ist rührend. Wo gibt es noch einen solchen Zusammenhalt? Auch Schwarz van Berk kam kondolieren. Papa konnte sich nicht beherrschen: «Wie soll denn das weitergehen?» schrie er den Armen an. «Wollen Sie denn, daß die Blüte der Nation sinnlos geopfert wird, nur damit Ihre Bonzen sich ein paar Wochen länger halten können?» Schwarz van Berk blieb still. Was sollte er auch antworten? Papa war außer sich.[1]

Für jeden ist der Verlust eines Sohnes im Kriege furchtbar – jedoch für Menschen wie Papa von besonderer Tragik, denn für sie liegt in diesem Opfer überhaupt kein Sinn. Eine von ihnen gehaßte Führung, die für eine von ihnen gehaßte Idee Krieg führt, fordert das Liebste, was sie haben.

1 Zu dieser Auseinandersetzung kein Beleg in den Original-Aufzeichnungen.

28. Februar 1943

Die letzten Briefe von Jürgen kamen heute. Wie soll ich mir vorstellen, daß die große Pranke die Zettel nicht mehr vollkritzelt, sich nicht mehr bewegt?

Er schreibt am 26. 1.: «Ein Tag Ruhe. Mein Panje-Ehepaar[1] erinnert mich an Philemon und Baucis. Gutmütige Seelen. Wo man hinkommt, küssen sie einem beinahe die Hand. Die plebejischen Anwandlungen der Verzagtheit habe ich überwunden.» Am 27. 1.: «Anscheinend haben die Leute Vertrauen zu mir. Von den anderen zusammengestellten Kompanien wollen alle zu mir. Hoffentlich enttäusche ich sie nicht.»

Von den letzten drei Tagen nichts, wir werden niemals Gewißheit haben, ob der «Volltreffer» auf seinen Panzer – ich will nicht weiter darüber grübeln, immer heißt es Volltreffer, Kopfschuß oder Herzschuß.

Der Brief, mit dem die Nachricht kam, war von seinem Freund, Heerespfarrer Hans-Rudolf Müller, geschrieben.[2] «Ich sitze als Nachtwache auf einem Regimentsgefechtsstand unserer Division und weiß nicht, wie ich es Ihnen sagen soll. Aber Jürgen hat mich darum als um den letzten Liebesdienst gebeten... Ich möchte Sie so gern trösten. Ich hörte Jürgen sagen: ‹Ist denn das so schlimm? Das müssen so viele Familien jetzt durchmachen, und ich habe doch so viel Schönes gehabt in meinem Leben.› Noch bei meinem letzten Zusammensein mit ihm in den ersten Tagen des Einsatzes sprach er mit Dankbarkeit von dem innigen Verhältnis zu Ihnen allen... Jürgen glaubte fest daran, daß Gottes Wege, die er uns durch dieses Leben weist, gut sind. Nie vergesse ich die Stunde vor fast einem Jahr, da er allein zur Abendmahlsfeier kam und wir beide die Nähe Gottes spürten. Gott gebe Ihnen in diesen Tagen seinen Frieden ins Herz.»

Blätterte in alten Briefen von Jürgen, in seinem Tagebuch aus

Frankreich, das er mit vielen Zeichnungen schickte, ehe er nach Rußland ging. Fand eine Stelle, die mich tief berührte. «Auf der Reise nach Angers einen Traum gehabt. Im Kreise von Primanern wirft man einen Ball vor das Direktorzimmer am Ende eines langen Flurs. Ich gehe hin, obwohl ich mir einer Gefahr bewußt bin. Tatsächlich, sobald ich den Ball habe, kann ich mich mit einem Male nur mehr ganz langsam, unter größter Kraftanstrenung bewegen. Da rufe ich ein kleines Kind, es solle mich führen. Das Kind faßt mich an. Kaum habe ich mich seiner Führung anvertraut, ist der Bann gebrochen.» Wenn das Kind als Symbol für einen Engel gesetzt wird, hat dieser Traum etwas Tröstendes. Falls man an Engel glaubt. Oder an Gott. Mir gelingt das kaum noch.

Jeden Morgen kommen viele Kondolenzbriefe. Lorrain Cruse, Jürgens französischer Freund, schreibt aus Paris: «Mit Jürgen lernte ich Deutsch und lernte auch Deutschland kennen. Jenes Deutschland, das über alle Kriege und Regierungsformen hinweg bestehen wird. Oft sprachen wir von der Wiederversöhnung der Völker und von unserem gemeinsamen Ehrgeiz, daran mitzuarbeiten... Oft habe ich mich gefragt, welche Haltung wir wohl eingenommen hätten, wenn ein unglaubhafter Zufall uns als Soldaten einander gegenübergestellt hätte. Beide würden wir unsere Pflicht getan haben, aber ohne Haßgedanken, denn das Schicksal konnte wohl bestimmen, daß wir uns bekämpften, nicht aber, daß wir Feinde würden. Er hat Freunde gehabt wie mich selbst, für die dieses allzukurze Leben doch eine Quelle der Freude gewesen ist. Wenn es möglich wäre, hätte ich gern ein kleines Foto. Ich würde es neben das eines anderen guten Freundes stellen, der in diesem Krieg für Frankreich an der Somme gefallen ist. Vor dem Tod sind alle Gegner gleich.»

Ernst Robert Curtius schrieb aus Bonn: «Wir sind im Innersten verwundet und wie betäubt von diesem Schlage. Jürgen war uns seit Jahren ans Herz gewachsen, wir liebten ihn beide wie einen jüngeren Bruder, und doch noch viel mehr. Eine leuchtende Reinheit ging von seinem Gesicht und seinem ganzen Wesen aus. Sie umgab ihn wie ein Strahlenkranz und wirkte läuternd auf alles, was ihn umgab. In seinem jugendlichen Geiste regten sich immer Tausende von Fragen, auf die er ernsthaft Antwort suchte. Darum war das Zusammensein mit ihm auch für einen alten Professor wie mich so anregend, ja bezaubernd. Auch die letzten Fragen nach dem Sinn des menschlichen Lebens haben ihn ja bewegt, aber er empfing die Antwort darauf aus der Gewißheit seines christlichen Glaubens. Ich bin sicher, daß diese Heilsgewißheit ihm auch in den furchtbaren Prüfungen seiner letzten Lebenszeit Stärke gegeben hat. Er ist nun hindurch durch alles Bittere, und er beginnt ein seliges Leben. Das ist mein fester Glaube. Ihm ist wohl, und er würde wünschen, daß wir das wüßten und glaubten und ihn nicht beklagten.»

1 Panje – Bezeichnung für russische Bauern. 2 Der zitierte Brief ist im Nachlaß nicht überliefert. Am 20. Februar 1943 schrieb Hans-Rudolf Müller an UvK: «[Jürgen]... war mir ständig nähergekommen. Das lag wohl daran, daß wir beide uns nicht nur auf dem christlichen Boden zusammenfanden [...]. Vielmehr verband uns auch ein erstaunlich gleichgerichtetes Urteil über unsere geistige und politische Lage. Jürgen war ja so wundervoll nüchtern und unbestechlich! Seit bei Jarzewo 1941 unser Run zum Halten kam und es klar war, daß wir Rußland nicht im ersten Elan überrennen könnten, war seine Sorge wach und sein Zweifel lebendig. [...] Ihr Leid um Jürgen wird mit der Sorge um die Zukunft unseres Volkes verbunden sein. Wie manches ist schon leidige Wirklichkeit geworden, was wir ahnten. Wenn man nur mehr den Eindruck haben könnte, daß die Krisis (ja das griechische Wort für Gericht und Entscheidung!) uns zur tiefen Einsicht ruft!»

3. März 1943

Frau Liebermann ist tot. Tatsächlich kamen sie noch mit einer Bahre, um die Fünfundachtzigjährige zum Transport nach Polen abzuholen. Sie nahm in dem Moment Veronal, starb einen Tag später im Jüdischen Krankenhaus, ohne das Bewußtsein wiedererlangt zu haben.[1] Welch ungeheuerliche Funktion des Bösen wird hier ausgeübt, und warum bedient es sich gerade unseres Volkes? Durch welche Veränderung ist es eigentlich möglich geworden, aus einem im Durchschnitt gutmütigen und herzlichen Menschenschlag solche Teufelsknechte zu formen? Das spielt sich in einem kaltbürokratischen Vorgang ab, bei dem der einzelne zu greifen ist, Zecken, die sich in den Volkskörper einsaugen und plötzlich ein Stück von ihm geworden sind.

Der Metteur Büssy erzählt mir heute beim Umbruch, daß sich in seiner Gegend am Rosenthaler Platz die Arbeiterfrauen zusammengerottet und laut gegen die Judentransporte protestiert hätten. Bewaffnete SS mit aufgepflanztem Bajonett und Stahlhelm holte Elendsgestalten aus den Häusern heraus. Alte Frauen, Kinder, verängstigte Männer wurden auf Lastwagen geladen und fortgeschafft. «Laßt doch die alten Frauen in Ruhe!» rief die Menge, «geht doch endlich an die Front, wo ihr hingehört.» Schließlich kam ein neues Aufgebot SS und zerstreute die Protestierenden, denen sonst nichts weiter geschah.[2]

In unserem Viertel sieht man so etwas nie. Hier werden die Juden des Nachts geholt. Ohne Bärchen, die unermüdlich für die jüdischen Familien in ihrem Hause sorgt, wüßte ich nicht, wie das vor sich geht. Wie schnell haben wir uns alle an den Anblick des Judensterns gewöhnt.

Die meisten reagieren mit vollkommener Gleichgültigkeit, so wie ein Volontär, der neulich zu mir sagte: «Was interessieren mich die Juden, ich denke nur an meinen Bruder bei Rshew, alles andere ist mir völlig gleichgültig.» Ich glaube, das Volk verhält sich anständiger als die sogenannten Gebildeten oder Halbgebildeten. Typisch dafür ist die Geschichte von dem Arbeiter, der in einer Trambahn einer Jüdin mit dem Stern Platz machte: «Setz dir hin, olle Sternschnuppe», sagte er, und als ein PG[3] sich darüber beschwerte, fuhr er ihn nur an: «Üba meenen Arsch verfüje ick alleene.»

Gestern schwerer Luftangriff. In unserer Nähe, in der Augsburger Straße, brannte ein Dachstuhl. Die Leute bildeten Ketten mit Wassereimern. Mama und ich halfen mit. Als wir etwas erschöpft nach Hause kamen, empfing uns Papa im Pyjama, eine Kerze in der Hand, weil es keinen Strom gab, Prousts Roman «A la recherche du temps perdu» unter dem Arm. Völlig verständnislos fragte er, warum wir denn dort mitgemacht hätten. «Laßt das doch die AGP machen», sagte er. Aus Haß gegen die Partei will er sich absichtlich das Wort NSDAP nicht merken. Ich mußte lachen. Heute stellte sich heraus, daß es 1700 Brandstellen gab, der Prager Platz, gar nicht weit von uns, ist völlig zerstört. Raths verloren alles, auch die Fotografien des ermordeten Ernst[4] und des gefallenen Sohnes. In ganz Berlin das Gerücht, dieser Angriff sei die Antwort auf die Judenverschleppungen.

1 Im Tagebuch heißt es unter dem 2. April 1943 rückblickend: «Am letzten Tag, ehe ich fuhr, beging Frau Li [Liebermann] dann noch Selbstmord. Höllisch war dieses Leben.» Martha Liebermann, die Witwe des Malers, hatte mit der Deportation in ein Vernichtungslager rechnen müssen. 2 Am 6. März 1943 erreichten demonstrierende Frauen, die sich auch durch aufgestellte Maschinengewehre nicht vertreiben ließen, nach mehrtägigem Protest vor dem Polizeiquartier in der Rosenstraße tatsächlich, daß SS und Gestapo etwa 2000 zur Deportation bestimmte Frauen, Männer und Kinder wieder freigaben. Im Tagebuch ist dieses Ereignis nicht explizit erwähnt. Doch unter dem 2. April 1943 heißt es rückblickend: «Dazu die letzten Judenausrottungen. In Lastwagen umhergefahren, von SS-Leuten im Stahlhelm abgeholt, die Angst um die Versippten [vgl. 13. 1. 1944, Anm. 4] und die Halben [«Halbjuden»; vgl. 27. 11. 1943, Anm. 2], und die eigene Hilflosigkeit.» Zu den folgenden Bemerkungen zur Judenverfolgung kein Beleg in den Original-Aufzeichnungen. 3 PG – Parteigenosse der NSDAP. 4 Ernst vom Rath, Legationssekretär an der deutschen Botschaft in Paris, wurde am 7. November 1938 von Herschel Grynszpan erschossen. Der 17jährige Attentäter, der wegen der Abschiebung polnischer Juden aus Deutschland Rache üben wollte, hatte ihn mit dem deutschen Botschafter verwechselt. Das Attentat wurde von der NS-Führung als Vorwand für die Pogrome der «Kristallnacht» ausgeschlachtet. Zum folgenden Gerücht kein Beleg in den Original-Aufzeichnungen.

12. März 1943, Kitzbühel

Die Redaktion hat meinen Urlaub genehmigt. Man hat es mir wohl angesehen, daß ich am Ende meiner Kräfte war.

Daß Krieg ist, kann man sich hier nur mit Hilfe eines intellektuellen Vorgangs klarmachen. Zu spüren ist bei den vielen amüsierbereiten Menschen nichts davon. So einsam fühlte ich mich noch nie.

Angesichts der Natur scheint Jürgens Tod noch unverständlicher, ganz sinnlos. Gehe viel spazieren und denke an ihn. Seit fünf Tagen mit keinem Menschen außer mit der Bedienung gesprochen. Aber an den Berghängen in der Sonne zu liegen ist geradezu befreiend. Wenn auch das Hirn keine Ruhe findet. Jede Nacht träume ich von Jürgen. Immer kommt er als kleiner Junge mit hellen Locken und dicken Backen hilfesuchend zu mir, ich soll ihn vor Gefahren schützen, und innerlich weiß ich, daß ich es nicht kann.

Dieses «war» und «hatte» nun auf ihn anzuwenden – es will mir nicht gelingen.

18. März 1943, Kitzbühel

Beobachtete im Café Reisch die Gier der Mädchen und vor allem der mittelalterlichen Frauen. Die paar Männer, die hier aufkreuzen, werden umgirrt und umgarnt. Hörte, wie neben mir einer sagte: «Nur noch gegen Fleischmarken.»

25. März 1943, Berlin

Wieder zu Hause. Bin etwas ruhiger. Ich sehe Jürgens Tod als ein Opfer an. Gott wird auch dieses Opfer beachten, das vielleicht etwas von dem Bösen, das fortwährend hier geschieht, aufwiegt.

28. März 1943

Viel Arbeit in der Zeitung. Gestern wieder Alarm. Heftiges Schießen. Ich stand auf der Treppe im Dunkeln, als ein Leutnant sich zu mir gesellte: «Darf ich Ihnen meine Hilfe antragen? Wir haben schon einmal zusammen gelöscht, als oben das Atelier Ihres Vaters abbrannte. Damals hatte ich gerade Urlaub.» Wir gingen aufs Dach und rauchten. Dort im Schein des Feuers sah ich, daß er quer über dem Gesicht einen Verband trug. Ich erfuhr, daß er keine Nase mehr hatte. Um uns böllerte die Flak, von ferne sah man Flammen rot aufzüngeln.

Eberhard hat geschrieben, sein Brief ist vom 6. März. Inzwischen dauern die Kämpfe am Kuban an. Jürgen fiel bei Slawiansk, das war der Ort, an dem Eberhard beim Vormarsch meinen Namen in einen Holzzaun geritzt hatte.

29. März 1943

Große Aufregung in der Redaktion, da Silex den ganzen Laden hingeschmissen hat und zur Marine geht. Er war ein idealer Chef.[1] Ich höre noch, wie er lachte, als er mich damals bei der Anstellung fragte, ob ich nicht in die Partei eintreten wolle, und ich sagte: «Ich bin doch nicht verrückt.» Man konnte unerhört offen mit ihm sein. Die ganze Redaktion ist betrübt, daß er geht. Außer ihm, den das Promi haßt, hat sich nur noch Pückler damals freiwillig an die Front gemeldet. Er fiel nach kurzer Zeit in Rußland.

Wolfi Schulenburg schrieb mir zu Jürgens Tod aus Rußland, wo er mit seinem Fallschirmjägerbataillon hingekommen ist: «Es ist aber doch schön, zu wissen, daß dies kümmerliche Menschengeschlecht immer wieder so edle Gewächse hervorbringt, wie es dein Bruder war, und vielleicht liegt es, so wie bei Marwitz und Seckendorff[2] im letzten Krieg und bei vielen, vielen anderen im heutigen, die mit ihnen auf einer Linie standen, nicht in ihrer Bestimmung, daß sie alt werden. Ihre Gestalten veredeln vielleicht so um so stärker unseren Lebensweg und werden uns bewahren, daß wir die Höhenlinie, trotz allem, was um uns vorgeht, niemals verlassen werden. In solchen Zeiten müssen die Menschen, die innerlich zusammengehören, den Kreis fester schließen, dann werden gerade wir diese Zeit bestehen...»

1 Im Taschenkalender heißt es: «Große Aufregung, da Sx [Silex] den Laden hingeschmissen hat und zur Marine geht. Alles überraschend.» Mit seiner Rückkehr zur Kriegsmarine (der er bereits im Ersten Weltkrieg angehört hatte) machte Karl Silex wahr, was er schon 1933 Goebbels gegenüber angekündigt hatte – für den Fall, daß er sich als Journalist mißbraucht fühle. Als Grund für die Kündigung gab er «verletzte Berufsehre» an – nach zehn Jahren der Gängelung durch die NS-Presselenkung. In einer Denkschrift kritisierte er den entwürdigenden Befehlston in der Reichspressekonferenz. Zur weiteren Eintragung in diesem Absatz kein Beleg in den Original-Aufzeichnungen. 2 Gemeint sind vermutlich Hans von Marwitz und Götz Bernhard Freiherr von Seckendorff, die 1915 im Alter von 36 bzw. 35 Jahren als Offiziere in Frankreich fielen.

13. April 1943

Heute vor zwei Monaten erfuhren wir von Jürgens Tod. Arbeite nicht gut. Solche Tage wie die letzten zerrinnen unter den Händen. Papa malt endlich wieder. Er hat ein neues Porträt angefangen: Philipp Bismarck. Die Arbeit scheint ihm Freude zu machen.

15. April 1943

Gestern kamen Jürgens restliche Sachen. Gefallen für Großdeutschland, stand auf dem Absender des Paketes. Der Anblick wühlte alles wieder auf. Seine Bücher: Luther, Rilke, Kant, Spengler, Tolstois «Krieg und Frieden», ein frivoler französischer Roman und die Bibel. Typisch für ihn. Dazu die beiden Eisernen Kreuze.[1] Der Siegelring war nicht dabei. Unter seinen Briefen fanden wir den Entwurf zu einem Kondolenzbrief an Frau Beheim, deren Sohn im Januar gefallen ist. Er schrieb darin: «Trotz allem Unglück werde ich den Glauben nicht los, daß auch dieser Krieg seinen Sinn hat, nur daß wir den Sinn noch nicht erkennen, denn es passiert in der Welt nichts Sinnloses, nichts, was Gott nicht gewollt hat.»

So gibt er nachträglich selbst noch eine Antwort auf meine Fragen. Und doch denke ich oft, der Jenseits-Glaube ist nichts als eine menschliche Erfindung, einfach weil wir in der Angst vor dem Tode eine Stütze brauchen. Aber weil es in Jürgens Sinn ist, will ich wenigstens versuchen, daran zu glauben, daß er jetzt glücklich ist.

Es ist halb zwölf Uhr nachts. Der Sender geht noch. «Die Bienen», wie Werner Fiedler das Fliegerstörgeräusch nennt, sind noch nicht in Aktion getreten. Ich werde zu Bett gehen. Muß mein Leben mit neuen Inhalten füllen. Es hängt wie ein schlaffer Sack um mich herum.

1 Eisernes Kreuz – Kriegsorden preußischer Herkunft. 1870, 1914 und 1939 erneuert, im Zweiten Weltkrieg in vier abgestuften Graden verliehen.

16. April 1943

Vielleicht ist es nur der Frühling mit seiner Sonne, aber ich denke, daß irgend etwas Schönes in der Luft liegt. Wahrscheinlich nur eine wunschträumerische Einbildung. Ob Glück und Unglück zu gleicher Zeit auf verschiedenen Bahnen auf einen zuströmen können? Zugleich, ohne daß das eine das andere tötet? Ich möchte den Schmerz um Jürgen nie verklingen fühlen.

Häfner von der Redaktion des «Reich» ist gefallen. Ich erinnere mich, wie er während seines letzten Urlaubs sagte: «Das habe ich an der Front gemerkt, Gott und Religion brauche ich auch da nicht.» Sind Menschen, die ohne Glauben sterben, nicht noch mehr zu beklagen? Häfner sagte auch: «Todesahnungen habe ich nicht, aber wenn man sieht, wie viele schon gefallen sind, erscheint einem die Chance, ein Freilos zu ziehen, immer geringer.»[1]

1 Im Taschenkalender heißt es unter diesem Datum: «Nachmittag Fr. Rodens erzählt grausige Sachen von ihren Luftschutz-Erlebnissen. Juden wurden nicht verbunden, usw.»

19. April 1943

Alles in großer Nervosität, weil morgen Adolfs Geburtstag ist. Seine Untertanen verlassen panikartig die Hauptstadt, weil sie fürchten, daß die Geburtstagsfeier mit gar zuviel feindlichem Feuerwerk begangen wird.

20. April 1943

Führers Geburtstag! Überall geflaggt, dabei ist die halbe Stadt geflüchtet. Fuhr mit Ilse Urbach zum Kondolieren zu Frau Häfner. Sie saß da und schrieb Stellen aus dem Tagebuch ihres Mannes ab, um sie herum lagen Bücher, Hölderlin und Rilke. Durch die Kinderlähmung, die sie im vergangenen Jahr bekam, ist sie fast gehunfähig.[1] Nun ist der Mann, für den sie ausschließlich lebte, tot. Trotzdem ging eine beinahe heitere Gelassenheit von ihr aus. Leid kann Größe haben, eine Erkenntnis, die man erlebt haben muß.

Der Weg zurück führte nur durch Trümmer. Unheimlich, die blühenden Gärten, in denen ein Haufen Steine ahnen läßt, daß dort einmal ein Haus stand.

Von Eberhard ein Brief. Er führt vertretungsweise ein Regiment. Gestern abend große Depression. Ich lese Montherlant, «Pitié pour les femmes». Diese Kälte bringt mich zur Verzweiflung. Wie er die Frauen durchschaut, ihre Gier, ihre Heiratsgier, das ist grausig. Dabei klug und witzig.

1 Im Tagebuch folgt an dieser Stelle: «Dabei dieser Grad an Tapferkeit.

Das hat schon etwas, wie die Urbach richtig sagte, von antiker Größe. Dabei so schlicht, so ohne Phrase. Fabelhaft. Dieses Volk ist schon sehr zu bewundern und es wird ganz einfach nicht untergehen.»

25. April 1943

Melancholisches Ostern. Klaus soll eventuell nach Tunis. Wenn sich das bewahrheitet, verzweifle ich endgültig. Seit Wochen höre ich nichts anderes, als daß wir Tunis nicht halten können. Die Zyniker sprechen von «Tunisgrad».[1] Warum soll man eigentlich wehrlos wie ein Kaninchen dasitzen und zusehen, wie alles rundum vernichtet wird? Bald ist das Maß voll. Bekam einen unbeherrschten Anfall in der Redaktion bei dem armen Bärchen, die vor Schrecken beinahe anfing zu weinen. Ich scheiß auf die preußische Haltung, schrie ich hemmungslos, ich will nicht auch noch um den letzten Bruder zittern müssen.

War auf der Beerdigung von Hammerstein.[2] Eine unsentimentale Feier. Viele Generäle, ein Riesenkranz von Hitler. Hardenberg und viele andere Bekannte. Mit Hammerstein geht wieder ein Mann dahin, auf den viele ihre Hoffnungen gesetzt hatten. Papa hat ein gutes Bild von ihm gemalt, obwohl damals seine Krankheit, eine Geschwulst an der rechten Gesichtsseite, schon begonnen hatte. Er erzählte Papa schmunzelnd, wie ihn 1934 einige Parteigrößen gefragt hätten, ob es wahr sei, daß er gegen Hitler und für eine Monarchie sei. Er habe nur geantwortet: «Stimmt uffn Knopp.»

Ich kannte kaum einen Menschen, der so offensichtlich ablehnend gegen das Regime war, ohne jede Vorsicht, ohne jede Furcht. Erstaunlich, daß er nie verhaftet worden ist.[3] Er erzählte jedem, der es hören wollte, daß wir Rußland niemals besiegen könnten, und sagte schon 1939 voraus, daß wir den Krieg verlieren würden. Während der Feier mußte ich daran denken, wie ich ihn in Neuhardenberg erlebt hatte, wie ich mit ihm auf dem Anstand saß, seine Zigarre hielt, während er auf Sauen schoß – und traf. In seinem einfachen Jagdjöppchen wirkte er behäbig und gemütlich, ganz uneitel. Diese äußere Bonhomie stand im Gegensatz zu den geißelnden Verurteilungen, die er aussprach, mit leichtem Berliner Dialekt, langsam, fast nebensächlich, aber zielsicher. Das trug ihm den Ruf ein, verbittert zu sein. Wie leicht werden die schärfer Sehenden mit einem solchen Adjektiv bedacht. Oft höre ich dieses Urteil auch über Papa. Zu mir war Hammerstein von fast altväterischer Höflichkeit. «Kopf freihalten für große Entschlüsse», war die Devise dieses herrlich faulen Menschen, der keine Kompromisse kannte.

1 Das nach Tunesien zurückgedrängte deutsch-italienische Afrika-Korps, dessen Befehlshaber Generalfeldmarschall Erwin Rommel aus Krankheitsgründen abgelöst worden war, konnte den an Waffen und Material weitaus überlegenen britischen und alliierten Truppen kaum mehr etwas entgegensetzen. Anfang Mai verfügte die Heeresgruppe gerade noch über 76 Panzerkampfwagen. Bereits am 31. März 1943 hatte UvK in ihren Taschenkalender notiert: «Sehr nettes Frühstück mit Graf Hardenberg und einem General. Tunis scheint übel auszusehen. Grf. sehr optimistisch.» 2 Generaloberst Kurt Freiherr von Hammerstein-Equord war 1933 als Chef der Heeresleitung zurückgetreten, nachdem er für seine Intervention gegen Hitlers Machtergreifung in der Truppe keine Unterstützung mehr gefunden hatte. Von Hitler 1939 wieder als Befehlshaber an der Westfront reaktiviert, plante er dessen Festnahme während eines Heeresbesuches. Diesem Vorhaben kam jedoch seine endgültige Entlassung Ende 1939 zuvor. Am 25. April 1943 starb Hammerstein in Berlin. Während der Beerdigung, zwei Tage später, hatte UvK laut ihrem Tagebuch ihre erste Begegnung mit Fritz-Dietlof von der Schulenburg. Es heißt dort: «Ich saß neben Wolfis [Wolf Werners] Bruder Fritzi, er muß es wohl gewesen sein. Seltsames Gefühl!» 3 Im Tagebuch unter dem 27. April 1943 wird Hammersteins politischer Standpunkt nur vage angedeutet: «Viele Hoffnungen lagen auf ihm. [...] Ein unbeugsamer, aufrechter Mann, ohne Kompromisse.»

4. Mai 1943

In der Redaktion entdecken sie Reportage-Fähigkeiten an mir, wollen mich aus dem Feuilleton ausgraben und mir gräßliche Aufträge geben. Wie rette ich mich davor?[1]

1 Für diese Entscheidung war laut Tagebuch vom 6. Mai 1943 die überwiegend positive Resonanz auf UvKs Reportage «Kriegsjugend 1943» zwei Tage zuvor ausschlaggebend. Im Tagebuch heißt es weiter: «Zweischneidiges Schwert. Viel Arbeit, und ich will nicht auch noch in [!] die Propagandamaschine geschlossen werden.»

Wann war ich in den letzten Wochen wirklich froh? Nur sekundenweise auf dem Balkon in der Sonne oder bei der Arbeit in der Redaktion.[1] Der Zusammenhalt dort ist außerordentlich. Es gibt keine Intrigen, keinen Neid, oft aber etwas zum Lachen. Trotz all dem Ärger mit dem Promi. Werner Fiedler hat sich mit seinen frechen Filmkritiken wieder etwas eingebrockt. Seit einigen Monaten zitierte er immer, wenn er etwas besonders Kühnes sagen wollte, einen alten Professor Müller-Maushagen, den er erfunden hat. Müller-Maushagen sagte scharfe, witzige Dinge, und da er nach dem Willen seines Schöpfers bereits vor dem Dritten Reich gestorben war, konnte er sich allerhand leisten. Nun aber kam der arme Fiedler in Bedrängnis: Vor ein paar Tagen marschierte eine ganze Familie Müller-Maushagen in das Feuilleton, die, beglückt, einen solchen klugen Vertreter in ihrer Ahnenreihe zu wissen, mit dem Ahnenpaß[2] aufkreuzte und von Fiedler wissen wollte, wo denn die Werke dieses Vorfahren eigentlich zu finden seien. Fiedlers Haare kräuselten sich förmlich vor Verzweiflung. Er wand sich wie ein Aal, und erst unter Hinweis auf seine evakuierte Bibliothek gelang es ihm sie wieder loszuwerden. Leider wird Professor Müller-Maushagen hinfort seine Sentenzen verschweigen müssen.

Beobachtung: Wenn man einmal singen hört auf der Straße, sind es Ausländer. Man selbst kommt sich ganz deplaziert vor, wenn einem aus Versehen eine Melodie aus der Kehle hüpft.

Tante Ada (Mies van der Rohe)[3] kam und erzählte, daß ihre Juden, die sich seit Monaten bei ihr versteckt gehalten hatten und die sie mit Hilfe ihrer jüngsten Tochter in Salem über die Schweizer Grenze bringen wollte, wieder zurückgekommen sind. Die Polizei hat sie nicht über die Grenze gelassen.[4] Tante Ada ist verzweifelt. Bei Alarm können sie nicht in den Keller, und wenn herauskommt, wen sie versteckt, wird sie verhaftet.[5] Am Ende steht das KZ. Wir gaben ihr Geld und Essen mit.

Von unseren «Tauchern»[6] hörten wir nichts mehr. Sie kamen anfangs noch ab und zu, das letzte Mal ohne Stern, erzählten, daß sie bei der Nachfrage nach anderen Juden von einem Polizisten festgenommen worden waren, der sie aber schließlich mit den Worten: «Aber laßt euch hier nicht mehr blicken!» wieder laufen ließ. Was mag aus ihnen geworden sein?

Täglich schwere Angriffe am Kuban.[7] Meine Angst um Eberhard steigt.

1 Zur folgenden Eintragung in diesem Absatz kein Beleg in den Original-Aufzeichnungen. 2 Der Ahnenpaß war ein Vordruck, in den jeder Bürger den Familien-Stammbaum eintragen mußte, um seine «arische Abstammung» nachzuweisen. 3 Ludwig Mies van der Rohe, der als progressiver Architekt und ehemaliger Direktor des Bauhauses in der NS-Zeit unter Berufsverbot stand, emigrierte 1937 in die USA. Seine Frau Ada war eine Cousine von UvKs Mutter. Zur Eintragung in den beiden folgenden Absätzen kein Beleg in den Original-Aufzeichnungen. 4 Die Schweiz blieb auch während des Krieges grundsätzlich Aufnahmeland für Flüchtlinge. Die Einreiseerlaubnis wurde jedoch mit einschneidenden Auflagen, so etwa dem Nachweis von Devisenbesitz, verknüpft. 5 Zu den diskriminierenden Verordnungen, die die Juden in Deutschland öffentlich isolieren sollten, gehörte auch das Verbot, mit «arischen Volksgenossen» zusammen die Luftschutzkeller aufzusuchen. 6 «Taucher» oder «U-Boote» nannte man die Menschen, die «untertauchen», also in der Illegalität leben mußten. Als Josef Goebbels die Reichshauptstadt im August 1943 für «judenfrei» erklärte, hielten sich weiter fast 5000 jüdische Bürger in Berlin verborgen, von denen rund 1200 das Ende der NS-Herrschaft überlebten. 7 Auf dem «Brückenkopf Kuban», einer Halbinsel an der Meerenge zwischen dem Asowschen und dem Schwarzen Meer, hatten sich die zurückgedrängten deutschen Truppen Anfang 1943 verschanzt. Von April 1943 an wurde der Kuban zum Hauptstützpunkt der Heeresgruppe A im Süden und zum Ziel sowjetischer Angriffe.

11. Mai 1943

Gestern kam ein Brief von Eberhard. Seine Urlaubschancen sind größer geworden. Ich wage nicht, mich zu freuen. Fange aber schon an, Wein zu sparen. Die Sonne scheint so schön, warum soll ich immer nur trübe Gedanken haben. Die Eltern sind weggefahren. Eben Anruf eines Leutnants von Klausens Einheit. Sie werden verlegt. Anscheinend Neapel. Tunis hat inzwischen sein Ende gefunden.

Hebbel über den Tod seines besten Freundes: «Der Tod eines heißgeliebten Menschen ist die eigentliche Weihe für eine höhere Welt. Das habe ich in der letzten Zeit auf das innigste empfunden. Man muß auf Erden etwas verlieren, damit man in jenen Sphären etwas zu suchen habe!»[1]

Beim Abenddienst gab mir heute Fiedler ein Flugblatt aus München von Studenten, die verhaftet und hingerichtet worden sind. Bin tief beeindruckt. Endlich wieder die Sprache, die das Wort «Vaterland» mit einem neuen Klang erfüllt. Auf einem zweiten Blatt stand zu lesen, wie diese beiden jungen Menschen, ein Geschwisterpaar Scholl,[2] gestorben sind. Mit überlegener Haltung dem geifernden Freisler[3] gegenüber. Schrieb beide Blätter in großer Eile mit acht Durchschlägen ab. Gab einen Durchschlag einem befreundeten Redakteur, der ihn vervielfältigen lassen will, um ihn an die Front zu schicken. Möchte mich mehr an solchen Dingen beteiligen, obwohl bei der Vorstellung KZ mein ganzer Mut in ein Häufchen Feigheit zusammensinkt.

Gestern den ganzen Tag in der Brunnenstraße eine AEG-Fabrik besichtigt und die soziale Betriebshelferin interviewt. Die Frauen sahen nicht so elend aus, wie ich es mir vorgestellt hatte. Die meisten von ihnen sind dienstverpflichtet, und Dienstverpflichtung ist unabwendbar, nur schwere Krankheit oder Schwangerschaft kann davor retten.[4] Bei Arbeitsverweigerung droht das KZ. Viele haben nach der Fabrikarbeit noch Kinder zu versorgen. Dazu kommen die durch Luftalarm gestörten Nächte. Doch hörte ich kein Wort, das auch nur etwas verbittert klang. Angst oder Ergebung?

Es gibt jetzt 400 Gramm Fleisch weniger im Monat, dafür 50 Gramm Fett mehr. Das ist ein Butterbrot pro Woche.[5]

1 Friedrich Hebbel, Brief an Charlotte Rousseau vom 14. 11. 1838 (über Emil Rousseau). 2 Hans und Sophie Scholl, Studenten an der Universität München, waren am 22. Februar 1943 als Inspiratoren des Widerstandskreises «Weiße Rose» nach einem Prozeß vor dem Volksgerichtshof hingerichtet worden. Gut zwei Monate später, am 6. Mai 1943, hielt UvK im Tagebuch fest: «Heute von Feldwebel S. und Schwester gehört. Wunderbare Menschen. Heiße Wellen einer echten Begeisterung empfunden. Gelübde: Wenn Klaus und Eberhard auch noch sterben müssen, dann will ich mitarbeiten. Irgendwie wird das schon gehen: was ist denn schon das eig'ne Leben. Aber vielleicht sind dies auch nur dumme heroische Phrasen. Im Grunde ist man ja doch entsetzlich feige.» 3 Roland Freisler, seit August 1942 Vorsitzender des für Hoch- und Landesverratsprozesse zuständigen Volksgerichtshofes, inszenierte die Verhandlungen in der Art von Schauprozes-

sen. Der Versuch, die Angeklagten zu erniedrigen und lächerlich zu machen, kehrte sich jedoch oft gegen den fanatisch tobenden «Blutrichter» im roten Talar. Etwa 90 Prozent seiner Urteile lauteten auf «lebenslänglich» oder «Todesstrafe». 4 Von der Meldepflicht ausgenommen waren Berufstätige in wichtigen Branchen, werdende Mütter und Mütter mit einem schulpflichtigen Kind oder zwei minderjährigen Kindern. Insgesamt zeigte sich nur etwa ein Viertel der rund drei Millionen erfaßten Frauen einsatzfähig. Die großangelegte Mobilisierungskampagne erwies sich als Fehlschlag. 5 Die wöchentlichen Lebensmittelrationen für «Normalverbraucher» seit 31. Mai 1943: 250 statt zuvor 350 Gramm Fleisch, 2325 statt 2250 Gramm Brot und 218 statt 206 Gramm Fett.

12. Mai 1943

Lernte bei Irmgard Knyphausen einen Hamburger kennen, mit dem ich schnell in ein politisches Gespräch kam.[1] Wir waren einer Meinung, so gab ich ihm nach kurzer Zeit den Durchschlag des Scholl-Flugblattes. Bärchen beobachtete das mit Argusaugen und wollte es ihm wieder entreißen. Sie machte mir Vorwürfe wegen meines Leichtsinns. Natürlich hat sie recht. Doch verlasse ich mich mit einer fast somnambulen Sicherheit auf meinen Instinkt. Ich finde, man kann das Klima eines Gleichgesinnten schnell erspüren. Er sagt nicht «der Führer», sondern Hitler, er sieht die Lage im Osten skeptisch an, er liest die Frankfurter Zeitung[2] oder die DAZ, er geht lieber in französische Filme als in die Monstrefilme der UFA,[3] er verachtet das «Haus der deutschen Kunst»[4] und seine Kunst. Er liest Jakob Burckhardt, Spengler, englische Romane oder französische Lyrik, kennt die betreffenden Stellen in »Dichtung und Wahrheit» über die Dämonen oder bei Heine über die Warnung vor dem germanischen Gott Thor oder das Gedicht von Gottfried Keller über die Verleumder oder das Gedicht von Claudius «'s ist leider Krieg, – und ich begehre nicht schuld daran zu sein».[5] Er hört sich lieber Kammermusik als Wagneropern an und drückt sich vor Parteikundgebungen und Aufmärschen. Er stellt das Radio ab, wenn Hitlerreden daraus ertönen, hört den englischen Sender und hat eine gewisse pessimistische Art, über die Ernährungs- oder die Benzinlage zu reden. Er verweist mit besonderem Nachdruck auf Stalingrad. Möglich, daß Provokateure auch so vorgehen, aber sie machen es meist gröber. Möglich, daß ich einmal hereinfalle, aber ich kann mich nicht fortdauernd in ein Schneckenhaus des Mißtrauens verkriechen.

Die Weitergabe des Flugblattes wird als Landesverrat geahndet.

1 Zur Eintragung unter diesem Datum kein Beleg in den Original-Aufzeichnungen. 2 Die *Frankfurter Zeitung* (FZ), die bekannteste der großen demokratischen Zeitungen, nützte den Freiraum, der ihr mit Rücksicht auf das Ausland eingeräumt wurde, und enthielt sich weitgehend der Propaganda-Phraseologie. Dem System der gelenkten Presse konnte sich jedoch auch die FZ nicht entziehen. Ihr Verbot am 10. August 1943 markierte die Grenze der Bewegungsfreiheit. 3 Die *Universum-Film-AG* (UFA), die wichtigste deutsche Filmgesellschaft nach dem Ersten Weltkrieg, wurde 1927 vom rechtsnationalen *Hugenberg*-Konzern aufgekauft und 1933 dem NS-Propagandaapparat einverleibt. In der NS-Zeit produzierte die Filmfabrik, deren Monopolstellung von 1937 an unumschränkt war, in erster Linie Unterhaltungs- und Ablenkungs-Kino. 4 Das Haus der Deutschen Kunst in München, 1937 fertiggestellt, sollte als Repräsentativbau und Ausstellungsraum den neuen «völkischen» Kunstgeschmack verkörpern. Im Volksmund hieß der kantige, säulenbewehrte Flachbau «Hauptbahnhof Athen». 5 Johann Wolfgang von Goethe, Aus meinem Leben. Dichtung und Wahrheit. In Betracht kommen (nach der «Hamburger Ausgabe») Bd. 9, S. 30, S. 87; Bd. 10, S. 127, S. 183. – Heinrich Heine, Schluß der Schrift «Zur Geschichte der Religion und Philosophie in Deutschland»: «Die alten Götter erheben sich dann aus dem verschollenen Schutt, und reiben sich den tausendjährigen Staub aus den Augen, und Thor mit dem Riesenhammer springt endlich empor und zerschlägt die gotischen Dome...» – Gottfried Kellers Gedicht «Die öffentlichen Verleumder» – Matthias Claudius' Gedicht «Kriegslied».

15. Mai 1943

Ich habe mich nicht getäuscht. War abends mit ein paar Leuten bei meinem Hamburger, er heißt Richard Thilenius, eingeladen; nach ein paar Minuten wurde bereits das Flugblatt heftig diskutiert.[1] Man merkte sofort: Hier war man unter sich.

Unter den Berliner Studenten scheint man nichts von den Scholls zu wissen. Sprach mit Schwab-Felisch darüber, der als Volontär in die DAZ eingetreten ist und nebenbei studiert. Sein Vater, ein bekannter Sozialist, sitzt wegen Umsturzversuchen der Linken im Zuchthaus.[2] Schwab hat mit Jürgen am Französischen Gymnasium das Abitur gemacht und ist der einzige ihrer Klasse, der jetzt noch in Deutschland ist, denn alle anderen sind, weil sie Juden oder Halbjuden waren, ausgewandert. Er sagte, das Mißtrauen unter den Studenten sei so groß, daß keiner offen rede. Kaum trauten die Freunde einander; ausgeschlossen, in einem größeren Kreis ein solches Thema auch nur andeutungsweise zu behandeln. Jugend sei immer revolutionär, sagte ich – aber er machte mir klar, daß diese Jugend keine Zeit dazu habe. In den paar Monaten Studienurlaub können sie nur an die Arbeit denken. Aus den russischen Schützengräben wird keine Opposition aufsteigen. Wer um sein Leben kämpft, hat keine Muße, darüber zu grübeln, ob ihm seine Regierung gefällt oder nicht.

Heute brachte ein Leutnant von Klaus die Nachricht, daß sie nach Neapel kämen. Das klingt angenehm.

Draußen riecht es nach Frühling.

Die Eltern sind nach Bayern gefahren.

1 Im Taschenkalender heißt es: «9 bis 1 bei Thilenius, Kaffee, Sherry. Netter Freund, aufregende Gespräche.» Zur Eintragung in diesem und im folgenden Absatz kein Beleg in den Original-Aufzeichnungen.
2 Alexander Schwab, Journalist und Pädagoge, der sich zu Beginn der Weimarer Republik bei der *Kommunistischen Arbeiterpartei* engagiert hatte, war bereits 1933 ein halbes Jahr in «Schutzhaft» genommen worden. Nach seiner Entlassung betätigte er sich in der räte-kommunistischen Widerstandsgruppe «Rote Kämpfer», die Kontakt mit Emigranten unterhielt und eine illegale Zeitschrift herausgab. Nach der Zerschlagung der Organisation wurde er am 17. November 1936 festgenommen, gefoltert, verhört und 1937 zu acht Jahren Zuchthaus verurteilt, die er in verschiedenen Strafanstalten und im Konzentrationslager Börgermoor verbrachte.

19. Mai 1943

Das Leben ist manchmal wie ein Roman. Kam gestern wie üblich in letzter Minute in die Redaktion gehetzt, riß die Tür zu meinem Zimmer auf und sehe eine uniformierte Gestalt auf meinem Schreibtisch sitzen. Dachte zunächst, es wird irgend ein Kriegsberichterstatter sein – statt dessen war es Eberhard, den ich in schweren Kämpfen am Kaukasus wähnte. Mußte mich erst mal käsebleich auf einen Stuhl setzen, so überrascht war ich. Er ist verändert, älter, ernsthafter, manchmal dabei fast kindlich in der Art, sich zu freuen – und doch in den Augen immer wieder ein Ausdruck von Fremdheit. Die eine Hälfte seines Wesens ist nicht zu fassen, draußen, verloren in der Weite des Ostens. Schwänzte die Redaktion, raste zum Friseur, zog dann das neue schwarze Kleid an, das ich mir in einem Anfall von Leichtsinn für meine letzten Punkte bei Kühnen gekauft habe.

25. Mai 1943

Eberhard blieb zwei Traumtage lang. Will auf der Rückfahrt noch einmal vorbeikommen. Meinen Pessimismus teilt er nicht.[1] Er müsse es besser wissen als ich, ob der Kuban noch zu halten sei, denn er käme ja von dort. Möglich, daß er recht hat, ich glaube es nicht.

Wir haben jetzt eine kleine Ostarbeiterin,[2] die zweimal in der Woche in unserem Haushalt hilft, hauptsächlich, um sich satt zu essen. Unsere ukrainische Köchin, Frau Menzendorf, Emigrantin des Ersten Weltkrieges, bemuttert das Sowjetmädchen wie ihre eigene Tochter. Als ich Njura ein Kleid und eine grüne Kette schenkte, waren beide vor Freude ganz außer sich. Während eines Luftalarms, bei dem ich oben blieb, um den englischen Sender zu hören, kam Njura aus dem Keller heraufgestürzt, umarmte mich beschwörend und weinte, weil ich nicht mit ihr hinuntergehen wollte. Sie ist anhänglich wie eine Hauskatze und immer fröhlich, obwohl sie Heimweh hat. Sie muß in ihrem Dorf am Schwarzen Meer gut gelebt haben, scheint auch religiös zu sein. Welche Märchen und welche Wahrheiten werden uns über den sphinxhaften Osten immer wieder dargeboten?

1 Im Tagebuch heißt es unter dem 19. Mai 1943: «Als er dann kam, unterhielten wir uns über 1000 Dinge, leider auch Politik, wo wir keineswegs übereinstimmen.»

2 Im September 1942 wurden aus Osteuropa rund 500 000 «hauswirtschaftliche Ostarbeiterinnen» nach Deutschland geholt. Sie sollten die deutschen Haushälterinnen ersetzen, die zum Reichsarbeitsdienst eingezogen wurden.

27. Mai 1943

Mein Artikel über die Fabrikarbeiterinnen hat nicht gefallen. Wurde heute früh von einer wütenden Arbeiterin anonym angerufen. Was sie mir eigentlich vorwarf, konnte ich nicht herausbringen. Dabei habe ich mich bemüht, die Lage dieser so schwer arbeitenden Frauen möglichst realistisch zu schildern, was bei den Vorschriften, die uns das Promi macht, ohnehin ein rechter Eiertanz war.[1] Zum Glück gelang es mir wenigstens, einen von höchster Stelle befohlenen antisemitischen Artikel abzudrehen. Von jedem einzelnen in der ganzen Zeitung wird so etwas verlangt, in jedem Ressort, auch im Feuilleton. Ich sagte: «Mein Bruder ist gefallen, habe ich nicht genug Opfer gebracht?» Rührenderweise ging der Chefredakteur[2] auf diese Unlogik ein. Frage mich mit Schrecken, wieweit ich standhaft geblieben wäre, wenn man mir mit sofortiger Entlassung gedroht hätte. Ich hätte ganz bestimmt nachgegeben.

1 Im Taschenkalender heißt es unter dem 2. Juni 1943: «Anruf morgens einer wütenden Frau wegen meines Leiters [Leitartikels]: zu rosig, zu wenig NS.» Der Artikel, am 2. Juni 1943 unter dem Titel «Drei Frauen» erschienen, schilderte den zermürbenden Fabrikalltag der Zwangsarbeiterinnen ohne Beschönigung, wertete ihn abschließend aber als «wertvolle Bewährungsprobe». Zur weiteren Eintragung unter diesem Datum kein Beleg in den Original-Aufzeichnungen.

2 Nach dem Rücktritt von Karl Silex übernahm dessen Stellvertreter Otmar Best bis zu seiner Entlassung im März 1945 die Redaktionsleitung der DAZ, ohne formell als Chefredakteur zu firmieren. Best war 1922 bis 1927 unter Gustav Stresemann Pressereferent des Auswärtigen Amtes und hatte später bei der DAZ das Ressort Innenpolitik geleitet.

28. Mai 1943

Eberhard ist wieder da. Recht deprimiert. Draußen wäre die Luft klarer und man wüßte, was man zu tun hätte. Nachdem er es gelesen hatte, verbrannte er das Scholl-Flugblatt. Er hätte sonst zu große Sorgen um mich.

1. Juni 1943

Drei Tage mit Eberhard. «O Menschenherz, was ist das Glück / ein rätselhaft geborener / und kaum gegrüßt, verlorener / unwiederholter Augenblick.» (Nikolaus Lenau)[1]

1 Aus Nikolaus Lenaus Gedicht «Frage».

4. Juni 1943

Raschke, der aus Rußland wiedergekommen ist, war mit einigen Freunden bei uns. Es erschien auch Philippe de Vendeuvre, ein junger Franzose, ungewöhnlich groß und ungewöhnlich heiter. Er riß uns alle mit seinem Temperament mit. Paris stand wie eine Vision plötzlich im Zimmer. Zitierte fortwährend Verlaine, Rimbaud, Claudel und einige, recht begabte Gedichte. Er ist Maschinenputzer im Deutschen Verlag.[1] «Déporté», sagt er, und ich kann mir vorstellen, wie den französischen Eltern bei der Einziehung dieser Jahrgänge nach Deutschland zumute sein muß.[2] Genau so, wie wenn wir nach Sibirien müßten. Fragt sich nur, ob wir in Moskau oder Leningrad so freundlich aufgenommen würden wie dieser junge Mann bei uns.

Bekam einen Drohbrief von einer NS-Zicke, mein Fabrikartikel sei die Höhe des Defaitismus. Freute mich. Wenigstens ein Echo, das zeigt, daß ich so geschrieben habe, wie ich es vorhatte.

1 *Deutscher Verlag* hieß seit 1937 der ehemalige *Ullstein Verlag (Vossische Zeitung, BZ am Mittag),* der 1934 «arisiert» und in das NS-Verlagsimperium eingegliedert worden war. Neben der DAZ erschienen im *Deutschen Verlag* unter anderem auch die NS-Publikationen *Das Reich* und *Signal.*

2 Zunächst als freiwillige Arbeitskräfte angeworben, wurden Bewohner der von Deutschland besetzten Länder ab 1942 zunehmend zwangsweise zum Arbeitseinsatz in das «Reich» deportiert. Insgesamt leisteten etwa 5,7 Millionen «Fremdarbeiter» und 1,9 Millionen Kriegsgefangene Zwangsarbeit in Deutschland, meist in der Rüstungsindustrie und in der Landwirtschaft. Die «Ostarbeiter» aus der Sowjetunion und Polen wurden besonders schlecht versorgt und am stärksten diskriminiert.

Alfred Haußner, Kriegsberichter[1] und ehemaliger Presseschulgenosse[2] von mir, besuchte mich. Er war entsetzt über meine unnationale Haltung. In Berlin seien die Frauen besonders unwürdig. Da er von der russischen Front kam, konnte er sich gar nicht genug wundern über den allgemeinen Pessimismus. Selbst ein Kompromißfriede ist für diese Art von Leuten undenkbar. Siegen oder Sterben! Kampf bis zur vorletzten Patrone, die letzte bleibt dann für uns! Welches Volk hat je so die Absicht gehabt, sich selbst zu vernichten? Schließlich wird die Erde auch nicht aufhören, sich weiterzudrehen, wenn wir einmal besiegt sind. Oder wird die Rache so sein, daß es besser ist zu sterben?[3]

Sprach lange mit dem Sohn des Botschafters Hassell,[4] Wolf-Uli, über die Möglichkeit, daß Hitler einmal gestürzt würde.[5] Aber kann ein Soldat, der gegen den äußeren Feind kämpft, es gerade in diesem Moment verantworten, im Innern des Landes einen Umsturz herbeizuführen, der unter Umständen ein Chaos heraufbeschwört?

Die Eltern kamen unerholt von ihrer Reise zurück. Bei Alarm muß ich auf Mamas Drängen nun wieder in den Keller gehen, was mich sehr belastet. In Düsseldorf sollen vier Fünftel aller Häuser zerstört sein, in Bochum soll es siebentausend Tote gegeben haben.[6]

Die Stille im Osten und auch im Alarm-Berlin macht nervös. Alles spricht von Ferngeschützen, die ganz London in Klump schießen könnten. Mir scheint, jede neue Waffenerfindung ist ein Unglück für beide Teile, kriegsentscheidend ist sie wahrscheinlich nicht.[7] Nur die Grausamkeit wird noch verschärft.

1 Die «Kriegsberichter» der Propagandakompanien (PK), die direkt der Wehrmacht unterstanden, sollten das Kriegsgeschehen im Sinne der offiziellen Doktrin in den Medien darstellen. Bis Kriegsende waren rund 15 000 Journalisten, Photographen und Filmleute im Einsatz an der Front. 2 Seit 1935 mußte jeder Journalist, der amtlich als «Schriftleiter» zugelassen werden wollte, eine dreimonatige handwerkliche und ideologische Schulung an der Reichspresseschule in Berlin absolvieren. Mit Kriegsbeginn wurde diese Ausbildung eingestellt. 3 Im Tagebuch heißt es unter dem 22. Juni 1943: «Sonnabend abend waren Schüdde[kopf]s, Bähr und Haußner hier. Erst ganz nett, dann

sehr ärgerlich, ich bekam wieder meine Zwiespalt-Stimmung, und diese idiotischen Männer versuchten sich mit dem Hinweis auf Hysterie Vogel-Strauß-artig zu verstecken. Von Haußner erwartete ich nichts anderes, bei Schüdde[kopf] bin ich immer ganz erstaunt, zumal, wenn er dann noch mit dem Scheißwort Haltung ankommt. Als ob ich nicht bewiesen hätte, daß ich diese blöde ‹Haltung›, wenn sie angebracht ist, weiß Gott habe. Diese inneren Auseinandersetzungen gehen aber um aufregendere Dinge als äußere Fassung, die ich hoffentlich immer haben werde, sie gehen um das Gewissen. Und das kann man nicht immer wieder abtun. Man muß konsequenter werden, das allein wollte ich erreichen, und durch einen Sonntagsspaziergang mit Haußner gelang es mir dann auch, es einigermaßen einleuchtend zu machen. Daß diese Leute immer nicht kapieren, daß es mir nicht genügt, allein mit meinem dummen ‹Dasein› für manche genug getan zu haben. Das ist doch feige und selbstgenügsam. Selbstzufrieden. Wie hassenswert.» 4 Ulrich von Hassell, bis 1938 Botschafter in Rom, stand nach seiner Abberufung im Zentrum der konservativen Opposition gegen das Regime und knüpfte Kontakte ins Ausland. 5 Im Tagebuch heißt es unter dem 22. Juni 1943 über das Gespräch: «Höchst angenehm, ein Mensch, der auf derselben Ebene steht und geistig herrlich beweglich ist, ohne in Literatentum- und Intellektuellengeschwätz auszubrechen. Ich könnte mich stundenlang mit ihm unterhalten. Wir sprachen über vieles, er ist rasend natürlich [...].» 6 Beim Luftangriff auf Düsseldorf in der Nacht vom 11. auf 12. Juni 1943 wendeten die Alliierten erstmals die neue Strategie der «kombinierten Bomberoffensive» an: Während die US-Luftflotte bei Tag Präzisionsangriffe flog, ließ die britische Air Force nachts über den deutschen Städten großflächige Bombenteppiche niedergehen. In Düsseldorf machten die durch Flächenbrände erheblich ausgeweiteten Zerstörungen 120000 Einwohner obdachlos. Ähnlich verheerend war der Luftangriff auf Bochum in der folgenden Nacht. Die erwähnte Bilanz dürfte allerdings etwas zu hoch gegriffen sein, da während der *gesamten Kriegszeit* in Düsseldorf etwa die Hälfte des Wohnraums zerstört und in Bochum bis 1945 insgesamt 4000 Menschen ums Leben kamen. 7 Der Einsatz der sogenannten V-(«Vergeltungs-»)Waffen, so suggerierte es die Propaganda, sollte die entscheidende Wende des Krieges bewirken. Von Juni 1944 an wurden knapp 9000 V-1-Raketen und von September 1944 an über 1000 V-2-Fernraketen mit Hauptziel London abgefeuert. Den Sieg der Allierten vermochten die «Wunderwaffen» jedoch nicht nennenswert zu verzögern.

22. Juni 1943

Gestern bei Karin Veltheim. Ich brachte den Franzosen mit, Wolf-Uli Hassell und Thilenius. Es gab Alkohol, und ich war ganz vergnügt. Dann aber mußte ich daran denken, wie Jürgen einmal gesagt hat: «Wenn man tot ist, dann ist das so, als sei aus einem Garten eine Pflanze herausgerissen worden. Die Natur wuchert weiter, und bald ist die leere Stelle wieder zugewachsen.» Ist das wirklich so? Es gibt keinen Tag, an dem ich nicht an Jürgen denke.

Auf einem Spaziergang mit Alfred Haußner erreichte ich endlich etwas mehr. Ich erklärte ihm die Zwiespältigkeit unserer Lage, die draußen anscheinend unbekannt ist. Bewies ihm, daß ich die berühmte, mir allmählich verhaßte «Haltung», wenn es darauf ankäme, schon haben würde. Die Auseinandersetzungen gingen aber um wichtigere Dinge als um äußere Haltung. Sie gingen um das Gewissen! Ich wollte erreichen, daß er konsequenter denken lernt. Ob das gelungen ist?[1]

1 Vgl. 19. 6. 43, Anm 3.

28. Juni 1943

Mit Thilenius und einer dunkelhaarigen, sehr gut aussehenden Österreicherin aus Prag (Gretl Bubna) in Hoppegarten zum Rennen. Dies ist bereits eine untergegangene Welt. Ich mußte an Bernhards Ausspruch denken: «Kinder, ihr wißt gar nicht, wie angesägt der Ast schon ist, auf dem ihr sitzt.»

Auf der Tribüne Soldaten und Offiziere, fahl, elend, an Krücken, ohne Arme, im Rollstuhl, andere humpelnd. Wie viele, mit denen ich früher in heiterem Flirt auf und ab wandelte, sind nicht mehr am Leben. Wie oft war ich mit den Brüdern hier, die immer falsch wetteten und verloren. Diesmal am Toto lange Schlangen von Leuten, die früher sicher nicht ihr Geld so gleichgültig verloren hätten wie heute.

Abends mit Thilenius und Gräfin Bubna, die Charme mit Herz und Verstand verbindet, bis spät in die Nacht zusammen gesessen. Ihr Mann ist Landwirtschaftsminister, und sie versucht dank ihrer Verbindungen, vielen verhafteten Tschechen zu helfen. Unsere Politik in Prag ist so unsinnig wie möglich, seitdem Neurath fort ist und die Willkür dort vollends herrscht.[1]

1 Konstantin Freiherr von Neurath war seit 1939 «Reichsprotektor von Böhmen und Mähren». Die Ernennung des früheren Reichsaußenministers, der die konservative Führungsschicht der Vor-NS-Zeit repräsentierte, zielte vor allem auf die Beruhigung des Auslandes. Offiziell aus Altersgründen, in Wirklichkeit wegen seiner sehr gemäßigten Amtsführung, wurde er am 27. September 1941 beurlaubt. 1943 trat er formell zurück. Sein Nachfolger – offiziell Stellvertreter – in Prag, der gefürchtete Polizeichef Reinhard Heydrich, ging nach einer repressiven Anfangsphase zu einer eher pragmatischen und sozialen Okkupationspolitik über.

30. Juni 1943

Großartiger Abend bei Werner Haeften mit Adelheid, Hassell und Schüddekopf, Konrad Zweigert und dem Maler Gilles. Leider war Werners Chef, Claus Stauffenberg, von dem er immer mit Enthusiasmus spricht, nicht dabei.[1] Haeften, den ich nun seit zehn Jahren kenne, ist unverändert. Trotz seiner Verwundung von ununterdrückbarer Fröhlichkeit. Liebenswürdig, witzig, vollkommen furchtlos, nicht zwiespältig oder zweifelnd. Unbeirrbar Gegner des Regimes. Eine Art Siegfried mit Humor.

Er lud uns ein: «... damit ihr meine Wohnung noch einmal seht, morgen ist sie vielleicht nicht mehr da.» Ich war allerbester Laune, wir feierten bis morgens früh. Als der Himmel schon ganz hell war, fuhren wir alle zu mir und frühstückten. Albrecht Hardenberg, der im Luftfahrtministerium sitzt, war entsetzt, als er sah, daß wir weder Bücher noch Bilder in Sicherheit gebracht haben. «Tun Sie es schleunigst», sagte er.

1 Claus Schenk Graf von Stauffenberg, befand sich zu dieser Zeit in einem Reservelazarett in München, um seine schweren Verletzungen auszukurieren, die er im April 1943 bei einem Tieffliegerangriff in Tunesien erlitten hatte.

2. Juli 1943

Eberhard ist nicht wieder nach Rußland, sondern zum Glück nach Frankreich gekommen. Schrieb in bester Stimmung. Ein Pariser Barmädchen hat ihm von den deutschen Blitz-Mädchen[1] gesagt: «Ces femmes sont toutes un remède contre l'amour.»[2]

1 «Blitz-Mädchen» hießen im Soldatenjargon die Nachrichtenhelferinnen der Wehrmacht wegen des Blitz-Signets an ihrer Kleidung. Uniformierte Frauen – dem Status nach Zivilangestellte – ersetzten im Fernmelde-, Flugmelde-, Fernsprech- und Fernschreibdienst zunehmend männliche Soldaten, die zum Kampfeinsatz abkommandiert wurden. Mitte 1944 waren in der Wehrmacht rund 300 000 Helferinnen im Einsatz; viele von ihnen wurden im Anschluß an den Reichsarbeitsdienst zwangsverpflichtet. 2 «Alle diese Frauen sind ein Heilmittel gegen die Liebe.»

6. Juli 1943

Die Berichte aus dem Rheinland werden immer grausiger. Die Menschen sollen mit nassen Tüchern umhüllt in den Kellern sitzen, dazu Helm und Schutzbrille, da Phosphorwunden zu sofortiger Erblindung führen. Ganze Straßenzüge brannten. Die Zukunft ist wie eine näherrückende Gewitterwand, vor der es kein Entweichen gibt. Womöglich werden wir uns alle noch nach dem glorreichen Jahr 1942 zurücksehnen.

Als sich die Berliner Industrie vor drei Jahren dezentralisieren wollte, wurde dieser Vorschlag abschlägig beschieden. Jetzt kam der Befehl, die Fabriken so schnell wie möglich zu verlegen, was heute doppelt schwierig ist.[1]

1 Im Tagebuch folgt an dieser Stelle: «Kurzum, es wird immer verwirrter, immer unhaltbarer. Geht es dem Ende zu? Dann wieder diese Idiotie Attlees [britischer Oppositionsführer], der von einer jahrzehntelangen einseitigen Besetzung und Jugenderziehung Deutschlands spricht und auf solche Weise jeden Nationalismus natürlich umgehend wieder anfacht. Auch in mir natürlich. National gesinnt zu sein ist einfach ein Erbe oder eine Verpflichtung, gegen die ich niemals werde ankämpfen können. Das Blut meiner Väter, Jürgen, 1000 Bindungen, von denen ich mich gar nicht frei wissen möchte. Deshalb Haußners Idiotie, dieses Nationalgefühl, das bei mir allerdings mit einem mich selbst vernichtenden Verantwortungsgefühl belastet ist, nicht zu erkennen. Zu dumm.»

9. Juli 1943

Mit Vater und Sohn Hassell gegessen. Der Vater sieht vorzüglich aus, helle, scharf blickende Augen, schmaler Mund und auffallend schöne Hände. Liebenswürdig und dabei von der natürlichen Einfachheit, die den Herrn ausmacht. Eine Mischung von Weltmann und Gelehrtem.

Unsere Unterhaltung blieb nicht in der Konversation stekken, sondern berührte die Probleme, mit denen ich mich herumschlage. Hassell hängt sich kein Tarnmäntelchen der Vorsicht um wie so viele seiner ehemaligen Kollegen, er redet sehr offen, äußerst kritisch, aber nicht verbittert. Er meinte, daß Italien nicht mehr lange bei der Stange bleiben würde. Wird Mussolini gestürzt, gibt es dort immer noch den König.[1]

1 Angesichts der einschneidenden Kriegsbelastungen, die Italien an der Seite Deutschlands zu tragen hatte, verlor das Regime Benito Mussolinis zunehmend an Boden. Im Juli 1943 kündigte König Viktor Emanuel III., nominell weiterhin das Staatsoberhaupt Italiens, dem Faschistenführer die Unterstützung auf. Ulrich von Hassell war mit der Situation in Italien noch aus seiner Zeit als Botschafter in Rom vertraut.

10. Juli 1943

Heute morgen, als ich in die Redaktion kam, hörte ich aus Bärchens Munde, der tröstend lächeln wollte, aber nicht konnte, daß die Engländer in Sizilien gelandet sind.[1] Nun geht die Angst um Klaus los. In den nächsten Tagen wird es sich entscheiden, wie weit die Landung geglückt ist. Ich wünschte, er wird gefangengenommen oder leicht verwundet.

Die neuesten Nachrichten reißen die Berliner kein bißchen aus ihrer politischen Abgestumpftheit heraus. Schnell noch Feste feiern.[2] Man muß die schöne Wohnung ausnutzen, bald wird sie nicht mehr sein. Möbel in Sicherheit bringen? Wohin? Ich muß oft daran denken, mit welchem Mitleid ich die Frauen in der Wochenschau nach der Einnahme von Sewastopol ansah.[3] Wird es uns eines Tages besser gehen? Wir haben nicht einmal Felslöcher, in die wir kriechen können.

1 Am 10. Juli 1943 gelang die erste alliierte Invasion auf europäischen Boden. Eine britische und eine amerikanische Armee gingen in Sizilien an Land. Schon am 8. Juni 1943 hatte UvK in ihr Tagebuch geschrie-

ben: «Heute düster-düstere Konferenz. In Afrika soll 1 Million [Soldaten] bereitstehen, Flotte ausgelaufen sein, Landung bevorstehen. Es ist natürlich sehr schwierig, aber wenn die Luftüberlegenheit sich so ergibt wie in Afrika, dann ist es wohl nicht zu verhindern. Man wird wieder alle seine Kraft zusammenreißen müssen. Es gibt einen Witz: ‹Kinder, genießt den Krieg, der Frieden wird schrecklich.› So zynisch ist man schon geworden. Oder: ‹Wer 10 neue Leute in die Partei bringt, darf dafür austreten.› Unglaublich, wieviele Leute sich schon auf die ‹guten, klugen, gerechten, europäischen Engländer› einstellen. Ich glaube nicht daran. Die Braut ist mir zu schön. In Parteibehörden jedenfalls soll eine wahre Panik ausgebrochen sein. Und in Rußland ist alles so unheimlich ruhig.» 2 Ein ähnlicher Gedanke ist im Tagebuch auch unter dem 29. Juli 1943 festgehalten: «Jedenfalls ist es alles höchst beunruhigend, obwohl ich kaum zum Nachdenken komme, weil mal wieder ein allgemeiner Vergnügungstaumel ausgebrochen ist, und man ständig eingeladen wird. Eigentlich ein bißchen unsympathisch, so [ein] Tanz auf dem Vulkan, weil man ja schließlich noch die Existenz seiner Wohnung ausnützen will, ehe man im Massenlager oder in der ‹alten Käserei›, wo Veltheims ihre Ausgebombten unterbringen, dahinvegetiert.» 3 Sewastopol, die hartumkämpfte Festung im Süden der Halbinsel Krim, wurde am 1. Juli 1942 von deutschen Truppen eingenommen.

13. Juli 1943

Es gibt einen zynischen Witz: Ein Mann wird nach zweitägiger Verschüttung ausgegraben. Seine Frau und sein Kind sind tot. Er hat den linken Arm, ein Bein und ein Auge verloren, aber er hebt den noch verbliebenen rechten Arm und sagt: «Heil, Hitler! Hauptsache, Danzig ist deutsch.»[1]

Ich muß vielleicht an der Schilddrüse operiert werden. Seit Jürgens Tod ist sie nicht in Ordnung. Die Ärzte sagen, ich soll mich vor Aufregungen schützen – ebensogut könnte man einen Menschen in ein brennendes Haus stoßen und zu ihm sagen: «Hüte dich vor Feuer.» Die Sender der Welt spielen Tanzmusik. Lemurenhafter Karneval.

1 Die Stadtregion Danzig, deren Status nach dem Ersten Weltkrieg zwischen dem Deutschen Reich und Polen heftig umstritten war, war seit 1920 als Freistaat direkt dem Völkerbund unterstellt. Die «Rückeroberung» der Hafenstadt, in der seit 1933 Nationalsozialisten an der Macht waren, wurde von der deutschen Propaganda als ein Grund für den Einmarsch in Polen ausgegeben. Unmittelbar nach Kriegsbeginn wurde Danzig dem Reichsgebiet zugeschlagen.

18. Juli 1943

Ich werde morgen operiert. Erkenntnis dieser Tage: Wie sehr ich am Leben hänge. Die Angst um Klaus, die Sorge um die Eltern, Liebe, Glück, Schönheit, alles gleichgültig. Nur gesund werden. «O Gottes Welt, o Mutter, ist so schön! / Laß mich nicht, fleh' ich, eh' die Stunde schlägt, / Zu jenen schwarzen Schatten niedersteigen.»[1] Die Todesfurcht, wie sie der Prinz von Homburg empfindet – jetzt verstehe ich sie.

1 Heinrich von Kleist, Prinz Friedrich von Homburg, 3. Akt, 5. Auftritt.

27. Juli 1943

Das Schlimmste ist vorüber. Ich bin sogar schon wieder imstande, ein bißchen zu gehen. Schön war es nicht. Zwei Stunden Wiederbelebungsversuche. Erst als Bärchen mir suggerierte, Eberhard käme, trat ich dämmernd wieder auf die Erde zurück.

Indessen ist Hamburg schwer bombadiert worden.[1] Meine Nachtschwester lief dauernd auf das Dach des Krankenhauses, von wo aus man den roten Schimmer der brennenden Hansestadt angeblich sehen konnte. Kam dann aufgeregt zurück mit der wenig tröstlichen Bemerkung, der Keller des Krankenhauses sei nicht einmal für den Luftschutz ausgebaut.

Nachts Alarm! Greulicher Keller mit Bahren. Frischoperierte, die sich dauernd übergaben. Kein sehr erhebendes Gefühl, als halbe Portion dort hinunterzuwanken. Die Nonnen sind bewunderungswürdig. Gütig, gelassen und schnell, und selbst in diesem Trubel sitzen ihre Hauben wie angegossen.

1 Eine schreckliche Steigerung des Luftkrieges bedeuteten die Bombardierungen Hamburgs zwischen 24. und 30. Juli 1943 unter dem Kennwort «Gomorrha». Die Bombenlast mit einer Sprengwirkung von etwa 7000 Tonnen verwandelte ganze Straßenzüge in ein Flammenmeer, tötete über 30 000 Menschen und vernichtete rund 275 000 Wohnungen.

Unbeschreibliche Hitze, aber noch andere Wellen schlagen in mein Krankenzimmer, das wie ein Blumenladen aussieht. In Hamburg sollen ganze Viertel wie ein Feuermeer gewesen sein, die Menschen blieben im flüssigen Asphalt stecken, erstickten im Feuersturm, weil er den Sauerstoff fortnahm. Ein Tiefbunker soll auch getroffen worden sein. Fünfzigtausend Tote sind die niedrigste Schätzung. Indessen flüchten die Hamburger und tragen Berichte des Grauens ins ganze Reich. Ab und zu besucht mich unsere Ukrainerin, Frau Menzendorf: «Welt so schön – und Mensch so dumm», sagt sie.

Meine Besucher nehmen sich zwar zusammen, aber ihre beherrschte Erregung macht mich doppelt nervös. Die Stadt kocht von Gerüchten. Mussolini ist zurückgetreten. Der erste, der stürzt.[1] Auf der Straße redet man ganz offen davon, daß faschistische Lokale gestürmt und Zeitungen umgetauft wurden. Gayda soll Selbstmord begangen haben.[2] Die DAZ brachte diese Weltsensation ganz klein, einspaltig, unter der Überschrift: Regierungswechsel in Italien. Die Presseanweisungen vom Promi[3] sind von einer Hilflosigkeit, die kaum noch zu überbieten ist. Zum erstenmal, daß selbst Goebbels' findiger Geist im Leitartikel des «Reich» verstummt ist.[4]

1 Für diese Bewertung kein Beleg im Tagebuch. Dort heißt es unter 18. August 1943 rückblickend: «Am 5. Tag nach der Operation [...] kam morgens um 7 eine aufgeregte Schwester angerannt, ich solle mal sofort in der Redaktion anrufen, ob Mussolini wirklich abgetreten sei. Ich glaubte es erst nicht, aber Tatsache: es stimmte. Einfach gestürzt, da der König seine Vorlage für den noch totaleren Krieg nicht angenommen hatte. Ciano [Mussolinis Ex-Außenminister], der sich 14 Tage vorher hatte scheiden lassen, stimmte ebenfalls gegen ihn. Er soll nun in einer Villa bei Rom unter Bewachung sitzen. Die Nachricht schlug wie eine Bombe ein, zumal innerhalb von Tagen alle faschistischen Lokale gestürmt wurden, Gayda Selbstmord beging, die Zeitungen umgetauft wurden und offener redeten, direkte Unruhen aber nicht passierten. Wir [die DAZ] brachten 1spaltig ‹Regierungswechsel in Italien›. Berlin stand kopf, sogar auf der Straße wurde laut davon geredet.» Nachdem auch der Faschistische Großrat Benito Mussolini das Mißtrauen ausgesprochen hatte, ließ Viktor Emanuel III. den «Duce» am 25. Juli 1943 verhaften. Aus der Furcht vor deutschen Gegenmaßnahmen setzte sich der König daraufhin nach Brindisi ab und unterstellte sich dem Schutz

der Alliierten, was von vielen Italienern als «Fahnenflucht» empfunden wurde. 2 Der Pressezar Virginio Gayda, Direktor des *Giornale d'Italia* und anderer Publikationen, war einer der vehementesten Wortführer Benito Mussolinis in Italien. Die Entmachtung Mussolinis bedeutete auch Gaydas politisches Ende. Er beging jedoch nicht Selbstmord, sondern kam am 14. März 1944 bei einem Bombenangriff ums Leben. 3 Die Presseanweisungen des Propagandaministeriums, die den Zeitungen auf der täglichen Reichspressekonferenz oder per Rundschreiben diktiert wurden, schrieben bis ins Detail vor, wie aktuelle Ereignisse in der Presse aufzugreifen und zu kommentieren seien. Wer sich an die Anweisungen nicht hielt, mußte mit Rügen oder härteren Sanktionen rechnen. Darüber hinaus erließen auch Partei-, Regierungs- und Militärdienststellen eine Flut von Direktiven. In dem Dickicht der Anweisungen kam die Presseberichterstattung oft einer Gratwanderung gleich. 4 In den Ausgaben des *Reich* vom 25. Juli bis 15. August 1943 entfiel der Leitartikel von Josef Goebbels, ohne Angabe von Gründen. Anschließend erschien die Kolumne wieder wie gewohnt.

1. August 1943

Bernhards Schwester besuchte mich. Teilte mir nebenbei mit, daß in allen Haushaltungen Handzettel verteilt wurden, auf denen die sofortige Räumung Berlins von Kranken und Kindern befohlen wurde. Alle Schulen sind geschlossen. Die Bahnhöfe überfüllt, weil schlauerweise das Verkehrsministerium von der Handzettelaktion nicht unterrichtet gewesen sein soll.[1] Ich komme mir hier oben in meinem schönen Zimmer wie im Luftballon über einem Hexenkessel vor.

Aus Sizilien schlechte Nachrichten, wie ich mit einiger Mühe aus Bärchens Mitteilungen heraushören konnte.

1 Der Aufruf von Josef Goebbels zur Evakuierung von Frauen, Kindern und Rentnern in weniger gefährdete Gebiete, den die Berliner am 1. August 1943 in ihren Briefkästen vorfanden, löste große Aufregung aus. Man hielt die Reichshauptstadt nun für äußerst gefährdet und von der Regierung bereits aufgegeben. Bis zum Jahresende folgten 700 000 Flüchtlinge der Aufforderung, drei Millionen Einwohner blieben in Berlin. Gleichzeitig wurde knapp ein Drittel der Berliner Schulen mit 260 000 Schulkindern und 2000 Lehrern in ländliche Gebiete verlegt.

2. August 1943

Panik auf dem Siedepunkt. Alle Krankenhäuser müssen sofort geräumt werden. Tausende von Bahren. Ich sollte zwar erst in einer Woche entlassen werden, gehe aber schon morgen, und zwar nach Neuhardenberg,[1] wo ich mich erholen werde.

1 Der Ort Neuhardenberg liegt in Brandenburg. Nach der Enteignung des Schlosses hieß er von 1949 bis 1990 Marxwalde.

5. August 1943, Neuhardenberg

Bin mit zentnerschwerem Herzen und viel leichteren Koffern hierhergefahren. Der Hausherr selbst holte mich im Auto ab.

Ich denke immer noch, ich träume. Hier ist es wie im Märchen. Frühstück ans Bett, gutes Essen, Ruhe und der Park, an dessen Anblick man sich nicht sattsehen kann. Er wurde von einem der seltenen deutschen Europäer, dem Fürsten Pückler, für den Staatskanzler Hardenberg angelegt, der sein Schwiegervater war. Ich liege auf der Terrasse und dämmere vor mich hin. Vielleicht wird alles nicht so furchtbar, wie ich es in Berlin, das wie ein Alpdruck hinter mir liegt, noch fand. Obwohl ich doch zum hundertsten Male hier bin, kam mir dies alles noch nie so beglückend wie heute vor, so kostbar, aber auch so zerbrechlich.

Das Schloß, das Schinkel umgebaut und bis zum Geschirr und Besteck vollständig eingerichtet hat, scheint von der Zeit vergessen worden zu sein. Wie Jünger sagt: «Inmitten der Verfolgung gibt es Inseln, die der Schrecken lange vergißt.»[1] Abends im Speisesaal, bedient von einem Diener, der als französischer Gefangener hier ein gutes Leben hat. Der alte General S., noch verkalkter als gewöhnlich, nun Dauergast geworden, erzählte mit Begeisterung von Placements bei Hofe.

Der Abschied von den Eltern war traurig. Sie saßen inmitten von Koffern und Kisten, Papa packte die Bücher, sie wollen sie nun doch fortschicken. Goethes Erstausgaben, die der Urgroßvater Kardorff nach Goethes Farbentheorie in buntes Glanzpapier hatte binden lassen, dann die Bilder.

In drei Tagen gehen die Eltern nach Weißwasser, Papa soll

dort malen. So sind sie wenigstens fort aus der bedrohten Stadt.

1 Ernst Jünger, Quelle nicht ermittelt.

6. August 1943, Neuhardenberg

Von Klaus keine Nachricht. Catania ist geräumt. Ob er gefangen ist?[1]

1 Catania, die Hafenstadt an der Ostküste Siziliens, wurde am 5. August 1943 von den deutschen Truppen aufgegeben. Im Taschenkalender heißt es unter dem 7. August 1943: «Catania geräumt. Wenn Klaus doch bloß schon gefangen wäre.»

7. August 1943, Neuhardenberg

Die Neuhardenberger Welt ist nur scheinbar ein Eiland, der Zugang zur Wirklichkeit ist sehr real. Hardenberg selbst ist ohne Illusionen. Wirkt in seiner wuchtigen Größe imponierend, so imponierend, daß sogar die Behördengötter vor ihm Respekt haben, obwohl sie doch am längeren Ende der Stange sitzen. Er macht sich über unsere Lage nichts vor. Mit derselben Art des gesunden Menschenverstandes wie unser Metteur Büssy. Bei ihm allerdings gepaart mit einer Bereitschaft, das Leben für ein wichtigeres Ziel als das des Krieges einzusetzen: den Aufstand gegen den Terror. Er hat als Adjutant Feldmarschall Bocks in Rußland grauenhafte Dinge gehört und gesehen. So grauenhaft, daß er zu allem entschlossen ist. Macht kein Hehl daraus.[1]

Orel ist geräumt.[2] In Sizilien sieht es böse aus. Horoskop-Weissagungen gehen um, wie immer in Zeiten der Not: Am 27. August käme der schlimmste Angriff auf Berlin. Mitte September eine sensationelle Entscheidung, ab Mai nächsten Jahres dann ein König. An solchen Unsinn klammern sich die Leute.

In Gesprächen mit dem Bruder Hardenberg tauchen Visionen von einem christlichen Europa auf, einem Europa ohne Unterdrückung. Es hängt wohl alles sehr von der staatsmännischen Klugheit der Engländer ab. Wie schön könnte es werden, arm meinetwegen, aber ohne diese Gewissenslast zu leben, unter der ich, wie ich jetzt erkenne, mehr gelitten habe als unter allem Schweren. Leid läutert, wohingegen der ständige Gewissensdruck, der den Charakter zu verbiegen droht, systematisch zermürbt.

Seit gestern ist Sizilien geräumt, angeblich unter Fortschaffung allen Materials.[3] Die Angst um Klaus wächst, wenn sie auch nicht mit diesem hilflosen Ahnen wie bei Jürgen verbunden ist.

1 Dazu kein Beleg in den Original-Aufzeichnungen. Im Tagebuch heißt es unter dem 18. August 1943: «Der Hausherr scheint mir der ideale Vertreter einer zukünftigen Schicht. Echtes Herrentum, danach sehnt sich im Grunde jeder, auch der sozialistische Arbeiter, verbunden mit einem sehr praktischen gesunden Menschenverstand. Kein Junker, und vor allem kein Reaktionär, sondern ein Realist, der doch nicht ohne einen Kern von echtem, todesbereiten Idealismus ist. Ich bin voller Bewunderung, zumal er sich nicht aufspaltet in zu viel Begabungen, sondern von einer kraftvollen Einseitigkeit ist.» 2 Nachdem die von den Sowjets längst einkalkulierte Sommeroffensive der Wehrmacht bald ins Stocken geraten war, mußten die deutschen Truppen einem Gegenangriff der Roten Armee weichen. Am 1. August 1943 wurde die Frontlinie hinter die 300 Kilometer südwestlich von Moskau gelegene Stadt Orel zurückverlagert. 3 Am 16. August verließen die letzten deutschen Einheiten die bis zuletzt verbissen verteidigte Insel Sizilien über die Straße von Messina. Die italienische Armee hatte bereits wenige Tage nach der Invasion den Kampf eingestellt.

15. August 1943, Neuhardenberg

War heute mit dem Hausherrn auf der Kanzel im Wald. Wir redeten so viel, daß sich ringsum kein Wild blicken ließ. Er war ganz offen. Schilderte mir die unbeschreiblichen Greuel im Osten. Wie man die Juden vor Massengräbern erschossen hat.[1] «Man muß bereit sein, alles zu opfern», sagte er, «die Familie, den Besitz und die Ehre. Denn wer der Gestapo[2] in die Fänge gerät, wird besudelt.» Er stellt sich die Frage, ob man Hitler allein umbringen müßte, durch Revolverschüsse, oder das ganze Hauptquartier mit Panzern umstellen ... Mir schwirrte der Kopf. Er kennt auch Nikolaus Halem, der verhaftet ist.[3] Wußte allerdings nichts Neues über sein Schicksal. «Er ist einer von den Schillschen Offizieren, der zu früh losging.»[4]

Wenn ich auf der Terrasse liege und vor mich hingrüble, taucht die Gestalt Halems oft vor mir auf. Die hohe Figur, das helle, von Schmissen zerfetzte Gesicht, in dem Witz, Klugheit und Genußfreude sich mischten. Er hatte etwas, was die Engländer mit «overwhelming» bezeichnen. Seine katzenhafte Sicherheit ließ nie direkt für ihn fürchten, obwohl er von unbekümmertem Leichtsinn war, der die Ängstlicheren aus seiner Nähe forttrieb. Seinen ältesten Sohn erzog er bewußt im Gegensatz zur Umwelt. Auf meinen Einwand, daß es gefährlich sei, schon Kinder in Konflikte zu bringen, sagte er nur: «Ist denn das nicht ein edler Zwiespalt, müssen wir nicht stolz darauf sein, in einem solchen Zwiespalt zu leben?» Nun sitzt er schon seit langem. Ich höre nichts mehr von ihm. Bekomme auch keine Briefe mehr mit dieser winzigen Gelehrtenschrift, die man dem Riesen niemals zugetraut hätte.

1 Die Einsatzgruppen der Sicherheitspolizei und des SD im Rücken der Front brachten bis 1942 über eine Million Menschen planmäßig um. Vielen Soldaten blieben diese Massenerschießungen trotz der strikten Geheimhaltung nicht verborgen, da sie in der Regel mit der Wehrmacht abgestimmt und von dieser logistisch unterstützt wurden. Carl Hans Graf von Hardenberg war 1941 vom Flugzeug aus Augenzeuge geworden, wie eine lettische SS-Einheit in der weißrussischen Stadt Borissow mehrere Tausend Bewohner des jüdischen Ghettos zusammentrieb und bestialisch ermordete. Zur Eintragung unter diesem Datum kein Beleg in den Original-Aufzeichnungen. 2 Die Geheime Staatspolizei (Gestapo), 1933 zunächst für Preußen gegründet, wurde von Himmler und Heydrich zu einem machtvollen und uneingeschränkten Polizeiapparat aufgebaut. Opfer der Verfolgung und vielfach eigenmächtigen Bestrafung durch die Gestapo waren neben politischen Gegnern zunehmend auch Juden, Zigeuner, Homosexuelle und andere «Volksschädlinge». 3 Nikolaus von Halem, Jurist im Abwehr-Amt des OKW, war seit seinem Ausscheiden aus dem staatlichen Justizdienst im Jahr 1933 an konspirativen Auslandskontakten und Attentatsplanungen beteiligt. 1936 bereits kurzzeitig in Haft, wurde er im Zusammenhang mit der Zerschlagung des Widerstandskreises um «Beppo» Römer am 26. Februar 1942 erneut festgenommen und durch zehn Haftanstalten und Straflager geschleppt. 4 Ferdinand von Schill, preußischer Offizier, versuchte mit seinem Husarenregiment im Jahr 1809 vergeblich, eine Erhebung gegen Napoleon auszulösen.

17. August 1943, Neuhardenberg

Die Eltern sind unglücklich. Papa malt für die Lausitzer Glashütte, kommt aber nicht voran. Dieses zersprengte Zuhause, unsere zum Tode verurteilte Wohnung. Wohin gehöre ich?

19. August 1943, Neuhardenberg

War tagsüber in Berlin. Die Redaktion ist ein pflichtgetreuer Ameisenhaufen, aber sie wollen nicht, daß ich schon zurückkomme. Ich soll mich weiter erholen. Frau Menzendorf erzählte, sie habe eine Erscheinung gehabt: mitten am hellen Tag sei Jürgen gekommen, er hätte im Eßzimmer am Tisch gesessen und sie sei ganz stumm wieder hinausgegangen.

Die Russen sind seltsam, etwas Versponnenes, Magisches geht von ihnen aus. Die kleine Njura hat Frau Menzendorf folgende Geschichte erzählt: In ihrem Dorf habe ein Knabe auf einem Acker ein riesiges Schloß gesehen, das vorher nicht dagewesen sei. Er sei hineingegangen, durch weite leere Gänge und Zimmer, dann sei ein alter Mann gekommen, habe ihn bei der Hand gefaßt und vor drei Truhen geführt. Er habe den Deckel der ersten aufgehoben, dort hätte der Knabe eine Gesellschaft gesehen, wie sie früher, im zaristischen Rußland, üblich gewesen sei, es wurde getrunken, gespielt und fröhlich gelebt. Dann habe der Alte die zweite Truhe aufgemacht, dort sei der Anblick entsetzlich gewesen, Laster, Unzucht, greuliches Getier und plötzlich ein Meer von Blut, das alles überschwemmte. Dann habe er die dritte Truhe geöffnet und dem Knaben etwas Wunderbares gezeigt: friedliche Gehöfte, blühende Landschaften, wie er sie noch nie gesehen hatte, über allem ein leuchtender Regenbogen. «So werden die wenigen leben, die alles überstehen», habe der alte Mann gesagt, «aber du darfst zu keiner Menschenseele davon sprechen, sonst mußt du sterben.» Der Knabe habe das nicht ausgehalten, sondern im Dorf von seinem Erlebnis berichtet, kurz darauf sei er eingezogen worden und gefallen.

Dies ist eine Geschichte aus Sowjetrußland. Die Russen haben eine bildkräftige Sprache. Von einer meiner Freundinnen sagte Frau Menzendorf: «Wie ein Engel, aber hinten schwarze Flügel.» Von ihrem Mann, der sie oft betrogen hatte: «Auf jedem Finger saß ein Fräulein.»

Die schlimmste Erregung in Berlin, das Panikartige, hat sich gelegt. Auch Angst kann zur Gewohnheit werden und abstumpfen. Auf der Rückfahrt beobachtete ich in der Frankfurter Allee vor den Blumenständen lange Schlangen. Frauen, die ihr bißchen Zeit mit Anstehen nach Blumen opferten. Ihr Verlangen nach Schönheit im Grau des allgemeinen Daseins rührte mich.

20. August 1943, Neuhardenberg

Träumte heute nacht von Jürgen. Er saß als Engel auf einem Weihnachtsbaum und machte mich darauf aufmerksam, daß unser Dach brenne. Ich rettete Mama und lief bei sengender Hitze noch einmal hinauf, um dort einige Sachen zu holen, die ich eine glühende Treppe hinuntertrug. Erwachte unter einer zu warmen Bettdecke und hörte über mir Flieger surren. Wie ich morgens erfuhr, waren es Engländer. Der erste große Angriff auf Berlin. Hauptsächlich Charlottenburg und Steglitz. Es geht also los. Unsere Wohnung steht noch.

Himmler wurde Innenminister. Seine Macht vergrößert sich wie ein Geschwür.[1] Hier ist alles weiterhin wie ein Traum. An den Wänden hängen noch Bilder, die der Staatskanzler Hardenberg gesammelt hat. Die Bibliothek mit den schweinsledernen Bänden aus dem 18. Jahrhundert ist mein tägliches Entzücken.

In der Ferne höre ich dumpfes Grollen. Ob Tagesangriff in Berlin ist? Das Gefühl, auf einer papierdünnen Schicht über den Abgrund zu gehen, verstärkt sich.

1 Heinrich Himmler, Reichsführer SS, oberster Polizeichef und Reichskommissar für die Festigung des deutschen Volkstums, wurde am 24. August 1943 zusätzlich zum Reichsminister des Innern als Nachfolger von Wilhelm Frick ernannt. Im Tagebuch heißt es unter diesem Datum: «Himmler ist Innenminister. Eine große Machtstellung, verbunden mit der Polizei.»

21. August 1943, Neuhardenberg

Nachmittags kam Wolf-Uli Hassell heraus. Auch ein Oberst Jäger war eingeladen, wir hatten lange Gespräche. Jäger wirkt gar nicht militärisch, eher wie ein Lehrer.[1]

Die paar Stunden neulich zu Hause erschienen so friedvoll. Die Sonne schien auf dem Balkon. Wird man heimatlos, wenn die gewohnte Umgebung verlorengeht? Oder trägt man ein inneres Vaterland in sich? Vaterland – totgetrampeltes Wort.

Überlegt, wann ich Nazi war.[2] Kurz nach der Machtergreifung? Vielleicht, denn vorher hatten klügere Leute als ich gesagt, laßt doch Hitler an die Regierung, er wird schnell abwirtschaften. Abgestoßen wurde ich durch den Judenboykott 1933. Wir fanden das maßlos entwürdigend. Überall Schilder und Wachen, als ob die Juden Aussätzige wären.[3] Die Freunde der Eltern hießen Rathenau, Cassirer, S. Fischer, Alfred Kerr und Erich Kaufmann, der Völkerrechtler. Papa hatte Einstein gezeichnet und radiert, mit Pascin in Paris studiert, bei Paul Cassirer ausgestellt, und wie verehrte er seinen großen Freund Max Liebermann.[4] Er ging 1933 mit Entschuldigungen zu allen, die er kannte.[5] Dann kam die Olympiade. Ich kehrte gerade aus Paris zurück, damals erschien mir Deutschland wunderbar, völkerversöhnend, alles funktionierte reibungslos. Die vielen Ausländer, besonders die Franzosen, waren so beeindruckt von Hitler und seiner schönen SS, daß sie mich verständnislos ansahen, wenn ich sie vor dem allzu glatten Bilde warnte.[6]

Für Politik interessierte ich mich überhaupt nicht.[7] Bälle, Flirts, Reisen waren mir wichtiger. Dann kam der 8. November 1938. Ich war Volontärin bei der DAZ. Helle Aufregung mittags, als die Ermordung Ernst vom Raths bekannt wurde.[8] Dieser stille, guterzogene, meist schweigsame Mensch (einer meiner ersten Tänzer) war mit einem Schlag im Tode zu einer politischen Figur geworden. Ohne daß er etwas dafür konnte, schrie man seinen Namen in großen Schlagzeilen heraus. Der folgende Tag wurde für mich einer der entscheidendsten meines Lebens. Am Nachmittag ging ich in den Westen Berlins. Sah mit Augen, die nicht fassen konnten, was sie erblickten. Die zerstörten, geplünderten Läden, dahinter die bleichen Gesichter der Besitzer, auf den Straßen eine stumme Menge, die umherging wie auf einem Jahrmarkt. Sie füllte die Tauentzienstraße und den Kurfürstendamm. Dann sah ich die ersten Flammenzeichen am Himmel. Wie oft sollte er sich noch röten! Die Synagoge brannte. Es wirkte wie ein Bühnenstück, man ahnte, wer die Regie führte.[9] Ich ging wie betäubt durch die Straßen. Plötzlich schlugen sie vor dem Kadewe[10] ein Mädchen nieder, ein junges, hübsches Mädchen, das fotografiert hatte. Niemand half ihr. Auch nicht die Großen, Starken, die um mich herumstanden. Etwas schnürte mir die Kehle zu, ich dachte, ich müßte ersticken. Ich rannte fort.

Zu Hause überfiel es mich. Ich bekam einen Anfall von hemmungslosem Schluchzen, die Eltern standen ratlos neben mir. Eine halbe Stunde lang war ich nicht imstande, ein Wort herauszubringen. Zu der Zeit wohnte ein junger englischer Offizier bei uns. Harmlos, etwas langweilig und politisch ganz uninteressiert. Wie ich mich vor ihm schämte – das werde ich nie vergessen.

Etwas Kostbares, für die meisten Menschen anderer Nationen Selbstverständliches ging damals in mir genauso klirrend entzwei wie die Scheiben draußen. Ich konnte dieses Land, in dem ich geboren bin und in dem meine Vorfahren seit achthundert Jahren leben, nicht mehr lieben. Das hat Hitler fertiggebracht. Seitdem hasse ich ihn mehr als alle Feinde.

1 Im Taschenkalender heißt es: «½4 Hassell und Oberst Jäger. Lange Intellekts-Gespräche, bißchen wie in der Schule.» 2 Im August 1934 schrieb UvK an ihre Freundin Hanna Boye: «Jürgen und ich werden durch Papas krankhaftes Gemecker der Bewegung nähergebracht, dann aber durch Mamas lächerlich-unlogische, pathetische Loberei wieder davon abgestoßen. Und bleiben infolgedessen durch Püffe von links und rechts konservativ in der Mitte.» Zur Eintragung unter diesem Datum kein Beleg in den Original-Aufzeichnungen. 3 Der Boykott jüdischer Geschäfte, Kanzleien und Arztpraxen am 1. April 1933 war die erste großangelegte Propagandaaktion der Nationalsozialisten zur Ausgrenzung der jüdischen Mitbürger. Nach dem überwiegend negativen Echo im In- und Ausland wurde der Boykott bald abgebrochen. Am 3. April 1933 schrieb UvK an Hanna Boye: «Du kannst Dir gar nicht vorstellen, wie schrecklich es gestern auf der Straße war, überall die Schilder und Wachen, als ob sie [die Juden] verpestet wären. Wo soll das bloß noch hin? Ich könnte Dir ja stundenlang berichten, man kann bloß nicht so schreiben. [...] Was sich hier abspielt, ist einfach schrecklich. Wir leiden natürlich mit darunter, indem nichts zu tun ist für beide Eltern.» 4 Der Reichsaußenminister Walter Rathenau, der Kunsthändler Paul Cassirer, der Verleger Samuel Fischer, der Theaterkritiker Alfred Kerr, der Rechtsphilosoph Erich Kaufmann, der Physiker Albert Einstein und der Maler Max Liebermann gehörten in den zwanziger Jahren zu den prominenten Vertretern des künstlerisch-intellektuellen Lebens in Berlin. Wegen ihrer jüdischen Herkunft oder politischer Gegnerschaft fielen sie bei den Nationalsozialisten in Ungnade. Kerr, Kaufmann und Einstein gingen ins Exil. 5 Am 3. April 1933 schrieb UvK an Hanna Boye: «Gestern war es so schauerlich, daß wir einfach saßen und heulten. Es ist eine Schande, daß man das alles ansehen muß, ohne helfen zu können.

Unsere ganze Familie macht dauernd Judenbesuche, um sie etwas zu trösten. Es ist ja grotesk alles. Wir rufen alle jüdischen Freunde an, und sie bedanken sich und sind ganz gerührt. Man kann jetzt so leicht Gutes tun. [...] Papa schreibt Briefe, in denen er sich entschuldigt für das, was seine Glaubensgenossen tun.» 6 Die Olympischen Sommerspiele vom 1. bis 16. August 1936 in Berlin dienten Adolf Hitler als Tribüne, auf der er sich der Weltöffentlichkeit als erfolgreicher und populärer Staatsmann präsentierte. Am 22. April 1936 schrieb UvK an Hanna Boye aus Frankreich: «Eins ist sicher, ich habe bis jetzt nicht gewußt, daß wir so ein mächtiges Volk sind. Du glaubst nicht, was sie für eine Heidenangst vor uns haben, links wie rechts, und zugleich in allen Teilen wirklich eine ehrliche Bewunderung für Hitler. Komisch, man lernt sein Land erst kennen, wenn man draußen ist. Ein toller Unterschied. Deutschland ist eben wieder eine Großmacht geworden.» 7 Am 19. August 1934, dem Tag der Volksabstimmung über Hitlers Personalunion als Reichspräsident und Reichskanzler, die schließlich knapp 90 Prozent Ja-Stimmen erbrachte, schrieb UvK an Hanna Boye: «Heute ist der 19., und ich muß gleich wählen gehen. Ich habe mich nun doch breitschlagen lassen, gegen dieses Aufgebot von Propaganda kann ich nicht mehr an, außerdem hat es ja doch keinen Zweck.» 8 Vgl. 3. 3. 1943, Anm. 4. 9 Die nach dem Attentat in Paris gezielt gesteuerten Massenpogrome vom 8. bis 13. November 1938, in deren Verlauf Synagogen angezündet, jüdische Geschäfte geplündert, Familien mißhandelt und insgesamt 30 000 Menschen deportiert wurden, markierten den Beginn einer neuen Phase der NS-Judenverfolgung: der ökonomischen Ausbeutung und Ausschaltung der Juden aus der Wirtschaft. 10 Kadewe – Kaufhaus des Westens.

25. August 1943, Neuhardenberg

Heute abend bei Oppens endlich Fritz Schulenburg kennengelernt.[1] Großer Eindruck. Dieselbe Stimme und Art wie Wolfi, aber ihm geistig überlegen. War sofort vertraut mit ihm, als kennte ich ihn schon seit Jahren. Er ist nicht schön, mittelgroß, hat etwas abstehende Ohren, ziemlich kurze Haare, eine Nase, die wohl mit einem Höcker erdacht, dann ein wenig schief weitergewachsen ist. Viel Schmisse in der unteren Gesichtshälfte. Am Kinn ein Zug von Energie, der Furcht einflößen könnte, wären nicht die Augen, durchsichtig helle Augen, die dauernd den Ausdruck wechseln, manchmal raubvogelartig blicken, manchmal in Selbstironie funkeln. Man kann den Mund verstellen, aber nicht den Blick. Wenn Fritzi lacht, fährt dieses Lachen wie mit dem Scheibenwischer über sein Gesicht. Es ist sofort wieder weg. Ich geriet gleich in seinen Bann. Er strahlt einen Optimismus aus, der unwiderstehlich ist.

1 Im Taschenkalender heißt es: «Lerne endlich Fritzi kennen, der mir sehr imponiert. Selbe Stimme wie Wolfi [dessen Bruder]. Bin ganz verzaubert.» Zur Biografie Schulenburgs s. 18.9. 1943, Anm. 1.

28. August 1943, Neuhardenberg

Bekam einen Brief von Schüddekopf, der mich vor Berlin warnt: «Von Zeit zu Zeit schickt mir Bärchen ein freundliches Sätzchen von Dir, vielleicht erfindet sie manches dazu, aber ich freu' mich alle Male. Wie ich mich auch sehr freute, Dich wiederzusehen – nur mußt Du sehr viel ‹ramassierter› (Fontane) sein, bis wir Dich in dieser hysterischen Stadt wieder aufnehmen werden.

Ich beschwöre Dich: hintertreibe nicht die ärztlichen und menschlichen Wünsche, die Dich noch draußen halten wollen. Denn einmal gibt es unter Preußen auch die kategorische Pflicht der Erholung. Zweitens aber ist es nicht menschenwürdig, sich ohne Not in dieses häßliche Chaos zu begeben.[1]

Was hier geschieht, ist etwas ganz Diabolisches: im innersten Kern wohl das schreckliche Schlußkapitel des prometheischen Zeitalters, wo der durch den jahrhundertealten sündigen Umgang mit der Technik gezeugte teuflische Mensch das Werkzeug eben dieser Technik geworden ist.

Zum Tod, zum Krieg, zum Mut – dazu läßt sich ein klares Verhältnis herstellen, da kann man seinen Platz fixieren, da kann man in eine Wechselrede mit dem Schicksal kommen. Hier aber hat der Mensch seine Rolle ausgespielt – hier gelten apokalyptische Gesetze und nicht menschliche.

Das ist, so eilig und kurz, eine Kleinkinderphilosophie. Aber sie stimmt im großen und ganzen. Und es stimmt, daß die Würde des Menschen hier nichts zu bestreiten hat.

Wen der böse Zufall hier hineinstellt, der muß bleiben, wer aber kann, soll beiseite gehen. Und die beiseite gehen, haben keine kleine Aufgabe damit bekommen. Ich beschwöre Dich: Bleib draußen!»

1 In dem Brief vom 29. August 1943 folgt an dieser Stelle: «Denn es ist ein Irrtum, hierher mit so großen und schönen Worten wie Tod, Mut, Ausdauer, Nebeneinander zu denken.»

31. August 1943, Neuhardenberg

Charkow und Taganrog wurden geräumt.[1] Der König von Bulgarien ist gestorben.[2] Mit Schweden scharfe Mißhelligkeiten, die beinahe nach Krieg aussehen.[3] Es soll eine Weissagung geben, daß vier Monate nach Kriegseintritt Schwedens der Friede ausbricht. In Dänemark Putschversuche, die mit Belagerungszustand endeten, alles brodelt.[4]

Zur Zeit sind Sprangers da. Der Professor mit seiner fast gravitätisch zu nennenden, altmodischen Höflichkeit wirkt wie ein Professor aus den Zeiten der Gebrüder Grimm.[5] Merkwürdig, wie unnütz mir andere Gespräche erscheinen, wenn ich mich eine Weile mit ihm unterhalten habe.

Ich bin hier zur vereidigten Fremdsender-Abhörerin ernannt worden.[6] Nach dem Abendessen täglicher Lagebericht.

Heute vor vier Jahren brach der Krieg aus. Ich weiß es noch genau, wie Mama mich morgens weckte und von dem polnischen Überfall auf den Gleiwitzer Sender erzählte.[7] Ich raste in die Redaktion. Um elf dann der Reichstag. Und Hitlers Verkündung der beginnenden Kriegshandlungen: Gewalt gegen Gewalt. Wir hörten die Rede in Silexens Zimmer. Zum Schluß gingen alle schweigend hinaus. Auf dem Weg nach Hause der erste Fliegeralarm. An mir vorüber lief eine Briefträgerin mit tränenüberströmtem Gesicht.

Abends wieder auf der Redaktion. Ganz Berlin plötzlich verdunkelt, die Omnibusse mit dem grünblauen Licht wie Geistersärge.[8] Mit Schüddekopf in der Setzerei, vom Fenster aus hörten wir auf der Straße einen betrunkenen Mann laut schreien: «Demokratie! Demokratie!» immer wieder. Und dann der 3. September, als England und Frankreich den Krieg erklärt hatten.[9] Ich ging mit Tina Flemming Unter den Linden und zum Wilhelmsplatz. Vor der Reichskanzlei stand nur eine stumme Menge. Einmal öffnete sich das Tor, und Attolico[10] fuhr heraus, von der Menge schwach begrüßt, die ihn zu spät erkannte. Abends traf ich mich mit Schüddekopf. Am Anhalter Bahnhof huschten die Menschen wie Mäuse herum, sie hatten eigentlich schon alle keine Gesichter mehr. Es klingt jetzt vielleicht lächerlich, aber ich hatte damals das Gefühl, daß der Krieg sehr lange dauern würde, und ich wußte auch, wer ihn nicht überleben würde.[11] Jürgen ist gefallen, der kleine Aschmann und auch Dieter Mandelsloh.

1 Angesichts der massiven sowjetischen Offensive mußte sich die deutsche Wehrmacht am 23. August 1943 aus Charkow im Nordosten der Ukraine, am 30. August auch aus Taganrog am Nordostufer des Asowschen Meeres zurückziehen. 2 Die Umstände, unter denen Zar Boris III. am 28. August 1943 starb, wenige Tage nach seinem Besuch bei Hitler, sind bis heute nicht restlos aufgeklärt. Bulgarien hatte trotz seines Kriegsbündnisses mit Deutschland die Beteiligung am Feldzug gegen die Sowjetunion ebenso verweigert wie die im März 1943 von Deutschland geforderte Deportation von 50 000 bulgarischen Juden. 3 Am 5. August 1943 kündigte Schweden den Transitvertrag mit Deutschland auf, der Truppentransporte durch schwedisches Gebiet ermöglicht hatte. Dies war der erste Schritt des neutralen Landes, das sich zunehmend zum Rohstofflieferanten für die deutsche Kriegswirtschaft degradiert und vom Krieg bedroht sah, aus der engen Umklammerung zu entkommen. Die deutsche Führung war über die schwedische Entscheidung verstimmt, verzichtete jedoch auf ernsthafte Drohungen. 4 Dänemark war 1940 kampflos besetzt worden, blieb formell aber weiterhin autonom. Nachdem der Widerstand oppositioneller Gruppen zugenommen hatte, verschärfte sich die Situation, als die Regierung sich weigerte, Saboteure standrechtlich zum Tode verurteilen zu lassen. Am 29. August 1943 wurde das Kriegsrecht verhängt. Der deutsche Wehrmachtsbefehlshaber übernahm die vollziehende Gewalt. Die dänische Regierung trat zurück. Die Widerstandsgruppen schlossen sich zum «Freiheitsrat» zusammen. 5 Eduard Spranger, einer der führenden deutschen Erziehungswissenschaftler, war 1933 aus dem Vorstand des Hochschulverbandes ausgetreten, nachdem er dort für eine Resolution gegen die neuen Machthaber keinen Rückhalt mehr gefunden hatte. Seinen Lehrstuhl an der Humboldt-Universität in Berlin behielt er jedoch. Er stand in engem Kontakt mit den Verschwörern des 20. Juli 1944. 6 Während des Krieges herrschte das strikte Verbot, ausländische «Feindsender» zu hören. Bis 1944 wurden etwa 10 000 Menschen wegen dieses «Deliktes» verurteilt, auf das von 1944 an sogar die Todesstrafe stand. Dennoch erreichten allein die deutschsprachigen Sendungen der britischen BBC etwa eine halbe Million Hörer. Für viele war dies die einzige Brücke zur Außenwelt. 7 Mit dem Angriff auf Polen begann Deutschland am 1. September 1939 ohne Kriegserklärung den Zweiten Weltkrieg. Den

angeblichen polnischen Überfall auf den oberschlesischen Rundfunksender Gleiwitz, der als Vorwand herhalten mußte, hatte in Wirklichkeit ein SS-Kommando in falschen Uniformen fingiert. 8 Um den feindlichen Flugzeugen keine Zielpunkte zu geben, war nachts und insbesondere bei Fliegeralarm «Verdunkelung» vorgeschrieben, das heißt sämtliche Lichtquellen – vom Fenster bis zur Fahrradlampe – mußten nach außen abgeschirmt werden. 9 Großbritannien und Frankreich hatten sich in Garantieverträgen zum Beistand Polens verpflichtet. 10 Bernardo Attolico war von 1935 bis zu seiner Abberufung 1940 der Botschafter Italiens in Berlin. 11 Im Tagebuch heißt es unter dem 2. September 1943: «Was ist inzwischen alles passiert, wieviele Menschen sind tot; und wenn ich mir jetzt überlege, wie ich mir damals den Krieg, als er Tatsache geworden war, vorstellte, so muß ich jetzt sagen, mit all seinem Grauen und Entsetzen ist er tatsächlich so geworden. Nur, es dauerte 2 Jahre, bis er so schlimm wurde, wie man es damals ahnte. Heute stehen wir vor den letzten Möglichkeiten, die uns noch retten, und ich habe so das Gefühl, daß es sich in diesen nächsten Wochen entscheiden wird.»

1. September 1943, Neuhardenberg

Endlich Nachricht von Klaus, die Mama mir heute am Telefon vorlas. Er liegt seit dem 13. August mit Malaria in Neapel im Lazarett. Ich bin glücklich. Grotesker Zustand, in dem es erleichtert, Menschen krank oder verwundet zu wissen.

5. September 1943, Neuhardenberg

Waldersees kamen heraus. Er erzählte von Stalingrad. Seine Krankheit hat ihn gerettet, er wurde noch im letzten Moment herausgeflogen. Sagt, daß Generaloberst Strecker Anti-Nazi gewesen sei, die Leutnants hätten an seinem Tisch ganz unverfrorene Dinge ausgesprochen. Seine letzten Funksprüche sind also an Goebbels' Schreibtisch entstanden und nicht in Stalingrad.[1]

1 Diese These wird durch die historischen Quellen nicht gestützt. Generalleutnant Karl Strecker, Oberbefehlshaber der Verbände im Nordabschnitt des Stalingrader Kessels, hielt den Kampf auch nach der Kapitulation der Armee im Süden weiter aufrecht, in der Hoffnung, daß die von Hitler zugesagte Unterstützung noch eintreffen würde. Als die Kapitulation am 2. Februar 1943 unausweichlich war, sandte er einen letzten Funkspruch an die Heeresgruppe Don: «XI. A[rmee] K[orps] hat mit seinen 6 Div[isionen] im schwersten Kampf bis zum letzten

Mann seine Pflicht getan. Es lebe der Führer! Es lebe Deutschland.» Zur Eintragung unter diesem Datum kein Beleg in den Original-Aufzeichnungen.

6. September 1943, Neuhardenberg

Die Engländer landen erfolgreich in Süditalien.[1] Was wird aus Klaus?

Hier ist ein Feldmarschall erschienen. Ein Feldmarschall in Ungnade: Bock.[2] Im Profil sieht er gut aus, hat freilich den typischen, schmalen, verklemmten Mund des höheren Offiziers. Betont höfliche Manieren, eitel, verschlossen, glatt und nur für militärische Unterhaltungen zugänglich. Lebt auf, wenn die Rede auf Frankreich kommt. Merkwürdigerweise hat er keinerlei Bitterkeit gegen Hitler, der ihn doch verabschiedet hat. Erzählte hochgeschmeichelt, wie Hitler ihn am Krankenbett besuchte. Wirkt ein bißchen wie ein Fisch, der sich auf dem Trockenen abzappelt. Nervös, unruhig, magenleidend. Diese Leute haben keine Ausweichexistenz. Hardenberg versucht, ihn für seine Ideen zu gewinnen. Ob er Erfolg hat?

Interessant, Spranger und den Feldmarschall zusammen zu beobachten. Spranger mit dem breitrandigen Hut, im dunklen Anzug, ein Mäntelchen über dem Arm, durch die Koppeln wandelnd, entspricht ganz dem Bild eines deutschen Gelehrten. Wenn er den Zwicker abnimmt, fällt auf, wie kritisch seine Augen blicken können. Aber erst wenn er zu sprechen beginnt, mit Ironie, in wohlüberlegten Worten, wird sein hoher geistiger Rang spürbar. Neben ihm wirkt der Feldmarschall, obwohl doch auch eine Kapazität in seinem Fach, wie ein Gardeleutnant, und bei den Mahlzeiten beschwört seine Haltung immer die schnarrende Kasinoatmosphäre herauf.

1 Am 3. September 1943 überquerte die 8. britische Armee die Straße von Messina und landete als erste Truppe der Alliierten auf europäischem Festland. Die 5. US-Armee folgte am 9. September. 2 Generalfeldmarschall Fedor von Bock, Oberbefehlshaber der Heeresgruppe Mitte an der Ostfront, wurde am 15. Juli 1942 abgelöst, als der Vormarsch ins Stocken geriet. Außerdem hatte der preußische, monarchistisch orientierte General Bedenken gegen Hitlers Plan vorgebracht, Stalingrad und den Kaukasus gleichzeitig anzugreifen. Im Tagebuch unter dem 8. September 1943 wird Bocks Verhältnis zu Hitler

nicht explizit erwähnt. Dort heißt es: «Feldmarschall von Bock, einer der viel Bewunderten und viel Gehaßten.»

9. September 1943, Neuhardenberg

Italien hat Waffenstillstand geschlossen. Wenn wir doch endlich auch so weit wären.

11. September 1943, Neuhardenberg

Gestern sprach Hitler. Vorher wurde in einer Sondermeldung bekanntgegeben, daß wir Norditalien und Rom besetzt haben.[1] Das ehemals verbündete Land ist also zur Hälfte feindliches Gebiet geworden. Die Engländer sind bei Neapel.

Hassells mit Sohn sind jetzt hier. Der Botschafter will ein Buch über den Staatskanzler Hardenberg schreiben. Sie gaben uns witzige Schilderungen von deutschen Bonzenbesuchen[2] in Rom während ihrer Botschafterzeit. Frau von Hassell erzählte, wie Goebbels einmal auf französisch angesprochen wurde und dann geantwortet hat, er spräche nicht französisch: «Je ne veux pas et je ne peux pas.»[3] Hassell ist klar und unpathetisch, dabei nicht so erdrückend pessimistisch wie Hammerstein oder Onkel Siegfried. Federnder und jünger. Könnte ihn mir gut als Außenminister vorstellen. Ich glaube, es gibt kaum einen Chef, der vom höchsten bis zum niedrigsten Untergebenen auch nur annähernd so gehaßt wird wie Ribbentrop[4] mit seiner Arroganz.

Mussolini ist von deutschen Fallschirmtruppen auf abenteuerliche Weise aus seiner Haft in den Abruzzen befreit worden.[5] Ein sensationeller Handstreich. Der deutsche Rundfunk überschlägt sich förmlich. Ich lese so etwas lieber bei Karl May.

Die englischen Waffenstillstandsbedingungen für Badoglio-Italien sind rigoros.[6] Propagandistisch gesehen unverständlich, oder steckt eine solche Siegesgewißheit dahinter, daß ihnen die Wirkung auf uns ganz gleichgültig ist? Sehr deprimierend. Denn das hieße, daß ein Umsturz in Deutschland sich nicht mehr entscheidend auf ein Friedensangebot auswirken könnte.

In der Zeitung steht die Nachricht von der Hinrichtung eines Studenten, eines Freiherrn von Wedekind, wegen Defaitismus.[7] Dieser Ausdruck ist dehnbar wie ein Gummiband.

1 Unmittelbar nach der alliierten Invasion, am 3. September 1943, schloß die neue italienische Regierung unter Pietro Badoglio Waffenstillstand mit den Alliierten und wechselte in deren Lager über. Daraufhin marschierten am 10. September deutsche Truppen in Nord- und Mittelitalien ein. Die italienischen Besatzungsstreitkräfte in Südostfrankreich, Jugoslawien, Griechenland und Albanien wurden entwaffnet und interniert. Im Taschenkalender heißt es unter dem 10. September 1943: «Der Führer spricht zu den italienischen Ereignissen. Rom von den Deutschen besetzt, Rommel in Norditalien. Alles sehr aufregend.» Im Tagebuch heißt es unter dem 11. September 1943: «Es wird also jetzt Schlachten um Rom geben. In Griechenland beschießen Deutsche Italiener, versenken ihre Schiffe, in Jugoslawien ebenfalls, der Verbündete ist innerhalb von 2 Tagen, seit bekannt wurde, daß Italien seit einer Woche schon kapituliert hat, zum Feind geworden. 6 Wochen nach dem Sturz Mussolinis ging es noch. Ich hatte dies alles eher erwartet.» 2 Bonzen – Schimpfwort für hohe NS-Funktionäre, ursprünglich von den Nationalsozialisten gegen SPD-Politiker aufgebracht. 3 «Ich will nicht und ich kann nicht.» 4 Joachim von Ribbentrop, zunächst außenpolitischer Berater Hitlers und Botschafter in London, wurde 1938 als Nachfolger Konstantin von Neuraths Reichsaußenminister. Der willfährige Erfüllungsgehilfe Hitlers genoß in der öffentlichen Meinung wegen seiner Inkompetenz und mangelnden Befähigung wenig Wertschätzung. 5 Im Tagebuch heißt es unter dem 13. September 1943: «Mussolini übrigens wurde von deutschen Fallschirmern und SS aus den Abruzzen geholt. Das gibt wieder mächtig Auftrieb.» Am 12. September 1943 befreiten deutsche Fallschirmjäger Mussolini aus einem Berghotel auf dem Gran-Sasso-Massiv, wo er interniert war. Mehrere Befreiungsversuche zuvor waren gescheitert. Mit Hilfe der deutschen Besatzungsmacht übernahm der «Duce» die Regierungsgewalt über das besetzte Nord- und Mittelitalien. Der Sitz dieser Marionettenregierung war Salò am Gardasee. 6 Das Waffenstillstandsabkommen (vgl. Anm. 1) sah im wesentlichen vor, daß Italien die Souveränität auf militärischem, teils auch politischem Gebiet den Alliierten zu übertragen habe. 7 Der 24jährige Student Arndt Freiherr von Wedekind wurde am 1. September 1943 wegen «Hochverrats» zum Tode verurteilt, weil er an der Frankfurter Universität gegenüber russischen Ärztinnen, die Zwangsarbeiter medizinisch betreuten, die deutsche Kriegspolitik kritisiert hatte. Er war denunziert worden.

18. September 1943, Neuhardenberg

Plötzlich stand Fritz Schulenberg heute im Eßsaal. Er meldet sich bei niemandem mehr vorher an. Zur Zeit ist er in Potsdam. Er verhält sich möglichst unauffällig, wechselt seine Quartiere oft, schreibt selten und telefoniert nur von Zellen aus. 1931 trat er gleichzeitig mit seinem Vater und vier Brüdern in die Partei ein, war Polizei-Vizepräsident unter Helldorf und später Regierungspräsident in Breslau. Jetzt ist aus dem Parteimann ein glühender Gegner geworden, der mit der ganzen Schärfe seines ungewöhnlich wachen Verstandes den ehemaligen Führern Feindschaft geschworen hat.[1]

Ich ging mit Fritzi spazieren. Ich möchte ihn nicht zum Feind haben – er kann von einer schneidenden Verachtung sein, besonders gegen Standesgenossen, die weniger konsequent sind als er. Messerscharf wird seine Stimme dann. Das Monokel in seinem rechten Auge wirkt wie festgewachsen. Als er einmal von Parteibonzen deshalb verspottet wurde, sagte er nur: «Dieses Monokel hat mich Tag und Nacht begleitet, viele tausend Kilometer auf dem Vormarsch in Rußland, den Sie nicht gemacht haben.» Darauf schwiegen sie. Er kann sich solche Dinge erlauben, denn er hat den Charme des Draufgängers. Seine Kühnheit entwaffnet. Er ist ein ebenso guter Zuhörer wie Gesprächspartner. Wir berührten Themen, die in ihm brannten: Sozialismus, katholische Glaubensauffassung, moderne Städteplanung, Wiederherstellung des Rechts. Sprachen dazwischen von Trakl und Stefan George. Er haßt die Lauen, die Opportunisten. Ich kenne keinen Menschen, mit dem man über so verschiedenartige Probleme sprechen kann wie mit ihm. Und mit welchem Enthusiasmus erzählte er von seiner Frau Charlotte und den sechs Kindern.

Beim Abschied nannte er mich Ursula, so, als habe er das von jeher getan. Die Hosenbeine seines recht uneleganten blauen Anzugs waren mit Lehm bespritzt und schrumpelig. Gleichmütig sah er an ihnen herunter. «Ich sehe aus wie ein Landpfarrer, nicht wahr?» sagte er lachend. Aber er könnte in einem Sack kommen und würde doch immer aussehen wie ein Herr. Dabei ist es ihm völlig gleichgültig, wie er wirkt. Vielleicht besteht darin ein Teil seiner Überlegenheit.

Ich fange wieder an zu arbeiten. Sitze seit Tagen an einem Aufsatz über Elise Lensing, Hebbels Geliebte. Ich habe eine ganze Reihe von Büchern über sie gelesen, darunter Hebbels Tagebuch. Trotzdem behält diese fatale und etwas klebrige Liebesgeschichte zwischen ihm und der Frau, die alles für ihn opferte (und dennoch immer spießig blieb), etwas Beklemmendes.

Gegen Abend mit Kurt Plettenberg[2] auf der Kanzel im Wald. In Neuhardenberg passen alle zusammen, als seien sie aus dem gleichen Holz geschnitzt. Lange über Kleist gesprochen, den auch er sehr liebt. Plettenberg ist stets fröhlich, man kann sich gar nicht vorstellen, wie er in schlechter Laune aussehen müßte. Er arbeitet beim Kronprinzen und ist ein Kriegsfreund von Hardenberg. In seiner Art erinnert er mich an Haeften.

1 Im Taschenkalender heißt es zu der Begegnung nur: «Herrliche Sonne. 1 Stunde Spaziergang mit Fritzi S[chulenburg]. Als ob Wolfi [dessen Bruder] neben mir ginge.» Fritz-Dietlof Graf von der Schulenburg, von 1937 bis 1939 Polizeivizepräsident von Berlin, anschließend stellvertretender Oberpräsident der Provinz Ober- und Niederschlesien, war am 1. Februar 1932 als Anhänger Gregor Strassers in die NSDAP eingetreten. In der Folgezeit wandelte er sich zu einem engagierten Regimegegner. Im Vorfeld des 20. Juli 1944 widmete er sich intensiv der Aufgabe, Mitstreiter zu gewinnen und Kontakte herzustellen. 2 Kurt Plettenberg, der Generalbevollmächtigte des Hauses Hohenzollern, war als enger Freund Graf Hardenbergs in die Verschwörung gegen Hitler eingeweiht.

21. September 1943, Neuhardenberg

Die Trauer um Jürgen überfiel mich wieder jäh.

Wollte endlich zurück nach Berlin, aber Hardenberg ließ mich nicht fort. Ich müsse noch ein paar Tage abwarten. Er sagte es mit einer solchen Betonung, daß ich mich fügte. Ob etwas im Gange ist?[1]

1 Zu dieser Überlegung kein Beleg in den Original-Aufzeichnungen.

24. September 1943, Neuhardenberg

Neapel rückt ins Schlachtfeld. Was ist mit Klaus?

26. September 1943, Neuhardenberg

Draußen regnet es. Die ganze Familie ist zu einer Hochzeit gefahren. Bin sehr melancholisch. Keine Post, weder von Klaus noch von Eberhard oder Wolfi. Smolensk und Roslawl sind gefallen.[1] Dort, wo Jürgen begraben liegt – wir hörten nie etwas von einem Grab –, ist weite russische Steppe. Aber ich habe kein Gefühl für Gräberkult.

1 Am 24. September räumte die deutsche 9. Armee Smolensk, 370 Kilometer südwestlich von Moskau; um dieselbe Zeit auch das etwa 100 Kilometer weiter südöstlich gelegene Roslawl.

29. September 1943, Neuhardenberg

Anruf Mama: Jürgen Petersen, PK[1]-Mann, der früher bei der DAZ war, habe Klaus noch am Sonnabend am Vesuv gesehen. Ganz munter soll er wieder sein. Anruf Bärchen: Die Redaktion brauche mich. So werde ich zum Wochenanfang wieder in Berlin sein. Aus dem Paradies in die Tretmühle zurück, denn fast jede Nacht ist dort Alarm.

Viele Hinrichtungen. Ein Luftwaffenhauptmann soll zum Tode verurteilt worden sein, weil in seinem Tagebuch, das nach einem Luftangriff in falsche Hände kam, gestanden habe, er glaube nicht mehr an einen Sieg. «Wehrkraftzersetzung der eigenen Person» lautet die juristische Formel dafür.

Der November rückt näher, der schon immer unheilvoll war. Fast jeden fünften Tag geben wir im Osten wieder eine Stadt auf, die mit soviel Blut erobert worden war. Mußte Jürgen dafür sterben? Über das Bollwerk, das seine Division bilden sollte, ist die Walze längst hinweggegangen. Wir räumen auch den Kuban,[2] wie ich es Eberhard schon im Mai vorausgesagt hatte. Das Schicksal der Krim ist fraglich. Hannover, Darmstadt, Emden schwer bombardiert. Bald gibt es keine deutsche Stadt mehr, die noch heil ist. Sardinien geräumt. Auf Korsika kämpfen Italiener, Franzosen, Amerikaner und die Bevölkerung gegen die Deutschen. In Italien wird jetzt schon ein Gesinnungskrieg ausgefochten. Faschisten und Deutsche gegen Engländer und Antifaschisten.[3] Vielleicht ist dies der Beginn einer Überwindung des allzu krassen Nationalismus.

Klaus ist Abteilungskommandeur geworden.

1 Propaganda-Kompanie (PK); vgl. 19. 6. 1943, Anm. 1. 2 Vom «Kuban-Brückenknopf», ihrem Hauptstützpunkt am Schwarzen Meer (vgl. 5. 5. 1943, Anm. 7), mußte sich die deutsche Wehrmacht zwischen 7. und 9. Oktober 1943 endgültig zurückziehen. Rund 240 000 Soldaten und 115 000 Tonnen Militärgut wurden auf die Krim zurückverlagert. 3 Während die deutsche Besatzungsmacht mit der Ausdehnung der Reichsverwaltung auf das italienische

Alpenvorland am 24. September 1943 unverblümt Annexionspolitik betrieb, schlossen sich die im Untergrund neu gegründeten Parteien Italiens zum «Nationalen Befreiungskomitee» (CLN) zusammen. Erste bewaffnete Großaktion der von Großbritannien unterstützten Resistenza war der Aufstand der «vier Tage» Ende September 1943 in Neapel, kurz vor dem Einmarsch der Alliierten. Am 13. Oktober erklärte das unbesetzte Italien Deutschland den Krieg.

1. Oktober 1943, Neuhardenberg

Eben von einem Waldspaziergang zurück. Die Sonne versank wie ein glühender Ball. Trotz der düsteren Zukunft, die unabwendbar heranrückt, konnte ich mich nicht beherrschen, fing einfach an zu singen.

2. Oktober 1943, Neuhardenberg

Neue Gäste. Endlich kam auf meine Einladung hin Werner Haeften, der sehr gut hierherpaßt und allen gefällt – nicht nur den hübschen Töchtern.

Außerdem kam heute mittag der frühere Botschafter in Moskau, Graf Schulenburg,[1] ein Vetter von Fritzi. Hager, hochgewachsen, trotz seiner siebzig Jahre von einer Eleganz, wie sie heute nur noch bei der alten Generation zu finden ist, geistvoll und augenscheinlich den Genüssen des Lebens zugetan. Das Dritte Reich hat keine Größen aufzuweisen, die so einen Weltmann ersetzen könnten.

Nach Tisch in der Sonne auf der Terrasse gesessen mit Schulenburg und Hardenberg. Ich wüßte keinen friedvolleren Ort als diese Terrasse mit den Platanen und dem weiten Blick, der sich über die Koppeln im Wald verliert. Schulenburg erzählt von den Russen. Sprach bewundernd von Stalin; er hält ihn für den einzigen wirklichen Realisten, einen Mann, der genau so weit geht, wie er es verantworten kann, und nicht wie Hitler der Maßlosigkeit verfällt. Schilderte die fassungslose Überraschung Molotows,[2] als der deutsche Angriff begann. Bis zum Schluß, sagte er, hätten die Russen vertragsgemäß, ordentlich alles geliefert. Er schien viel Sympathie für sie zu haben. Auf seine und Köstrings[3] Warnungen vor der Stärke des russischen Heeres wurde natürlich nie gehört. Hitler hat ihn nicht einmal empfangen.[4]

Haeften erzählte, daß Langbehn verhaftet worden sei.[5]

1 Friedrich Werner Graf von der Schulenburg, von 1934 bis 1941 deutscher Botschafter in Moskau, stellte sich den Verschwörern gegen Hitler als Vermittler zur Sowjetführung zur Verfügung. Der Diplomat hatte nie ein Hehl daraus gemacht, wie verhängnisvoll er den totalen Krieg gegen die Sowjetunion einschätzte. Für seine Position, eine separate Verständigung mit Moskau anzustreben, fand er auch in den Kreisen des konservativen Widerstands letztlich keine Unterstützung. Für die Eintragung unter diesem Datum kein Beleg in den Original-Aufzeichnungen. 2 Wjatscheslaw M. Molotow, Außenminister und bis 1941 Regierungschef der Sowjetunion, war 1939 federführend am Abschluß des deutsch-sowjetischen Nichtangriffspaktes beteiligt. 3 General Ernst August Köstring, von 1935 bis 1939 Militärattaché an der deutschen Botschaft in Moskau, gehörte zu den entschiedenen Kritikern von Hitlers Kriegsplänen im Osten. 4 Hitler hatte Schulenburg am 28. April 1941 zwar empfangen, nachdem er ihn zuvor fast zwei Wochen hatte warten lassen. Während des Gesprächs wies er aber die Einwände des Botschafters brüsk zurück und stritt den geplanten Angriff gegen die Sowjetunion ab. 5 Carl Langbehn gehörte dem Oppositionskreis um Ulrich von Hassell an. Im Sommer 1943 hatte er mit Heinrich Himmler, den er als Rechtsanwalt vertrat, Verhandlungen aufgenommen, in der Absicht, diesen gegen Hitler zu gewinnen. Diese Kontaktaufnahme mit dem SS-Chef, die auch innerhalb der Opposition äußerst umstritten war, wurde durch Langbehns Inhaftierung im September 1943 beendet. Die Gestapo verhaftete den Rechtsanwalt wegen seiner früheren «landesverräterischen» Verbindungen in die Schweiz.

6. Oktober 1943, Berlin

Dieses Berlin! Die früher so sauberen Straßen verkommen. Die Menschen wie in einem Schiff, in dem sie gemeinsam einer Gefahr entgegentreiben, sind höflicher zueinander. Ergeben in ihr Schicksal. Hörte in der Elektrischen[1] eine Frau sagen: «Ich bin jetzt ganz ruhig. Wenn Alarm kommt, gehe ich in den Keller. Zu Anfang bin ich in den Wald hinaus und habe dort übernachtet – jetzt sage ich mir, wen es treffen soll, den trifft es eben. Seinem Schicksal kann man nicht entgehen.» Das ist die allgemeine Auffassung. In den letzten Tagen schwere Angriffe auf Hagen, Kassel, Worms, Frankfurt. Kann mir an den Fingern abzählen, wie lange unser Asyl hier noch stehen wird. Ging abends zu Bernhard, der wieder Urlaub hat. Der Mond schien böse durch die Ruinen. Darüber spielten die Scheinwerfer wie lange Spinnenbeine. Alles wie ausgestorben.

Unsere grün-bleiche Portiersfrau, mit Spitznase und dunkler Mütze, die wie eine Gestalt von Breughel aussieht: «Lassen Sie man ruhig die Russen kommen, uns kleinen Leuten tun die nichts. Und dann ist der Krieg wenigstens aus.»

Stand an, um mir Blumen zu kaufen, freue mich an ihrer zwecklosen Schönheit, in dieser so entsetzlich zweckbestimmten Welt.

Die Freunde alle sehr deprimiert. Wolf-Uli Hassell so pessimistisch, daß ich Rückschlüsse auf die Stimmung seines Vaters daraus ziehe, den ich eher für optimistisch gehalten hatte. Bernhard: «Die Wahrscheinlichkeit, daß es einen, wenn man dreißigmal durchgekommen ist, beim einunddreißigsten Mal trifft, wird immer größer.»

Petersen brachte Bilder von Klaus, der sehr eingefallen und mager aussah in der Tropenuniform.

1 Elektrische – Straßenbahn.

13. Oktober 1943

Eberhard war für drei Tage aus Frankreich da. Wir haben uns verkracht. Abends mit Schüddekopf in drei Lokalen versucht, etwas Wein zu ergattern, was mißlang. Gespräche über Ortegas «Aufstand der Massen» und Hitlers Entlarvung.[1]

1 «Der Aufstand der Massen», das bekannteste Buch des spanischen Kulturphilosophen José Ortega y Gasset, 1931 verfaßt, beschreibt den Weg des Bürgertums in eine von der Technik domestizierte Massengesellschaft.

18. Oktober 1943

Seltsames Gebilde, mein Gehirn. Mitten in dieser Zeit des Grauens habe ich Sehnsucht nach Kleidern, nach Luxus, einer neuen Frisur, nach Ohrklips und Maniküre. In früheren Jahren dachte ich um diese Zeit an die ersten Bälle, die Lichtreklamen zuckten durch die Herbstnebel – Berlin war dann doppelt verführerisch. Aber genoß man dieses Leben genug? Und gab es nicht auch Kummer, Ärger, Verzweiflung, genauso wie es heute Freude und Glücksgefühle in einer Stärke gibt, die man früher nicht kannte?

Überlegt, wann ich zum letztenmal ein Abendkleid trug, es war das silberne, und ich zog es an, als Dieter Mandelsloh mich zu Nikolaus Halem mitnahm. Das war kurz vor Ausbruch des Krieges. Mandelsloh ist tot, der erste Freund, den der Krieg forderte, Halem seit einem Jahr den Torturen der Gestapo ausgeliefert. Das lange Silberkleid, mit Grünspan überzogen, ganz unansehnlich, hängt im Keller. Wann werde ich etwas Ähnliches je wieder brauchen?

Vier NSV[1]-Leute, alle auf einer Dienststelle, wurden hingerichtet, weil sie ein zersetzendes Gedicht verbreitet haben sollen. Es war nicht einmal besonders gut. Eltern, die ihrem einzigen Sohn in einem Feldpostbrief rieten, sein Blasenleiden zu kultivieren, damit er von der Front wegkäme, wurden zum Tode verurteilt. Verfahren, die Jahre zurückliegen, werden neu ausgegraben.

Klaus in heftigen Kämpfen um Volturno.[2] Hat die Urlaubschance nicht wahrgenommen, weil er seine Abteilung im Moment nicht verlassen will. Und ich beschäftige mich mit Ohrklips.

Ging mit der Sehnsucht, die Dinger zu kaufen, in zehn verschiedene Läden und wurde nur mitleidig belächelt. Merkwürdiges Wesen, der Mensch. Oder sind solche unsinnigen Wünsche eine natürliche Reaktion unseres Lebenswillens?

Gestern einige Leute für Bernhard eingeladen. Es kam keine Stimmung auf. Die Urlauber können sich nicht mehr in unseren Trott einfügen, kommen von einem fernen Stern und sitzen einsam dabei. Mißvergnügt und lähmend. Lauter Eisblöcke. Die Ebenen sind zu verschieden. Getrennte Welten. Ärgerte mich über Bernhard, der alles kritisierte, und wurde unfreundlich. Man klebt am Alltag, bringt nicht mehr den Schwung auf, sich herauszureißen. Die Flügel sind beschnitten – oder zu schwer. Was weiß ich. Jedenfalls war der Abend mißlungen. Auch trug ein anderthalbstündiger Alarm nicht gerade zur Erheiterung bei.

1 Die Nationalsozialistische Volkswohlfahrt (NSV) beherrschte als übermächtiger Einheits-Wohlfahrtsverband den sozialen Sektor entsprechend den völkischen Prämissen: Bedürftige «Volksgenossen», die dem NS-Rassen- und Volksbegriff entsprachen, wurden betreut; «hoffnungslose Fälle» wie Alkoholiker oder Sträflinge fielen durch das Raster der Sozialfürsorge. 2 Der Unterlauf des Flusses Volturno, der etwa 200 Kilometer südlich von Rom ins westliche Mittelmeer mündet, markierte die Verteidigungslinie, die Hitler am 3. Oktober 1943 als Front gegen die Alliierten festgelegt hatte.

21. Oktober 1943

Fritz Schulenburg rief mich an und wollte mit mir essen. Ich sagte ab, weil ich einen moralischen Kater hatte.

22. Oktober 1943

«Mensch, werde wesentlich.»[1] Ein Ausspruch, den ich nie gern hatte. Aber heute ging mir sein Sinn auf. War einen ganzen Nachmittag in Zehlendorf bei Fritzi Schulenburg, der bei seiner Wirtin, Frau Berndt, einer Pfarrersfrau und Organistin, mit verstauchtem Fuß auf dem Sofa lag. Wir sprachen viel über Theologie. Als ich sagte, ich ginge nur noch wegen der Liturgie in die Kirche, meinte er, ich würde wohl eines Tages katholisch werden. Ich muß darüber nachdenken. Wir sprachen über die Großstadt. Fritzi lehnt sie ab. Man müsse die Menschen zu ihrem Glück zwingen, meinte er, und die Großstädte künftig dezentralisieren. Die Zeit käme dem entgegen, da viele zerstörte Städte gar nicht mehr so aufgebaut werden könnten, wie sie einmal waren.[2]

Überlegte, worin die Faszination Berlins besteht, das uns in der achtjährigen Breslauer Exilzeit[3] immer als Eldorado erschien. Wohl zum Teil in der Möglichkeit zur Anonymität, zum freien Leben. Mich jedenfalls würde das Provinzielle der kleinen Städte bedrücken, der Klatsch dort wäre mir unerträglich. Ich brauche Weltstadtluft. Fritzi wandte ein, daß Weimar in seiner Blütezeit, als es ein Zentrum der geistigen Welt gewesen sei, nur sechstausend Einwohner gehabt habe. Trotzdem denke ich, daß die Gefahr der Verspießerung in einer kleinen Stadt größer ist. Gibt nicht auch die Tatsache zu denken, daß der angeblich so wurzellose Großstädter mit fanatischer Liebe an seiner Heimat Berlin hängt, daß er lieber in die Keller der abgebrannten Häuser zurückkehrt, als ruhig auf dem Lande zu wohnen?

Fritzi bat mich, für ihn bei Plettenberg im Büro, im Kronprinzessinnenpalais, einen Brief abzugeben. Ich fragte, ob er nicht interessantere Aufgaben für mich hätte. Hoffentlich kann er mich für seine Pläne einspannen.[4]

1 Aus Angelus Silesius' Gedicht «Zufall und Wesen», in: Der Cherubinische Wandersmann. 2 Schulenburgs Konzept sah vor, die Einwohnerzahl der Städte beim Neuaufbau nach dem Krieg von vornherein zu begrenzen. «Landesstädte» sollten nicht mehr als 50000, «Hauptstädte» nicht mehr als 200000 Bewohner umfassen. Großstädte erschienen ihm als «Krankheitsherde», «die an Körper und Geist unseres Volkes fressen». Seine Denkschriften zu diesem Thema sind publiziert in: Ulrich Heinemann, Ein konservativer Rebell. Fritz-Dietlof Graf von der Schulenburg und der 20. Juli. Berlin 1990, S. 226 ff. 3 UvK hatte von 1920 bis 1928 in Breslau gelebt, wo ihr Vater an der Kunstakademie unterrichtete. 4 Im Tagebuch klingt andeutungsweise an, daß UvK eine Mitarbeit im Oppositionskreis erwog: «‹Mensch werde wesentlich›, dieser Spruch, den ich immer ziemlich doof fand, hat doch sehr viel Wahres. Heute vor allem wurde es mir klar in der Unterhaltung mit Fritz. 2 Stunden, die angefüllt waren mit Wirklichem. Ein ganz bedeutender Mann, hoffentlich liegt hier ein Gebiet, auf dem ich, wenn auch als Popel-Pünktchen, etwas brauchbar bin. Ich war ganz geehrt. Vielleicht liegt hier doch eine Art Wende in meinem so dahinwuselnden Leben. Schade, daß Jürgen den nicht gekannt hat, sicher wäre er sehr begeistert.»

25. Oktober 1943

Große Freude. Eben ein Telegramm: Klaus kommt morgen auf Urlaub. Ich werde mir diesen Tag mit ihm einfach stehlen, die Eltern erst übermorgen anrufen, die Redaktion schwänzen und auch sonst niemandem etwas sagen. Dann können wir beide allein von Jürgen sprechen.

Sonntag nachmittag Abschied von Bernhard. Er redete mir ins Gewissen, wegen Eberhard. Im Kriege dürfe man keine Freundschaft abbrechen. Ich begleitete ihn nach Hause. Unterwegs kam uns inmitten der Ruinen ein Zug von Ostarbeiterinnen entgegen, Frauen mit Kopftüchern und geschulterten Spaten.[1]

Vormittags war ich im Aquarium. Dachte, daß Tiere, die giftig sind oder die sich von Aas nähren, schon äußerlich etwas Böses haben wie die Muränen, so daß ihr Anblick warnt. Es gibt auch solche Menschen. – Abends besuchte mich Waldersee und ließ seinem Zorn über die Feldmarschälle freien Lauf.[2]

1 Vgl. 4. 6. 1943, Anm. 2. 2 Im Tagebuch heißt es: «Er [Waldersee] kam mit 2 Flaschen und blieb bis ½ 1. Erzählte viel Wissenswertes. Männer, die ihr Herz ausschütten, sind ja Frauen, die gut und verständnisvoll zuhören, schnell ausgeliefert.»

26. Oktober 1943

Klaus, dünn und elend geworden, füllt meine Zeit völlig aus. Wir saßen von zehn Uhr morgens bis fünf Uhr nachmittags am Frühstückstisch. Er hat sich verändert, als sei etwas von Jürgen auf ihn übergegangen. Mühsam brachte ich ihn dazu, von der Front zu erzählen. Als auf Sizilien der Landungsalarm gegeben wurde, sagte er zu seinem Burschen: «Heute abend feuern wir sie raus.» Als er dann ans Meer fuhr, traute er seinen Augen nicht: Kreuzer, die mit voller Breitseite auf die Küsten schossen. Hunderte von Booten, die aus großen Schiffen ausgeladen wurden. In der ersten Nacht wurden drei Divisionen gelandet. Bei völliger Luftüberlegenheit. Die Italiener machen nicht mehr mit, leisten passiven Widerstand. Dementsprechend benehmen wir uns grauenhaft. Hitler befahl, Fabriken und Häuser in die Luft zu sprengen, «verbrannte Erde» nennt man das. Klaus hat es seiner Truppe untersagt.

Die italienischen Männer zwischen achtzehn und fünfunddreißig hat man in Arbeitskommandos gepreßt. Das ganze Land ist in einem chaotischen Zustand. Auf dem Rücken des Volkes, das den Krieg haßt, werden die Entscheidungen ausgefochten. Auch Mussolini hätte besser daran getan, sich zu erschießen, statt das Schauspiel einer Marionette in Hitlers Hand abzugeben. Aber es erscheint wie ein gerechtes Schicksal, daß diesem Mann des Pathos ein so unrühmliches Ende auferlegt wird.

Hier sieht man schon die ersten italienischen Gefangenen, frierende Gestalten, die mir leid tun, in zerlumpten Uniformen.[1] Welch ein Gegensatz zu dem Bundesgenossen von einst, der prächtig und goldglitzernd in Regierungsautos durch die Straßen fuhr.

Die Russen sind an vielen Stellen am Dnjepr durchgebrochen.[2] Das Ende dieses Krieges wird furchtbar sein, wenn nicht bald etwas geschieht, solange wir noch etwas anzubieten haben. Die Eltern sind aus Weißwasser zurück. Wir sind wieder eine Art Familie.

1 600 000 italienische Soldaten wurden von der deutschen Wehrmacht interniert, weil sie sich nicht vorbehaltlos zur neuen Mussolini-Regierung bekannten. Bei der Entwaffnung kam es zu Exzessen wie dem grauenhaften Massaker an 4000 in Griechenland stationierten Soldaten. Viele der italienischen Gefangenen wurden später als Arbeitskräfte nach Deutschland deportiert. Zivile Arbeitskräfte konnten hingegen nicht im vorgesehenen Umfang rekrutiert werden. Statt wie vorgesehen 1,5 Millionen kamen bis 1944 nur rund 42 000 Italiener zum Arbeitseinsatz nach Deutschland. 2 Die neue Verteidigungslinie der deutschen Armee entlang dem Dnjepr, der sogenannte «Ostwall» an der Grenze von Weißrußland und der Ukraine, hatte wenig Bestand. Bis zum Jahresende 1943 war die Rote Armee fast auf voller Breite durchgestoßen. Bei den erbitterten Kämpfen verlor die Wehrmacht 60 Divisionen.

30. Oktober 1943

Sehr netter Abend bei uns für Klaus. Schmid-Pauli, ein junger Unteroffizier, der aus Rußland kam, fand sich plötzlich mit Willi Beer[1] in begeisterten Schilderungen der Russinnen und der Landschaft. Entweder wird dieses Land gehaßt, oder die Menschen sind seiner Grenzenlosigkeit und Größe verfallen. Ich habe das schon öfter an Soldaten beobachtet.

1 Carl Willy Beer, Leiter des Ressorts Innenpolitik der DAZ und Kriegsberichterstatter, hatte ursprünglich den religiösen Sozialisten nahegestanden und unterlag 1934 zeitweise sogar einem Schreibverbot. Während des Dritten Reiches wandelte er sich zum vorbehaltlosen Propagandisten für das Regime und den totalen Krieg.

6. November 1943

Eben zurück von einem Abend bei Waldersees mit Klaus. Stunden, die aus dem Grau des Alltags herausgehoben waren. Es war wie früher. Damasttischtuch, Silberleuchter, kostbare Gläser und beim Essen eine höchst belebende Unterhaltung. Denn außer uns waren noch Sauerbruchs da, und ich wurde ihnen zum Scherz als Nazisse vorgestellt. Es dauerte immerhin eine halbe Stunde, bis es mir gelang, Sauerbruchs mißtrauisch bohrende Blicke in etwas vertrauensvollere umzuwandeln. Was einem sofort an ihm auffällt, sind die zarten, schmalen Hände, bei denen der vierte Finger genauso lang wie der Mittelfinger ist. Er erzählte ohne jede Hemmung von Hitler, den er schon aus dem Ersten Weltkrieg kennt. Als Hitler verlangte, er solle in die Partei eintreten, habe er das mit der Begründung abgelehnt, daß er kein Antisemit sei und nie vergessen werde, daß ein Jude ihm das Leben gerettet habe, als er während der Räterepublik in München als Geisel erschossen werden sollte.

Die großen Ärzte sind eigentlich die einzigen, die eine gewisse Freiheit genießen. Man kann es sich nicht leisten, sie schlecht zu behandeln. Dabei behauptete Sauerbruch, daß Hitler ihn nicht leiden könne, weil er einer der wenigen sei, die der Suggestion seines Blickes nicht verfallen.[1]

Waldersee unterhielt sich lange mit Klaus. Sie brauchen zuverlässige Offiziere. Wofür?

1 Im Tagebuch heißt es unter dem 9. November 1943: «Besonders beglückend war ein Abend bei Waldersees, wo wir zu sechst einen Hasen verzehrten, mit Sauerbruchs zusammen. Ein wirkliches Erlebnis. [...] So ein ganz großer Arzt ist ja eigentlich einer der wenigen vollkommen freien Menschen, die es noch gibt, und der auch vieles sich leisten kann, was anderen unmöglich ist. Ein fascinierender Erzähler übrigens.» Ferdinand Sauerbruch, Chefarzt an der Berliner *Charité* und ranghöchster Mediziner der Wehrmacht, war der prominenteste und der Prominenten-Arzt des Dritten Reiches. Anfänglich dem Nationalsozialismus gegenüber aufgeschlossen, pflegte er später den Kontakt mit der Opposition um Generaloberst Ludwig Beck, ohne sich aktiv am Widerstand zu beteiligen. Nach dem 20. Juli 1944 blieb er dank seiner Sonderstellung weitgehend unbehelligt. Auch gelegentliche kritische Worte gerieten ihm nicht zum Nachteil.

11. November 1943

Die Arbeit in der Redaktion wird immer unerfreulicher. Ich schreibe wenig, weil meine Gedanken mit anderen Dingen beschäftigt sind. Wichtig sind mir die Nachrichten, die Informationen aus dem Promi, die vom Verlag aufgefangenen Funkmeldungen, an die ich durch Bärchen herankomme. So kann man sich ein gutes Bild von der Lage machen und Fritzi oder Hardenberg davon erzählen.[1]

1 Zu dieser Eintragung kein Beleg in den Original-Aufzeichnungen.

12. November 1943

Gestern abend viele Freunde bei uns, es dauerte bis fünf Uhr früh. Journalisten, Soldaten, ein paar hübsche Mädchen. Brachte Anton Knyphausen[1] mit Waldersee und Haeften zusammen. Sie haben anscheinend offen miteinander geredet. Klaus war auch dabei.

1 Zur Biografie Knyphausens s. 26. 6. 1944, Anm. 1.

14. November 1943

Heute kam die Nachricht, daß der einzige Sohn von Frau Krüger gefallen ist. Ich erinnerte mich daran, wie sie einmal mit kreischender Stimme sagte, sie würde, wenn sie könnte, die Juden eigenhändig umbringen. Der rächende Gott?

15. November 1943

Kurz bevor ich zur Redaktion ging, Anruf von Schwab-Felisch, ich solle ihn vorher in einem Café treffen. Mir fiel auf, wie blaß er aussah in der Uniform, die er sonst niemals trägt, da er als Schwerverwundeter entlassen ist. Knapp teilte er mir mit, daß sein Vater gestorben sei; ich solle in der Redaktion verhindern, daß ein Kranz geschickt würde, weil sonst alles herauskäme.

Ich war unfähig, ihm irgend etwas Tröstendes zu sagen. Sechs Jahre hatte der Vater, von Freisler verurteilt, im Zuchthaus schon abgesessen, in einem Jahr sollte er entlassen werden. Und nun dieser Tod. Schwab-Felisch hatte mit gleicher Post zwei Briefe bekommen. Im ersten stand, der Vater sei schwer erkrankt, im zweiten die Todesnachricht. Ein vorgedrucktes, ausgefülltes Formular, ein Aktenvermerk.[1] Das Leben eines Idealisten ist hinter den Mauern sinnlos zu Ende gegangen. Wie viele Tausende mögen schon einen solchen Tod gestorben sein, den Heldentod, nicht «für Führer und Reich», sondern gegen den

Führer, für Deutschland. «Es schwinden, es fallen die leidenden Menschen / Blindlings von einer Stunde zur andern / Wie Wasser von Klippe zu Klippe geworfen / Jahrlang ins Ungewisse hinab.» (Hölderlin)[2]

Shitomir und Kiew gefallen.[3]

1 Im Tagebuch unter dem 16. November 1943 wird ein expliziter Hinweis auf den Gefängnisaufenthalt vermieden. Dort heißt es: «Ab und zu kommt dann das Schicksal aber doch mit eisigem Klopfen, und man erschrickt. Gestern zu Inedike [?] bestellte mich ein blasser, zitternder kleiner Schwab in Uniform! Sein Vater ist ganz plötzlich gestorben. In einem Jahr wäre alles gut gewesen. Es war so unbeschreiblich traurig. Diese Briefe, nur 2 Sätze, einmal, daß er krank sei, und das 2. Mal – mit derselben Post – er sei gestorben. Was hat dieser Mann alles durchgemacht, noch vor 5 Wochen war er ganz gesund. Und die Anzeige mit der Überlegung, ob man Dr. schreiben könne, ich riet Schwab noch, den Leutnant drunter zu setzen. Er bat mich, Kranz und Blumen zu verhindern! Die zuckenden Lippen und die eisern männliche Beherrschung. Ich war ganz hilflos! Dazu saß noch ein Mann neben uns, der aufdringlich zuhörte. Furchtbar. Hilft in einem solchen Falle noch die Religion? Oder ist das Phrase. Ich weiß nicht, wie Schwab denkt. Jedenfalls zeigt es mal wieder, wie mitleidlos das Schicksal zuhauen kann. Die Sinnlosigkeit dieser 7 letzten Jahre, die tapfer ertragen wurden und die nun so jämmerlich enden.» 2 Aus Friedrich Hölderlins Gedicht «Hyperions Schicksalslied». 3 Am 6. November 1943 eroberte die 38. sowjetische Armee die ukrainische Hauptstadt Kiew zurück. Aus der etwa 150 Kilometer weiter östlich gelegenen Stadt Shitomir wurden die deutschen Truppen am 12. November herausgedrängt, konnten sie jedoch am folgenden Tag wieder einnehmen, bis sie gegen Jahresende endgültig das Feld räumen mußten.

21. November 1943

Totensonntag. Wir gingen alle in die Kirche. Keine sehr erhebende Predigt. Beten – aber dazu muß ich nicht in die Kirche gehen. Mittags Schwab-Felisch und seine Schwester Franziska bei uns. Der Vater ist eines natürlichen Todes gestorben, nicht umgebracht worden, wie sie zuerst angenommen hatten. Aber dadurch wird dieses Ende auch nicht sinnvoller.

Wahnsinnstage liegen hinter mir. Wohne eigentlich in Potsdam, aber heute habe ich mich wieder in die Rankestraße durchgeschlagen. Hocke auf einem Sofa, das wir in den einzigen noch bewohnbaren Raum unserer Teilruine gestellt haben, neben mir eine Matratze, auf der Klaus eingeschlafen ist. Durch die Fenster, die hier merkwürdigerweise noch heil sind, fällt von dem brennenden Haus gegenüber ein Schimmer herein. Im Hof auf der anderen Seite das gleiche Schauspiel, auch dort brennt ein Haus ab. Schlafen kann ich bei diesen ungewöhnlichen Beleuchtungseffekten nicht.

Aber der Reihe nach. Am Montag hatten wir wieder einmal Besuch. Philippa Bredow hatte den jüngeren Bruder unseres Franzosen Philippe, Henri de Vendeuvre, mitgebracht, einen schwarzlockigen jungen Mann von einundzwanzig Jahren. Saßen gerade bei einem geschenkten Kaninchenbraten, als der übliche Abendalarm begann. Die Schwester von Halem, die sich auch noch angemeldet hatte, kam nicht mehr durch. Erst auf Zureden unserer Wohnungsnachbarn, die Verbindung mit dem OKW hatten, begaben wir uns widerwillig in den Keller. Ich mit den dicken Militärstiefeln von Klaus, eine Wermutflasche unter dem Arm.

Kaum waren wir unten, ging die Hölle los, es krachte, schepperte, rollte dumpf und barst mit Geklirr und Gesplitter, Windstöße fegten herein, die Mauern gerieten ins Schwanken, und wir alle dachten nur: Dies ist das Ende. Zum Glück dauerte es nicht lange. Niemand verlor die Beherrschung, und die Eltern waren bewunderungswürdig, machten französische Konversation mit Henri und beruhigten die Portiersfrau, die mit unheilschwangerer Miene immer wieder behauptete, bei uns brenne es. Schließlich drang Feuerschein in unser fragwürdiges Asyl, es brannte auf der Straße und im Hof. Klaus und ich hielten es nicht mehr länger aus, wir liefen, da die Einschläge nachgelassen hatten, in die Wohnung hinauf. Sie sah aus, als hätten Furien dort einen Ball gegeben. Alle Türen aus den Angeln, von den Fensterscheiben nur noch klirrende Scherben übrig, die den Fußboden dicht bedeckten, die Möbel herumgewirbelt, wie nach einem Tornado, überall Kalk und Risse in den Wänden, das Ganze in glutrote, böse Helligkeit getaucht. Im Wohnzimmer ein fremder, höchst erschreckend wirkender Mann im wallenden Gewand – erst als ich näher hinsah, begriff ich, daß es die Schneiderpuppe war, um die Papa für sein Porträt des Rektors der Universität den Purpurmantel drapiert hatte. Jedesmal, wenn wir diesem Gespenst im Feuerschein begegneten, erschraken wir von neuem.

In unserem Haus brannte es nur auf dem Dachboden ein wenig. Philippa löschte eine Brandbombe, die sie oben entdeckte. Trotzdem mußten wir alle eine Wasserkette bilden von der Straße bis aufs Dach hinauf, denn nebenan und ringsum waren die Häuser getroffen worden. Wir standen im Wirbel von Funken, die wie glühende Schneeflocken um uns stoben. Überall brannten Phosphorblättchen – neueste Erfindung der Engländer –, die wir aber zum Glück mit Sand abdecken konnten, bevor sie sich durch den Dachstuhl fraßen. Schließlich bemächtigte sich unser eine Art fatalistischer Heiterkeit. Suchten etwas zu trinken. Leichtsinnigerweise hatte Ulrich Tafel bei uns einmal eine ganze Kiste Sekt im Keller abgestellt. Henri, mit rußgeschwärztem Gesicht und wirren Locken ein schöner Luzifer, saß mit Philippa auf unserem Dach, das Schauspiel ringsum hielt ihn nicht davon ab, heftig mit ihr zu flirten.

Dann zogen wir los. Klaus, Henri, Philippa und ich. Halfen, wo wir konnten, bei den Nachbarn und gegenüber. Gingen schließlich auf den Kurfürstendamm. Die Gedächtniskirche eine leuchtende Brandfackel. Zum erstenmal wirkte sie wie ein romanischer Bau. «Rund um die Gedächtniskirche» hatten andere Gewalten die Lichtreklame angezündet als in den Zeiten der Vergnügungen. Es schien, als brenne der ganze Platz. Das Romanische Café, längst schon entseelt, seit die Nazis es seiner Bohème-Tradition beraubten, brannte auch. Der Zoo ist ebenfalls schwer getroffen, viele Tiere sollen umgekommen, andere ausgebrochen sein. Es ist ein unheimliches Gefühl, hier könnte plötzlich ein Tiger auftauchen. In einem Geschäftshaus, das schon in den oberen Stockwerken brannte, retteten wir aus einem Juwelierladen einen ganzen Sack voll Silbersachen, weil der Besitzer abwesend war und niemand löschte. Erst heute haben wir ihm den Sack zurückgebracht. Wir hatten es ganz vergessen. Ich behielt ein kleines rosa Porzellanschwein – als Talisman.

Gegen Morgen legten wir uns schlafen. Papa auf sein schuttbedecktes Bett. Er war, genau wie Mama, keinen Augenblick außer Fassung geraten und löschte die Phosphorblättchen wie ein Feuerwehrmann. Nur als er eine Kerze anzündete, bemerkte ich, daß seine Hände zitterten. Vor zwei Jahren, als sein Atelier mit sechzig Bildern abbrannte, war es schlimmer. Auch diesmal wieder kein Wort des Hasses gegen die feindlichen Bomber, die schon damals einen Teil seines Lebenswerkes in wenigen Minuten zerstört hatten. Mama schlief auf meinem Bett, ich auf dem Fußboden. Am nächsten Morgen: bleiche, übernächtigte Gestalten. Wir trinken unseren letzten, auf Spiritus gekochten guten Kaffee und schenken wie auf einer Kirmes allen Besuchern, die sich nach unserem Schicksal erkundigen, Kaffee und Sekt aus. «Was, auch ausgebombt? Na denn Prost!» Bernhards Schwester erschien. Sie sind völlig abgebrannt und haben kaum etwas gerettet. Ebenso Waldersees und viele andere. Plötzlich kommt Klausens Freundin, Jutta Sorge, in Reithosen mit dem Fahrrad aus Dahlem. Klaus soll ihr helfen: Ihre Schwester, die mit ihrem Mann für ein paar Tage aus Köln gekommen und abends in die Stadt gefahren war, ist noch immer nicht zurück. Jutta ist ganz verstört.

Wir trösten sie, so gut wir können, aber wir sind selber so beschäftigt, daß wir uns auf niemanden richtig einstellen können. Bringen sie bis zum Hotel Eden, wo wir nicht mehr weiterkommen. Da sie nicht mit uns umkehren will, verlassen wir sie, vergessen den Ausdruck in ihren Augen und suchen nach anderen Freunden. Nicht mehr fähig zu irgendeiner Konzentration. Bärchens Wohnung steht zum Glück noch. Abends fahren wir nach Potsdam zu Bredows.

Da die Hausgenossen der Rankestraße sich über unsere Flucht ärgern, bleibt Klaus zurück. Hans Savigny, ausgemergelt, aber fröhlicher Stimmung und ganz ohne Furcht, leistet ihm Gesellschaft.

Heute haben Klaus und ich wie Pioniere etwas Ordnung geschafft. Gefegt, gewischt, Scherben auf dem Balkon zu Türmen aufgetragen, Wasser die vier Treppen hochgeschleppt und uns wenigstens das eine Zimmer menschlich hergerichtet. Von Jutta nichts Neues, allerdings das Gerücht, daß in der Kurfürstenstraße ein öffentlicher Luftschutzkeller getroffen worden sein soll.

Klaus schnarcht jetzt so, daß ich bestimmt nicht schlafen werde.

Das brennende Haus gegenüber surrt und pfeift, Akten fliegen herum. Kein Mensch denkt daran zu löschen. Ich wußte nicht, daß ein Haus so langsam abbrennen kann.

27. November 1943, Potsdam

Mußte wieder nach Potsdam zurück, da Papa mich energisch holte. Heißes Bad und weißbezogenes Bett, welche Wonnen. Die Fahrten in das brennende Berlin sind überaus anstrengend. Gestern wieder ein sehr schwerer Angriff. Ging zu Fuß den ganzen Kaiserdamm entlang, weil die U-Bahn getroffen war. Die Menschen kamen mir wie Gespenster entgegen, Tücher und dunkle Brillen vor dem Gesicht, gegen den Rauch, der wie ein Pilz über der Stadt liegt. Schwankende Gestalten, Heerzug der Geschlagenen.

Unsere Rankestraße 21 steht wie durch ein Wunder immer noch, aber gestern ging, zwei Minuten nachdem Klaus an der Haustür gestanden hatte, eine Sprengbombe direkt vor der Fassade nieder und riß ein Loch in das Pflaster. Die schwere eiserne Tür wurde ein paar Meter fortgeschleudert, in unserem Keller erstickten die Menschen fast in dem Kalkstaub. Als sie sich im Schuttdampf wieder hochrafften und merkten, daß sie noch am Leben waren, fiel es Frau Dr. Krüger, unserer mutigen, wenn auch etwas tyrannischen Luftschutzwartin,[1] ein, daß im Hochparterre der alte Graf Wedel im Bett lag. Mitten im Böllern ging sie mit Klaus und Savigny hinauf. Dort bot sich ein groteskes Bild. Der dreiundneunzigjährige Graf, letzter Flügeladjutant des Kaisers Friedrich, lag wie eine Wachsfigur in seinem mit Scherben und Schutt bedeckten Bett. Im glutroten Schein des Feuers – die halbe Straße brannte wieder einmal, entdeckte Klaus, daß die zierlichen Schloßmöbel herumgewirbelt und entzweigeschlagen worden waren. Als sie den Alten schließlich mit Hilfe seines siebzigjährigen zittrigen Dieners aus seiner Lagerstätte heraushoben, machte er Konversation, als sei er in einem Salon. «Hoffentlich bin ich Ihnen nicht zu schwer», sagte er, dabei wog er nicht mehr als ein Kind. Und dann entschuldigte er sich, daß er seine Helfer nicht besser empfangen könne. Nach der Reihe ließ er sich alle vorstellen. Sprach mit Klaus einige höfliche Worte über unseren Großvater, mit Savigny über dessen Ahnen, während draußen die Entwarnungssirenen in die Gegenwart zurückriefen. Ein Mann, dem 19. Jahrhundert entstiegen, inmitten des Infernos unserer Zeit.

Schließlich ließ er Klaus und Savigny von seinem Diener eine Flasche Wein servieren. Die Flasche war alt und mit Spinnweben bedeckt. Savigny, der keinen guten Tropfen verachtet, freute sich auf einen Bordeaux oder einen kostbaren Burgunder, doch zeigte sich, daß es nur ein Johannisbeerwein war. Freilich auf einem Silbertablett in Kristall serviert.

Klaus sagt, er möchte nun bald wieder an die wahre Front zurück. Gestern war er mit Jutta in der Kurfürstenstraße. Sie war völlig versteinert. Ihre Schwester und ihr Schwager sind tatsächlich in dem verschütteten Keller gewesen. Eine Frau, die weiter vorn gelegen hatte und noch gerettet wurde, hat beide gesehen. Sie waren schon auf dem Wege nach Hause, wollten am nächsten Tag nach Köln zurück. Unterwegs sind sie dann, als es zu heftig losging, doch umgekehrt und damit in den Tod gelaufen. Sechzig Grad Hitze sollen in dem Keller gewesen sein. Die Leichen waren nicht mehr zu identifizieren. Ganz schwarz.

Dies ist wieder eine der Unbegreiflichkeiten des Schicksals. Diese Menschen hatten es als Halbjuden besonders schwer –[2] und nun werden sie gerade von den Engländern, die doch gegen die Barbaren für das Recht kämpfen wollen, umgebracht. Auf eine so grausame Weise. Auch Uta Witzleben, Nichte des Feldmarschalls,[3] kam völlig verzweifelt zu Klaus. Ihre Verwandten Hülsen sind im Charlottenburger Schloß umgekommen. Die Kinder waren evakuiert, bis auf eines ihrer kleinen Mädchen, das aber am Leben blieb und mit gebrochenen Beinen im Krankenhaus liegt. Uta versucht, ihr etwas von dem Grauen hinwegzusuggerieren, indem sie ihr Geschichten vorliest und erzählt.

In der Redaktion geht alles seinen normalen Gang. Berlin ist so groß, daß viele Kollegen von dem Angriff überhaupt nichts gemerkt haben. Vom Promi wird zugegeben, daß die Angriffe bei weitem die schwersten waren, die je auf eine Stadt heruntergegangen sind.[4]

Unsere Wohnung ohne Tür, Fenster, Heizung, Licht, Wasser, Telefon und Gas ist schlimmer als eine Blockhütte in der Wildnis. Zerstörte Zivilisation macht einen ganz hilflos. Gegen Abend, wenn die Dämmerung einfällt und die Gespensterstunde anhebt, wird es unheimlich: das Knarren der Treppen, das Klappern der Fensterflügel, Feuchtigkeit und Kälte, dazu die Melancholie der Dunkelheit sind so bedrückend, daß ich es nicht aushalte, auch nur eine Stunde allein zu bleiben. Es geht über meine Kraft. So fliehe ich immer wieder nach Potsdam, wo ich bei rührenden Leuten ein Plüschasyl gefunden habe.

Heute Abschied von Klaus. Wir saßen alle noch einmal in der Küche und machten uns Bratkartoffeln. Philippa, Jutta, die sich so zusammennahm, daß ihr Gesicht wie aus Marmor gemeißelt schien, und ich. Dann brachte ich Klaus zur Bahn. Er geht nach Italien. Wieder ein Abschied. Wann werden wir endlich aus diesem Verhängnis erlöst? Warum geschieht nichts?

1 Die «ehrenamtlichen» Luftschutzwarte waren mit der Führung der sogenannten Luftschutzgemeinschaften betraut, zu denen jeweils die Bewohner eines Häuserblocks zusammengefaßt waren. Alle Deutschen konnten zu solchen Aufgaben des Luftschutzes verpflichtet werden. Schon seit 1933 waren unter der Regie des Reichsluftschutzbundes die Schutzmaßnahmen für den Fall eines Bombenkrieges in die Wege geleitet worden. 2 Als «Halbjude» galt nach den Nürnberger Gesetzen von 1935, wer zwei jüdische Großelternteile hatte. Diesen «Mischlingen» in der NS-Terminologie blieb zwar die direkte Verfolgung zunächst erspart, sie waren jedoch zahlreichen Diskriminierungen ausgesetzt. So blieb ihnen der Zugang zum öffentlichen Dienst oder zur militärischen Laufbahn verwehrt. Nach den Beschlüssen der «Wannsee-Konferenz» von 1942 sollten alle «Halbjuden», die sich zur jüdischen Religion bekannten, gleich den Juden vernichtet werden, was aber nur in eingeschränktem Maß in die Tat umgesetzt wurde. 3 Generalfeldmarschall Erwin von Witzleben war am 15. März 1942 als Oberbefehlshaber der Wehrmacht im Westen abgelöst worden, nachdem seine Kontakte zu Oppositionskreisen Verdacht erregt hatten. Auch nach seiner Absetzung blieb Witzleben, der mehrere Staatsstreichpläne mitentworfen hatte, eine der wesentlichen Stützen des militärischen Widerstands. 4 In fünf schweren Angriffen vom 18. November und bis 3. Dezember 1943 lud die britische Luftwaffe eine Bombenlast von über 8500 Tonnen Sprengkraft über Berlin ab. 2700 Menschen kamen ums Leben, fast 70 000 Wohnungen wurden in Trümmer gelegt, etwa ¼ Million Menschen war obdachlos. Das Ziel, die Reichshauptstadt in dem Ausmaß Hamburgs zu zerstören, wurde wegen der Großräumigkeit Berlins und der Verteidigungsvorkehrungen allerdings nicht erreicht.

Die Eltern sind zu Onkel Willi nach Böhlendorf gefahren. Sie haben es dort gut, bewohnen im Gutshaus zwei Zimmer, und Papa kann sogar malen. Er war sehr niedergeschlagen, weil wieder so viele Bilder von ihm verbrannt sind. Diese Verluste sind unersetzlich, sein Werk schmilzt immer mehr zusammen. Karl Hofer,[1] mit dem er in einem Malerzirkel oft zusammenkommt – Jürgen nannte diesen Kreis die «Rote Palette» –, hat ebenfalls sechzig Bilder in seinem Atelier am Knie verloren. Wir leben in einem neuen Dreißigjährigen Krieg, der 1914 begonnen hat. Und ebenso viele Werte wie damals gehen dahin.

Allein schlage ich mich ganz gut durch, obwohl ich täglich drei, manchmal vier Stunden zur Redaktion unterwegs bin. Nicht gerechnet den Fußmarsch in Potsdam. Vom Arbeiten ist nicht viel die Rede. Es ist mehr zum Schein, daß man sich dort zeigt.

Sonnabend abend mit Bärchen und Thilenius, dessen Wohnung ebenfalls ein schütteres Gebilde geworden ist, im Adlon. Er zeitgemäß mit einem Rucksack ausgestattet, den er früher zur Jagd trug. Die Adlon-Halle könnte Schauplatz eines Kolportageromans sein: Bonzen in klirrender Parteiuniform, Urlauber aller Dienstgrade, die noch eine Illusion von Komfort an die Front mitnehmen wollen, ausländische und deutsche Diplomaten, Schauspieler, Dahlemer Damen in Hosen, die sich vom Aufräumen in ihren zerstörten Villen erholen, Geschäftsleute, die die Aura «Rüstung» um sich verbreiten und schweinslederne Aktenmappen tragen, und schließlich Abenteurerinnen aller Grade, die sich der Männer annehmen. Denn Berlin ist eine Männerstadt geworden, seitdem die Familien evakuiert und die Schulen geschlossen wurden.[2]

In der kleinen Bar wird Bier ausgeschenkt, an den Tischen mit weißen Tischtüchern gibt es Wein. Die Gäste, die in den Saal wollen, müssen zwischen gierigen Blicken Spießruten laufen. Manche gehen gesenkten Hauptes, andere eilig und energisch oder betont hochmütig vorüber. Die Hotelmanager werden umbuhlt, denn von ihrer Gnade hängt es ab, ob jemand einen Tisch bekommt. So findet sich hier eine Gruppe von Menschen zusammen, die unberührt von allem Elend dahinlebt, als sei sie auf der bedrohten Erde nur zu Gast. Seltsame, spannungsgeladene Atmosphäre. Seit es den Tiefbunker gibt, zu dem vom Hotel aus ein besonderer Eingang führt, gilt das Adlon als bombensicher. Deshalb bekommt auch zur Gespensterstunde niemand hier den nervösen Blick und das gespannte Ohr. Hier ist man sicher, kann folglich in aller Ruhe seinen Rotwein trinken, ehe man sich, die ledernen Koffer in der Hand, unter eine neun Meter dicke Betondecke in Fliegerdekkung begibt.

Ich bewundere Bärchen. Jeden Tag, wenn uns alle gegen fünf Uhr nur noch drei Stunden vom Alarm trennen und ich nach Potsdam fliehe, geht sie beherrscht zitternd in ihre Wohnung am Savignyplatz, starrt in die Glut des Anthrazitofens und harrt der Dinge, bei jedem Geräusch zusammenfahrend. Ihr Keller, nicht einmal ganz unter der Erde, macht einen noch fragwürdigeren Eindruck als der unsere in der Rankestraße. Eine Falle für lebendig Begrabene. So wie sie warten Abend für Abend ungefähr drei Millionen Menschen auf ihr Schicksal.

1 Der Maler Karl Hofer, dessen expressionistisches und surrealistisches Werk im Dritten Reich als «entartet» angefeindet wurde, zog sich nach 1933 aus dem öffentlichen Leben in sein Atelier zurück. 2 Vgl. 1.8.1943, Anm. 1.

6. Dezember 1943

Beerdigung von Juttas Geschwistern. Bärchen und ich hielten auf der Straße ein Auto an, da es keine Verbindung zum Grunewald gab. Der Mann, der uns mitnahm, war ein SS-Führer. Wenn der gewußt hätte, wohin wir wollten! Eisige Kälte, die Totenkapelle ohne Fenster, die Predigt zwar gut, aber viel zu lang, so daß mir die Füße fast erstarrten; dann spielten sie «Wir treten zum Beten». Unter Anführung eines Buckligen trugen uralte Totengräber die Särge knarrend hinaus.

Vorgestern träumte ich von Martin Raschke, er saß neben mir und sah mich lange an. Heute sagt Fiedler: «Wissen Sie eigentlich, daß Raschke gefallen ist?» Mir stockte der Atem. Raschke gehörte nicht zu den Gezeichneten, denen man ihr Schicksal ansieht. Es ging so viel Kreatürlich-Geschicktes von ihm aus, daß mich niemals der Gedanke beschäftigte, es könne ihm ernstlich etwas zustoßen. Kaum ein Tod hat mich so betroffen gemacht wie dieser, weil ich auf keinen so wenig gefaßt war. Wie Fiedler sagt, ist er aufgrund eines Irrtums nach Rußland geschickt worden, eigentlich sollte er als Kriegsberichter nach Italien gehen.

Versuche mir zu vergegenwärtigen, wie er aussah. Die mittelgroße, stämmige Figur, das kantige Gesicht, das sich stets veränderte – von einem Tag auf den anderen konnte er um zehn Jahre jünger oder älter aussehen. Die steile Falte über der Nase, der Mund breit hingesetzt, aber schmallippig, das gewölbte, energische Kinn mit den Grübchen der Genußsucht, die Handwerkerhände – er konnte Pellkartoffeln mit der Geschwindigkeit einer erfahrenen Hausfrau schälen –, die eine künstlerische Fertigkeit verrieten. Seine Sprache, um den sächsischen Ursprung zu verbergen, von äußerster Gewähltheit, und ebenso kunstvoll war die glatte, runde Schrift in seinen Manuskripten, an der seine Beherrschtheit deutlich wurde.

Ich verdanke ihm viel, seiner Kritik, die mich freilich mitunter fast lähmte, seiner Anregung, seiner Intelligenz, seinem Witz. Mama nannte ihn den «Funkler». Ich geriet eine Zeitlang völlig in seinen Bann. Manchmal telefonierten wir fast eine Stunde lang. Seine bezaubernde Art, Komplimente zu machen, die er ganz versteckt vorbrachte. So erzählte er bei seinem letzten Urlaub, er sei im Frontkino bei einem Lustspielfilm, einer Geschichte, die in Berlin spielte, eingeschlafen, bis der Schaffner im Film plötzlich gerufen habe: «Rankestraße, steigt jemand aus?» Da sei er ganz verwirrt hochgefahren und habe gerufen: «Ich!» Mitten in Rußland. Gut erfunden, er wollte damit zeigen, wie gern er zu uns in die Rankestraße kam. Er soll durch einen Bauchschuß getötet worden sein.

9. Dezember 1943

Habe zwei französische Studenten in unsere Wohnung einquartiert.[1] Sie hausen in meinem ehemaligen Zimmer. Die Zentralheizung ist wieder in Gang, und das Licht funktioniert auch. Frau Menzendorf ist ebenfalls zurück. Sie war zu unglücklich in Potsdam. Auch ich muß gelegentlich wieder hier übernachten, da mir sonst die Lebensmittelkarten gesperrt werden.[2]

1 Im Tagebuch heißt es unter dem 12. Dezember 1943: «In der Rankestraße wohnen 3 ausgebombte Franzosen, die ich hereinsetzte, um die Wohnung vor der NSV zu schützen.» Die Nationalsozialistische Volkswohlfahrt (NSV), die in vielen Gebieten für die Evakuierung und Umquartierung zuständig war, konnte Wohnungen beschlagnahmen, wenn sie nicht oder nur teilweise genutzt wurden. 2 Seit September 1939 waren Grundnahrungsmittel und bestimmte Güter wie Schuhe, Seife oder Kohle nur noch gegen Bezugsscheine zu erhalten. Mit zunehmender Verknappung im Krieg wurde die Rationierung stufenweise auf weitere Lebensmittel und Gebrauchsgegenstände ausgedehnt. Die Warenbewirtschaftung beinhaltete «Sonderzulagen», etwa für Schwerarbeiter, ebenso wie Zulagenkürzungen, beispielsweise für «Ostarbeiter» oder Juden.

12. Dezember 1943, Neuhardenberg

Seltsam ist das Leben. Auf und ab, böse und dann wieder gut. Immer aber bunt. Gestern ein Abend in Zehlendorf, bei dem auf eine hemmungslose, fast verbissene Art getrunken wurde. Jeder flirtete mit jedem, auch ich unterlag der allgemeinen Auflösung. Ein schillernder Sumpf. Heute nun der denkbar krasseste Gegensatz. Die Schönheit der Räume des Schlosses, die Ruhe, die Ordnung. Kerzen und Adventslieder. Solche Freuden, früher hingenommen, als seien sie selbstverständlich, werden zum seltenen Genuß.

Hardenberg warf mir mit Recht vor, daß ich über der eigenen Mühsal ganz vergesse, mich um andere zu kümmern. Ich konnte ihm nicht einmal die neuesten Funkinformationen mitbringen. Der Existenzkampf, die Fahrten in den überfüllten und unregelmäßig verkehrenden Zügen, die Fragwürdigkeit der Arbeit in der Redaktion – das nagt an den Kräften. Ameisen haben auch keine Zeit und keinen Elan, über die Neuordnung ihres Haufens nachzudenken, wenn jemand mit dem Stock hineingestochert hat. Sie schleppen nur stur die ihnen aufgetragene Last.

13. Dezember 1943, Berlin

Wie ein Traum war das Hardenberger Weekend. Meine Potsdamer Bude erscheint mir jetzt doppelt triste. In der Redaktion brachte ein verrückter Volontär plötzlich fünf Flaschen Sekt zu je sechzig Mark an, die wir hintereinander aus Weckgläsern tranken. Lust, irgend etwas zu schreiben, bekam ich auch dadurch nicht.

17. Dezember 1943, Berlin

Gestern fegte ich mit unserer ziemlich verärgerten Luftschutzwartin zusammen schlecht gelaunt die Treppe in der Rankestraße, als plötzlich Klaus erschien. Wie ein Phantom stand er unerwartet in seiner Panzeruniform da. Er hat über Weihnachten Urlaub bekommen, so können wir zusammen nach Böhlendorf zu den Eltern fahren.

Sofort wachten alle Lebensgeister wieder auf. Ich lud ein halbes Dutzend Leute zu einer Freundin nach Wilmersdorf ein. Aber abends kam ein heftiger Angriff. Wie ich den Keller allmählich hasse! Die einzige angenehme Ablenkung von der Angst, die man da unten hat, ist die Unterhaltung mit unseren Franzosen. Nach der Entwarnung liefen wir hinaus. Nebenan, in der Bar von Remde's Sankt Pauli, brannte es, und Klaus half beim Löschen. Einmal fiel ihm ein brennender Balken auf die Schulter, aber es war nicht so gefährlich, wie es aussah. Dann nahm uns ein holländischer OT-Mann[1] in seinem Wagen den brennenden Kurfürstendamm entlang bis nach Wilmersdorf mit, wo wir leicht verrußt ankamen. Entdeckte dort einen alten Freund ganz neu für mich. Mußten dazu erst die Bomben fallen?

Ich habe jetzt drei Paar Ohrklips, eins aus Budapest, eins aus Paris und das hübscheste von Klaus aus Rom.

Unsere Franzosen sind mit zwei Königsberger Mädchen befreundet. Abends kochen sie wundervolle Mahlzeiten, die dank ihrer Pakete aus Frankreich unsere Pellkartoffelgerichte an Gehalt bei weitem übersteigen.

Nach jedem Luftangriff bekomme ich das gleiche Gefühl einer durch nichts zu dämmenden Vitalität. Man könnte die Welt umarmen, die einem wiedergeschenkt wurde. Deshalb wohl auch stürzen wir uns mit solchem Heißhunger auf jede Gelegenheit, ein Fest zu feiern.[2]

1 Die Organisation Todt (O. T.), gegründet 1938 zur Errichtung des

«Westwalls», war zunächst hauptsächlich für die Instandsetzung der militärischen Nachschubwege zuständig. Später übernahm die Organisation alle wichtigen staatlichen und militärischen Bauvorhaben. Der Gründer und Leiter der Bautruppe, Fritz Todt, war in Personalunion Generalinspektor des Bauwesens und von 1940 an zugleich Rüstungsminister. Während des Krieges wurden zunehmend auch ausländische Zivilarbeiter, Kriegsgefangene und KZ-Häftlinge in die O. T.-Uniform gesteckt. 2 Im Tagebuch-Rückblick unter dem 24. Dezember 1943 folgt an dieser Stelle: «Ich hätte nicht gedacht, daß ich mich noch einmal so amüsieren könnte, so unbeschwert, immer auf diesem düsteren und doppelt aufregenden Hintergrund! So ungefähr müssen die Leute in der Französischen Revolution gelebt haben. Zwischen Tod, Mord, Krieg und Brand und KZ doch Flirt und Liebe. Unwahrscheinlich alles.»

19. Dezember 1943, Potsdam

Gestern ein Abend, der mir Auftrieb gab. Ob vielleicht doch etwas im Gange ist gegen das Regime?[1] Klaus und ich waren mit schnell organisiertem Benzin in Edu Wilhelms Auto mit Thilenius und Bärchen nach Potsdam gefahren, zu Brücklmeier, wo das Haus voller Leute war. Klaus war von seiner Löschtätigkeit noch so heiser, daß er nur flüstern konnte, was ihm unfreiwillig einen verdächtigen Anstrich gab, vor allem, wenn er mit einem hübschen Mädchen sprach. Ich unterhielt mich lange mit Fritzi Schulenburg, der so gelöst war, wie ich ihn noch nie erlebt hatte. Klaus ist begeistert von ihm. Brücklmeiers Bruder,[2] der früher im Auswärtigen Amt war, bis er von Ribbentrop entlassen wurde, gefiel mir besonders gut. Intelligent, ohne Vorurteile, sehr scharf in seinen politischen Ansichten. Auch ein Freund von Fritzi machte mir großen Eindruck: Ulrich Schwerin.[3] Ob dieser Kreis eines Tages etwas unternimmt? Ich sagte zu Fritzi: «Lieber Unrecht leiden, als Unrecht tun.» «Dann sind Sie sehr christlich», sagte er, worauf ich schwieg. Wir saßen auf einer Treppe, unter uns viel Lärm: «Ich hoffe, daß endlich einmal etwas gegen Hitler unternommen wird», sagte ich. Das Lächeln auf seinem Gesicht verschwand wie fortgewischt. «Ob es uns gelingen wird?» fragte er. «Ich bete jeden Tag darum», sagte ich. Ich empfahl ihm Klaus. Ich weiß, daß sie zuverlässige Offiziere brauchen. Und wenn mich die Furcht überkommt, meinen Bruder in Gefahren zu schicken, die ich nicht übersehen kann, sage ich mir, daß ich es niemals täte, wenn es nicht um der guten Sache willen wäre. Zu sehr hat man früher dieses Land geliebt, als daß es nicht wert wäre, durch die Besten wieder erlöst zu werden.

1 Zu dieser Überlegung kein Beleg in den Original-Aufzeichnungen. 2 Eduard Brücklmeier war 1940 als Legationsrat im Auswärtigen Amt entlassen worden, nachdem er sich mit Reinhard Heydrich überworfen hatte. Er wechselte dann als Kriegsverwaltungsrat in das Oberkommando der Wehrmacht und gehörte zum Kreis der Verschwörer gegen Hitler. Zu dieser Begegnung kein Beleg in den Original-Aufzeichnungen. 3 Ulrich Wilhelm Graf Schwerin von Schwanenfeld, Ordonnanzoffizier bei Generalfeldmarschall von Witzleben, wurde mit diesem 1942 wegen politischer Unzuverlässigkeit abgesetzt. Nach seiner Versetzung in das Oberkommando des Heeres hielt er die Verbindung zwischen dem Oppositionskreis im militärischen Führungsstab und im Auswärtigen Amt. Zur weiteren Eintragung unter diesem Datum kein Beleg in den Original-Aufzeichnungen.

Weihnachtsabend 1943, Böhlendorf

Das erste Weihnachten nach Jürgens Tod, das erste Weihnachten, das wir nicht zu Hause feiern. Bin mit Klaus zu den Eltern nach Mecklenburg gefahren, wir wurden reizend aufgenommen. Nach der Kirche, bei der Feier abends, standen auf dem Flügel die Bilder von Jürgen und den drei gefallenen Vettern. Vor jedem eine brennende Kerze. Goebbels hat ein Verbot erlassen, irgendwelche christlichen Anspielungen in der Presse zu machen.[1] Das erhöhe die Sentimentalität, und wir müßten immer härter werden. So wurde unser Weihnachtsgedicht noch in letzter Minute in der Setzerei wieder hinausgeworfen.

Um Mitternacht feierten wir vier noch für uns. Ich hatte unsere Krippenfiguren mitgebracht. Die Eltern sind hier ausgezeichnet aufgehoben, trotzdem verzehren sie sich vor Sehnsucht nach Berlin. Eben wird im Radio starker Anflug auf Berlin gemeldet. Im Ersten Weltkrieg, soviel ich weiß, schwiegen in dieser Nacht an allen Fronten die Waffen.

Papa hat zwei Porträts von den Verwandten begonnen, die aber nicht recht fortschreiten. Er ist dünn, viel zu dünn.

1 Entsprechend dieser Presseanweisung wurde in der DAZ vom 24. Dezember 1943 Weihnachten lediglich als Fest der Familie, und im

übertragenen Sinne, als ein Fest der «deutschen Volksgemeinschaft» gewürdigt. Im Tagebuch heißt es: «Abends dann hörten wir den Wehrmachtsbericht: starker Angriff auf Berlin. Ein so grausiges Weihnachten hat es noch nie für unser Volk gegeben. Womöglich kommen sie selbst heute wieder am Heiligen Abend, zu dem alle Weihnachtslieder und alles, was mit Christentum zu tun hat, verboten worden ist. Ach ich bin müde und deprimiert.»

31. Dezember 1943, Berlin

Silvester. Nach den Böhlendorfer Tagen ist Berlin beinahe unerträglich. Der von Bomben zerstörte Stettiner Bahnhof im Winterregen – dieser Anblick schon führt einen sofort wieder in die Schrecken der Gegenwart zurück. Eine Schar russischer Gefangener, zerlumpte Gespenster, war dort mit Aufräumungsarbeiten beschäftigt. Sie dürfen nicht wie menschliche Wesen behandelt werden. Diese Einteilung der Menschen in Klassen, von der Herrenkaste bis zum Arbeitsvieh, ist auch eines der Greuel des Regimes. Papas Freund Diezelsky ging zum Begräbnis eines seiner Ostarbeiter auf seinem Pommerschen Gut – daraufhin wurde er am nächsten Tag verhaftet. Seit Monaten sitzt er im Zuchthaus.[1]

1 Nach den offiziellen Verordnungen war die Teilnahme an der Beerdigung eines Fremdarbeiters nicht verboten. Wenn große wie kleine NS-Statthalter jedoch willkürlich Verhaftungen veranlaßten, war der Wortlaut des Gesetzes dabei in der Regel nicht von wesentlicher Bedeutung.

1944

1. Januar 1944

Dieses Jahr 1943! Es war das schlimmste meines Lebens. Jürgens Tod, die Angriffe, die Ausbombungen, nach denen die Deutschen jetzt fast so heimatlos herumwandern wie die Juden, mit ähnlichen Bündeln und Säcken beladen. Nur nimmt einem das etwas von dem Schuldbewußtsein, und das ist befreiend.[1]

«Dieses Jahr muß besser werden», das schreibe ich nun wieder als Motto in mein Tagebuch. Wenn der Krieg in diesem Jahr beendet und der Hitlerspuk beseitigt wird, dann will ich mir nie wieder im Leben etwas wünschen.

«Wer kann gleichgültig sein, so manche tausend Welten in sich versinken sehen, und wünscht nicht wenigstens, das Göttliche, sei es Wonne oder Schmerz, welches durch sie hindurchzog, zu retten?» (Hebbel)[2] Deshalb schreibe ich dieses Tagebuch, Martin Raschke hat mich einmal dazu ermuntert. Ich will mich später erinnern, wie es war. Zum Beispiel gestern nacht, als ich Bärchen um zwei Uhr nach Hause brachte, weil sie zu große Angst hatte, an der Unterführung vom Bahnhof Savignyplatz, wo vor ein paar Tagen vor ihren Augen ein Mann erschossen wurde, allein vorbeizugehen. Wir trennten uns im Licht unserer Taschenlampen vor ihrem Hause, und dann ging ich allein zurück, als im Sturm plötzlich dicht hinter mir eine Ruine mit Getöse zusammenstürzte. Vom Luftdruck wurde mein Hut weggerissen, eine Sekunde früher, und ich wäre getroffen worden. Welch ein Weg durch die Finsternis am Kurfürstendamm, aus den Fensterhöhlen pfiff und sang es, als feierten Gespenster ein Fest. Trotzdem hatte ich keine Furcht. Unerklärlich.

Ich nehme an, daß der Krieg im Frühjahr seinem Höhepunkt entgegengehen wird – und wenn nicht bald etwas unternommen wird, von uns, im eigenen Land, was die Lage grundlegend ändert, sind wir im Herbst endgültig verloren. Bis dahin sind die Russen hier.

1 Im Tagebuch heißt es unter dem 24. Dezember 1943: «Nun geht es uns selber schlecht. So beinahe wie die Juden wandern wir mit unseren

Bündeln umher, aber man hat nicht mehr dieses zehrende Gefühl des Unrecht-Tuns und des schlechten Gewissens. Und das ist befreiend. Lieber leide ich Unrecht, als daß ich Unrecht leiden lasse. Ist das schwach? Selbstgerecht? Lebensuntüchtig? Oder christlich?»
2 Friedrich Hebbel, Tagebücher. Erstes Tagebuch vom 23. März 1835.

3. Januar 1944 Berlin

Klausens Urlaub ist verlängert worden, da er bei den Kämpfen in Sizilien für besondere Tapferkeit ausgezeichnet wurde.

So sieht unsere augenblickliche Behausung aus: Zwischen Totalruinen nebenan, gegenüber und hinten im Hof steht unser lädiertes Haus. «Durchgepustet» nennt es der Berliner, ein Ausdruck, der nicht im entferntesten den wirklichen Zustand beschreibt.

Vor dem Eingang das oberflächlich zugeschüttete Sprengbombenloch. Die Steintreppe ausgefranst, als wäre ein Riese mit einer Harke darübergefahren. Die Fassade zerlöchert von den Splittern der Flakgeschosse; große Schutt- und Scherbenberge sind nachts für den Fußgänger nicht ungefährlich. Neben dem Hintereingang ein ausgebrannter Flügel, darauf ein Ziertischchen, an dessen Fuß ein Erntekranz triste im Winde hin und her schaukelt. Wozu brauchen wir noch surrealistische Maler? Die Haustür, früher sorglich um acht Uhr verschlossen, existiert nicht mehr. Einen Ersatz gibt es nicht. So schreitet jeder Besucher ungehindert in das einst prächtige, nun schäbig heruntergekommene Treppenhaus, in das es durch viele Löcher konstant hereinregnet. Die Marmorkaryatiden aus der Berliner Gründerzeit schauen mit dreckigen Nasen auf die teppichlosen, staubigen Marmorstufen und die zerborstenen Spiegel. Der Aufzug geht nicht mehr.

Auch unsere Vorderzimmer haben sich verändert. Das Parkett ist nur noch zu ahnen. Die Möbel, die hoffentlich bald nach Lychow abgeholt werden, sind zusammengerückt. An den Wänden goldene Bilderrahmen ohne Bilder. Im großen Eßzimmer hat Frau Menzendorf kreuz und quer eine Wäscheleine gespannt, an der Fetzen hängen. Dieser Raum wird von unseren Freunden das «baltische Restgut» genannt.

An rissigen Wänden geht es vorbei in ein Hinterzimmer, das ich mir wie Aladins Wunderhöhle eingerichtet habe. Da die Fenster mit Brettern und Pappe abgedichtet sind, brennen hier auch tagsüber drei Stehlampen. Auf dem Boden ein Teppich, rundherum die besten Möbel, zwei Barockkommoden und mein grünes Empiresofa, auf dem ich schlafe. Darüber Papas Porträt seines Arztes, Dr. Rosenheim. Man hat uns schon oft geraten, dieses Bild fortzutun. Aber warum sollen wir eigentlich so feige sein?

Vorne, in meinem ehemaligen Zimmer, hausen weiter die beiden Franzosen; hinter der Küche, in der Kammer, ein dritter. Abends kocht jeder für sich. Dann sprechen wir in unserer Küche von Paris. Ist dies schon im kleinen eine Art vereintes Europa? Entstanden unter dem Druck der deutschen SS-Stiefel – die für mich nicht leichter wiegen als für sie?[1]

Ich habe mein Refugium mit ein paar Bildern verschönt, die ich noch in der Wohnung fand. Nägel gibt es nicht mehr. So zog ich in dem verlassenen Atelier im Stockwerk über uns alte aus der Wand. Der häßliche Schrank ist jetzt mit Farbdrucken beklebt. Ich mußte Klaus und die drei widerwilligen Franzosen mit aller Energie zu dieser Arbeit zwingen, aber dafür ist es jetzt so gemütlich geworden, daß oft noch zu ganz ungewöhnlichen Stunden Besuch erscheint. Wie am Sonnabend eine Kollegin und Dr. Meier. Bärchen kam auch noch dazu. Der Arzt ist Halbjude. Er hat eine Freundin, die er natürlich nicht heiraten darf. Sie erwartet jetzt ein Kind und sitzt allein in Schlesien. Bärchen bot sich spontan an, zu ihr zu fahren, aber er nahm dieses Angebot nicht an. Wir gerieten schließlich mitten in der Nacht noch in ein aufregendes Gespräch. Dr. Meier sagte, wenn der Krieg zu Ende sei, würde ein schreckliches Strafgericht über uns hereinbrechen. Die Maßnahmen der Alliierten würden jeden von uns treffen.

Wie immer, wenn man mir mit einem Gericht droht, wurde ich rebellisch.[2] Gewiß, wir haben grauenhafte Schuld auf uns geladen, aber die anderen doch auch, die Amerikaner und Engländer, die den fliehenden Juden die Einreise so schwer machten. Sie haben keinen Grund, wie die Pharisäer den Richter zu spielen. Bärchen fragte: «Wo waren denn die anderen, als die Juden bei uns nach dem 9. November 1938[3] fortgehen mußten?

Wer hat ihnen denn die Einreise so erschwert, daß viele es wieder aufgaben und dann nach Kriegsausbruch einem menschenunwürdigen Dasein ausgeliefert wurden?» Sie erzählte, wie sie immer wieder vergeblich versucht hätte, für eine jüdische Freundin, deren Brüder schon in Amerika waren, eine Auswanderungsmöglichkeit zu finden. Wie sie von Konsulat zu Konsulat gelaufen sei, mit Empfehlungen von Diplomaten und einflußreichen Journalisten ausgerüstet. Stundenlang stand sie vor dem amerikanischen Konsulat Schlange. Drei Tage hintereinander, und dann sagte ihr dort eine amerikanische Sekretärin recht erstaunt, sie verstehe nicht, wie sich eine Deutsche für eine Jüdin einsetzen könne, das sei doch verboten.

Ich weiß nicht, ob wir Dr. Meier überzeugten, er ist verzweifelt, weil sein jüdischer Vater in einem Lager bei Darmstadt verhungert ist. Daß er eine Strafe für uns alle erhofft, kann ich ihm nicht übelnehmen.

Draußen fallen die Besten für einen Sieg, den ich fürchte – denn wenn Hitler siegt, sind wir verloren. Und wenn er nicht siegt? Werden wir dann zum Helotenvolk? Ich weiß nicht, was ich wünschen soll. Zwei Dinge allerdings hasse ich gleichermaßen: Vogel-Strauß-Optimismus: Ach, der Führer wird's schon machen; tatenlosen Pessimismus: Wir werden alle untergehen.[4]

1 Zu dieser Überlegung kein Beleg in den Original-Aufzeichnungen. Einen ähnlichen Gedanken hatte UvK am 3. Dezember 1943 in ihr Tagebuch notiert: «Als wir zu viert [UvK, Klaus, Philippa und Henri] durch die brennende Tauentzienstraße gehen [...], habe ich plötzlich das unbeschreibliche Gefühl von einem wirklichen Europa, der Jugend und nicht der Neuordnung.» Aus der Neuordnung Europas im Sinne der NS-Propaganda sollte ein «Großgermanisches Reich Deutscher Nation» hervorgehen, ein Imperium vom Atlantik bis zum Ural, mit abhängigen Satellitenstaaten im Westen und weiträumigen, zur «Germanisierung» bestimmten Kolonialgebieten im Osten. 2 Im Tagebuch heißt es unter dem 10. Januar 1944: «Wir hatten aufregende Gespräche, wobei in mir wieder ein ganz unheilvoller Nationalstolz aufwachte. Und zwar immer in dem Moment, in dem man mir droht mit dem ‹Gericht› der andern.» 3 9. November 1938 – Datum der «Reichskristallnacht», vgl. 21. 8. 1943, Anm. 9. Zu diesem Zitat und dem weiteren Verlauf des Gesprächs kein Beleg in den Original-Aufzeichnungen. 4 Im Tagebuch heißt es unter dem 10. Januar 1944: «Unsere Lage ist denkbar verzwickt, zwei Dinge aber hasse ich gleichermaßen: Dummen Vogel-Strauß-Optimismus: ‹Es wird schon alles

nicht so schlimm kommen›, und tatenlosen, düsteren Pessimismus: ‹Wir werden alle untergehen.› Ich möchte nicht als Vertreter einer müden, abgewirtschafteten, untüchtigen, degenerierten Schicht untergehen. Ich möchte kämpfen, vital und zäh, und beweisen, daß gerade solche Leute wie wir ihren Mann mindestens so gut stehen wie die andern.»

13. Januar 1944

Heute nachmittag besuchte mich Alfred Waldersee. «Warum versteht man sich mit einem alten Gewerkschaftler so viel besser als mit einem dieser deutschnationalen Adligen?» hatte er einmal zu mir gesagt. So wollte ich ihn mit dem Metteur Büssy zusammenbringen, aber Büssy ist nicht aktiv, er ist zu enttäuscht von der Politik, auch von seiner ehemaligen Partei, den Sozialdemokraten. Er findet, daß sie 1933 versagt haben.[1]

Ging vorhin die Augsburger Straße entlang, an einem ausgebrannten Laden vorbei. Hinter dem notdürftigen Bretterverschlag ein Mann, der mich mit verschrecktem Blick ansah. Ich überlegte, wo ich dieses Bild schon einmal gesehen hatte – dann fiel es mir ein: am 9. November 1938.[2] Damals waren es die Juden, heute sind wir es.

Eben angstvoller Anruf von Jutta Sorge. Vielleicht wird ihre Mutter abgeholt.[3] Immer wieder heißt es, die Versippten kämen auch an die Reihe.[4] Den Geschiedenen geht es bereits so. In unserem Haus wohnt ein halbjüdisches Mädchen. Ihr Vater hatte sich von ihrer jüdischen Mutter scheiden lassen, vor vielen Jahren schon. Nun hat sie selbst ihr Gift gebracht: «Ich habe meine Mutter so geliebt», sagte sie, «daß ich sie getötet habe.» Wenn man nur wüßte, was mit den abtransportierten Juden geschieht.

1 Die SPD, die gegen Hitlers Ermächtigungsgesetz noch geschlossen gestimmt hatte, entzweite sich 1933 über der Frage nach der weiteren Strategie. Während die Exil-SPD («Sopade») in Prag zum entschiedenen Widerstand drängte, sahen die Inlands-SPD und der sozialistische Gewerkschaftsbund die einzige Überlebensstrategie in der Anpassung an die neuen Machtverhältnisse. Das Verbot der Partei am 22. Juni 1933 besiegelte das Scheitern dieses Legalitätskurses. Im Tagebuch heißt es unter dem 10. Januar 1944: «B[üssy] ist bester Typ des immer gutgelaunten, witzigen Berliner Arbeiters, dem man aber nichts vormachen

kann. Treu, tüchtig, fleißig, aufgeklärt, real und reell, aber zur Zeit leider auch durch die [Flieger-]Alarme von einer hoffnungs- und ausweglosen Deprimiertheit.» 2 Im Tagebuch unter dem 10. Januar 1944 folgt an dieser Stelle: «Damals war es genauso, nur waren es eben die Juden, und damals litt ich viel mehr, ein Teil meiner Liebe zu diesem Land ging da auch in Scherben.» 3 Im Tagebuch heißt es unter dem 11. Januar 1944: «Anruf: Jutta, von Angst gepeitscht, daß ihrer Mutter etwas geschieht, es scheint wieder was im Gange zu sein. Grauenhaft, wie diese Menschen unablässig geplagt werden. Tod ist bald die Erlösung in solchen Fällen. Erschütternd.» 4 Als «Versippte» galten im NS-Sprachgebrauch Ehepaare mit einem jüdischen Ehepartner. Sie waren zwar zunächst von Diskriminierungen wie Lebensmittelkürzungen oder Judenstern ausgenommen, zumal wenn die gemeinsamen Kinder nicht in jüdischem Glauben erzogen wurden. Dennoch waren auch diese Menschen nicht sicher vor Deportationen. Nach der Scheidung waren die jüdischen Ehepartner meist der Verfolgung ausgeliefert. Zur weiteren Eintragung unter diesem Datum kein Beleg in den Original-Aufzeichnungen.

19. Januar 1944

Was für Gegensätze sind täglich zu verarbeiten: Ich gehe die Bayreuther Straße entlang, an ausgebrannten Fassaden vorüber, in ein zufällig noch erhaltenes Haus. Mit dezenter Schrift steht dort: Newa-Grill. Ein Luxuslokal mit höflichen Obern; Vorspeisen, gebratener Fisch, viel Alkohol.[1] Als sei diese Welt des Genusses, die doch gerade dabei ist unterzugehen, noch eine Realität.

Nun sitze ich wieder in meinem Zimmer und komme mir vor wie in einer Burg. So behütet. Dabei weiß ich, daß das eine Täuschung und daß jede Sicherheit fragwürdig geworden ist. Trotzdem, jetzt erst liebe ich diese Wohnung wirklich, so wie noch nie. Jetzt erst wäre es schmerzlich, sie zu verlieren. Heute mittag waren «sie», das heißt die feindlichen Flieger, in Dessau, fünfhundert am hellen Tag.

Oben brausen Flieger mit Vehemenz durch die Luft. Es sind zwar deutsche, aber das Geräusch klingt bedrohlich. Ich arbeite währenddessen an einem Artikel über die kleinen Freuden in unserem Leben![2] Weiß nicht, wie mir das gelingen soll.

Alle Welt redet wieder von der berühmten Wunderwaffe.[3] Entweder haben die Leute zuviel Jules Vernes gelesen, oder es gibt tatsächlich etwas Entsetzliches, das die Menschheit in noch größerem Ausmaß vernichten wird.[4]

1 Im Tagebuch folgt an dieser Stelle: «Ich frage mich, was daran eigentlich wirklich ist. Diese innerlich doch noch existierende, plutokratisch-bürgerliche Welt oder die grauenhaften Ruinen.» 2 Damit bezieht UvK sich vermutlich auf ihre Rezension der Filmkomödie «Ein schöner Tag», erschienen am 29. Januar 1944. 3 Vgl. 19. 6. 1943, Anm. 7. 4 Im Tagebuch folgt an dieser Stelle: «Dann wird die Gegenseite natürlich mit ähnlichen Dingen in Aktion treten, denn daß ein Volk eine solche Waffe in der Hand haben soll, mit der es entscheidend das Kriegsende herbeiführen kann, halte ich für ganz ausgeschlossen. Ein solcher Schlüssel zum Weltbesitz ist noch niemandem in die Hand gegeben, das widerspräche Gott, der Natur und ihren Gesetzen.»

23. Januar 1944

Gestern mit Klaus bei Hasso Etzdorf (Verbindungsmann des Auswärtigen Amtes zum OKH).[1] Wir hockten, da die Vorderzimmer zerstört sind, in seiner Küche, die er in Abwandlung des NS-Wortes «Brauchtum»[2] sein «Küchentum» nennt. Die Unterhaltung war erstaunlich freimütig. Anders, als es sonst bei Diplomaten der Fall ist. Ich saß auf einem umgestülpten Eimer, er auf einem Kohlenkasten. Er erzählte von Hitler, den er einmal im Extrazug auf einer Reise nach Rom begleitet hat, und sprach offen davon, wie ihm der Mut gefehlt habe, ein Attentat zu versuchen.

«Kennen Sie», sagte er, «Hitlers Leibwache? Ich sehe sie immer in der Wilhelmstraße.[3] Lange feldgraue Lederolmäntel, bayerische Filzhüte, denn aus Bayern stammen sie meist, und Haferlschuhe.»

Heute morgen, ehe ich in die Redaktion ging, erschien er plötzlich bei uns zu Hause. «Manisch depressiv», wie er es nannte. Er hatte wegen seiner allzu großen Offenheit wohl Gewissensbisse bekommen: «Sie ahnen nicht, mit welchen Mitteln vorgegangen wird, wie ‹sie› sich darauf verstehen, den einzelnen zu diffamieren.» Mit dem «sie» war diesmal die Gestapo gemeint. «Sie», das sind die feindlichen Flieger und die Gestapo – der ewige Druck, unter dem wir stehen.

Ich beruhigte Etzdorf, er ist, weiß der Himmel, nicht der erste, der so offen war. Vorsicht ist gut, aber man kann auch an

Vorsicht ersticken. Und wenn alle Gespräche dieser Art der Gestapo bekannt würden, dann wäre Berlin entvölkert, und nicht nur Berlin.

1 Hasso von Etzdorf, Vortragender Legationsrat im Auswärtigen Amt, nützte seine Funktion als Verbindungsmann zum Oberkommando des Heeres auch, um Kontakte zwischen der militärischen und der diplomatischen Opposition zu knüpfen. Zum Inhalt der Gespräche mit Etzdorf kein Beleg in den Original-Aufzeichnungen. 2 Die vielgebrauchte Propagandaformel «Brauchtum und Sitte», im Volksmund spöttisch Brausi abgekürzt, bemäntelte die nationalsozialistische Aufbereitung alter Traditionen, Mythen und Bräuche. 3 Die Wilhelmstraße war der Sitz des Auswärtigen Amtes.

24. Januar 1944

Fuhr mit Klaus im dunklen Zug von Potsdam zurück. Hinter uns erklang Gitarren-Jazzmusik. Tschechen. Klaus fragte sie, ob sie morgen bei uns spielen wollten, denn wir haben uns für morgen alle unsere Freunde eingeladen. Medizin gegen den Alltag. Tanz zwischen den Ruinen.[1] In England ist das Tanzen niemals verboten worden. Warum sollen ausgerechnet wir unsere Lebensgesetze den englischen Fliegern unterwerfen?

Mein Artikel über die uns noch verbliebenen kleinen Freuden bekam einen so spießigen Ton, daß ich die Seiten voller Wut in den Papierkorb warf. «Klemm der Katze den Schwanz ein und laß' sie wieder raus, dann wird sie voller Freude sein», sagte Jürgen immer.

1 Im Tagebuch folgt an dieser Stelle: «Zu sehr darf man die Engländer ja nicht herausfordern. Mir ist nicht ganz wohl bei der Sache, andererseits lebt man so ein absurdes Leben, daß man vielleicht wegen der ständigen Gefahr, in der man schwebt, doch ruhig einen solchen frivolen Abend riskieren kann. Gewiß, die Zeiten sind grauenhaft, aber man hat eine solche innere Unruhe, daß man ständige Aufpulverung gebraucht. Man hat gar nicht mehr die Nerven, in Ruhe und abseits zu leben. Schöpferisch kann man auch nicht sein, dazu zehren wir alle zu sehr von der Substanz, die sich den Luxus der Einsamkeit kaum noch erlauben kann.»

25. Januar 1944

Neulich war ich mit Klaus beim Sieben-Uhr-Alarm im Zoobunker. Gespenstisch. Eine Herde Menschentiere läuft, während die Flak schon zu schießen beginnt, im Dunkeln auf die Eingänge zu, die klein und viel zu eng sind. Taschenlampen gehen an, und alles schreit: «Licht aus!» Dann schiebt und stößt und drängt das Volk hinein, wobei man sich wundert, daß es noch verhältnismäßig gut abgeht. Die Bunkerwände, massige Steinquadern, wirken wie das Bühnenbild zur Gefängnisszene im «Fidelio». Ein erleuchteter Lift fährt lautlos auf und ab, wahrscheinlich für die Kranken. Das Ganze könnte Ernst Jünger in seinen «Capriccios»[1] erfunden haben. Schnauzende Polizisten und Unteroffiziere treiben die widerwillige Menge langsam die Treppen hinauf, um sie auf die verschiedenen Stockwerke zu verteilen. An jedem Absatz bleiben alle wieder stehen. Eine Frau bekam Schreikrämpfe. Sie dachte, dort oben würde sie eher umkommen: «Ich habe Mann und Sohn an der Front», rief sie kreischend. «Ich gehe nicht hinauf!» Schließlich wurde sie abgeführt. In den Türmen sind Wendeltreppen. Hier sitzen die Liebespaare – Travestie eines Kostümfestes. Wenn die Batterien oben schießen, schwankt das Gebäude, und die Köpfe ducken sich gleichmäßig, als führe eine Sense über sie hin. Alles steht durcheinander: verängstigte Reiche, müde Frauen, abgerissene Ausländer, die ihr Hab und Gut in riesigen Säcken mit sich schleppen, und Soldaten, die einen recht genierten Eindruck machen. Wenn hier eine Panik ausbricht, dann gnade uns Gott, dachte ich.

Bald müssen unsere Gäste kommen. Wir sind mit den Vorbereitungen fertig. Am glücklichsten sind die drei Franzosen, die Klaus und mich vorhin zu einer Flasche Champagner einluden. Alarm scheint nicht zu kommen. Die Aussichten sind günstig, da Nebel in England. Das Eßzimmer sieht fast wie in alten Zeiten aus. Das Parkett wurde geputzt, so gut es ging, wir haben eine Art Bar aufgebaut und vor die verpappten Fenster Rollos gehängt, die Mama früher einmal mit Blumen bemalte. Jetzt klingelt es. Ich muß aufhören.

1 «Figuren und Capriccios»: Untertitel der zweiten Fassung (1938) von Ernst Jüngers zuerst 1929 erschienenem Buch: Das abenteuerliche Herz. Aufzeichnungen bei Tag und Nacht.

26. Januar 1944

Total erschöpft. Unser Fest dauerte bis in den Morgen. Ein Freund von Thilenius, Graf Widmann, der aus Prag gekommen war: «So lebt ihr zwischen den Trümmern, ihr tanzt auf dem Vulkan, und wir, die wir nichts von Bomben spüren, wagen kaum noch zu lachen!» Die tschechischen Musiker spielten großartig. Als wir erfuhren, daß es Studenten waren, ging Hülsen mit einem Teller herum und sammelte Geld. Ich glaube, es kamen viele hundert Mark zusammen.

Wir tanzten wie Besessene. Als stände jemand mit der Hetzpeitsche hinter allen, als sei es das letzte Mal. «Untergang des Abendlandes» haben wir dieses Fest getauft. Wohl zwanzigmal erklang die Melodie: «Bei mir biste scheen». Herr Remde, von der St.-Pauli-Bar nebenan, den wir auch eingeladen hatten, sorgte für den Rotwein.

Schwab, dessen Vater vor drei Monaten im Zuchthaus starb, Jutta, deren Geschwister verbrannten, Dr. Meier, dessen Vater im Lager verhungerte – sie alle machten mit. Jeder wollte einmal für kurze Stunden seine Last und seine Trauer vergessen. Freude ist auch ein Wärmespeicher in dieser Zeit. Wir alle leben nur noch dem Augenblick, doch so intensiv wie nie zuvor.

Übermorgen kommt ein Lastwagen, dann gehen die Möbel nach Lychow.

27. Januar 1944

Sitze bei Fliegeralarm im Werkluftschutzraum des Deutschen Verlages und höre die Flak böllern. Der Drahtfunk[1] sagte eben an: «Reihenweiser Bombenabwurf, zahlreiche Brände zu beobachten, es ist mit einem schweren Angriff zu rechnen.» Neben mir Bärchen, blaß und aufgeregt. Sie ist mit den Nerven ziemlich fertig, während ich im Augenblick alles so betrachte, als ob es mich nicht direkt etwas anginge. Habe eben versucht, bei unserer Luftschutzwartin in der Rankestraße anzurufen, da Vorentwarnung zur Brandbekämpfung durchgegeben ist. Sie kommt nicht an den Apparat. Ob unser Haus noch steht? – Nochmal zu Hause angerufen. Endlich einer der Franzosen am Apparat: Es ist noch einmal gut gegangen. – Neuer Anflug wird gemeldet. Vielleicht wird es uns nun doch erwischen. Und sollen etwa von neuem Bomben in die Brände hineingeworfen werden, während die Menschen versuchen, noch ein paar Sachen zu retten? Fehlmeldung. Eben wird entwarnt. Versuchte in dem Durcheinander nebenbei noch eine Filmkritik zu schreiben, was merkwürdigerweise auch gelang.

1 Die Fliegeralarmmeldungen des Rundfunks wurden über ein Leitungsnetz (Drahtfunk) übermittelt, da der Antennenempfang häufig gestört war.

1. Februar 1944, Neuhardenberg

So, nun ist es doch soweit: Wir sind ausgebombt. Im OKW-Bericht hieß das so: «In den frühen Morgenstunden des 29. Januar setzten britische Terrorflieger ihre schweren Angriffe auf die Reichshauptstadt fort. Zahlreiche feindliche Flugzeuge warfen im Schutze der Wolken eine große Anzahl von Minen, Spreng-, Brand- und Phosphorbrandbomben ab. In verschiedenen Stadtteilen entstanden Schäden. Betroffen wurden wiederum vor allem Wohnviertel, Kirchen, Krankenhäuser und Kulturstätten. Die Bevölkerung hatte Verluste. Nach bisher vorliegenden, unvollständigen Meldungen wurden 43 Bomber abgeschossen.»[1]

Eine dieser Kulturstätten war offenbar unsere Wohnung.

Mittags hatte ich mit Beer und Jutta Sorge zusammen gegessen, dann kamen die beiden noch eine Weile zu mir.[2] Um sechs erschienen Klaus, Uta Witzleben, mit der er sich inoffiziell verlobt hat, und Thilenius. Ich ging mit ihm essen, um das Brautpaar allein zu lassen, war aber zeitig wieder zurück. Spät abends ein Anruf, daß gegen drei Uhr eventuell mit einem Angriff zu rechnen sei.[3] Klaus brachte Uta sofort nach Hause.

Drei Uhr zehn Luftwarnung, wir blieben beide natürlich liegen. Zehn Minuten darauf Alarm. Fluchend erhoben wir uns, fluchend zogen wir uns an und gingen mit den beiden Franzosen – der dritte war zum Bunker geradelt – hinten die Wendeltreppe hinunter. Kaum waren wir im Keller: heftige Erschütterungen, Einschläge, Sausen, Knallen und Beben, genau wie am 22. November. Plötzlich ein ohrenbetäubender Krach, die Eisenklappe vom Fenster fliegt Klaus an den Kopf, tut ihm aber nichts. Alles schreit auf, ich rufe mit gepreßter Stimme: «Bomben, die man hört, treffen nicht!» Ein älteres Fräulein schreit hysterisch. Dann wieder ein Sirren. Klaus geht rasch nach draußen, kommt gleich wieder zurück und sagt ganz ruhig: «Bei uns brennt es.» Läuft dann mit einem der Franzosen hinauf. Ich nach einer Weile hinterher, obwohl es noch heftig schießt. Atemlos oben angekommen, sehe ich sofort, daß nicht mehr viel zu retten ist. Das sirrende Geräusch kam von einem Phosphorkanister, der in unserem Stockwerk, in der Wohnung gegenüber, explodiert ist. Klaus hatte die Tür eingetreten und einen Sandsack in die Flammen geworfen, was ganz sinnlos war, da sie bereits bis zur Decke schlugen, und war dann zurückgegangen. Hatte noch rasch einen Lehnstuhl ergriffen und ihn die Vordertreppe hinunter auf die Straße geschleppt. Aber danach konnte man über diese Treppe nicht mehr gehen, weil brennende Balken vom Dach herunterflogen. Das Wohnzimmer mit den vielen Büchern stand in Flammen. Merkwürdigerweise funktionierten das elektrische Licht und das Telefon noch. Gleich nach der Vorentwarnung rief Bärchen an, einer der Franzosen schrie in den Apparat: «Nous brûlons!»[4] Kurz darauf erschien sie mit ihrem Neffen und einem bleichen Kusinchen. Sie halfen uns rührend. Ich hatte eigentlich immer irgendwie geahnt, daß es so kommen würde, daß es bei uns eines Tages brennen und daß Bärchen dann zu Hilfe kommen würde. Wir schleppten, was wir finden konnten, die vertrackte Wendeltreppe hinunter. Schmissen Betten, Bücher, Kissen einfach zum Fenster hinaus.

In dem Trubel stand ich einmal allein in meinem schon etwas von Rauch erfüllten Zimmer. Bewußt nahm ich seinen Anblick noch einmal in mich auf. Nun ist von allem Ererbten und Erworbenen, von aller Behaglichkeit nur noch ein Häufchen Dreck übrig. Verschwommen erinnere ich mich, daß der alte Graf Wedel auf einer Bahre an mir vorbeigetragen wurde. Muß man die Alten nicht bedauern, die nicht sterben können?

Frau Menzendorf setzten wir auf der Straße in den Lehnstuhl, mit meinem Pelz sah sie sehr vornehm aus. Um sie herum unsere Bündel. Ich mußte an ein altmodisches Buch aus meiner Kindheit denken: Lottchen und ihre Kinder.[5] Darin wurde der Brand von Sankt Pauli im vorigen Jahrhundert in ganz gemütlichen Biedermeierbildern geschildert. Mich hat das trotzdem immer ganz traurig gemacht. Genauso deprimierend wirkten nun wir. Klaus stand neben mir, als aus unseren Fenstern die blaugrünen Flammen herausschlugen. Vor drei Tagen noch hatten wir dort wie wild getanzt. «Wo feiern wir das nächste Fest?» fragte er. Wir hatten noch Porzellan, Geschirr, Silber und allerhand kleinere Sachen in Waschkörben herausgeschafft. Aber dann war unser viertes Stockwerk nicht mehr zu betreten.

Wir halfen den Leuten, die unter uns wohnten, wuchteten schwere Möbel die Hintertreppe hinunter. Als wir die Besitzer dann fragten, ob sie uns nicht etwas zu trinken geben könnten – wir hatten einen beachtlichen Alkoholvorrat in der Speisekammer entdeckt –, wollten sie nichts herausrücken. So bedienten wir uns schließlich selbst. Bärchen holte auch einen von den Feuerwehrleuten heran, die erschienen waren, als bei uns schon alles ausgebrannt war, und duzte ihn einfach: «Hast du nicht noch 'nen Kameraden? Schick' ihn her!» Sie drückte ihm eine Flasche in die Hand. Auch Fräulein Gertrud, die unwahrscheinlich häßliche und unwahrscheinlich tapfere Aufwartefrau von den Leuten im Parterre, kriegte ordentlich etwas eingegossen. «Oh, der ist aber besser als der Markenschnaps!» kreischte sie. Wir gerieten allmählich in eine geradezu hysterische Fröhlichkeit und saßen schließlich erschöpft, aufgelöst und in fiebriger Heiterkeit, mit Regenschirmen bewaffnet, im ersten Stock. Das Löschwasser rieselte unablässig durch die Löcher in der Decke. Oben bei uns verglühten die letzten Balken. Im Morgengrauen zogen wir mit einem Handwagen im langsamen Trott mit Frau Menzendorf und den drei Franzosen zu Bärchen. Ringsum feuchter, schwarzer Rauch, es nieselte. Man konnte kaum die Hand vor Augen sehen. An einer Pumpe holten wir Wasser, dort stand eine ausgemergelte Frau: «Und wann kommt die Vergeltung? Wenn wir tot sind, wa?»

Bei Bärchen tranken wir Bohnenkaffee, den einer der Franzosen spendete, und aßen Gänseleber aus einer Büchse, die ein anderer uns schenkte. Bärchen stiftete Weißbrot. Frau Menzendorf lag auf einem Sofa und wurde von allen bedient.[6] Plötzlich erschien auch Thilenius. Klaus rasierte sich, dann zogen wir beide ab, im Regen, auf die Kartenstelle. Ein unbeschreibliches Chaos. Klaus, in Uniform, ging gleich zum Leiter und verlangte einige Bezugsscheine für mich, die aber abgelehnt wurden: Ich hätte ja noch ein Kleid und einen Mantel, mehr brauchte ich nicht. Klaus zornig: «Ich komme von draußen und fahre wieder an die Front. Ich will wissen, ob für meine Schwester gesorgt wird.» Der Mann verwies uns an seinen Vorgesetzten, dessen Büro eine Viertelstunde entfernt in Wilmersdorf war. Wir zogen im Regen durch völlig zerstörte Straßen dorthin und wurden höflich empfangen. Ich bekam einen Bezugsschein für ein Kleid, einen Unterrock und ein Paar Schuhe, zwei Paar Strümpfe und einen Regenmantel. Auch Urlaubermarken, drei Wochenkarten; ein unwahrscheinlicher Erfolg.

Mittags per Anhalter ins Esplanade,[7] wo Wolf-Uli Hassell und Thilenius unserer harrten, mit der guten Nachricht, daß Haeften einen Lastwagen schicken würde, mit dem wir die Reste unserer Habe, alles, was noch im Keller stand, nach Neuhardenberg bringen könnten. Was wäre diese Zeit ohne Freunde!

Später erschien auch Bärchen, die Besuch von der Front bekommen hatte. Sie war nicht wiederzuerkennen. Frühmorgens hatte sie wie eine Lemure ausgesehen, wirre Haare, graues Gesicht mit Ringen unter den Augen, zerrissener Mantel, Soldatenstiefel, um das Kinn ein Tuch mit einem Schwamm, als Schutz gegen den Rauch – und nun, wenige Stunden später, trat uns eine schicke Frau entgegen: blaues Kostüm mit schneeweißer Bluse, elegantes Hütchen, weiße Handschuhe, das fein geschnittene Gesicht so raffiniert geschminkt, daß die Ringe fortgezaubert waren, der Mund hellrot und an den Ohren Klips. Frauen können hexen, wenn sie Besuch von der Front bekommen. Ihr Freund war so entsetzt von dem veränderten Berlin, daß er stumm neben ihr saß.

Nach dem Essen fuhren Klaus und ich dann in den überfüllten Zügen nach Potsdam zu den hilfsbereiten Gilsas. Frisch bezogene Betten. Und am nächsten Morgen um sieben Uhr echten Kaffee. Am Vormittag waren wir wieder in der Rankestraße. Dort luden drei Soldaten, wie Haeften versprochen hatte, die Sachen aus unserem Keller auf einen Lkw. Ich ging noch einmal die Wendeltreppe, die ich in der Nacht so verflucht hatte, ein Stück hoch. Oben sah ein kaltblauer Himmel durch die Balken. Kaum glaublich, daß dort noch vor vierundzwanzig Stunden unsere gemütliche Klause gewesen war. Der Fußboden, auf dem wir so selig getanzt hatten, war zwei Stockwerke tief hinabgefallen. Als ich schon neben dem Chauffeur saß, um nach Neuhardenberg zu fahren, befestigte Klaus mit Uta ein Schild an der Mauer: Kardorffs zu erreichen über die Nummer 21 61 91. «Neue Firma», sagte er zu mir, «wir gehen nicht unter.»

In Neuhardenberg wurde ich rührend empfangen. Sie boten mir ihre sehr kleine Wohnung am Pariser Platz an, die ich natürlich mit Freuden annahm. Der Adlon-Bunker ist direkt vor der Tür. Besser kann ich es gar nicht haben.

Hier bekomme ich das Frühstück ans Bett und kann schlafen, schlafen, schlafen. Ich sehe nicht mehr aus wie eine ausgezehrte alte Maus. Komme sogar dazu, Briefe zu schreiben und Strümpfe zu stopfen. Das Zittern um den Besitz hat nun aufgehört.[8] Man hat nur noch «leichtes Gepäck», wie Goebbels das so treffend nennt, fragt sich allerdings, ob das Gepäck eines ganzen Volkes auf diesem Marsch in die Verderbnis nicht allmählich beängstigend leicht wird.

1 Allein zwischen 27. und 29. Januar ging über Berlin eine Bombenlast von 3715 Tonnen Sprengkraft nieder; eine weitere Steigerung des seit Jahresbeginn anhaltenden Luftkampfes. 2 Im Tagebuch heißt es: «28. 1.: Mittags mit Beer und Jutta im Newa Grill Sekt getrunken und Austern gegessen, nachmittags bei uns weitergetrunken. Beer sagte noch, er möchte in keiner andern Stadt leben als gerade in Berlin. Dieses Leben sei so unglaublich fascinierend, daß man mit Leuten, die in anderen Städten lebten, schon überhaupt keine richtige Verständigungsmöglichkeit habe. Das stimmt.» 3 Diese Information erfuhr UvK laut Tagebuch per Anruf aus dem Propagandaministerium. 4 «Bei uns brennt es!» 5 Der dritte Teil von Elise Averdiecks Erzählungssammlung ‹Minderleben›. 6 Im Tagebuch folgt an dieser Stelle: «Wir saßen da wie eine gemütliche, große Gesellschaft. Zwischendrin rief [Chefredakteur] Best an und teilte uns mit, daß die DAZ brenne, was uns gar nicht rührte.» 7 Esplanade – Hotel in Berlin. 8 Zur weiteren Eintragung unter diesem Datum kein Beleg in den Original-Aufzeichnungen.

2. Februar 1944, Neuhardenberg

Vor einem Jahr fiel Jürgen. Was ist dagegen der Verlust von ein paar Möbeln und Büchern?

Als ich am Telefon Mamas zitternde Stimme hörte und merkte, wie sie sich noch nachträglich unseretwegen aufregte, wurde mir allerdings klar, wieviel schwerer so ein Verlust für ältere Menschen ist. Die Eltern hatten diesen Besitz mit Mühe und Liebe erworben. In jedem Möbelstück steckte eine ganze Geschichte.

3. Februar 1944, Neuhardenberg

Der letzte Abend in Ruhe und Frieden. Vier Nächte ungestört geschlafen, das ist heute ein Geschenk. Ich telefonierte mit Bärchen, die anscheinend völlig am Ende war. Der Angriff am 30. war noch schlimmer als alle zuvor. Unser Chefredakteur saß ausgebombt bei ihr, gerade war auch Dr. Meier erschienen, Thilenius und Frau Menzendorf. Alles kommt zu Bärchen, wenn Not ist. Der heutige Heeresbericht klingt wieder übel. Die Russen stehen bereits in Rowno und Luzk.[1] Lieber nicht nachdenken, wie alles noch werden kann. In unser Haus ging beim letzten Angriff eine Mine. Nun ist nichts mehr erhalten, auch die anderen sieben Wohnungen, in denen wir in Berlin gewohnt haben, stehen nicht mehr.

Ich fühle eine wilde Vitalität, gemischt mit Trotz, in mir wachsen, das Gegenteil von Resignation. Ob es das ist, was die Engländer mit ihren Angriffen auf die Zivilbevölkerung erhoffen? Mürbe wird man dadurch nicht. Jedermann ist mit sich beschäftigt. Steht meine Wohnung noch? Wo bekomme ich Dachziegel, wo Fensterpappe? Wo ist der beste Bunker? Die Katastrophen, die Nazis wie Antinazis gleichermaßen treffen, schweißen das Volk zusammen. Dazu gibt es Sonderrationen nach jedem Angriff: Zigaretten, Bohnenkaffee, Fleisch. «Gib ihnen Brot und sie hangen dir an», siehe Großinquisitor bei Dostojewski.[2] Aber wenn die Engländer glauben, die Moral zu untergraben, so geht diese Rechnung nicht auf.

Draußen stürmt es, vorhin war Gewitter, der Kosmos scheint aus den Fugen zu sein. Habe mich in den paar Tagen so erholt wie eine verwelkte Blume, die man ins Wasser gestellt hat.

1 Die ukrainischen Städte Rowno und Luzk, etwa 300 und 350 km westlich von Kiew, eroberte die Rote Armee am 2. Februar 1944 zurück. Im Tagebuch folgt an dieser Stelle: «Es ist sinnlos. Ich komme allmählich immer mehr auf das Carpe diem [Horaz-Zitat: Nütze den Augenblick]. Oder wird man sich später Vorwürfe machen?» Zur weiteren Eintragung unter diesem Datum kein Beleg in den Original-

Aufzeichnungen. 2 Die Legende vom Großinquisitor, aus: Die Brüder Karamasoff.

6. Februar 1944, Potsdam

Eben mit Papa, der auf der Durchreise bei Bredows wohnt, und Uta Witzleben sehr gemütlich zusammengesessen. Er war bezaubert von seiner zukünftigen Schwiegertochter. Über den Verlust unserer Wohnung ist er nicht so betroffen, wie ich angenommen hatte. Er ist kein Materialist. Im Grunde genommen völlig unabhängig von diesen Dingen, wenn er nur malen kann. Morgen fährt er wieder nach Mecklenburg.

10. Februar 1944, Berlin

Die neue Behausung ist ideal. Sie liegt im Erdgeschoß und geht auf einen kleinen Hof hinaus, auf dem zur Zeit allerdings Lärm ist, weil am Speer-Bunker[1] ein Notausgang gebaut wird. Das Haus am Pariser Platz 3 ist hübsch, im Stil der Wilhelmstraße erbaut, etwas an Potsdam erinnernd. Sein winziger grüner Garten – allerdings durch den Bunkerbau halb zerstört – gibt eine Vorstellung davon, wie es früher hier aussah, in den achtziger Jahren, als hier die «Casino-Gesellschaft»[2] ihre Klubräume hatte. Damals hieß es das «Schautenhaus». Hinter einer Mauer die Gärten des Auswärtigen Amtes und der Reichskanzlei. Es gibt auch eine Terrasse, auf deren Balustrade altmodische Sandsteinfiguren stehen. Der Portier, Herr Belling, ein ungemein freundlicher Mann, erzählte mir von den großen Bällen, die früher hier stattfanden. So verweben sich die Zeiten – vorn Rüstungsministerium und hinten das Berlin Fontanes.

Die Wohnung besteht aus einem Zimmer mit Plüschsofa, Schreibtisch, Truhe und einem Tischchen, mehr ginge auch gar nicht hinein; hinter dem Vorhang eine Koje mit Bett und Kommode und ein Bad. Dank Speer gibt es Tag und Nacht heißes Wasser, ungeahnter Luxus. Meine paar Bilder und Bücher, geschenkte Vasen, gerettete Porzellan-Möpse, ein geborgter Zinnleuchter, Blumen und die Stehlampe von Thilenius verleihen dem Ganzen einen Anflug von Behaglichkeit. Atmosphäre ist zu verpflanzen, besser als ich angenommen hatte.

Die Redaktion brannte in derselben Nacht ab wie unsere Wohnung, so daß ich auch dort einige Dinge verlor. Nun sitzen wir alle oben im Buchverlag des ehemaligen Ullsteinhauses,[3] in wenige Zimmer zusammengepfercht. Ein Irrenhaus. Daß die Zeitung noch täglich erscheint, ist vor allem als sportliche Leistung zu werten.

Fünf Uhr morgens. Eben war Alarm. Ging ins Adlon hinüber. Seltsam, die aufgescheuchte Gesellschaft dort zu beobachten. Auf dem Rückweg stapfte ich in der eigenen Spur durch den Schnee zurück – so menschenleer ist es hier. Aus der gegenüberliegenden Ruine, dort, wo Liebermann einst wohnte, klang die Entwarnungssirene im Mondschein hohl.

1 Hitlers Architekt Albert Speer wurde von 1942 an als Minister für Bewaffnung und Kriegsmunition, von 1943 an für Rüstung und Kriegsproduktion zum zentralen Lenker der gesamten Kriegswirtschaft. 2 Bei der «Casino-Gesellschaft» handelte es sich vermutlich um eine Verbindung von Offizieren des Infanterie-Regiments 9, die in dem Berliner Gebäude ein Casino unterhielt. 3 Vgl. 4.6.1943, Anm. 1.

11. Februar 1944

In der Redaktion spielt sich das Arbeiten ungefähr folgendermaßen ab: Das Feuilleton sitzt mit allen Redakteuren und drei Sekretärinnen in einem Raum der Romanabteilung des Verlages. In einer Ecke diktiert die Musikkritikerin, Gertrud Runge, etwas über Glanz und Schliff im Stil eines Dirigenten, dazwischen ertönt die Stimme Paul Fechters,[1] der den fröhlich geröteten Wolfgang Goetz befragt, woher er denn noch soviel Alkohol bekäme. Werner Fiedler neben mir schüttelt sich in lautlosem Lachen – wie man hier arbeiten solle bei dem Lärm, fragt er resigniert, während er zum fünftenmal mit gekrauster Stirn seinen Notizzettel überfliegt, um aus den Stichworten eine seiner frechen Filmkritiken zu verfassen. Zwei Volontäre redigieren Notizen, zwei Sekretärinnen tippen mit lautem Geklapper, die dritte kocht Kaffee. Fast nutzt es dem Ganzen mehr, wenn man wegbleibt und seine Arbeit zu Hause macht.[2]

Gestern Tagesalarm. Eine nervöse Ameisenmenge strebte eilig in fürchterliche Verlagskeller; zwischen Archivbänden und unter Wasserrohren harrte man der Dinge ... Verhärmte Frauen und Mädchen, bucklige, hinkende Männer. Bärchen schlief vor Erschöpfung neben mir auf einem unbequemen Stuhl ein, während ich alte Jahrgänge der «Dame»[3] durchblätterte. Bunte, flirrende, ach so vergangene Welt. Zum Glück kam Thilenius hinterher und lud uns ins Adlon ein. Dort rauschendes Leben. Viele Männer, wenige, aber elegante Frauen. Ehemänner, deren Familien evakuiert sind, lassen sich nur allzu bereitwillig in ihrer Einsamkeit trösten. Pech nur für die Mädchen, wenn die Ordnung eines Tages wiederhergestellt ist und sie merken, daß sie nur Ausweichexistenzen waren.

1 Paul Fechter, zu Beginn der NS-Zeit nach 15jähriger Tätigkeit als Feuilletonchef der DAZ zurückgetreten, war 1939 wieder in diese Position zurückgekehrt. 2 Im Tagebuch heißt es: «Ich sitze hier in einem Raum mit 3 Sekretärinnen, 6 Schriftleitern und ca. 2 bis 3 Besuchern. In einer Ecke diktiert Fräulein Runge in die Maschine über ‹Glanz und Schliff des Stils eines Dirigenten›, dazwischen ertönt Fechters Stimme, der den völlig versoffen aussehenden Goetz befragt, wo er noch Wein herbekäme. Fiedler sitzt neben mir, erschüttert von hilflosem Lachen und ruft: ‹Das ist ja wie in einer jüdischen Schulklasse.› Wie man dabei arbeiten soll, ist mir schleierhaft. Fast nutzt man mehr, wenn man wegbleibt und dadurch Platz schafft.» 3 Die elegante Frauenzeitschrift *Die Dame*, ursprünglich vom *Ullsteinverlag* auf den Markt gebracht, behielt auch nach der Übernahme durch den *Deutschen Verlag* ihre äußere Aufmachung im wesentlichen bei, wenn auch nun der NS-Zeit gemäße Themen dominierten. Wegen der Papierrationierung wurde die Zeitschrift im März 1943 eingestellt.

14. Februar 1944

Nun wollte ich an diesem Wochenende in Neuhardenberg so viel schreiben, bin aber einfach nicht dazugekommen. Rutschte sozusagen von einem Gespräch ins andere und merkte gar nicht, wie die Zeit verging. Fritzi Schulenburg in schlechtsitzender Uniform sprühte. Immer wieder bezaubert er durch seine Unbekümmertheit. Auf jede Frage hat er eine klare Antwort, für jedes Gebiet interessiert er sich. Er erzählte witzig von seiner Verlobung. Jeder Satz über seine Frau und die Kinder klingt glücklich. Werner Haeften war auch da. Diesmal mit seinem Chef, Oberst Claus Stauffenberg.[1] Ein Mensch von ungewöhnlicher Anziehungskraft, groß, dichtes dunkles Haar, über dem einen Auge eine schwarze Klappe, die dem Gesicht nichts von seiner Schönheit nimmt. Das Männliche mit einem Hauch süddeutscher Grazie, eine in Preußen nicht eben häufige Mischung. Ihm fehlt ein Arm, und an der anderen Hand fehlen drei Finger. Da ich neben ihm saß, mußte ich ihm das Fleisch schneiden. Wir unterhielten uns über Jean Paul, dessen Lektüre er mir empfahl, und über Musik. Er soll vor seiner Verwundung sehr gut Cello gespielt haben.

Bei aller Liebenswürdigkeit, die angeboren zu sein scheint, ging so viel Energie von ihm aus, daß ich Haeften verstand, der für ihn die Nächte durcharbeitet. Ein solcher Chef verlangt viel, aber es lohnt. Man begegnet nicht oft Menschen wie ihm, die mit allen Tugenden ausgerüstet zu sein scheinen, als habe Gott an ihrer Erschaffung besondere Freude gehabt.

Als wir einen Gang durch den Park machen, sagte Fritzi zu mir: «Stauffenberg ist unser bestes Pferd im Stall.»

1 Oberst Claus Schenk Graf von Stauffenberg war seit 1. Oktober 1943 Chef des Stabes beim Allgemeinen Heeresamt in Berlin. Im Amt des zum Verschwörerkreis zählenden Generals Friedrich Olbricht erhielt er Zugang zu militärischen und politischen Geheiminformationen der Wehrmacht und Gelegenheit, konkrete Pläne für einen Staatsstreich auszuarbeiten. Zur folgenden Charakterisierung kein Beleg in den Original-Aufzeichnungen.

15. Februar 1944

Neun Uhr abends. Eben wurde Luftwarnung gegeben. Gestern haben wir London bombardiert – so wird dies wohl der Gegenbesuch werden. Schon beginnt es, jaulende Sirenen – Alarm.

Im Bunker. Welch ein Glück habe ich, daß ich in nächster Nähe dieses Bunkers wohne, der als der sicherste von Berlin gilt. Gelangte mit Mühe durch die vollgestopften Gänge gerade noch in Sicherheit. Anscheinend war schon vorher etwas angesagt worden, so daß ich eine Schlange vorfand. Ich heftete mich an die Fersen einer sehr schönen Frau, die sich wie ein Aal durch die verstopften Gänge wand. Ab und zu geht das Licht aus. Ob das eine Bombe in der Nähe war? Neben mir sitzt ein Kind, ganz ruhig. Es ahnt nichts. Hier zu ersticken in einer Panik oder langsam abzurösten wie im Hamburger Bunker?[1] Unangenehme Vorstellung. Ob ich einen Schutzengel habe?

Jürgen hatte keinen. Eben ein ganz scheußlicher Windzug, fast wie in der Rankestraße, auch wackelt es ganz schön – wie in einem Schiff. Ob meine neue Behausung noch steht? Und wenn ja, morgen kommen «sie» bestimmt wieder. Fünfzig Minuten hocken wir nun schon hier. Ich bin geschminkt und sehe mit meinen frischen Dauerwellen vielleicht ganz hübsch aus. Aber keinem Menschen steht der Sinn danach, solches festzustellen. Im Adlon sollen alle Fenster kaputt sein.

Vorentwarnung. Halb zwölf Uhr nachts. Mein Haus steht noch, aber ringsherum brennt es. Ein Glück, daß die Linden so breit sind und der Tiergarten so nahe. Stand eine Weile vor den Resten des eben wieder aufgebauten Hotels Bristol. Dort ist eine Luftmine heruntergegangen. Es hieß, im Keller seien Menschen verschüttet. Am Ende der Wilhelmstraße flammten blaue Phosphorblitze auf. Die ganze Straße Unter den Linden ist in ein seltsam grünlich-bleiches Licht getaucht, dazwischen der rote Feuerschein. Bin hellwach. Gar nicht daran zu denken, daß man schlafen könnte. Telefonierte mit Thilenius, der gleich kommt, wir wollen sehen, ob Bärchen noch lebt.

Drei Uhr nachts. Wieder zurück. Wir fuhren mit einer OT-Katastrophenkolonne die brennende Charlottenburger Chaussee entlang, auf dem Trittbrett stehend, vorbei an Trichtern, Blindgängern und gischtenden Wasserrohren. Am Savignyplatz brannten vier Ruinen, kaum kamen wir zu Fuß durch den Funkenregen. Bärchens Haus stand noch, wir fanden sie rauchgeschwärzt auf dem Dach, Feuerwache haltend, da das Nebenhaus langsam niederbrannte. Nachher bewirtete sie uns typischerweise mit echtem Kaffee, dabei war sie so erschöpft, daß sie kaum einen Satz richtig zu Ende sprechen konnte. Wo ist eigentlich der Unterschied zum Soldaten im Schützengraben? Sinke wie tot ins Bett.

1 Die Luftangriffe auf Hamburg im Juli 1943 entfachten in der Innenstadt einen Feuersturm mit Temperaturen von über 1000 Grad Celsius.

17. Februar 1944

Ein heilloses Leben, das ich führe, zwischen Bomben- und Gestapofurcht, zwischen Tod und Feuer. Gestern trat das Buddelkommando am Bristol zur Ablösung vor.[1] Fünfzig verschmierte, kalkbespritzte, ausgezehrte Soldaten, kein sehr vertrauenerweckender Anblick. Es soll noch immer Klopfzeichen da unten geben, die allerdings schwächer und schwächer werden. Und dennoch geht man teilnahmslos daran vorüber, so sehr gewöhnt man sich allmählich an die Nähe des Todes, lebt primitiv in den Tag hinein, froh, daß man überhaupt noch lebt; sonst hätte mir doch eigentlich gestern abend im Adlon bei einem Diner des Staatssekretärs Steengracht[2] der Bissen im Munde stecken bleiben müssen, wenn ich mir vergegenwärtigt hätte, daß ein paar Häuser weiter Menschen einem langsamen Erstickungstod ausgeliefert sind. Aber wir aßen und tranken und machten Konversation. Ich zwischen dem italienischen Botschafter Anfuso und Axel von Ambesser sitzend. Steengracht schien sich auch nicht sehr wohl zu fühlen. «Wäre ich nur lieber Bauer geblieben, die Politik ist ein mühsames Geschäft», murmelte er gegen Ende des Abends. Wie ich zu der Ehre der Einladung kam, ist mir nicht klar, vermutlich, weil die Mädchen, die früher solche Abende bevölkerten, schon lange nicht mehr im bombenbedrohten Berlin sind.[3]

1 Diese Rettungsaktion fand laut Tagebuch am 18. Februar 1944 statt.
2 Gustav Adolf Baron Steengracht von Moyland, Staatssekretär im Auswärtigen Amt, hatte seinen steilen Aufstieg vom Kreisbauernführer zum hohen Ministerialbeamten maßgeblich der Protektion seines Dienstherrn Joachim von Ribbentrop zu verdanken, zu dessen engsten Mitarbeitern er seit 1936 gehörte. 3 Im Tagebuch heißt es unter dem 19. Februar 1944: «Neulich bei Steengracht spielten wir mal wieder alle Theater. Taten, als ob es noch Luxus und gut angezogene Frauen gäbe. In einem eisigen, elegant getäfelten Saal saß man, aß Hummer, trank Sekt und französischen Cognac. Rechts Ambesser, links Anfuso. Ich unterhielt mich nachher hauptsächlich mit dem besonders netten Heyden über [Ernst] Jünger, Krieg und Christentum. Es war sehr nett, wenn auch diese ‹Schiffe in der Wasserwüste›, wie es auch das Adlon ist, eine rein imaginäre Scheinwelt sind. Die wirkliche lauert draußen mit Tod, Not und Elend. Leute schlafen auf dem Steinfußboden, im Bunker oder auf der Erde bei ihrer Aufwartefrau.» Unter dem 15. Februar 1944 heißt es im Tagebuch: «Morgen bin ich bei dem

Staatssekretär Steengracht eingeladen im Adlon. Vielleicht gelange ich auf diese Weise einmal in den Sonderbunker des A[uswärtigen] A[mtes]. Würde mich interessieren, zumal Fritzi [Schulenburg] sich dafür interessierte und es gemeinsam mit mir beobachten wollte.»

19. Februar 1944

Heute früh, am Samstag, als ich endlich einmal ausschlafen wollte, weckte mich Fritzi Schulenburg und nahm mich in ein Konzert mit. Der Weg nur durch Ruinen. Im halbverbrannten Philharmoniesaal spielte das Fehse-Quartett Schumann vor einem erschöpften Publikum. Sie rührten mich, wie sie nach Nächten voller Angst nun hingegeben die Musik hörten. Sagte zu Fritzi, es sei eigentlich ein liebenswertes Volk. «Das liebenswerteste, das es überhaupt gibt», antwortet er.[1] Mir wurde klar, daß es ausschließlich diese Liebe ist, aus der heraus er sein Leben führen kann, die ihm immer wieder neue Kräfte gibt, sonst müßte er längst verzagt sein. Sechs Jahre hintereinander aktiv in Opposition zu stehen, sechs Jahre lang täglich und nächtlich darauf gefaßt zu sein, von der Gestapo ergriffen und Folterungen ausgeliefert zu werden, dazu gehört ein Mut, der aus dem Geistigen kommt, der seine Wurzeln in der Religiosität hat.

Als wir im Adlon zu Mittag aßen, kam Alarm. So konnte ich Fritzi beide Adlon-Bunker vorführen, auch den unteren, in den gewöhnliche Sterbliche nur ausnahmsweise hineingelassen werden. Er ist für ausländische Diplomaten ausgebaut worden. Fritzi beobachtete alles mit größter Genauigkeit, machte ätzende und witzige Bemerkungen. Worin eigentlich liegt seine Wirkung, der sich niemand entziehen kann? Ob es junge Offiziere, Intellektuelle, Soldaten, Kellner oder Chauffeure sind – alle tun, was er verlangt. Dabei sieht er weder reich noch mächtig aus, in seinem schäbigen blauen Anzug oder seiner abgerissenen Uniform, mit der schiefen Nase und dem absurden Monokel. Er erzählte, daß sein Bruder Wolfi in Monte Cassino ist.[2] Wieder eine neue Sorge. Den letzten Brief schrieb er mir zum neuen Jahr.

1 Zur folgenden Charakterisierung Schulenburgs kein Beleg in den Original-Aufzeichnungen. 2 Die Benediktinerabtei Monte Cassi-

no in Süditalien, von der nach den Bombardements der US-Luftwaffe nur noch ein Trümmerfeld übrig geblieben war, wurde am 15. Februar 1944 von einer deutschen Fallschirmjäger-Division besetzt. In heftigen Gefechten verteidigten die Eroberer die Festung gegen die Angriffe indischer, neuseeländischer, französischer und polnischer Truppen bis zum 17. Mai 1944. Von der NS-Propaganda wurden die Kämpfe zu einem dramatischen Heldenepos hochstilisiert.

22. Februar 1944

Heute vor drei Monaten begann die «Schlacht um Berlin», wie es so schön heißt.[1] Bis jetzt halten wir uns noch ganz brav. Es ist eine unwahrscheinliche, seltsam positive und zugleich entsetzliche Zeit. Während Bärchen und ich ab und zu in den restlichen Hotelhallen mit den Freunden ein luxuriöses Scheindasein führen, hocken Tausende von Obdachlosen in den Bunkern auf nacktem Steinfußboden, den Koffer als Kopfkissen, und wissen nicht wohin. Das ist die Wirklichkeit. Wir aber schweben im luftleeren Raum. Andererseits sage ich mir, daß das jeden Tag aufhören kann. Warum soll ich es nicht noch genießen?

«Nur keinen klaren Kopf behalten», das ist die Devise in der Redaktion.

1 15 schwere Luftangriffe zwischen 18. November 1943 und Februar 1944 mit über 10 000 Tonnen Sprengkraft hinterließen in weiten Teilen Berlins eine Trümmerlandschaft.

25. Februar 1944

Telegramm von Onkel Siegfried aus seinem Ausweichquartier: «Unsere Wohnung völlig ausgebrannt. Ahnenbilder im Garten. Kannst du sie unterbringen?» Ich fuhr mit Edu Wilhelm im Auto nach Dahlem, wo ich mir in dem verwüsteten Garten neben dem zerstörten Haus die Bilder zusammensuchte. Sie sind angesengt und zerlöchert, nun hängen sie, lädiert, aber in prächtigen Goldrahmen, in meiner «Portiersloge», wie die Freunde meine Bude getauft haben. Den hübschesten Ahnen habe ich über das Sofa gehängt. Er sieht in seiner Rüstung dekorativ aus, schmale Nase, kluge Augen und einen leichtsinnigen Mund. Ob etwas von seinem Blut wohl in mir fließt?

Ich bin auch leichtsinnig, sonst wäre ich diesem Dasein mit seinem Auf und Ab vielleicht nicht so gut gewachsen.

Las vorhin bei Jacob Burckhardt: «Die dem Bösen aufs stärkste entgegenwirkende sittliche Kraft: Es ist die rätselhafte Mischung aus Gewissen und Selbstsucht, welche dem modernen Menschen noch übrigbleibt, auch wenn er alles übrige, Glaube, Liebe und Hoffnung, eingebüßt hat. Dieses Ehrgefühl verträgt sich mit so viel Egoismus und großen Lastern und ist ungeheurer Täuschung fähig, aber auch alles Edle, das in seiner Persönlichkeit übriggeblieben ist, kann sich daran anschließen und aus diesen Quellen neue Kräfte schöpfen.»[1] Paßt auf uns alle ausgezeichnet.

1 Jacob Burckhardt, Quelle nicht ermittelt.

26. Februar 1944

Eben Haydns «Jahreszeiten» im Dom gehört.[1] Die Philharmoniker spielten in Hut und Mantel, Dirigent und Tenor hatte in letzter Minute einspringen müssen, da die ursprünglich Vorgesehenen wegen Verkehrsschwierigkeiten nicht rechtzeitig in Berlin eingetroffen waren. Die Musik, der einfältig-fromme Text löschten alle Bitterkeiten über dieses merkwürdige Volk, dem ich angehöre, in mir aus. Auf dem Rückweg kam ich am Ehrenmal bei der Wachablösung vorbei: Männchen, die teils einzeln, teils zu dritt Parademarsch machten, ab und zu Kommandorufe ausstießen. Ein begleitender Schupo hielt die Passanten an: «Einen kleinen Augenblick, bitte.» Sie wirkten wie Spielzeugfiguren, deren Mechanismus aus Versehen nicht abgestellt wurde. Dazu als Kulisse die Ruinen ... Welche Extreme umschließt das Wort «deutsch».

1 Zwischen den Schrecken der Bombennächte und der täglichen Sorge um das Überleben gewann das Kulturprogramm in der zerstörten Reichshauptstadt eine besondere Bedeutung. Opernaufführungen und Konzerte unter Leitung von Herbert von Karajan oder Wilhelm Furtwängler waren stets ausverkauft. Billige Lustspiele, teutonische Heldendramen oder deutsche Klassiker dominierten das Theater- und Kinoprogramm. Ablenkung von der tristen Wirklichkeit war die Devise. Die Zuschauerzahlen nahmen beständig zu, bis Josef Goebbels im Herbst 1944, auf dem Höhepunkt des «totalen Krieges», sämtliche Kulturstätten schließen ließ.

28. Februar 1944

Mein Hausstand vervollständigt sich, habe Mokkatassen, Brotmesser, Teller und Töpfe. Kaufte mir noch eine Hyazinthe, Badesalz und Pilze aus Ungarn, die Büchse zu zwölf Mark. Ohne zu überlegen, gibt man sein Geld aus. Gestern fragte mich unser Metteur Büssy, ob ich für seine Frau nicht einen Schneider wüßte. Ich könnte ihm einen nennen, sagte ich, nur sei der sehr teuer, zweihundert Mark Facon für ein Kleid. «Das macht nichts», antwortete er, «was sollen wir denn schon anfangen mit dem Geld.»[1]

1 Die explodierenden Kosten der Kriegswirtschaft, zunächst noch verhältnismäßig «geräuschlos» durch Kredite der Geldinstitute finanziert, wurden im Laufe des Jahres 1944 mehr und mehr durch die Ankurbelung der Notenpresse beglichen. Der Bargeldumlauf stieg von 29 Milliarden Reichsmark im Jahre 1943 sprunghaft auf 67 Milliarden gegen Kriegsende an. Bei gleichzeitig drastisch verringertem Warenangebot hatte dies eine galoppierende Inflation zur Folge.

1. März 1944

Heute herrscht wieder einmal Alarmpsychose, weil genau vor einem Jahr, am «Tag der Luftwaffe»,[1] der erste schwere Alarm auf Berlin gestartet wurde. Wie harmlos das damals war, man sehnt sich fast danach zurück.

Bekam einen Brief von Bernhard Mutius aus Rußland, in dem er mir auf vier Seiten auseinandersetzt, warum er so am Ästhetizismus hängt. «Diese überspitzte Freude am Rahmen ist nicht billiger Snobismus, sondern hängt mit meiner Art zusammen, Situationen, auch innerliche, durch das Auge aufzunehmen. Die Vase, die mit bestimmten Blumen in einer bestimmten Beleuchtung steht, wird auch Träger einer inneren Situation. In diesem Zusammenhang bekommt eben auch eine nicht passende Mokkatasse den Sinn eines Mißklangs. Nebenbei ist der Kultus des Rahmens natürlich durch das rahmenlose Leben hier etwas weitergetrieben worden. Und doch bin ich im tiefsten Grunde überzeugt davon, daß wir noch Härteres erleben werden. Was mir persönlich passiert, ist mir grenzenlos gleichgültig, nur der Gedanke an die Zurückbleibenden bedrückt mich sehr. Ich werde jetzt eine Kompanie übernehmen, meine Freude wird etwas gedämpft durch die Besorgnis, ob ich es so gut machen werde, wie ich es den Leuten schuldig bin. Du weißt, ich bin kein Praktiker, und ‹Kurzsichtige› sind im Kriege immer gehandikapt.»[2]

Kompanieführer im Osten, das kommt einem Todesurteil bedenklich nahe; ich kenne nur ganz wenige, die es überstanden haben.

Wann hört dieses Morden endlich auf? Wann darf man sicher sein, daß der oder jener nun am Leben bleibt, nicht auch noch auf dem Altar der Sinnlosigkeit geopfert wird?

1 Der «Tag der deutschen Luftwaffe» war, ähnlich dem «Tag der Wehrmacht» oder dem «Tag der Polizei» eine Veranstaltung der NSV zur Spendensammlung, für die sich Angehörige der Luftwaffe an diesem Tag besonders einsetzen sollten. 2 Der Brief datiert vom 13. Februar 1944. Zur weiteren Eintragung unter diesem Datum kein Beleg in den Original-Aufzeichnungen.

4. März 1944

Vorhin auf der Kartenstelle hieß es in Berliner Kurzform: Schwer 15.[1] Das heißt in fünfzehn Minuten Alarm. Als ich die in solchen Momenten sich endlos dehnende Wilhelmstraße entlangtrabte, rief vor mir ein Kind mit hellem Trauerstimmchen: «Ach, Mutter, nun kommt Alarm, und wir wollten doch gerade einkaufen gehen.»

Gestern hatte ich Besuch. Bekam mit einem meiner Gäste Krach. Er fand es nicht richtig, daß die Halbjuden eingezogen würden, und selbstverständlich, daß sie nicht befördert werden dürften. Das brachte mich zur Raserei. Sind diese Menschen in ihrem Rassenwahn mit Niedertracht oder mit Blindheit geschlagen? Daß ständig mit zweierlei Maß gemessen wird, ist nicht zu ertragen.[2]

Klaus, der aus Paris zurück ist, hat wieder einen Malariaanfall. Was haben die Kriegsjahre nur aus dem «Bullen» gemacht. Wenn er mich so oft ungeduldig fragt, ob «es» denn nun nicht bald losginge, durchzuckt mich jedesmal die Angst um ihn. Obwohl er krank und elend ist, strahlt er; das liegt an Uta.

Sagte neulich zu Hardenberg, ich hätte einen neuen Mann für

ihn. «Ist es ein Graf?» fragte er. «Dann geht es nicht, denn davon haben wir genug. Wir brauchen Arbeiter.» Es war ein Graf.

Schreibe an einem Artikel: «Brief an einen Neutralen»,[3] in dem ich die Zustände in Berlin schildern will, das Nebeneinander von Tod und doppelt bewußtem Leben, das Abfallen jeder Konvention, jeder falschen Zier, das Offenbarwerden der Substanz inmitten der Bedrohung und schließlich die Kluft, die sich aufgetan hat zwischen unserem und dem normalen bürgerlichen Leben, wie es in der Schweiz noch besteht. Fand dazu bei Burckhardt: «Große und tragische Ereignisse reifen den Geist und geben ihm einen anderen Maßstab der Dinge, eine unabhängigere Taxation des Irdischen.»[4]

Im Verlag ist jetzt die Weisung ergangen, daß vor einem Alarm niemand das Gebäude verlassen darf.[5] Auch den Frauen und Mädchen wird der Weg in einen Bunker auf diese Weise verwehrt. Sie werden genau wie die Männer behandelt. Den Sinn dieser Verordnung kann ich nur darin sehen, daß niemandem die Vergünstigung eines Schutzes gegönnt sein soll. Gleiches Recht – oder Unrecht – für alle. Die Portiers müssen die Namen derjenigen aufschreiben, die bei Voralarm noch hinauswollen. Keiner soll aus den Mausefallen-Kellern entkommen. Wieder ein Zeichen dafür, daß die Zeit immer unmenschlicher wird. Die Frauen gelten nicht mehr als das von Natur aus schwächere Geschlecht. Soll man sich da wundern, daß die Ritterlichkeit der Männer immer mehr im Schwinden ist? Das Geschöpf, das in Hosen Brandbomben löscht wie ein Feuerwehrmann, das mit der Hacke in verschütteten Kellern Ausgänge buddelt, das im Stahlhelm auf dem Dach Brandwache hält, Möbel aus brennenden Zimmern schleppt, Flakschüsse und Bombeneinschläge zu taxieren weiß wie ein gelernter Artillerist, dieses geschlechtslose, tapfere, tüchtige Wesen, ist es eigentlich noch eine Frau? Bedarf es noch des Schutzes? Frauen fallen nicht mehr in Ohnmacht, sie haben keine Migränen und keine Kapricen, sie sind keine Luxusgeschöpfe mehr, sondern nur noch Lasttiere. Und warum sollte sich daran etwas ändern, da es dem Zug der Zeit zum Massenmenschen so genau entspricht.

1 Schwer – kurz für: schwere Fliegerverbände. 2 Im Tagebuch heißt es unter dem 3. Februar 1944: «Gestern wieder Tagung bei mir. [...] Wie üblich von 1/2 3 bis 5 große Kräche. Diesmal um Politik, Herz und Gewissen.» 3 Der Artikel «Die Frauen in Berlin» erschien am 14. März 1944 in der Reihe «‹DAZ›-Brief aus Berlin». In die Form eines Briefes an einen Schweizer Bürger gefaßt, schildert UvK darin die Situation der Frauen im Krieg, bewundernd, doch ohne Pathos. 4 Jacob Burckhardt, Weltgeschichtliche Betrachtungen, Kapitel «Die geschichtlichen Krisen». 5 Zur weiteren Eintragung unter diesem Datum kein Beleg in den Original-Aufzeichnungen.

14. März 1944

War inzwischen mit Thilenius, Klaus und Adelheid auf ein Wochenende in Dresden, das ich noch nicht kannte. Nach den Berliner Ruinen kam mir die Stadt wie im Traum vor. Als wir, Klaus und ich, nach der Oper durch die Dämmerung gingen, hatte ich einen Augenblick das Gefühl, die Welt sei noch heil. Thilenius' Prager Freunde waren auch gekommen. Carlo Widman und Gretl Bubna, wiederum unterwegs zum tschechischen Gesandten in Berlin. Sie will versuchen, für den Vater Kinsky etwas zu erreichen, der wegen Schwarzhörens in Stettin im Zuchthaus sitzt.[1] Mit ihrer Mischung aus Charme, Klugheit und Mut erreicht sie selbst im Gestapo-Deutschland viel.

Sprachen über die wichtigste Eigenschaft der Frau: nach langen Debatten legten sich die Männer auf die Güte fest. Wir hockten drei Abende hintereinander zusammen, habe heute nur zwei Stunden geschlafen.

1 Franz Graf Kinsky wurde im Herbst 1943 wegen «Abhören von Feindsendern» zu drei Jahren Gefängnis verurteilt und in Gollnow bei Stettin inhaftiert. Tatsächlicher Anlaß war vermutlich seine ablehnende Haltung gegen die deutschen Besatzer. Die Bemühungen um Hafterlaß waren erfolgreich: Im Juni 1944 wurde Kinsky entlassen.

20. März 1944

Vorhin am Bahnhof Friedrichstraße, im unteren Tunnel, der für mich das Sinnbild unserer Termitenexistenz geworden ist, sang ein Matrosenchor für das Winterhilfswerk.[1] Gespenstisch – dabei doch einen Moment rührend. Raffiniert, wie alle Gefühle in die Propagandamaschine eingespannt werden. Nachmittags in der Matthäuspassion in der Potsdamer Garnisonskirche. Sie ist jedesmal ein neues Wunder für mich.

An der Ostfront sieht es übel aus. Tarnopol haben sie fast schon erreicht.[2] Man muß der Gorgo[3] ins Antlitz schauen. Mein «Brief an einen Neutralen» hat lebhafte Diskussionen ausgelöst. Manche fanden ihn gut, andere ganz schlecht: der geistreiche Aribert Wäscher sagte, ich propagierte «das Berlinerlebnis» der Frau – entsprechend dem «Fronterlebnis» des Mannes – und bedauerte alle, die nicht dabei sein könnten. Ganz unrecht hat er nicht. Aber ich wollte etwas anderes ausdrücken.[4] Mogelte den Satz hinein: «Vielleicht kommt den Frauen ihre passivere Natur zugute, die größere Geduld und das Gefühl, in Gottes Hand zu stehen.» Statt «Gott» muß es jetzt in der Presse «Vorsehung» heißen, und aus «Christi Geburt» ist die «Zeitwende» geworden.

1 Im Tagebuch heißt es: «Heute im Bahnhof Friedrichstraße, ganz unten, wo die Massen hin und her hasten, sang ein Matrosenchor zwecks WHW, gespenstisch und doch auch so rührend, daß mir die Tränen kamen. Diese ungeheuren Anstrengungen müssen doch einmal gelohnt werden. Wenn es nur die Richtigen trifft.» Das Winterhilfswerk (WHW), ursprünglich als Fürsorgeverein im Krisenwinter 1930/31 von den freien Wohlfahrtsverbänden ins Leben gerufen, wurde 1933 quasi gleichgeschaltet und der NS-Volkswohlfahrt unterstellt. Der Erlös aus den Haus- und Straßensammlungen des WHW, die «freiwillig erzwungenen» Spendenabgaben und Gehaltsabzüge flossen zunehmend in die Kriegswirtschaft. Von der Bevölkerung wurde diese Praxis mit Spottnamen wie «Wir hungern weiter» oder «Waffenhilfswerk» quittiert. 2 Die ukrainische Stadt Tarnopol, 450 Kilometer südwestlich von Kiew, wurde von der Roten Armee am 14. April 1944 zurückerobert. 3 Gorgo – weibliches Ungeheuer der griechischen Mythologie. 4 Im Tagebuch heißt es: «Mein Artikel über das Berliner Leben ist mal wieder eine rechte Sensation. Viele regen sich sehr auf darüber, andere spenden ungeteiltes Lob. Jedenfalls macht das Echo Spaß. [...] Ob mein Artikel doch zu sensationslüstern plutokratisch gewesen ist? Doch zu sehr an der Wirklichkeit mit ihrer grauen Trostlosigkeit vorübergehend? Aribert Wäscher, unsere neueste Errungenschaft, ein geistreicher Mensch, sagte, ich propagierte wie für den Mann ‹das Fronterlebnis›, das Berliner Erlebnis für die Frau, fast als bedauerte ich die, die das nicht mitmachen. Das ist richtig, so meine ich es.»

3. April 1944

Gewinne meine kleine Wohnung so lieb, daß ich bei jedem Angriff von neuem um sie zu zittern beginne. Die Besucher schwirren wie in einem Bienenhaus ein und aus, Tee trinken wir zu sechst aus zwei Tassen, ein Löffel zum Umrühren muß genügen. Mit der fortschreitenden Verwüstung gewöhnt man sich jeden Luxus ab. Aber was macht das schon aus, solange die Gespräche lebendig bleiben.

Erneuter Abschied von Klaus, der zu einer ZBV-Abteilung[1] nach Belgrad versetzt worden ist. Mache mir Sorge um ihn. Am letzten Abend bekam er wieder einen Malariaanfall.

1 ZBV – Zur besonderen Verwendung.

11. April 1944

Ostern in dieser absurden Stadt! Saß bei strahlender Sonne lange an dem bizarrsten Platz, der sich vorstellen läßt, hinter dem Reichstag. Ehe der Krieg begann, wurde hier ein riesiges Gelände für Parteibauten ausgeschachtet, auf das inzwischen die Bomben gefallen sind.[1] So entstand inmitten einer Hieronymus-Bosch-Landschaft ein See, mehrere Meter tief, umrahmt von der Ruine des ehemaligen Generalstabsgebäudes, in dessen Kellern jetzt die Polizei haust, und den zerstörten Villen der diplomatischen Vertretungen, von denen nur noch die des Schweizer Konsulats erhalten ist. Auf diesem See spielen verbotenerweise Kinder, die sich aus verkohlten Brettern Flöße gebaut haben. Ein Kind wäre neulich beinahe dabei ertrunken, ein Schweizer Attaché konnte es noch im letzten Moment retten. Ringsum blühen die Schuttblumen, gelb und giftig, aber die Luft ist rein und das Unkraut grün, und Fische haben sich auch schon angesiedelt. Eine Idylle makabrer Art. Auf dem Gelände vor dem lädierten Reichstag stehen die Wracks von verbrannten Autos. Die Köpfe heruntergefallener Figuren haben Witzbolde auf umherliegende Steine gestellt. Die ausgebrannte Kroll-Oper,[2] die verrosteten Gerippe der Wagen – Salvadore Dali hätte hier nach der Natur zeichnen können. Vor allem, wenn nach einem Tagesangriff schwarze Rauchwolken über den schwefelgelb-grünlichen Himmel ziehen, wird man an surrealistische Bilder erinnert.

Die letzten Abende verbrachte ich mit Schauspielern, die, fast alle ausgebombt, nun in die Hotels in die Nähe der Theater gezogen sind. Während wir im Adlon saßen und auf Alarm warteten, vertrieben wir uns die Zeit mit einem Spiel, das «Hollywood» heißt: Man gibt sich abwechselnd Scharaden zu raten auf. Auch einige Leute aus dem Auswärtigen Amt machten mit. Großartig Aribert Wäscher als Sphinx, Paul Hartmann als Venus im Pelz und Wilfried Seyfert als Ahnfrau, unermüdlich auch die beiden Ambessers. Unangenehmes Zwischenspiel, als der Gesandte Clodius die Mutter Gottes karikierte, was auch sofort erraten wurde. Er schockierte nicht nur mich.

Die Luftangriffe haben im Moment nachgelassen, dafür gibt es wieder neue Verhaftungen. Auf einem Tee bei Fräulein von Thadden ist eine ganze Gesellschaft einem Spitzel zum Opfer gefallen. Lagi Solf mit Mutter und viele andere.[3]

1 Die ersten Pläne, Berlin in die gigantische Metropole «Germania» mit dem «magischen Zauber eines Mekka oder Rom» umzugestalten, wie es Hitler vorschwebte, stammten aus dem Jahr 1937. Zu den Bauprojekten gehörten die «längste Geschäftsstraße der Welt» ebenso wie ein 300 Meter hoher Kuppelbau. Das Stadtbild sollte völlig verändert werden. Der Kriegsverlauf setzte dem Vorhaben schließlich ein Ende. Zur folgenden Beschreibung kein Beleg in den Original-Aufzeichnungen. 2 Kroll-Oper hieß im Volksmund das «Königliche Operntheater», das aus einem früheren Ausflugslokal namens «Kroll'sches Etablissement» hervorgegangen war. Nach dem Reichstagsbrand diente das Opernhaus als Ausweichquartier für das Parlament, das nach 1933 nur noch als bedeutungslose Kundgebungsplattform weiterexistierte. 3 Der Kreis um Johanna Solf, die Witwe des früheren Botschafters in Tokio und deren Tochter Lagi war ein Forum kritischer Gespräche und aktiver Hilfe für Opfer des Regimes. Nach einer Teegesellschaft bei der Erzieherin Elisabeth von Thadden ließ ein eingeschleuster Spitzel den Zirkel am 12. Januar 1944 auffliegen. Zu den Verhafteten gehörten neben Elisabeth von Thadden, Mutter und Tochter Solf auch der Diplomat Otto Karl Kiep und Helmut James Graf von Moltke, der Inspirator des «Kreisauer Kreises». Zur Eintragung in diesem Absatz kein Beleg in den Original-Aufzeichnungen.

Der neueste Witz: «Berlin ist die Stadt der Warenhäuser, hier war'n Haus und da war'n Haus.»

Ging vom Zoo zu Fuß nach Hause, weil so schönes Wetter war. Überall Trümmer. In den Zoo kann man nicht hinein. Die komisch-geschmacklosen orientalischen Bauten ragen halbverbrannt in den Himmel. Ab und zu spähte ich durch Risse in der Mauer, konnte aber nur Krähen entdecken. An einer Stelle blökten Schafe, und es roch nach Pferdemist. Bekam Sehnsucht nach dem Land. Und doch hat selbst hier der Frühling immer noch etwas Verheißendes. Der Tiergarten in voller Pracht, trotz der Bombentrichter.

In der ehemaligen Hohenzollernstraße, jetzt Graf-Spee-Straße, in der ich geboren wurde, stand nur noch ein Haus. Die Umwelt einer ganzen Epoche ist im alten Westen, dem besten Teil Berlins, nun ausgelöscht.

Fritzi Schulenburg, der mich kurz besuchte, erzählte, daß er in Potsdam bei einer Verhandlung des Volksgerichtshofes zugehört hätte.[1] Nicht gerade eine Nervenstärkung. Von Anfang an habe man gespürt, daß das Todesurteil, das am Schluß gefällt wurde, bereits vor der Verhandlung festgelegt war. Die Wiederherstellung des Rechts – das ist die wichtigste Aufgabe einer neuen Verfassung, gleichgültig, welcher Richtung. Fritzi war deprimiert, nichts scheint recht vorwärtszugehen. Dabei sieht es im Osten bedrohlich aus. Odessa geräumt, Tarnopol eingeschlossen. Das Schicksal der Krim mehr als fraglich.[2] Die Tschechen wurden zum Partisanenkrieg aufgefordert.[3] Graf Ludwig Douglas, unser Abgesandter in der Pressekonferenz des Propaganda-Ministeriums, auf der täglich die Weisungen an die Zeitungen ausgegeben werden,[4] kommt jeden Tag mit neuen Nachrichten düsterer Art zurück. Er verkündet sie mit einem gewissen Pathos, als habe er eine geheime Freude an ihnen.

Neulich, in einem Lokal, wurde mir klar, wie es noch kommen wird. Neben uns saß ein Paar, sie in fleckigem Pullover, er in Hosenträgern. In einer großen Feldflasche hatten sie Eierkognak und boten davon den Kellnern an. Als wir unser kümmerliches Menü mit einem IG-Pudding von giftiger Farbe[5] beendet hatten, servierte man ihnen gebratene Ente, dazu roten Sekt.

Das sind die Typen, denen die Zukunft gehört. Bei uns steht alles auf der Kippe, jeden Tag kann sich der Untergang vollziehen, aber jene werden in jedem Regime oben schwimmen.

Ein Wahnsinn, wie sich dieses Europa vernichtet, so als sei die Menschheit, wie beim Turmbau zu Babel, mit Verwirrung geschlagen. Während der Ansturm aus dem Osten immer heftiger wird, bemühen sich die Engländer, unsere Städte völlig zu zerstören.[6]

Vorgestern kamen mir fast die Tränen, als ich las, daß jetzt fünfzig der besten Fotografen die in Deutschland noch erhaltenen Kunstwerke und Bauten, Kirchen und Schlösser fotografieren sollen. Diese Aufnahmen werden eines Tages das einzige Zeugnis sein, das noch von den vernichteten Denkmälern Kunde gibt.

Eine große Anzahl von Intellektuellen ist jetzt davon überzeugt, daß wir unter russische Herrschaft kommen werden, und glaubt, der künstlerischen Freiheit würden dann keine Grenzen mehr gesetzt. Diese Leute sagen, mit Europa sei es zu Ende, alle westliche Kultur sei im Absterben. Naturverbundenheit, Vitalität, Kraft, das alles besäße der Osten noch, und eines Tages werde von dort auch eine neue, starke Religiosität ausgehen. Vielleicht haben sie recht, aber ich bin anderer Meinung.[7]

Es scheint mir ein bedrohliches Anzeichen, daß so viele gebildete Menschen Europa kampflos aufgeben. Möglich, daß ich mir Illusionen mache und nicht merke, daß ich noch von einer Epoche geprägt bin, die zu Ende geht. Ein Leben ohne Kultur – und ohne ein Minimum von Geld und Zeit, ohne Muße ist Kultur nicht denkbar – könnte ich nicht ertragen. Vegetieren kann man nur eine gewisse Zeitlang und nur, solange die Hoffnung auf einen Wandel nicht schwindet. Hört aber diese Hoffnung auf, ist der Tod vorzuziehen.

Vorläufig ist das Leben allerdings noch auszuhalten. Man tut immer wieder so, als ob man die Bedrohung ignorieren könnte. Macht sich hübsch, geht ins Adlon, freut sich, wenn man dort in Begleitung gutaussehender Männer auffällt, vielleicht sogar Neid erregt und trinkt Wein oder Kognak, um sich abzulenken. Genießen ist so viel leichter als grübeln.

1 Zu der Verhandlung vor dem Volksgerichtshof, die in Potsdam stattfand, wurde Schulenburg Anfang April zusammen mit drei weiteren Offizieren des Infanterieregiments 9 abkommandiert. Bei dem Prozeß wurde ein älterer Herr wegen angeblicher «defaitistischer Äußerungen» zum Tode verurteilt. Die in die Verschwörung gegen Hitler eingeweihten Offiziere interpretierten diese Vorladung selbst als «Warnschuß» von seiten ihrer Vorgesetzten. Zu dieser Begebenheit kein Beleg in den Original-Aufzeichnungen. 2 Am 10. April 1944 räumten die deutschen Truppen den Schwarzmeerhafen Odessa und zogen sich hinter den Dnjepr zurück, vier Tage später verließen sie Tarnopol. Damit waren die auf der Krim verbliebenen Truppen abgeschnitten. Ihre rechtzeitige Evakuierung über See war an Hitlers Durchhalte-Befehl gescheitert. 3 Am 3. April 1944 forderte ein Sprecher der tschechoslowakischen Exilregierung in London seine Landsleute per Rundfunk zur Sabotage gegen das deutsche Besatzungsregime auf. Dabei lieferte er detaillierte Informationen über den Umgang mit Minen, Handgranaten und Zündschnüren. 4 Vgl. 30. 7. 1943, Anm. 3. 5 I. G. Farben *(Interessengemeinschaft Farbenindustrie AG)* – deutscher Chemiekonzern mit Monopolstellung. 6 Im Tagebuch heißt es: «Wie hirnverbrannt dieses zivilisierte Europa ist, wird doch immer klarer, wenn man bedenkt, daß bei diesem Ansturm aus dem Osten die so nahe verwandten Engländer Tag und Nacht unsere Städte fertigmachen.» 7 Im Tagebuch heißt es: «Ich halte dies für Wahnsinn. Für mich ist nach wie vor die europäische oder besser noch die abendländische Sendung *die* Aufgabe. Schließlich sind mir die gotischen Kirchen in Frankreich näher als die blöden russischen Zwiebeltürme und Riemenschneiders Madonna genau wie der Engel von Chartres zehnmal lieber als sämtliche Ikonen Rußlands. Aber vielleicht ist es tatsächlich schon ein Zeichen des Absterbens, wenn so viele geistig kampflos Europa aufgeben. Nach wie vor muß ich schon sagen, ist für mich das Leben ohne Kultur nicht lebenswert.»

16. April 1944

Sitze in meinem Hinterhausgärtchen am Pariser Platz. Rundherum Leitern, Sandhaufen und Zement, aber an einem kleinen altmodischen Springbrunnen blühen Narzissen, dort hüpft auch ein Frosch umher, Vögel zwitschern und schilpen, von ferne die Musik der aufziehenden Wache. «Über dem Reichsgebiet keine feindlichen Flugzeuge», meldet der Lautsprecher.

18. April 1944

Heute erschien wieder Fritzi Schulenburg zum Frühstück. Plötzlich klopft es an die Tür, und dann steht er da, unvorhergesehen und unangemeldet. Er aß mit bestem Appetit und trank meinen letzten Kaffee. «Ich sehe immer zu», sagte er, «solange es noch geht, so gut wie möglich zu leben, denn ich weiß, daß ich diese Kräfte eines Tages brauchen werde.» Er war, im Gegensatz zu neulich, ungeheuer optimistisch.[1] Ging mit mir zum Deutschen Verlag, wo er in der Schnittmusterabteilung eine Frau Leber[2] besuchte. Vorher sprach er noch eine Weile mit unserem Chefredakteur, den er von der Ostfront her kennt.[3]

Als ich mittags mit Bärchen zum Savignyplatz fahren wollte, überraschte uns unterwegs Alarm. So gingen wir zu Schmising ins Flugverbandhaus. Stiegen mit ihm auf das Dach, balancierten auf den Brettern, mit denen das ausgebrannte obere Stockwerk bedeckt ist, und sahen unter uns die Ruinenstadt. Die Zoo-Flak drehte ihre Horchgeräte wie riesige Ohren hin und her. Dann kamen «sie», kleine, glitzernde Punkte, harmlose Fliegen, die ab und zu zwischen weißen Markierungszeichen Kügelchen fallen ließen. Sekunden später stiegen vom Boden dicke Rauchwolken hoch. Die Spielzeugkügelchen waren Bomben, die Tod und Vernichtung brachten. Diesmal galt es Oranienburg.

Wie hinter einem Tor liegt die Zukunft. Es wird, ja es muß sich eines Tages öffnen.[4]

1 Im Tagebuch heißt es: «Morgens um 9 Frühstück mit Fritzi, der mich nach wie vor fasciniert. Merkwürdigerweise war er optimistisch. Nicht totzukriegen ist seine Vitalität.» Zur weiteren Eintragung in diesem Absatz kein Beleg in den Original-Aufzeichnungen. 2 Annedore Leber leitete seit 1938 die Schnittmusterabteilung des *Deutschen Verlags*. Ihr Mann, der SPD-Politiker Julius Leber, gehörte nach seiner Haftentlassung im Jahre 1937 zum engsten Kreis der Verschwörer gegen das NS-Regime. 3 Im Sommer 1940 hatte Fritz-Dietlof von der Schulenburg sich freiwillig an die Front gemeldet und bis 1941 am Feldzug gegen die Sowjetunion teilgenommen. Danach war er Oberleutnant der Reserve im Infanterieregiment 9. 4 Im Tagebuch heißt es: «Ich möchte wissen, wie der Krieg ausgeht. Wie ein dunkles Tor, noch verschlossen, steht man vor der Zukunft, man weiß aber, es wird sich, ja es *muß* sich eines Tages öffnen. Welches Bild wird sich dann bieten? Chaotische Abgründe voll Blut, Not und Elend? Oder eine

friedliche Landschaft? Hoffentlich öffnet es sich bald. Denn die Nerven sind zum Zerreißen gespannt.»

20. April 1944

Wieder einmal sogenanntes «Führerwetter» prächtigster Art.[1] Die Reichshauptstadt halb leer, da alles in überfüllten Zügen das Weite gesucht hat. Die Straßen sind auf eine grelle Weise verwandelt. Überall aus den Fensterhöhlen wehen rote Fahnen. Sogar auf die Bristol-Fassade ist ein Unentwegter geklettert, wohl mit Hilfe einer Feuerwehrleiter, und hat dort eine riesige Fahne angebracht. Es wirkt wie Hohn, dieses verhaßte Rot. Schließlich lagen unter diesen Trümmern Menschen begraben, man hörte ihre Klopfzeichen – bis sie dann erstickten.

Die Schuttberge sind mit Papierfähnchen lustig besteckt, auf Transparenten steht «Führer befiehl, wir folgen», oder «Unsere Mauern brechen, aber unsere Herzen nicht». Völliger Unsinn, der nur noch einem Blockwart[2]-Gehirn Eindruck machen kann. Diese halbverbrannte Stadt in Flitterschmuck und Papierlustigkeit wirkt wie eine alte Kokotte, die mit schlechter Schminke Jugendlichkeit vortäuschen will.

Möglich, daß ich eines Tages sagen werde, wie glücklich war ich 1944 in meiner «Portiersloge» am Pariser Platz. Ich kann es nicht leugnen, ich liebe das Leben. Jeden Tag freue ich mich auf den nächsten. Jeden Tag bin ich erleichtert, daß meine Höhle noch steht, mein häßlicher Schreibtisch mit dem Telefon, dem Kocher und den Büchern. Lesend koche ich und lesend esse ich. Bin abends fast nie allein. Da die Ministerien und die Redaktionen nicht weit entfernt sind, kommt oft jemand auf dem Heimweg auf einen Sprung bei mir vorbei. Die netten alten Wachtposten am Speerministerium wissen schon Bescheid. Meist vergesse ich die Tür abzuschließen und finde dann schon Leute vor, wenn ich nach Hause komme. Gestohlen wird hier nicht. Auch damals in der Rankestraße, als unsere Ruinenwohnung unabgeschlossen tagelang leerstand, kam nichts fort.

1 Der 20. April, «Führers Geburtstag», war Staatsfeiertag.
2 Blockwart wurde oft synonym für Blockleiter benutzt. Zu den Aufgaben dieser rangniedrigsten «Hoheitsträger» der NSDAP gehör-

ten die Erfassung der Bewohner eines Wohnblocks und das Einsammeln von Beiträgen ebenso wie Propaganda und Denunziation.

29. April 1944

Mitten in der Redaktionskonferenz ertönten die Sirenen. Erst wollte ich auf das Dach, fand aber keine Begleitung. Zum Glück, denn kaum stand ich in dem engen Kellergang, begann wieder dieses hassenswerte Sausen, Krachen, Wackeln, Scheppern mit dem bekannten Zugwind. Das Licht ging aus, und ich konnte nur noch zaghaft den Mantelärmel von Willi Beer ergreifen. In solchen Momenten fühlt man bereits die Decke auf seinem Buckel landen, spricht laut und hastig, witzelt übertrieben, obwohl nichts einem witzig erscheint, und kommt sich sehr dumm vor.[1] Warum kenne ich in diesen Augenblicken keinen Haß auf die Alliierten, die mich durch ihre gottverfluchten Bomben in diese Lage bringen? Reagieren die Leute, die die feindlichen Flieger in Stücke reißen möchten, nicht viel natürlicher? Ist es verkehrt, daß mein Haß der eigenen Führung gilt, die diesen Krieg heraufbeschworen hat, ist meine fanatische Erbitterung gegen Hitler, die meine Freunde teilen, selbstzerstörerisch?

Wie viel leichter hat es ein Holländer, ein Däne oder ein Franzose, der in der Untergrundbewegung gegen die Besatzung arbeitet, seinen eindeutigen Feind. Uns bedroht der Gegner nicht nur von außen oder aus der Luft, auch von innen bedroht uns ein Feind, aber er ist von unserem eigenen Fleisch und Blut, keine fremde Besatzungsmacht. Daß ich diesen Feind mehr fürchte und mehr hasse als den an der Front, wo schließlich mein Bruder getötet wurde, darüber könnte sich mir der Verstand verwirren. Die Soldaten haben ihren Eid auf Hitler geleistet,[2] sie kämpfen für ihn – oder kämpfen sie für ihr Land? Denn viele sinnen doch Tag und Nacht, wie sie diesen ihren obersten Kriegsherrn am besten umbringen könnten. Ob die Franzosen unter Napoleon ähnliche Gefühle hatten? Die siegreichen Preußen und Russen hat man 1813 in Paris als Freunde empfangen, Feste und Bälle ihnen zu Ehren veranstaltet. Wie werden wir die siegreichen Fremden empfangen, die uns vielleicht von Hitler erlösen, wenn wir allein es nicht schaffen? Ach, ich bin des Grübelns so müde.

Das Luftfahrtministerium hat elf Sprengbomben abbekommen. Ich kletterte auf dem Heimweg über die Trümmer, an blutenden Menschen mit grünlichen Gesichtern vorbei. In der Leipziger Straße ein Riesentrichter, Rohrbruch, wie aus einem Geiser spritzte das Wasser hoch in die Luft. Ringsum emsiges Leben, als habe ein Riese mit seinem Stock in einen Ameisenhaufen gestochert. Abends mit Thilenius in Shakespeares «Wintermärchen». Die Dorsch spielte wunderbar, ihre Stimme ging ans Herz, trefflich auch Wilfried Seyfert als hintergründiger dumm-schlauer Hirte. Ich hatte das Gefühl, aus meinem Dasein mit einem Kran in ein Traumland gehoben zu werden.[3]

Mit einigen Schauspielern Mittag gegessen. Sehr erholsam, sie sprechen nur vom Theater, allen politischen Themen weichen sie aus. Sind beneidenswert unbeschwert von den düsteren Gedanken, mit denen ich mich quäle.

1 Zur weiteren Eintragung in diesem und im folgenden Absatz kein Beleg in den Original-Aufzeichnungen. 2 Seit 1934 wurden die Beamten und die Angehörigen der Wehrmacht nicht mehr auf die Verfassung vereidigt. Sie mußten statt dessen direkt «dem Führer des Deutschen Reiches und Volkes Adolf Hitler» die Treue schwören. Unter Berufung auf diesen personalen Treueeid lehnten viele Soldaten aus Gewissensgründen jede Form von Widerstand ab. 3 Im Tagebuch folgt an dieser Stelle: «Der Beifall war ungewöhnlich herzlich, und ich bekam fast Tränen in die Augen über dieses dankbare, geduldige und so empfängliche Volk.»

2. Mai 1944

Der Angriff am Sonnabend war schwer. Ich hörte allein von drei Leuten, die nur noch einen Schutthaufen vorfanden, als sie vom Büro nach Hause kamen. Das Schaurigste aber ist die Geschichte vom Oberst von Olberg. Er saß mit drei Sekretärinnen in einem Haus des OKW am Karlsbad. Sie gingen beim Alarm nicht sofort hinunter, wurden im zweiten Stock verschüttet und eingeklemmt, und von unten schlugen die Flammen herauf. Die Telefonleitung war noch intakt. So riefen sie bei verschiedenen Stellen an und baten, man möge sie erschießen, weil sie die Qualen nicht mehr ertrügen. Aber niemand kam ihnen zu Hilfe. So wird es jedenfalls erzählt.

Marie-Agnes Schürenberg, die in zwei Monaten ein Kind

erwartet, saß ausgerechnet mitten in dem Angriff im Zug nach Berlin. Er wurde zwischen Potsdam und Zehlendorf getroffen, es gab viele Tote und Verletzte. Sie sprang heraus, kletterte über brennende Zäune und krallte sich in die Erde, vor dem erneuten Bombenhagel Schutz suchend. Vier Stunden später traf ich sie im Theater, sie saß dort, als sei nichts geschehen. Unfaßbar, was der Mensch ertragen kann, und wie schnell er seine Angst wieder vergißt. Ob dieser Zustand zur Gewohnheit wird? Ein Zusammenbruch wird mit diesen Methoden niemals erreicht. Eher kriechen wir alle noch halbverhungert aus Höhlen und Unterständen und arbeiten weiter.

Den Ostarbeitern wird jetzt statt des diffamierenden «Ost» ein gesticktes landsmannschaftliches Ehrenzeichen auf die Brust geheftet.[1] Warum nicht gleich? Jetzt wirkt diese Geste nicht mehr.

1 Am 19. Juni 1944 wurde die einheitliche Kennzeichnung OST für die sowjetischen Fremdarbeiter durch differenzierte Volksgruppen-Abzeichen, so etwa das weiß-blau-rote Andreaskreuz für Rußland oder den ovalen Sonnenblumenkranz für die Ukraine abgelöst. Diese groß propagierte Neuerung zielte darauf ab, durch die Betonung der Nationalitätenunterschiede die Fremdarbeiter gegen das zentralistische Sowjetsystem zu mobilisieren.

5. Mai 1944

War zwei Tage in Lübeck. Diese Stadt, um die wir damals, als sie brannte, so trauerten, wirkt jetzt sauber und beinahe friedlich. So weit ist die Zerstörung um uns herum schon fortgeschritten. Eine Frau, mit der ich dort sprach, schilderte mit geradezu perverser Offenheit, wie sie in der Nähe eines Flugzeugkraters die Hand eines abgeschossenen englischen Fliegers gefunden hätte, rosa und ganz zusammengeschrumpft, ebenso einen Teil der Schädeldecke. Dabei hatte sie vorher einen verwundeten Flieger mutig in Schutz genommen, als die aufgeregte Menge ihn lynchen wollte.

Bärchen hat sich Pervitin[1] zurückgelegt. «Entweder wir müssen schanzen», sagt sie, «und dann brauchen wir Kraft, oder durch halb Deutschland fliehen, und dann brauchen wir sie erst recht.»

Alles spricht neuerdings wieder von Vergeltung, Roboter-Flugzeugen und ähnlichem. Mich interessieren die Superfestungen der Gegenseite, die im englischen Sender angekündigt werden, wesentlich mehr.[2]

1 Pervitin – Aufputsch-Mittel, damals sehr gebräuchlich. 2 Gegen Kriegsende kursierten zahlreiche, gezielt lancierte Gerüchte über den bevorstehenden Einsatz neuer Waffensysteme. Zu diesen Phantom-Waffen gehörten auch sogenannte Roboterflugzeuge: unbemannte Miniatur-Fluggeräte von etwa drei Metern Länge, die im Masseneinsatz feindliche Luftangriffe ausschalten sollten. Verwirklicht wurde dieses Projekt nie. Die «fliegenden Festungen» (flying fortresses) waren alliierte Langstreckenbomber amerikanischer Bauart, denen im Luftkrieg über Deutschland eine entscheidende Bedeutung zukam.

7. Mai 1944

Bin wieder einmal im Adlon-Bunker. Da Sonntag ist, bleibt mir der Redaktionskeller erspart. Drahtfunk: «Mit einem stärkeren Angriff muß gerechnet werden.» Der monotone Klang des Pausenzeichens, dieser langgezogene Dreiklang, ist wie eine Folter, man kommt sich vor wie ein Verurteilter, dem Wassertropfen auf Wassertropfen unablässig auf dieselbe Stelle des Kopfes fällt. Wieviel Menschen werden heute wieder das Leben verlieren? «Starke Gefechtstätigkeit über der Stadt», heißt es in der optimistisch verbrämten OKW-Sprache.

Sonntag abend. Liege frischgebadet im Bett. Ein Wunder, daß es noch steht, nach diesem furchtbaren Angriff. Kurz nach der Entwarnung erschien Thilenius. Zuerst erkannte ich ihn gar nicht. Er war völlig schwarz im Gesicht, der Mund leuchtete hellrot. Dazu hatte er plötzlich steingraue Haare, aber das kam nur von dem Schuttstaub. In sein Hotel ist eine Bombe gegangen, die die hintere Seite des Gebäudes abrasiert hat. Er stand in der Halle und wurde zu Boden geschleudert, brauchte einige Sekunden, um im Stockfinstern festzustellen, daß ihm wirklich, wie durch ein Wunder, nichts passiert war. Nachdem er bei mir gebadet hatte, gingen wir, weil es überall brannte, auf siebenfachen Umwegen in die Redaktion. Vor dem Eingang ein Schild mit Totenkopf «Achtung Blindgänger». In die Befehlsstelle,[1] in der ich schon oft gesessen habe, ist ein Volltreffer gegangen. Acht Tote, die Verletzten wurden an uns vorbeigetragen. Es sollen vierzig gewesen sein. Zum Glück niemand von unserer Zeitung.

1 Zentrale des Betriebs-Luftschutzes.

9. Mai 1944

Gestern vormittag raste ich wie ein Kaninchen im Herzklopf-Trab die Wilhelmstraße entlang. War gerade in der Leipziger gewesen, als das Sirenengeheul losging. In solchen Momenten ist die Wilhelmstraße entschieden die längste Straße Berlins. Wurde eben noch in den überfüllten Speerbunker hineingelassen, da ging es auch schon los. Ich fixierte ein Marienkäferchen, das sich eine Sekretärin auf den Mantel gesteckt hatte, und dachte, das werde ich als Letztes sehen, wenn ich erstikke in der Enge. Daß ich so feige bin, ärgert mich immer wieder.

Nachts zwölf Uhr. Luftwarnung. Aufstehen, anziehen, haßerfüllt in den Bunker gehen. Aber nichts passiert. Ins Bad, um mich anzuwärmen. Was für ein Leben, man wird ganz stur dabei. Wir planen eine Reise nach Prag, Adelheid, Thilenius und ich, die Kumpanei von Dresden.

Der neueste Spruch: «Kinder, genießt den Krieg, der Friede wird fürchterlich.»

10. Mai 1944

Heute lag auf meinen Redaktionsschreibtisch ein Brief. Ich las flüchtig «Ursule» und dachte, er sei von einem Franzosen. Hörte mir erst die neuesten politischen Witze von Fiedler an und begann dann langsam das Kuvert zu öffnen: da fiel mir die Todesanzeige von Bernhard Mutius entgegen. Ich rannte aus dem Zimmer und bis ans Ende des Flurs in einen halbausgebrannten Raum, der keine Außenwand mehr hatte; da konnte ich meinen Tränen freien Lauf lassen. In einem seiner letzten Briefe schrieb Bernhard mir, erst jetzt ginge ihm der Satz aus Jüngers «Marmorklippen»[1] auf, den ich ihm in den Hölderlin-Band geschrieben hatte: «Ihr alle kennt die wilde Schwermut, die uns bei der Erinnerung an Zeiten des Glücks ergreift. Wie unwiderruflich sind sie doch dahin, und unbarmherziger sind wir von ihnen getrennt als durch alle Entfernungen.»

Dieser Tod, ich habe ihn geahnt. Es gibt Menschen, die gezeichnet sind. «Sie ducken sich langsamer», sagte einmal ein Soldat zu mir, «und ihre Todesahnungen schwächen den Lebenswillen.» Ich dachte an einen der letzten Abende bei Bernhard, damals waren noch zwei Freunde von ihm da, die inzwischen auch gefallen sind.[2] Wir sprachen über die Möglichkeiten eines Umsturzes. «Man kann dieses Regime nur mit seinen eigenen Waffen schlagen, also mit Brutalität, List, Gewalt und Mord, und dazu sind wir nicht fähig», sagte der Sohn des Architekten Bartning. Dieser Ansicht war auch der andere, ein etwas träumerischer, schöner Mensch, befreundet mit Bernhards Schwester Marie-Elisabeth. Nun ist auch Bernhard gefallen. Wie viele Schatten begleiten mein Leben fortan!

Als ich abends einen Bekannten fragte, wie man eigentlich weiterexistieren könne, bei der Aussicht, daß es mit mathematischer Präzision einen nach dem anderen treffen werde, sagte er: «Heroisch sein.» Ich antwortete nichts. Hätte ihm ins Gesicht schlagen mögen!

In stolzer Trauer – ein wahnwitziges Wort, das Mütter und Väter unter die Todesanzeige für ihre Söhne setzen. Gefallen für Führer, Volk und Reich![3] Ob Hitler sich einmal vergegenwärtigt hat, was das heißt? Für ihn? Millionen für ihn? Muß er des Nachts nicht von den Erinnyen[4] verfolgt werden? Ertrinken in den Blutströmen der Erschlagenen, dieser Feldherr? Im Feuilleton nennen sie ihn nur den «Blutsäufer».

1 Ernst Jüngers Buch «Auf den Marmorklippen», eine traumähnliche Vision, erschien 1939. Von vielen Lesern wurde es als Allegorie auf den schrankenlosen Machtstaat verstanden. 2 Zur weiteren Eintragung in diesem Absatz kein Beleg in den Original-Aufzeichnungen. 3 Diese Formulierung war für Todesanzeigen von Soldaten vorgeschrieben. 4 Erinnyen – Rachegöttinnen der griechischen Mythologie.

Die letzten beiden Tagesangriffe waren die allerschwersten. Ich konnte nur «im Mäandermuster» zur Redaktion gelangen, weiß bestäubt die Schuhe und Haare, die Füße müde von den vielen Schutthaufen. Überall Gestank und Gasgeruch. Fast droht der Atem fortzubleiben, er geht wie durch einen dicken Filz. Der französische Dom, der schon ausgebrannt war, hat bei dem letzten Angriff nun einen Sprengbombentreffer in die Seite bekommen. In Stein gemeißelt steht über dem noch erhaltenen Eingang: «Zur Ehre Gottes, der Gemeinde zum Segen, erbaut unter dem Schutze der Hohenzollern im Jahre 1705.» Rundherum liegen die Köpfe und Leiber der Figuren. Der Gemeinde wurde kein Segen. Ehrte sie Gott denn auch noch?

Die Leuna-Werke sollen zu achtzig Prozent zerstört sein,[1] ebenso ein anderes Benzinlager. Im Wehrmachtsbericht stand der erstaunliche Satz, daß die ständigen Angriffe im Westen als Vorspiel zur Invasion zu werten seien.[2] Somit rückt die Entscheidung immer näher. Stalin in einer Rede: Wir seien eine schwerverwundete Bestie, aber so lange noch gefährlich, bis man die Bestie im eigenen Lager totgeschlagen habe.[3]

Ich habe seit sieben Monaten zum ersten Male wieder an Eberhard geschrieben. Bernhards Tod hat dies bewirkt. Als ich ihn das letzte Mal sah, warnte er mich vor einem Bruch mitten im Krieg.

1 In der Industrieanlage in Leuna an der Saale wurde in großem Umfang synthetisches Benzin durch die Hydrierung von Kohle gewonnen. Ziel war die Unabhängigkeit von Erdölimporten. Trotz der insgesamt 22 Luftangriffe wurde die Produktion nie vollständig lahmgelegt.
2 Bericht des Oberkommandos der Wehrmacht vom 13. Mai 1944: «Die anhaltend starken Angriffe britisch-nordamerikanischer Bomber gegen die besetzten Westgebiete können als Vorbereitung der Invasion betrachtet werden.» Bereits am 12. April 1944 hatte UvK in ihr Tagebuch notiert: «Ob die Invasion wirklich kommt? Ich habe einige Wetten dagegen laufen.»
3 Im Tagebuch unter dem 13. Mai 1944 folgt an dieser Stelle: «Gab es je eine grausigere Zeit? Und doch lebt man zwischendrin wieder so gut und luxuriös wie nur je. Ich habe noch nie ein so schickes Kostüm gehabt, ich habe auch noch nie in Luxushotels gewohnt und fliege zum ersten Mal. Wie eine Weltdame. Und übermorgen bin ich vielleicht ein elender Flüchtling oder ein geknechteter Sklave, in dem alle Nationalgefühle wieder aktiviert werden.»

Diese Stadt ist unglaubhaft. Wunderschön, aber trotz der Heiterkeit ihres Barocks schwerblütiger als Dresden oder Würzburg. Viel Unheimliches liegt in der Luft. Bin gestern mit Thilenius und Adelheid zum erstenmal in meinem Leben geflogen, und da ich wie von einem fliegenden Teppich gleichsam in die Stadt hineinsprang, wirkt sie nach dem tristen Berlin doppelt unwirklich. Die Menschen hier sind alle höflich. Doch kann ich mich des Gefühls nicht erwehren, daß sie, wenn sie könnten, alle Deutschen am liebsten umbrächten. Nach der Ermordung Heydrichs hat der NS-Terror hier sein wahres Gesicht gezeigt.[1] Gretl Bubna erzählte, wie damals auf den großen Plätzen Tag für Tag mit Lautsprechern die Namen der Hingerichteten verkündet wurden und dazwischen Marschmusik ertönte. Die Musik sei das Furchtbarste gewesen. Den verhafteten Frauen hat man die Kinder fortgenommen; viele versuchten ihren Babys Zeichen einzubrennen, damit sie sie später einmal wiederfinden könnten.

Ist es aber nicht auch der Golem, der hier geistert, in den malerischen Gassen, die etwas Bedrückendes haben? «Hier habe ich mir geschworen», sagte Gretl, als wir oberhalb der Burg auf ihrem Balkon standen und die Stadt zu unseren Füßen lag, «daß ich den Golem besiegen will. Ich wollte wenigstens meine Freunde vor ihm retten, aber ich bin gescheitert. Es ist mir nicht gelungen.»[2]

In unserem Hotel ist ein SS-Führer abgestiegen, der zum Frühstück vier Eier verzehrt hat. Er wird auf sehr servile Weise bedient, und doch müßte ihm eigentlich das Grauen den Rükken hinunterlaufen. Man schmeckt hier den Haß, fühlt ihn, riecht ihn. Aber SS-Führer sind vermutlich dickhäutig.

Thilenius' Freunde waren reizend zu uns. Adelheid und ich waren, glaube ich, die ersten Preußinnen, die sie kennenlernten, also sozusagen eine ganz neue Spezies für sie. Wir machten aus unserer politischen Überzeugung wenig Hehl, vielleicht erstaunte sie das. Gestern abend mit dem jungen Kinsky und Katta Colloredo im Regen zu Fuß ins Hotel. Sie leuchteten die herrlichen Barockfassaden mit ihren Taschenlampen an: «Das gehörte uns auch einmal.» An einer Ecke bogen sie scharf ab.

«Hier kann ich nicht vorbeigehen», sagte Kinsky, «das ist das Gebäude der Gestapo.»

Gibt es nicht ein Band, das sie mit uns verbindet? Die Furcht vor der Gestapo – sollte sie nicht allen unterdrückten Völkern gemeinsam sein? Besteht nicht der Unterschied nur noch darin, daß die Sprache, die unsere Bedrücker sprechen, für uns die eigene und für die anderen eine Fremdsprache ist?[3]

Als wir über die Karlsbrücke zur Burg hinaufstiegen, kam uns eine Gruppe BDM-Mädchen[4] entgegen, stämmig, kurzbeinig und so häßlich anzusehen in ihren braunen Jacken! Was wurde aus dieser Jugend, die doch nicht häßlicher ist als die anderer Völker? Sie rochen alle nach Schweiß und gingen im Marschtritt.

1 Reinhard Heydrich, Chef der Sicherheitspolizei und Stellvertretender Reichsprotektor in Prag, wurde bei einem Attentat exiltschechoslowakischer Agenten am 27. Mai 1942 tödlich verletzt. Zur Vergeltung erschossen deutsche Polizei- und SD-Einheiten am 9. Juni 198 Bewohner der westlich von Prag gelegenen Bergarbeitersiedlung Lidice, verschleppten Frauen und Kinder und zerstörten das Dorf anschließend vollständig. Zu Racheakten kam es auch in Prag, Brünn, Berlin und Theresienstadt. UvK schien Spuren der Vergeltungsaktion selbst gesehen zu haben. Im Tagebuch heißt es unter dem 18. Mai 1944: «[...] kurz vor Prag sah man dann einen riesigen Fleck völlig kahl, auf den verschiedene Straßen mündeten. Eins der geschleiften Dörfer.» Darüber hinaus zu Lidice kein Beleg in den Original-Aufzeichnungen.
2 Zitat aus einem Brief von Gretl Bubna an UvK vom 9. Januar 1945.
3 Zu diesen Gedanken kein Beleg in den Original-Aufzeichnungen.
4 Der Bund Deutscher Mädel (BDM), NS-Jugendverband für Mädchen von 10 und 21 Jahren innerhalb der Hitlerjugend, war neben der weltanschaulichen Erziehung von 1939 an zunehmend auch für die Rekrutierung von Hilfskräften für den Kriegseinsatz zuständig. Zopffrisur und braune Kletterweste gehörten zum obligatorischen Erscheinungsbild.

18. Mai 1944, Berlin

Völlig durchgedreht, wehmütig und mit Zahnschmerzen sitze ich in meiner Portiersloge, die dazu noch kalt ist. Berlin ist dreifach bedrückend. Fast bekomme ich die Trümmerpsychose. Noch nie schien mir die Stadt so kalt, so elend und so hoffnungslos. Prag war aber auch nicht befreiend. Dabei sind wir in den drei Tagen so herzlich und so gastlich aufgenommen worden, wie es heute kaum noch vorstellbar ist. Wie oft haben wir gelacht. Die Böhmen erkundigten sich bei Adelheid nach den Sitten in Hinterpommern, als wollten sie etwas über die Gebräuche eines fremden Völkerstammes auf einem anderen Kontinent erfahren. Einen Abend lud uns Katta Colloredo zu sich ein. Seine Freunde waren erstaunt darüber, denn seit zwei Jahren, seit er, weil er nicht optierte, enteignet wurde, hatte er keine Gäste mehr gehabt.[1] Ich saß fast die ganze Zeit neben ihm, auf einem Hocker vor dem Radio. Wir unterhielten uns ganz freimütig, so als kannten wir uns seit Jahren. Er gefiel mir ungemein. Ein bewegtes, ausdrucksvolles Gesicht mit scharfer Nase, dunkles Haar. Ich versuchte, ihm die Zwiespältigkeit klarzumachen, in der ich mich befinde, die doppelte Last des Bangens um das Leben der besten Freunde an der äußeren und an der geheimen inneren Front. Die Groteske, daß die Männer in den russischen Schützengräben diejenigen, die an Umsturz denken, vielleicht als Verräter ansehen werden. Er sagte: «Auch bei uns gibt es diesen schweren Zwiespalt. Hitler hat mir alles genommen, aber Stalin bringt Leute wie mich nach Sibirien.» Die Bevölkerung sei rührend, erzählte er, man stecke ihm heimlich Eßwaren zu, gleichsam aus Dankbarkeit, daß er sich gegen Hitler entschieden habe. «Sie wissen gar nicht, wie gut es tut, mit Ihnen sprechen zu können», sagte er dann plötzlich, «wir sind hier nämlich sehr einsam geworden.»

Als wir wieder abfuhren, meinte Carlos Widmann: «Euer Besuch hat hier wohltuender gewirkt, als ihr euch vorstellen könnt. Aber das kann ich euch erst später erklären.»[2] – Liebliches und böses Prag – möge es erhalten bleiben. Auffallend, wie viele gut angezogene junge Männer man auf den Straßen sah. Dort braucht eben niemand Soldat zu sein.[3] Auffallend auch, daß alle deutsch sprechen und jeder, den man auf der Straße um eine Auskunft bittet, bereitwillig Antwort gibt – trotzdem hatte ich oft das Gefühl, spitze Messer säßen in meinem Rücken.

1 Der Großgrundbesitzer Katta Graf Colloredo hatte sich bei der Volkszählung Anfang der dreißiger Jahre zusammen mit seinen Brüdern als tschechoslowakischer Staatsbürger gemeldet. Dieses Bekenntnis bekräftigte er nach der Errichtung der deutschen Protektoratsherrschaft. Im Tagebuch heißt es: «Katta [Colloredo] hat nicht für Deutschland optiert, infolgedessen sein unglaublich schönes, rosa Ba-

rockschloß (Wert 500 Millionen) verloren. [Reichsprotektor Wilhelm] Frick wohnt jetzt dort.» Zum weiteren Gesprächsverlauf heißt es im Tagebuch lediglich: «Ich indessen sprach über Jürgen, Krieg, Gott, Stalin usw. immer mit Katta. Sehr aufregend.» 2 Im Tagebuch heißt es unter dem 21. Mai 1944: «Ich vergaß übrigens zu schreiben, daß Widmann am letzten Abend, an dem wir zu dritt waren, [...] sagte: ‹Ich kann euch erst in einem Jahr sagen, was ihr mit eurem Besuch erreicht habt.› Leider bekam ich nichts Näheres heraus. Ich könnte mir aber denken, daß wir ganz gut für europäische Preußen [!] geworben haben. Hoffe es jedenfalls innigst.» 3 Einen Militärdienst im «Protektorat» lehnte Hitler ab, da er gegen dieses Land stets großes Mißtrauen hegte. Statt dessen wurden die Bewohner der Tschechoslowakei zum Einsatz in Industrie und Landwirtschaft verpflichtet.

19. Mai 1944

Nach einem langen Alarm ein endloses Gespräch mit Metteur Büssy in der Setzerei; er war völlig erschöpft, sagte, er würde am liebsten Selbstmord begehen, wenn er nicht den Sohn hätte: «Wir sitzen alle auf der schiefen Ebene, und den Untergang kann niemand aufhalten.»[1] Die Arbeiter, die schon lange nicht mehr genug zu essen haben und trotz der Anspannung durch die Alarme genauso arbeiten müssen wie in gewöhnlichen Zeiten, sind am Ende ihrer Kräfte. Unglaublich, daß sie immer noch durchhalten. Warum kommt es nicht zu einem Massenaufstand, der von ihnen aus ja am leichtesten möglich wäre? Alle können doch nicht erschossen werden. Aber der Terror, der den einzelnen isoliert, ist so raffiniert, daß es ausgeschlossen scheint, etwas zu unternehmen. Auch fehlt es an führenden Männern. Die einzigen wären nach wie vor die hohen Militärs. Aber das Urteil Hardenbergs und Schulenburgs über die Generalfeldmarschälle ist vernichtend.

Abends mit Kinsky, der aus Prag kam, um seinen Vater im Stettiner Zuchthaus zu besuchen, nach dem heutigen Tagesangriff die brennenden Viertel hinter dem Schloß besichtigt. Er kam mit hellen Handschuhen und einem Regenschirm, wie eine Figur von Oscar Wilde, aber was er hier sah, hat ihn mitgenommen. Er hätte immer gedacht, Gretls Schilderungen seien übertrieben, sagte er, doch seien sie eher zu mild gewesen. So grausig hätte er es sich nicht vorgestellt. Als wir unter dem Stadtbahnbogen am Bahnhof Börse durchgingen, brannte oben ein Zug aus, während unten an einem Pfeiler Arbeiter mit ihren Schweißapparaten bereits alles wieder zusammenflickten. Morgen wird die Stadtbahn wieder fahren. Die deutsche, besonders die Berliner Tüchtigkeit in diesen Dingen ist fast unheimlich.

1 Im Tagebuch folgt an dieser Stelle lediglich: «Ich sammelte dann noch einige Zigaretten für ihn.»

23. Mai 1944

Dieser Mai ist ungewöhnlich kalt. Es liegt viel Unheil in der Luft. Oder bilde ich mir das nur ein, ist es meine Melancholie nach den Tagen in Prag? Klaus hatte in Belgrad wieder einen Malariaanfall.

Bin gelähmt von Müdigkeit durch die ewigen Alarme. Der Schlaf wird zum kostbarsten Gut dieser Zeit. Gab es nicht eine Art von Folter, bei der man die Menschen ständig am Einschlafen hinderte?

Drei Uhr nachts. Vor dem Alarm war ich so müde, daß ich mich kaum noch anziehen konnte. Durch die Sirenen, die einen wie die Trompeten von Jericho auch aus dem tiefsten Schlaf wecken, bin ich nun wieder so hellwach, daß ich nicht einschlafen kann. Dieses Herausspringen aus dem Bett, das Anziehen in zitternder Hast, das eilige Zusammenraffen der Klamotten, die schon ganz erdrückt und muffig sind, weil sie kaum noch aus dem Luftschutzkoffer herauskommen, die gehetzten Schritte hinüber in den Bunker – all das ist so unsäglich entwürdigend. Warum bleibt man nicht einfach liegen? Drüben beim Schloß große Brände, im Tiergarten grünes Phosphorgeblitze.

24. Mai 1944

Heute vormittag schwerer Angriff, den ich mit Wolf-Uli Hassell, der zufällig vorbeikam und mich auf die draußen anstehende Menge aufmerksam machte, im Adlon-Bunker verbrachte. Kaum war ich danach in der Redaktion angelangt, wieder Alarm. Die Nerven sind wie aus sprödem Glas. Irgendwann einmal müssen sie doch zerspringen, irgendwann einmal in klirrende Scherben zerbröckeln.

Plötzlich unbezwingbare Sehnsucht nach dem Land, nach ruhigen Nächten, Wiesen und nach Sternen, deren Glanz nicht erschreckt, weil der klare Himmel dort draußen keine Luftgefahr bedeutet. Aber ein Rest von Pflichtgefühl und die Freunde, die man nicht verlassen mag, halten mich hier.[1]

Eben war Fritzi kurz bei mir. Tröstete mich in meiner Depression. Sagte, die Summe der Leistungen, die an der Front und drinnen aufgebracht würden, sei eminent, und im Leid entwickelten sich in den Deutschen Qualitäten, die später, wenn das Ende gekommen sei, eine Hilfe sein würden. Das leuchtete mir ein. Ob Fritzi niemals Stunden der Verzagtheit kennt? Ich habe ihn eigentlich immer unerschrocken erlebt. Und bei aller Romantik, die ihn umgibt, bleibt er doch stets Realist, kühler Beobachter. Gerade deshalb wirkt sein Optimismus so mitreißend.[2]

Ich hörte, daß die Gefangenen am Alexanderplatz bei Alarm in ihren Zellen eingeschlossen bleiben. Wenn es einschlägt, müssen sie verbrennen. Auch sollen die Zellen teilweise so überfüllt sein, daß zum Beispiel Untersuchungsgefangene sich nur abwechselnd hinlegen und setzen können.[3] Von welcher Substanz mögen sie zehren, um das durchzuhalten? Puppi Sarre[4] soll mit Yoga helfen. Wie mag es Halem gehen? Bei jedem Alarm muß ich an ihn denken. Warum ist es unmöglich, den Alliierten klarzumachen, daß sie bei ihren Angriffen wenigstens diese Menschen schonen sollten, die nun vielleicht durch Bomben getötet werden, weil sie sich gegen Hitler auflehnten?

1 Im Tagebuch heißt es: «Aber ein Rest von Preußentum zwingt mich auszuharren.» 2 Im Tagebuch heißt es: «Nachmittags tröstete mich dann F[ritzi]. Die Summe der ungeheuren Leistung, die die Deutschen draußen und drinnen aufbrächten, sei eben doch so fantastisch, daß wir durch diese leidgeprüfte Härte den anderen voraus seien. Das stimmt.» 3 Das Gefängnis am Alexanderplatz war nach den Umquartierungen aus anderen bombenzerstörten Anstalten derart überfüllt, daß manchmal bis zu 40 Menschen in eine Zelle gepfercht wurden. Im Tagebuch vom 25. Mai 1944 folgt an dieser Stelle: «Aber es gibt soviele Gefahren, die einen stündlich überfallen können, daß es keinen Sinn hat, sich alles auszumalen. Auch wüßte ich nicht, warum man mich gerade einsperren sollte, wo ich doch eigentlich unwahrscheinlich brav meine verdammt nicht leichte Pflicht tue.» Zur weiteren Eintragung unter diesem Datum kein Beleg in den Original-Aufzeichnungen.

4 Marie-Louise (Puppi) Sarre, Schreibkraft im Stab der Heeresgruppe, kam im Herbst 1943 im Zusammenhang mit der Festnahme Carl Langbehns in «Zeugenhaft», die später in «Schutzhaft» umgewandelt wurde. Sie hatte Langbehn in die Schweiz begleitet, als er dort Kontakte zu ausländischen Regierungen angeknüpft hatte (vgl. 2. 10. 1943, Anm. 5).

26. Mai 1944

Langer Brief von Eberhard. Gut, daß ich den Schritt zur Versöhnung tat.

Pfingsten 1944, Harbke

Im letzten Moment gelang es, für die Feiertage zu entfliehen, obwohl die Redaktion mich eigentlich nicht fahren lassen wollte. Hier bin ich wieder einmal auf einer von den wenigen Inseln, die auch im fünften Kriegsjahr noch nicht ganz untergegangen sind. Ein Wasserschloß aus dem 13. Jahrhundert, ein stiller Park, dahinter Laubwälder, die sich von dem lichten Rasen abheben. Karin Veltheim, Adelheids Kusine, verwöhnt die Gäste mit allem, was ihr zu Gebote steht. Abends saßen wir unter einer jahrhundertealten Linde, der Sohn des Hauses, der in ein paar Tagen wieder an die Ostfront geht, neben mir. Plötzlich rückte er näher und sagte so leise, daß es die anderen nicht hören konnten: «Ich weiß, ich komme nicht mehr zurück. Es ist das letzte Mal, daß ich hier bin.»[1] Und dann mit dieser preußischen Nonchalance: «Ich werde mir die Radieschen von unten ansehen.» Ich versuchte, ihm zu widersprechen, doch sehr überzeugend klang das, glaube ich, nicht.

1 Werner von Veltheim fiel in den letzten Kriegswochen als Angehöriger einer Panzereinheit.

Pfingstmontag 1944, Harbke

Gerade als wir auf Liegestühlen in der Sonne brieten und vor uns hindämmerten, gellten auch hier die Sirenen. Kurz darauf überflogen uns Ketten feindlicher Flugzeuge. Mathematisch geordnet, eines neben dem anderen. Wir sahen mit Ferngläsern hinauf, glücklich, einmal nicht im dumpfen Kellerloch zu hokken, und beobachteten diese modernen Werkzeuge des Todes, vor denen wir uns im Augenblick nicht zu fürchten brauchten. Plötzlich gingen jedoch drei Maschinen im Tiefflug über uns hinweg und knallten mit Bordwaffen um sich, als hätten sie es ausgerechnet auf uns abgesehen. Wir liefen, die Männer voran, wie die Hasen über die Zugbrücke hinter die Schloßmauern. Sekundenweise dachte ich, es sei völlig ausgeschlossen, lebend davonzukommen. Warum hänge ich eigentlich so an diesem Dasein, das doch zum größten Teil aus Furcht, Anstrengung und Trauer besteht? Ist es der mechanische Lebenstrieb, der das Herz zum Perpetuum mobile macht, das weiter und weiter klopft?

Eberhard ist in der Nähe von Le Havre, vorläufig in Ruhe.

31. Mai 1944, Berlin

Harbke war ungemein erholend. Allein das Grün, auf dem das Auge hängenblieb, ohne die Häßlichkeit der Ruinen sehen zu müssen.

Hier nimmt der allgemeine Pessimismus rapide zu. Die russische Front rückt näher.[1] Wohin soll die Flucht gehen, frage ich mich oft, denn ich bin entschlossen zur Flucht. Vorläufig allerdings tänzelt man noch auf dem immer schmaler werdenden Grad zwischen den Abgründen.[2]

Vorgestern mit Ulrich Dörtenbach im Rose-Theater: Lessings «Miß Sara Sampson» mit Inge von Österreich. Dieses Theater im Osten der Stadt, inmitten der zerstörten, auch früher schon trostlosen Frankfurter Allee, ist einer der erfreulichsten Schauplätze Berlins. Arbeiter, Handwerker, Hausfrauen, Geschäftsleute, die in diesem Viertel wohnen, haben seit Jahrzehnten Abonnementsplätze. Hier findet man noch einen Rest vom Berlin der früheren Zeiten, keine «klassenbewußten Proletarier», kein KdF-Betrieb,[3] keine Termiten, sondern individuelle Menschen. Hauptmann, Ibsen, Schiller, Shakespeare und die gute Posse stehen auf dem Programm. Niemals Kitsch und niemals Schund. In dem 1877 ausgebauten Erfrischungssaal, einem gutproportionierten Raum mit Spiegeln, spielte in der Pause eine kleine Kapelle. Ich hätte sie alle streicheln mögen, Publikum und Musiker, diese Menschen mit ihren müden Gesichtern und den krummen Rücken, die unter schwierigen Bedingungen, schlecht ernährt und ständig von Luftangriffen bedroht, hierherkommen, um sich ein bißchen Entspannung zu holen.

1 In einer Großoffensive, die im März 1944 angelaufen war, drängte die Rote Armee die deutschen Truppen vollständig aus der Ukraine heraus. Nördlich der Karpaten drangen die Sowjets bis Ostgalizien vor. Danach, von Mitte April an, herrschte an der Ostfront weitgehend Ruhe. Nur auf der Krim gingen die Kämpfe weiter; am 12. Mai wurde sie von der Roten Armee vollends zurückerobert. 2 Im Tagebuch heißt es: «Auch ich muß sagen, die russische Gefahr geht mir doch mehr an die Nieren als alles andere. Tatsächlich, dann müßte man wohl wirklich abhauen. Aber wohin um Gottes Willen?» 3 Kraft durch Freude (KDF) war die Freizeitorganisation der Deutschen Arbeitsfront. Mit einem breitgefächerten Angebot von Freizeit-, Sport- und Reiseveranstaltungen nahm sie Millionen von Arbeitnehmern auch außerhalb der Arbeit in staatliche Obhut. Aus der Warte des Bildungsbürgertums wurde das populistische KDF-Programm eher geringschätzig betrachtet.

6. Juni 1944[1]

Heute nacht hat es also begonnen. Die Invasion.[2] In der Redaktion Aufregung. Wir haben die Anweisung bekommen, recht erfreut über dieses langersehnte Ereignis zu schreiben.[3] Hurra, nun ist es endlich soweit, nun werden wir mal zeigen, wie wir sie alle wieder davonjagen. Endlich rücken wir dem Endsieg näher!

Rundum jedoch nur Skepsis und Angst vor Luftangriffen. Größte Zweifel, ob der Atlantikwall hält.[4] Bin sehr bedrückt in dem Gedanken, daß Eberhard in Le Havre ist. Wie gut, daß ich ihm noch schrieb.

1 Für die Zeit von Juni bis Mitte November 1944 sind im Nachlaß von UvK keine Aufzeichnungen überliefert, also fehlen für diesen Zeitraum meist die Originalbelege. Die wichtigsten Ereignisse werden jedoch in späteren Tagebucheintragungen rückblickend erwähnt. Der Grund für diese Schreibpause war vermutlich, daß UvK nach dem 20. Juli 1944 besorgt war, durch persönliche Aufzeichnungen belastet zu werden. Ihren Taschenkalender für das Jahr 1944 hatte sie unmittelbar nach dem Attentatsversuch auf Hitler vernichtet, wie sie am 20. Juli 1945 rückblickend im Tagebuch festhielt: «[...] zwischendrin hatte ich mein Tagebuch [gemeint ist der Taschenkalender] im Klo vernichtet, während

draußen Soldaten mit MG's alles absperrten [...].» 2 Obwohl seit langem erwartet, kam die Landung der Alliierten am 6. Juni 1944 in der Normandie für die deutschen Verteidiger örtlich wie zeitlich schließlich doch überraschend. Während die deutschen Küstenbefestigungen vom Meer und aus der Luft unter Beschuß genommen wurden, sprangen Fallschirmeinheiten der Alliierten im Hinterland ab. Im Feuerschutz der Luftwaffe gingen in fünf Tagen 326000 Soldaten an Land und errichteten dort Landeköpfe. 3 Die Parole, die Reichspressechef Otto Dietrich am 6. Juni 1944 auf der Pressekonferenz ausgab, lautete: «Die deutsche Presse muß sich in diesem geschichtlichen Augenblick ihrer Aufgabe bewußt sein, unaufhörliche Mahnerin der Nation und das heroische Gewissen des deutschen Volkes in seinem schwersten Lebenskampf zu sein. Front und Heimat haben nur den einen Gedanken, die Invasoren niederzuschlagen und damit vielleicht den entscheidendsten Beitrag zum Sieg zu leisten.» 4 Der «Atlantikwall», ein 4000 Kilometer langer Beton-Sperriegel aus Gefechtsständen und Bunkern, war von 1942 an entlang der gesamten Kanal- und Atlantikküste zur Abwehr einer Invasion angelegt worden. Er erwies sich schließlich als genauso anfällig wie zu Kriegsbeginn im Juni 1940 die französische Maginot-Linie. Binnen eines Tages war der «Wall» an einer weniger gut ausgebauten Stelle durchbrochen.

10. Juni 1944

Machte vertretungsweise die tägliche Bildseite und mußte eine Sonderseite mit Fotografien aus der «Times» von der Invasionsfront bringen. Erstaunlich, daß ich sie bei der Zensur freibekam. Es sieht erschreckend aus. Hunderte kleiner Pünktchen, Fallschirmtruppen und winzige Boote, wie ein Heuschreckenschwarm, der über die Küste herfällt. Die Abwehr scheint gering. Das Fußfassen ist jedenfalls gelungen, und die «Festung Europa»[1] wird nun von zwei Seiten bestürmt, dazu aus der Luft angegriffen. Vielleicht geht es jetzt sehr schnell.

Berlin ist in merkwürdiger Stimmung. Eine Mischung von Apathie und Vergnügungssucht. Unsere Portiersfrau, die bei mir saubermacht, hebt ihren verbundenen Zeigefinger drohend in die Höhe: «Na, nu is' wohl am Ende mit Adolfen, hoffentlich jehts schnell.» Gespart wird überhaupt nicht mehr. Bärchens Aufwartefrau, die dicke Wally, will jetzt mit einem Bombenschein[2] in den teuersten Modesalon von Berlin gehen, wo ein Kostüm vierhundert Mark kostet: «Det kann ich mir jetzt ooch leisten.» Beobachte, wie einfache Soldaten Trinkgelder in

Höhe eines halben Monatssoldes geben. Der Kellner aus einem Lokal am Gendarmenmarkt hat sich ein kleines Landgut gekauft, allein von den Trinkgeldern, die er bekommt, wenn er eine Flasche Mosel herausrückt. Geld fließt wie Wasser durch die Hände.[3]

1 «Festung Europa», ein Schlagwort aus Goebbels' Propagandawortschatz, sollte die Uneinnehmbarkeit des von Deutschland besetzten und mit Verteidigungsanlagen bewehrten europäischen Festlands suggerieren. 2 Der «Bombenschein» war ein provisorisches Dokument, mit dem man Bezugsscheine und eine Aufenthaltserlaubnis erhalten konnte, wenn alle persönlichen Unterlagen bei einem Bombenangriff vernichtet worden waren. 3 Vgl. 28. 2. 1944, Anm. 1.

16. Juni 1944

Als ich heute in die Redaktion komme, sieht mich Willy Beer verstört an, vor sich das blaue Blatt mit den Geheimnachrichten:[1] «Die Apokalypse hat begonnen, wir schießen mit Ferngeschützen auf London, die es in Kürze zerstören sollen.» V1 heißt die neue Waffe. Mittags wird es offiziell bekanntgegeben. V2, V3, V4 sollen, laut Goebbels, folgen.[2] Bei V5 wird die Welt dann vielleicht in die Luft gesprengt sein.

Überall in den Lokalen, in denen sonst niemand mehr offen seine Meinung gesagt hat, wird laut von der Vergeltung gesprochen, der Vergeltung der Alliierten freilich. Ein Soldat, der meinte, daß wir den Krieg nun bald gewonnen hätten, stieß auf Widerspruch. Der Berliner macht sich eben nichts vor. Nirgends hat Goebbels es so schwer wie hier. Alles redet neuerdings vom Gaskrieg.[3] Das würde dem Grauen freilich die Krone aufsetzen.

Sitze an den warmen Abenden, wenn Freunde kommen, oft mit ihnen auf dem Dach, das ganz flach ist. Einige Bänke stehen dort, staubbedeckt. Die kriegerischen Dachfiguren sehen, wenn sie uns sozusagen den Rücken kehren, ganz friedlich aus. Die Quadriga auf dem Brandenburger Tor leuchtet in der untergehenden Sonne. Rundherum schweift der Blick über ausgebrannte Häuser ohne Dächer und Dachböden, im grünen Feld des Tiergartens, den das Band der Charlottenburger Chaussee durchschneidet, steht die dunkelgestrichene Siegesgöttin auf ihrer Säule. Uta besucht mich hier oft und übernachtet dann auf meinem Plüschsofa. Obwohl sie zehn Jahre jünger ist, verstehen wir uns, als seien wir zusammen aufgewachsen. Sie ist witzig und zugleich grüblerisch, nicht ohne Melancholien. Geradezu frappierend ist, wie sie Jürgen erfaßt, obwohl sie ihn doch nie gesehen hat. Sie ist voller Verständnis, man kann mit ihr alles besprechen. Alle Angst und alle Hoffnung. Sie arbeitet als Zeichnerin in einem Atelier für Trickfilme.

1 Je nach Geheimnisgrad und Empfängerkreis waren die Agenturmeldungen des staatlichen *Deutschen Nachrichtenbüros* (DNB) in vier Versionen gestaffelt, erkennbar an der Farbe der Depesche. Der DNB-Dienst Blau etwa durfte nur intern verwendet und nicht veröffentlicht werden. 2 Die ersten unbemannten Flugbomben, für die Goebbels kurz darauf die Propagandabezeichnung V1 (V = Vergeltung) aufbrachte, wurden in der Nacht zum 13. Juni 1944 auf London abgefeuert, im September begann der Abschuß der V2-Raketen. Andere sogenannte «Wunderwaffen», wie die Flugabwehrrakete «Wasserfall» oder das Projekt einer zweistufigen «Superrakete», die bis in die USA vordringen sollte, gelangten über die Planungs- oder Erprobungsphase nie hinaus. Im Tagebuch heißt es unter dem 30. Dezember 1944 rückblikkend: «V1, erst als Apokalypse angesehen, dann langsam gemerkt, daß sie lange nicht das hielt, was sie versprach.» 3 Der Einsatz von Giftgas-Kampfstoffen, an deren Entwicklung die Chemiker nach dem Ersten Weltkrieg intensiv weitergearbeitet hatten, wurde im Verlauf des «totalen Krieges» tatsächlich erwogen und allgemein befürchtet. Wegen der Unkontrollierbarkeit der Wirkung und der Möglichkeit eines massiven Gegenschlages der Alliierten gab die Wehrmacht diese Pläne schließlich doch auf.

21. Juni 1944, abends

Das war die Antwort auf V1: Der schwerste Tagesangriff, den wir bisher hatten.[1] Als ich mit Uta aus dem Bunker wieder an die Oberwelt stieg, war es so finster, daß man gerade ein paar Meter weit sehen konnte. Blauschwarze Rauchwände türmten sich ringsum, dazwischen hellrote Flammen – das Fegefeuer auf mittelalterlichen Bildern ist nicht anders dargestellt. Olivgrüner Staub und weißlicher Kalkschutt liegen fußhoch auf den Straßen. Dabei war das Ganze zugleich von einer wilden Schönheit. Wir gingen auf das Dach. Reichskanzlei und Promi unberührt – als hielte der Teufel selbst seine schützende Hand darüber.

Es dauerte anderthalb Stunden, bis wir zur Redaktion durchkamen. Ein Weg, für den ich normalerweise kaum zehn Minuten brauchte. Utas kleiner weißer Hund begleitete uns, munter wedelnd. Bombentrichter, die sich mit schäumendem Wasser gefüllt hatten, durchschwamm er einfach und brachte damit sogar die Katastrophenkommandos zum Lachen.

Kaum waren wir in der Zeitung angelangt, wieder Alarm. Witzelnd, wenn auch beklommen, stiegen wir in den «Typen-Keller»,[2] der als der sicherste gilt, aber dennoch etwas ungemein Beängstigendes hat mit seinen vielen Regalen. Zeitungspapier brennt so gut. Zum Glück kam bald darauf Entwarnung. Nach solchen Anspannungen bricht unter den Menschen, die nichts verloren haben, eine durch nichts zu dämmende Heiterkeit aus, und die vielen Strohwitwer verbringen ihre Abende dann zügelloser als ihre Frauen, die sich auf dem Lande langweilen, es je vermuten können. Alle Bindungen haben aufgehört, nichts wird mehr ernst genommen angesichts der Möglichkeit, heute oder morgen zu sterben. Was überhaupt hält dieser Auflösung noch stand?

1 Am 21. Juni 1944 griff ein Aufgebot von 2500 US-Kampfflugzeugen gezielt das Regierungsviertel und bestimmte Industrieanlagen in Berlin an. Dieser massierte Angriff übertraf die bis dahin gekannten Dimensionen, auch wenn die Sprengkraft früherer Bombardements schon größer gewesen war. Ein Zusammenhang mit dem Abschuß der V1-Raketen läßt sich daraus allerdings nicht konstruieren. Der Gegenschlag der alliierten Luftwaffe gegen die Raketenangriffe war vielmehr direkt auf Stellungen und Versorgungsdepots für diese Flugbomben in Deutschland gerichtet.

2 «Typen-Keller» – Raum der Setzerei zur Aufbewahrung der Schrifttypen.

22. Juni 1944

Großangriff im Süden der Ostfront. Klaus ruft jetzt jeden zweiten Tag aus Belgrad an, er möchte unbedingt dort fort und wieder an die Front nach Frankreich. Werner Haeften will versuchen, ihm dabei behilflich zu sein. Hoffentlich gelingt es nicht, in Belgrad ist er besser aufgehoben.

Knyphausen ist nun, wie er es mir im Winter schon ankündigte, in Schweden auf die andere Seite gegangen. Unangenehm für die Redaktion, obwohl er ihr schon seit Jahren nicht mehr angehört.[1] Sprach heute mit Fritzi Schulenburg über diesen Fall, der viel Staub aufgewirbelt hat, da der englische Rundfunk darüber berichtete. Fritzi sagte, er habe nichts gegen Leute, die emigrieren, weil sie es in Deutschland nicht mehr ertragen können, aber das Hierbleiben sei schwerer. Er sah gehetzt und abgespannt aus, sein Optimismus schien gedämpfter. Noch immer wechselt er oft das Quartier. Gönner halten ihn in Potsdam, weil sie finden, er sei hier wichtiger als an der Front. So läuft er unermüdlich von einem zum anderen, spinnt Verbindungen an und riskiert ununterbrochen sein Leben. Ich bewundere ihn mehr als die Soldaten an der Front, mehr als seinen Bruder Wolfi, der das Ritterkreuz bekommen hat und jetzt an der Invasionsfront kämpft. Denn zu Fritzis Kampf gehört mehr Mut. Er sagte, daß er sich manchem Gewerkschaftler näher verbunden fühle als engstirnigen Standesgenossen. Auch Uta ist in seinen Bann geraten, starrt wie ich in dieses Gesicht, in dem sich Kühnheit, Häßlichkeit und Geist mischen, und diskutiert mit ihm.

Cherbourg wird fallen.[2] Selbst die wildesten Goebbels-Propagandisten reden seit einiger Zeit nicht mehr davon, daß die Alliierten hinausgeworfen, sondern nur noch davon, daß wir den Vormarsch aufhalten werden. Ich gehe nach wie vor in die Redaktion, hauptsächlich aber, um eine Art Nachrichtendienst betreiben zu können. Schreibe wenig. Welches Thema hält denn schon noch stand, was bleibt zu sagen, nachdem man alle Zäune der Verbote umgangen hat? Ein Mimikry-Dasein, nur nicht auffallen.

1 Anton Graf zu Innhausen und Knyphausen war 1939 als Korrespondent der DAZ in Sofia der Gestapo in die Fänge geraten. Auf Vermittlung von Abwehr-Chef Wilhelm Canaris war es gelungen, ihn dort auszulösen; allerdings nur gegen das Versprechen der DAZ, Knyphausen nicht mehr ins Ausland zu schicken. Kurz nach seiner Rückkehr kündigte dieser jedoch bei der DAZ und ging als Korrespondent des *Hamburger Fremdenblattes* nach Finnland. Von dort aus setzte er sich 1944 nach Schweden ab und schrieb in den Zeitungen des Landes gegen

das NS-Regime. 2 Mit der Eroberung der strategisch wichtigen Hafenstadt Cherbourg in der Normandie am 30. Juni 1944 konnten die Alliierten ihr Landeunternehmen entscheidend stabilisieren.

7. Juli 1944

Unterhielt mich mit Paul Bourdin, der lange in Paris gelebt hat. Naturgemäß kam unser Gespräch auf die deutsch-französischen Beziehungen, auf die große Chance, die wir verpaßt haben, als es uns nicht gelang, aus dem ehemaligen Feind einen Verbündeten zu machen. Jetzt wird durch Gestapo und Terrormaßnahmen ein Haß gesät, der alle Bemühungen der Anständigen zunichte macht; abgesehen davon, daß jede Besatzung im Lauf der Zeit an Ansehen einbüßt. Fremde Uniformen sehen, fremden Befehlen gehorchen müssen, das erträgt auf die Dauer kein Volk. Am wenigsten die Jugend. Die Zwangsrekrutierungen junger Franzosen als Arbeiter nach Deutschland wirken sich böse aus.

Petra Vermehren, unsere Korrespondentin in Portugal, ihr Mann und ihre Tochter Isa sind als Geiseln verhaftet worden, weil der Sohn in der Türkei zu den Engländern übergegangen ist.[1] Abschreckungsmethoden für Leute, die etwas unternehmen wollen. Nicht nur, daß sie das eigene Leben riskieren, sie müssen auch noch für ihre Familien fürchten. Sippenhaft.[2]

1 Erich Vermehren war im Februar 1944 in Istanbul, wo er in der Außenstelle der Auslands-Abwehr seinen Militärdienst leistete, zu den Briten übergelaufen. Als Reaktion darauf wurden seine Eltern, ein Bruder und seine Schwester Isa am 10. Februar 1944 in Haft genommen. Der Fall des Überläufers gab überdies den Vorwand zum entscheidenden Schlag gegen Admiral Wilhelm Canaris: Der Abwehr-Chef wurde unter Hausarrest gestellt, seine Dienststelle vom rivalisierenden Reichssicherheitshauptamt übernommen. 2 «Sippenhaft» verhängte die NS-Justiz gegen Frauen, Eltern, Kinder, Geschwister oder angeheiratete Angehörige von angeblichen Straftätern, beispielsweise von Offizieren, die des «Landesverrats» beschuldigt wurden. Diese Willkürstrafe zielte auf Abschreckung und Einschüchterung. Nach Mitwisserschaft, Beteiligung oder Schuld wurde dabei nicht gefragt. Einheitliche Richtlinien wurden bewußt vermieden.

12. Juli 1944

Mußte eine Reportage über kürzlich eingezogene Flak-Mädchen machen. Sie hatten sich ihre Baracken hübsch hergerichtet, an die Türen der Spinde Fotografien gepinnt. Genauso, wie sich die Soldaten in den Kasernen gewöhnlich die Bilder ihrer Frauen, Bräute, Schwestern und Freundinnen aufhängen, haben nun also die Mädchen ihrerseits Bilder ihrer Freunde, Brüder, Verlobten in den Schränken. Die Mädchen, die ich interviewte, waren alle gut gelaunt. Sie sind jung, wirkten stämmig, fast dick, und machten einen weitaus weniger deprimierenden Eindruck als die Frauen in der Fabrik. Die Maidenführerin,[1] mit der ich sprach, wird mit ihren achtzehn Jahren Rechnungsführerin für die ganze Batterie und ersetzt damit einen Feldwebel. «Der Glanz einer Fröhlichkeit lag über ihnen», habe ich geschrieben.[2] Vor die Wahl gestellt, würde ich lieber dort Dienst tun als in einer Fabrik. Sie bekommen sehr gut zu essen, die Arbeit ist interessant, und am Meßapparat oder Horchgerät außerhalb der Stadt zu sitzen ist auch nicht viel gefährlicher als in einem unzulänglichen Keller zu hocken.

Abends kam Fritzi mit dem Bruder des Schriftstellers Adam Kuckhoff[3] kurz vorbei. Er war wieder so wie sonst, gelöst und aktiv.

1 Arbeitsmaid – weibliche Angehörige des Reichsarbeitsdienstes. 2 Der Artikel «Helferin und nicht Soldat» wurde am 20. Juni 1944 veröffentlicht. Der Alltag der Luftwaffenhelferinnen wird darin etwas schönfärberisch, aber nicht propagandistisch beschrieben. Das angegebene Zitat entstammt allerdings einem anderen Artikel UvKs, der am 15. November 1944 unter dem Titel «Flakhelferinnen» erschien. Luftwaffenhelferinnen im Flugmeldedienst gab es seit Ende 1941. Am 16. Oktober 1943 befahl Hermann Göring die Aufstellung eines eigenen «Flakwaffenhelferinnenkorps». Ein Jahr später wurden junge Frauen nach dem Arbeitsdienst zwangsweise zur Flugabwehr eingezogen. Insgesamt dienten im Krieg 130000 Frauen bei der Luftwaffe. 3 Adam Kuckhoff hatte als Mitglied der Widerstandsgruppe um Harro Schulze-Boysen und Arvid Harnack, von der Gestapo «Rote Kapelle» genannt (vgl. 26. 10. 1944, Anm. 2), illegale Aufrufe, Flugblätter und Zeitschriften verbreitet. Er war am 12. September 1942 in Prag verhaftet und am 5. August 1943 hingerichtet worden.

An der Ostfront wird es bedenklich. Die Rückzüge gewinnen an Tempo.[1] Die Aufrufe des Komitees Freies Deutschland, die alle so klingen, als stammten sie aus derselben Feder, sollen eine große Wirkung haben. Offenbar sind es also wirklich die Stimmen von Seydlitz und Paulus, die sie verkünden, und die Soldaten scheinen sich leichter zu ergeben als früher, da sie keine Hoffnung hatten, mit dem Leben davonzukommen.[2] Nachrichten von deutschen Gefangenen aus Rußland werden mit allen möglichen Mitteln unterdrückt. Immer wieder hört man, daß über das türkische Rote Kreuz Tausende von Karten einträfen, die hier sofort vernichtet werden.[3] «Vermißt» soll eben gleichbedeutend sein mit «tot». Infolgedessen hören die Angehörigen der Männer, die als vermißt gemeldet wurden, natürlich dauernd, oft unter Lebensgefahr, den Moskauer Sender, der täglich, mit viel Propaganda verbrämt, Namen durchgibt. Neulich hat in einem süddeutschen Dorf eine Frau eine andere bei der Gestapo angezeigt. Sie hatte durch diese erfahren, daß der Name ihres Sohnes im Moskauer Sender genannt worden sei. Absurder kann es kaum noch werden.

Abends bei Thilenius im Garten gesessen. Süß dufteten die Blumen. Aber trotz angeregter Unterhaltung mit Sandro Solms und Paul Bourdin überfiel mich eine unerklärliche Traurigkeit.

1 Am 22. Juni 1944, dem dritten Jahrestag des deutschen Einmarsches, hatte die Sowjetarmee eine Offensive begonnen, die die bisherigen Vorstöße noch übertraf. Südöstlich der weißrussischen Hauptstadt Minsk zwang sie die eingekesselte 4. deutsche Armee am 8. Juli zur Aufgabe und konnte durch das Riesenloch in der deutschen Front bis kurz vor Warschau vordringen. Eine zweite Offensive in Galizien am 13. Juli eröffnete den Durchbruch über Lemberg zur oberen Weichsel.

2 Generalfeldmarschall Friedrich Paulus, Oberbefehlshaber der 6. Armee in Stalingrad, und General Walther von Seydlitz-Kurzbach waren während ihrer Gefangenschaft in der UdSSR die führenden Köpfe des *Bundes Deutscher Offiziere*, der das Ziel verfolgte, die Soldaten und die Öffentlichkeit in Deutschland über die reale militärische Lage aufzuklären. Die enge Zusammenarbeit mit der kommunistisch orientierten Überläufer-Organisation *Nationalkomitee Freies Deutschland* seit September 1943 brachte sie, auch bei der Opposition in Deutschland, in den Ruch, von Stalin gegen die Westmächte ausgespielt zu werden. In den ersten Kriegsmonaten bis zum ausdrücklichen Verbot durch die

militärische Führung waren deutsche Soldaten oft unmittelbar nach der Gefangennahme erschossen worden; ähnlich war die Wehrmacht mit den sowjetischen Polit-Kommissaren verfahren. 3 Vom Herbst 1942 an erhielten die deutschen Kriegsgefangenen in der Sowjetunion die Erlaubnis, Briefkontakt mit Angehörigen aufzunehmen, den der *Rote Halbmond* in Ankara vermitteln sollte. Daraufhin wurde das Reichssicherheitshauptamt in einem geheimen «Führerbefehl» angewiesen, die Post abzufangen. Nachrichten von gefangenen Soldaten sollten nicht in die Heimat dringen. Statt dessen wurden die Briefe sorgfältig daraufhin überprüft, ob aus ihnen Delikte wie «Fahnenflucht» oder «Feigheit vor dem Feind» herauszulesen seien. Aufgrund solcher Äußerungen wären die Absender nach ihrer Rückkehr noch verurteilt worden.

15. Juli 1944

Als ich mittags heimkam, um mir schnell etwas zu kochen, saß Fritzi auf meinem Sofa. Die Portiersfrau hatte ihn hereingelassen. Er war anders als sonst, äußerlich beherrscht, aber darunter von vulkanischer Unruhe, daran zu merken, daß sein Lächeln noch schneller als gewöhnlich verschwand, sein Blick, sonst hell und fest, dauernd umherschweifte. Er erzählte mir, daß einer ihrer wichtigsten Männer einem Spitzel zum Opfer gefallen sei und am 5. Juli verhaftet wurde.[1] Seine Frau, Annedore Leber, habe sich in ein Krankenhaus am Stettiner Bahnhof verzogen, und da ich unverdächtig sei, weil ich im gleichen Betrieb arbeite wie sie, bitte er mich, ihr eine Nachricht zu überbringen. Ich solle ihr mitteilen, daß man die Spur ihres Mannes gefunden habe und mit ihr Verbindung aufnehmen.

Ich rief noch in seinem Beisein im Krankenhaus an, meldete mich als «Sozialfürsorgerin» des Deutschen Verlages und erkundigte mich nach der Zimmernummer von Frau Leber, um mir die Fragen bei der Aufnahme zu ersparen. Dann radelte ich ins Krankenhaus. Kam ungehindert an der Aufnahme vorbei und fand das Zimmer ohne Mühe. Im Bett lag eine junge Frau, vor sich ein Zeichenbrett mit Modeskizzen. Sie sah mich erstaunt an. Als ich erklärte, wer ich sei und von wem ich käme, sagte sie etwas zögernd: «Verzeihen Sie bitte vielmals, aber kann ich irgendeine Legitimation sehen?» Ich zeigte ihr meinen Ausweis. «Sie glauben nicht, wie vorsichtig ich sein muß», sagte sie entschuldigend. Der Bann war gebrochen, ich konnte die Nachricht weitergeben. Sie nahm sie mit Fassung auf, sah allerdings schon so blaß aus, daß sie schwerlich noch weißer hätte werden können.

Dann bat sie mich, Fritzi zu berichten, daß die Haussuchung bei ihr nichts ergeben habe, die Gestapo-Leute seien unverrichteter Dinge wieder abgezogen, abgesehen von zwei Flaschen Schnaps, die sie gestohlen hätten. Man habe sie zum Verhör mitgenommen. Im Vorzimmer sei sie vor Erschöpfung eingeschlafen, ein besseres Alibi hätte ihr die Natur nicht erfinden können. Später habe man sie erstaunlicherweise wieder gehen lassen. In einem Amt – Chiffre und Anfangsbuchstaben mußte ich auswendig lernen, sie wollte nicht, daß ich das aufschrieb – sei sie noch einmal länger verhört worden, aber auch ergebnislos. Hier im Krankenhaus sei sie gut aufgehoben. «Sie sehen, ich arbeite sogar weiter für die Schnittmusterabteilung.»

Sie war gerührt, daß Fritzi mich geschickt hatte. «Er ist einer der wenigen, die sich um mich kümmern», sagte sie. Eine Schwester kam, und ich fuhr in die Redaktion.

Ich bewundere Frau Leber. Nicht krank sein, aber im Bett liegen, ausgeliefert den fürchterlichsten Ahnungen, welche Torturen muß sie durchmachen. Ihr Gesicht war keinen Augenblick unbeherrscht.

1 Julius Leber, im Falle eines geglückten Staatsstreiches als Innenminister vorgesehen, wurde am 5. Juli 1944 in seiner Kohlenhandlung verhaftet, kurz nach einem Gespräch mit Kommunisten, die vermutlich von der Gestapo überwacht oder infiltriert worden waren. Für die Verschwörer war diese Verhaftung ein schwerer Schlag und eine dringende Warnung, mit dem Attentat nicht mehr lange zu zögern.

17. Juli 1944

Morgens wieder Fritzi. Diesmal etwas ruhiger, er frühstückte mit gutem Appetit. Ich erzählte ihm von Frau Leber. Er war zufrieden, vor allem über die ergebnislose Haussuchung. «Sie ist wie eine stählerne Klinge, diese Frau, federnd und nicht zu zerbrechen.» Er erzählte mir, wie sie vier Jahre lang unermüdlich um ihren Mann gekämpft und wie sie ihn dann schließlich freibekommen habe – von 1933 bis 1937 saß Julius Leber im

KZ, davon ein Jahr in Dunkelhaft.[1] Frauen können Unvorstellbares leisten, wenn sie lieben.

Fritzi gab mir einen zerknüllten Zwanzigmarkschein. Ich solle dafür Rosen kaufen und sie ihr bringen. «Sagen Sie ihr, ich führe in drei Tagen nach Frankreich – in drei Tagen, am 20. Juli. Und sagen Sie ihr außerdem, wir täten unsere Pflicht. Weiter nichts. Seien Sie vorsichtig. Sie wissen nicht, in welche Gefahr Sie sich bringen können, und ich möchte nicht die Ursache dafür sein.»

Dann ging er fort. Ich saß wie betäubt in meinem Zimmer und machte mir ein Orakel: Wenn jetzt die Sonne scheint, geht alles gut. Statt dessen brach mit elementarer Gewalt ein Gewitter los.

Wieder zum Krankenhaus. Da Fritzi vergessen hatte, daß man sonntags nichts kaufen kann, brachte ich Frau Leber Zigaretten mit, die ich schwarz erstanden hatte. Erzählte ihr von den Blumen. «Fritzi ist der letzte Ritter», sagte sie.

Wir unterhielten uns diesmal länger. Sie ist eine ungewöhnliche Frau, weiblich, mit Charme und zugleich mit kühlem Verstand. «Ich bin bei meinem Arzt in bester Obhut», sagte sie wieder. Ermahnte mich zur Vorsicht: «Leute wie Sie, die ungeübt sind, machen so viele Fehler.»

Saß lange zu Hause und starrte vor mich hin. Ob das Verhängnis über uns alle kommen wird?

Beten? Ach, Beten hilft auch nicht.

Werner Haeften rief an, er hätte für Klaus eine Möglichkeit.

Verbrachte den Rest dieses Sonntags im Grunewald bei Uta. Waren beide sehr deprimiert. Sie erzählte, daß sie gewarnt worden sei: Kein Umsturzversuch könne jemals gelingen, und die Menschen, die sich darauf einließen, seien Todeskandidaten. Die Gestapo kenne sie alle und würde eines Tages furchtbar zuschlagen.

1 Unmittelbar nach der nationalsozialistischen Machtübernahme 1933 war der Sozialdemokrat Julius Leber inhaftiert worden. Nach der Haft in verschiedenen Zuchthäusern wurde er 1935 in das Konzentrationslager Esterwegen, später Sachsenhausen eingewiesen. Dort war er schweren Mißhandlungen ausgesetzt. Einmal mußte er beinahe drei Monate in einer Dunkelzelle ohne Decke auf nacktem Boden zubringen. Dank der hartnäckigen Gesuche seiner Frau, bei deren Vermittlung auch UvK geholfen hatte, wurde er am 5. Mai 1937 schließlich entlassen.

Der Vater, Konrad von Kardorff, im Jahre 1940

Die Mutter, Ina von Kardorff. Kupferstich von Konrad von Kardorff

Der Bruder Jürgen von Kardorff

Die Verfasserin

Der Bruder Klaus von Kardorff

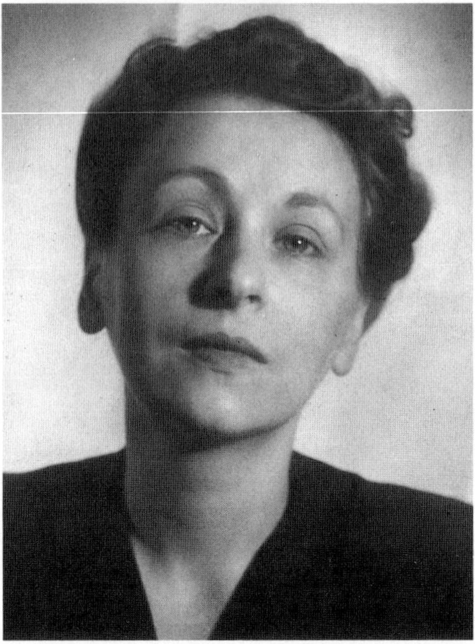

Erna Bähr (Bärchen)

Charlotte Gräfin von der Schulenburg mit den Kindern Fredeke, Christiane, Fritz-Dietlof, Charlotte, Angela, Adelheid als Flüchtlinge auf Schloß Hehlen

Adelheid von Veltheim

Die Schwägerin
Uta von Witzleben

Fritz-Dietlof Graf von der Schulenburg (Fritzi)

Martin Raschke

Hans Schwab-Felisch

Jürgen Schüddekopf

Wilhelm Bürklin

Eberhard Fürst von Urach

Die Verfasserin

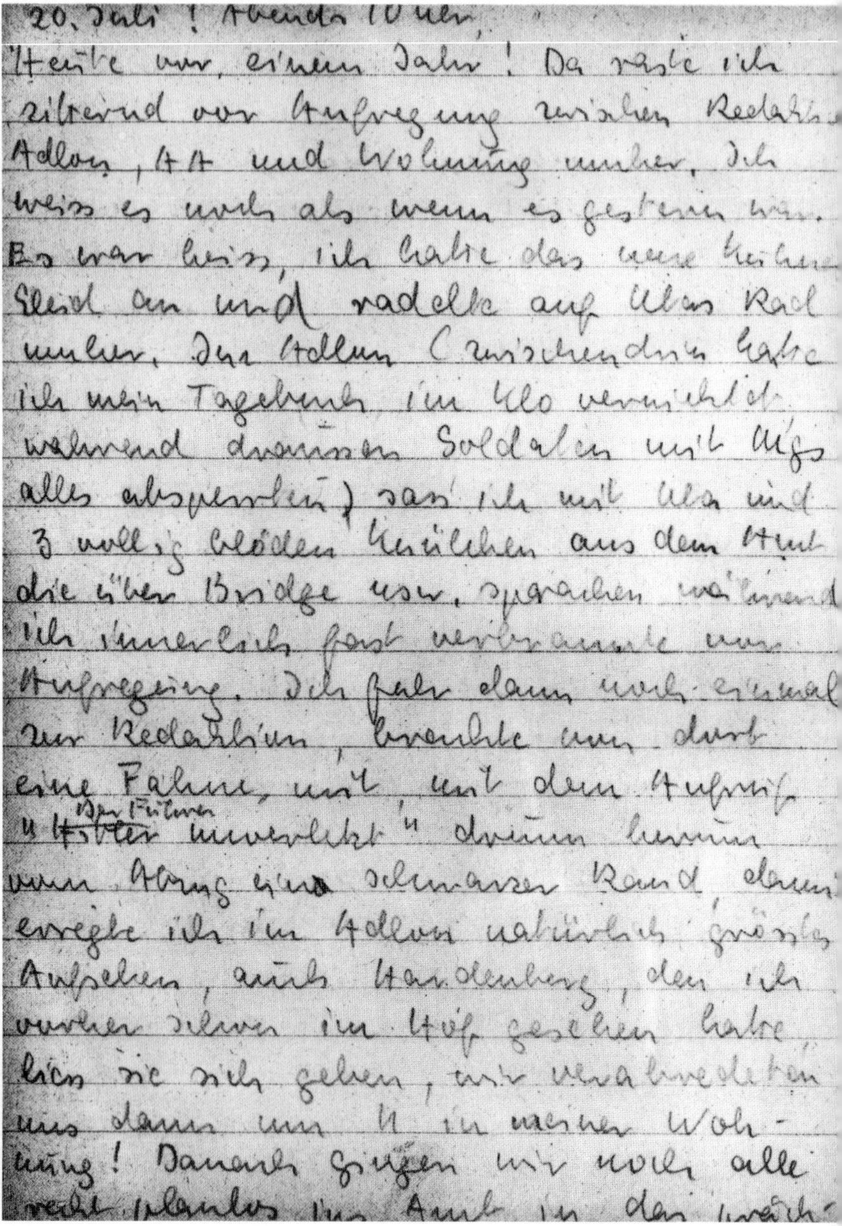

20. Juli! Abends 10 Uhr.
Heute vor einem Jahr! Da raste ich
zitternd vor Aufregung zwischen Redaktion,
Adlon, AA und Wohnung umher. Ich
weiss es noch als wenn es gestern wär.
Es war heiss, ich hatte das neue Leinen-
kleid an und radelte auf Ulas Rad
umher. Im Adlon (zwischendurch hatte
ich mein Tagebuch im Klo vernichtet
während draussen Soldaten mit MGs
alles absperrten) sass ich mit Ula und
3 völlig blöden Knülchen aus dem AA
die über Bridge usw. sprachen während
ich innerlich fast verbrannte vor
Aufregung. Ich fuhr dann noch einmal
zur Redaktion, brachte von dort
eine Fahne mit, mit dem Aufruf
„~~Hitler~~ Der Führer ermordet" drum herum
vom Anfang ein schwarzer Rand, damit
erregte ich im Adlon natürlich grösstes
Aufsehen, auch Hardenberg, den ich
vorher schon im Hof gesehen hatte
liess sie sich geben, wir verabredeten
uns dann um 4 in meiner Woh-
nung! Danach gingen wir noch alle
recht planlos ins Amt in den Wach-

Doppelseite aus den Original-Tagebüchern

tig ausstaffierte Vorzimmer von Steinort
gerade um dort Cognak zu trinken. Um
11 reiste ich, nachdem ich mich bei einem
als Spitzel geltenden Typ beinahe ver-
dächtig gemacht hatte, zurück zu
uns. ~~Dort~~ Auf dem dunklen Weg hörte
ich in einem Gebäude des Gutes viele
Männer die Treppe herauf eilen und
laut rufen, es klang wie eine Ver-
haftung, aber man wusste ja wohl
garnicht wer wen verhaften würde.
Nun ich war natürlich nachgerade
nervös, Fritzis unheilschwangeren
Besuche, die Botschaften die ich an
Frau Lehn bringen musste und
schliesslich Wolfis Tod, von dem ich
am 19. erfuhr, dies alles machte einen
ja nicht gerade ruhiger. — Der Graf
saß auch in kaum noch unter-
drückter aufgeregter Verfassung auf
meinem Sofa, schweissüberströmt
Uniformkragen aufgeknöpft. Er machte
Witze, wie immer, ich bot ihm Alkohol
an aber er sagte er habe das nicht
nötig, ich anscheinend mehr. Dann er-
zählte er mir — er dachte, ja seinen

Richard Thilenius

Nikolaus von Halem

Bernhard von Mutius

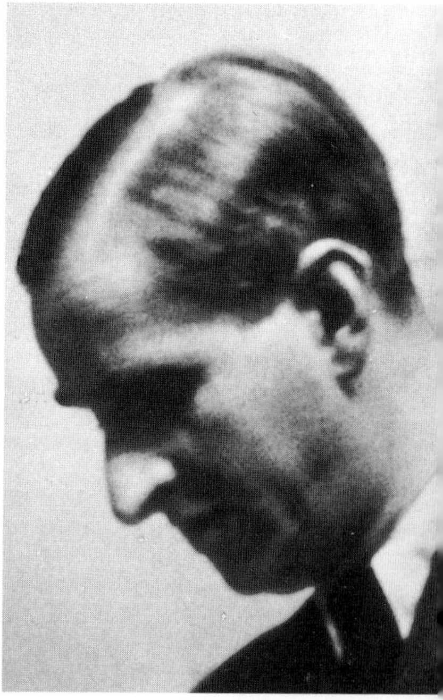

Wolf-Werner Graf von der Schulenburg

18. Juli 1944

Mittags wieder Fritzi bei mir. Er war froh, daß Frau Leber noch unbelästigt ist.

So nervös sah ich ihn noch nie, aber trotzdem vital-fröhlich. Er erzählte mir, daß in seinem Quartier zwei Männer nach ihm gefragt hätten. «Es kann etwas Harmloses sein, aber das glaube ich nicht», sagte er. Dabei kam wieder dieses Schweifende in seine Augen, das mich so beunruhigt. Er hatte etwas von einem gehetzten Wild. Wenn sie ihn nur nicht zur Strecke bringen. Wenn nur endlich etwas geschähe. Diese Spannung ist kaum noch zu ertragen.

Ich mußte in die Redaktion zurück, weil ich Luftschutzdienst hatte. Er blätterte in meinen Büchern, als ich ging. Abends wollte er nach Mecklenburg fahren, zu seiner Frau.

Drei Uhr nachts. Wir haben uns aus der Befehlsstelle des Verlages zu mir nach Hause geschlichen, Bärchen und ich. Am Abend, als wir eine Weile im Hof des Deutschen Verlages auf und ab gingen, sangen oben auf dem Dach Ostarbeiterinnen einen dreistimmigen Chor. Schließlich konnten wir die Melancholie nicht mehr ertragen, flüchteten in den kalten Keller vor die Telefone. Aber sie blieben stumm, es kam nur ein kurzer Alarm ohne Angriff, und so erhoben wir uns schließlich von unseren Strohsäcken und schlichen durch die modernden Trümmer zum Pariser Platz. Keine Menschenseele. Nur ein paar langgeschwänzte Ratten huschten über die Straße.

Auf meinem Schreibtisch lag das Neue Testament, aufgeschlagen beim 73. Psalm: «Wie werden sie so plötzlich zunichte! Sie gehen unter, und nehmen ein Ende mit Schrecken. Wie ein Traum, wenn einer erwacht, so machst du, Herr, ihr Bild in der Stadt verschmäht.» Ob Fritzi es absichtlich so liegengelassen hat?

19. Juli 1944

Heute früh weckte uns Hardenberg durch lautes Pochen an der Tür. Er ist für einige Tage in Berlin und wird hier im Haus, oben im Kasino, wohnen. Wir gingen mit ihm frühstücken. Trafen in dem Restaurant einen Kollegen aus der DAZ, Max

Clauss aus Lissabon. Er und Hardenberg unterhielten sich über die möglichen Friedensbedingungen. Für beide war es überhaupt keine Frage mehr, daß der Krieg schon lange verloren sei. Von Hardenberg geht der gleiche Optimismus aus wie von Fritzi.

Drei Uhr nachts. Eben von Thilenius zurück. Auf dem Weg zu ihm traf ich Krug von Nidda, der mir erzählte, daß Wolfi, Fritzis Bruder, in der Normandie gefallen sei. Bin noch immer wie betäubt. Zum erstenmal haben heute abend meine Nerven versagt. Mitten in der Unterhaltung, als Schmising sagte: «Wir müssen alle über die Klinge springen», liefen mir die Tränen über das Gesicht. Ging draußen mit Uta und Bärchen dreimal um das Straßengeviert, ehe ich mich wieder fassen konnte. Habe ich nicht Wolfis Tod wie den von Jürgen schon bei Kriegsausbruch geahnt?[1]

Den letzten Brief von ihm bekam ich im Februar. Damals schrieb er: «Auch ich stecke nicht den Kopf in den Sand, liebe Ursula, aber ich glaube, ich schrieb Dir schon einmal, unsere Haltung muß stärker sein als jedes Schicksal. Ich fand die Sätze von Franz Marc: ‹Wie schön, wie einzig tröstlich zu wissen, daß der Geist nicht sterben kann, unter keinen Qualen, durch keine Verleugnungen, in keinen Wüsten. Dies zu wissen macht das Fortgehen leicht.›»[2]

1 Im Tagebuch heißt es unter dem 30. Dezember 1944 rückblickend: «[...] Bis dann der 19. Juli kam, an dem ich zufällig durch Krug [von der Nidda] auf der Straße von Wolfis [Schulenburg] Tod hörte. Mein Zusammenbruch am Abend bei Tb. [Tiberius = Spitzname für Thilenius]. Der Gang mit Uta und Bärchen um das Viertel – das grausige Ahnen von irgendeinem Unheil, das mir plötzlich an diesem Abend aufging.» 2 Franz Marc, Die 100 Aphorismen, Nr. 90.

20. Juli 1944

Fünf Uhr nachmittags. Eben von der Redaktion zurück. Attentat auf Hitler! Haben sie zugeschlagen? Aber er soll leben. Ist wahrscheinlich eine Finte, um Zeit zu gewinnen. Das ganze Viertel hier ist abgesperrt von Soldaten. Maschinengewehre vor der U-Bahn. Was bedeutet das? Ob das Aufständische oder Regierungstreue sind? Ob es einen Bürgerkrieg gibt?[1]

Sieben Uhr. Bin wieder in der Redaktion. Beklommene Aufregung, aber alle recht zuversichtlich. Allgemeine Ansicht, daß der Aufruf «Der Führer lebt» nicht der Wahrheit entspricht. Die Straßen sind wieder frei. Draußen ist alles ruhig, wie gelähmt. Keinerlei Äußerungen zu hören. Niemand traut sich mit seiner wahren Meinung heraus.

Abends zehn Uhr. War eben mit Uta zum Essen im Adlon. Dort untergründige Erregung. Keiner sprach von dem, was ihn bewegt. Aber den Fahnenabzug des Extrablattes, den ich aus der Setzerei mitgenommen hatte, wollten alle lesen, hielten den schwarzen Rand, der vom Metallrahmen herrührt, wohl schon hoffnungsvoll für einen Trauerrand. In dem Aufruf steht, daß bei dem Bombenattentat im Führerhauptquartier sieben Personen getötet wurden, daß Hitler selbst aber durch ein Wunder der Vorsehung unverletzt geblieben sei.[2] Ich kann das nicht glauben.

Mitternacht. War mit Uta im Auswärtigen Amt, weil wir die Stille in meinem Zimmer nicht ertragen konnten. Warteten im Vorzimmer von Steengracht, aber es war nichts herauszubekommen. Flüchteten uns in idiotische Konversation und gingen dann bald wieder.[3]

Uta liegt auf dem Sofa und behauptet, einschlafen zu können, was nicht wahr ist. Eben war Hardenberg noch kurz hier. Auch er erregt, ich hatte ihm schon im Adlon meinen Abzug aus der Setzerei gegeben. Auch er der Meinung, daß das Attentat gelungen sein müsse. Feldmarschall Witzleben, Utas Onkel, sei in Berlin, erzählte er; auch Oberst Jäger.[4] Mir wird immer klarer, aus welcher Richtung dieses Attentat gekommen ist.[5] Wenn alles geglückt ist, wäre Leber gerettet. Aber ich wage es nicht, mich dieser Hoffnung hinzugeben. Draußen Marschkolonnen. Unheimlich dröhnende Schritte. Unter welchem Befehl mögen sie stehen – oder sind es SS-Bataillone?[6]

Habe an dem Thilenius-Abend, als ich so aufgeregt war, mein Notizbuch mit allen Adressen und einen Talisman verloren. Wahrscheinlich als ich in den Autobus stieg. Merkte es erst, als ich zu Hause war.

1 Im Tagebuch heißt es unter dem 30. Dezember 1944 rückblickend: «Schließlich der 20. [Juli] 1944. Bärchens Anruf, nachmittags in die

Redaktion zu kommen. Dort die erste Nachricht von dem Attentat. Überlegungen, von welcher Seite es gekommen sein konnte, und was wahr dran war.» 2 Nach einigen fehlgeschlagenen Versuchen gelang es Oberst Claus von Stauffenberg am 20. Juli 1944, im Führerhauptquartier Wolfsschanze in Ostpreußen eine Bombe zu deponieren, die kurz vor 13 Uhr während einer militärischen Lagebesprechung explodierte. Hitler blieb weitgehend unversehrt, da die schwere Tischplatte den Druck abfing und die dünnen Wände der Holzbaracke sofort zerbarsten, wodurch die Druckwelle nach außen entwich. Vier Offiziere wurden tödlich verletzt. 3 Im Tagebuch heißt es unter dem 30. Dezember 1944 rückblickend: «Die Soldaten mit den Maschinengewehren, die das Regierungsviertel besetzten, das Essen im Adlon mit doofen Protokoll-AA-Männern, der Cognac im Vorzimmer [des Staatssekretärs] Steengracht.» 4 Generalfeldmarschall Erwin von Witzleben sollte nach dem Attentat den Oberbefehl über die Wehrmacht übernehmen. Seine Unterschrift stand unter den Befehlen, mit denen die einzelnen Wehrbereiche für den Staatsstreich mobilisiert werden sollten. Angesichts des Scheiterns zog er sich frühzeitig zurück. Oberst Fritz Jäger sollte die Verhaftung von Goebbels veranlassen, was jedoch nicht gelang. 5 Im Tagebuch heißt es unter dem 30. Dezember 1944 rückblickend: «Zurückgeradelt, Hardenberg, im Adlon, dann hier [zu Hause] noch spät getroffen, er genauso rätselnd wie ich.» 6 Gegen Abend riegelten Kompanien des Wachbataillons «Großdeutschland» das Regierungsviertel in Berlin ab. Sie folgten damit einem Befehl aus der Zentrale der Verschwörer in der Annahme, einem Putschversuch der SS gegen Hitler zuvorzukommen. Weitere Stoßtruppunternehmen wie die Besetzung der Befehlsstellen oder die Verhaftung von NS-Größen scheiterten oder wurden nur halbherzig ausgeführt. Der Kommandeur des Wachbataillons, Otto-Ernst Remer, wurde noch in der Nacht von Hitler am Telefon «umgedreht» und persönlich beauftragt, den Staatsstreich mit Unterstützung der SS niederzuschlagen, was er bis etwa 23 Uhr ausgeführt hatte.

23. Juli 1944

Jetzt sind es zwei Tage her, seit ich morgens um sieben durch das offene Fenster hörte, wie sich zwei Speer-Sekretärinnen unterhielten. «Hast du heute nacht auch den Führer im Radio gehört?»[1] «Ja, er lebt, Gott sei Dank. Und die Attentäter sind verhaftet.» Dies im sächsischen Dialekt. Sprang aus dem Bett. Rief die Portiersleute an, die ein Radio haben: Ja, sie hätten es auch gehört, das Attentat sei von einer kleinen Clique adliger Offiziere unternommen worden. Die Namen hatten sie in der

Aufregung vergessen. Kurz darauf Anruf von Philippa aus Potsdam: «Hast du Radio gehört? Weißt du, wer der Täter ist? Hör genau zu, es ist ein Graf Stauffenberg.» Mir fiel der Hörer aus der Hand.

Die Stunden danach! Ich hatte nicht gewußt, daß es solche Verzweiflung gibt. Uta saß an meinem Bett. Sie war bewundesrungswürdig, viel gefaßter als ich. Immer wieder sagte sie: «Du mußt dich beugen unter das Wort ‹Dein Wille geschehe›.»

Ich hasse diesen Satz – und ich verstehe ihn auch nicht. Ich will ihn nicht verstehen! Wie kann es Gottes Wille sein, wie kann er das Gute vernichten und das Böse triumphieren lassen? Es gibt keinen Gott – oder nur in so eisigen Fernen, daß das Getriebe auf der Erde ihn weniger berührt als uns die Mikroben in einem Wassertropfen. Hier jedenfalls hat der Teufel die Macht, und der ist offenbar stärker als Gott.[2]

Raffte mich schließlich auf, in die Redaktion zu fahren. Konferenz beim Chefredakteur, der kein verächtliches Wort über Stauffenberg sagte, sondern nur uns allen zu größter Vorsicht riet: «Denn jetzt werden die Verhaftungen in die Tausende gehen.»[3]

Beck war dabei, hat sich erschossen. Werner Haeften ist schon tot. Mit Stauffenberg zusammen gleich auf dem Hof in der Bendlerstraße erschossen. Dort spielte sich offenbar die Hauptsache ab.[4] Und Klaus in Belgrad! Welches Glück.

Heute mittag Papa am Stettiner Bahnhof, auf der Durchreise von Breslau nach Mecklenburg. Ich brachte ihm das Extrablatt mit den Namen. Erzählte von Wolfis Tod und meiner Angst um Fritzi. Er blieb stumm. Ringsum ein Gedränge von Menschen; überall Ohren, fast unmöglich, auch nur flüsternd etwas mitzuteilen. Es ist schon gefährlich, ein trauriges Gesicht zu zeigen. Viele wurden bereits verhaftet, nur weil sie «schade» gesagt haben.[5]

Eines Tages werden sie auch zu mir kommen. Bei jedem Klingeln denke ich, es ist soweit. Wäre Klaus hier gewesen – ich wage es mir nicht auszumalen. Dann hätte ich schuld an seinem Tode gehabt. Wenn nur die letzten Gespräche mit Haeften nicht abgehört worden sind.

1 Am 21. Juli 1944, gegen 1 Uhr morgens hielt Hitler im Rundfunk

eine Ansprache, in der er seine Rettung als ein Zeichen der «Vorsehung» hinstellte und ankündigte, daß die «Verschwörer jetzt erbarmungslos ausgerottet» würden. 2 Im Tagebuch heißt es unter dem 20. Juli 1945, ein Jahr nach dem Attentat, rückblickend: «Heute vor einem Jahr! Da raste ich zitternd vor Aufregung zwischen Redaktion, Adlon, AA und Wohnung umher. Ich weiß es noch, als wenn es gestern war. Es war heiß, ich hatte das neue Kühnen-Kleid an und radelte auf Utas Rad umher. Im Adlon (zwischendrin hatte ich mein Tagebuch im Klo vernichtet, während draußen Soldaten mit MGs alles absperrten) saß ich mit Uta und 3 völlig blöden Knülchen aus dem Amt, die über Bridge usw. sprachen, während ich innerlich fast verbrannte vor Aufregung. Ich fuhr dann noch einmal zur Redaktion, brachte von dort eine [Druck-]Fahne mit, mit dem Aufruf ‹Der Führer unverletzt›, drum herum vom Abzug ein schwarzer Rand. Damit erregte ich im Adlon natürlich größtes Aufsehen; auch Hardenberg, den ich vorher schon im Hof gesehen hatte, ließ sie sich geben, wir verabredeten uns dann um 11 [23 Uhr] in meiner Wohnung! Danach gingen wir noch alle recht planlos ins [Auswärtige] Amt, in das prächtig ausstaffierte Vorzimmer von Steengracht, um dort Cognak zu trinken. Um 11 raste ich, nachdem ich mich bei einem als Spitzel geltenden Typ beinah verdächtig gemacht hatte, zurück zu mir. Auf dem dunklen Weg hörte ich in einem Gebäude des Amtes viele Männer die Treppe heraufeilen und laut rufen; es klang wie eine Verhaftung, aber man wußte ja noch gar nicht, wer wen verhaften würde. Nur ich war natürlich nachgerade nervös, Fritzis unheilschwangeren Besuche, die Botschaften, die ich an Frau Leber bringen mußte und schließlich Wolfis [Schulenburg] Tod, von dem ich am 19. [Juli] erfuhr, dies alles machte einen ja nicht gerade ruhiger. – Der Graf [Hardenberg] saß auch in kaum noch unterdrückter, aufgeregter Verfassung auf meinem Sofa, schweißüberströmt, Uniformkragen aufgeknöpft. Er machte Witze wie immer, ich bot ihm Alkohol an, aber er sagte, er habe das nicht nötig; ich anscheinend mehr. Dann erzählte er mir: – er dachte ja genau wie ich –, es sei gelungen, Witzleben sei da und übernähme das Oberkommando, Helldorf sei im Bunde mit ihnen, und auch der Oberst Jäger sei zur Stelle. Er meinte dann noch: Dies würde vielen Tausenden von Soldaten das Leben retten, vielleicht Ihrem Bruder auch – ich höre ihn noch. Dann, nachdem er noch von mir über die allgemeine Stimmung informiert werden wollte, kam leider, oder zum Glück Uta, und wir konnten nicht weiterreden. Zum Glück, denn so konnte ich bei meiner Vernehmung auf der Gestapo 2 Wochen später unbefangen erscheinen. Ja – dann gingen wir ins Bett, ich hoffnungsfreudig, Uta sehr dämpfend. Nachts wachte ich einmal auf durch enormes Gedröhne, Panzerwagen, die die [Straße Unter den] Linden entlangfuhren – mir wurde unheimlich –, aber ich sagte mir dann, es seien sicher die Aufständischen, die nun alles besetzten. Der Graf war noch ganz ärgerlich gewesen, als ich ihm von meinem vernichteten Tagebuch erzählt hatte. ‹Warum denn, nun ist es doch nicht mehr nötig.› Morgens hörte ich dann halb im Traum noch eine ordinäre Speer-Sekretärinnen-Stimme: ‹Haste ihn auch noch heute nacht im Radio gehört?› – ‹Wen denn?› – ‹Nu, Adolf.› Ich dachte, ich traue meinen Ohren nicht, rief [die Portiers-]Frau Belling an, was denn im Radio gewesen wäre. Die hatte natürlich wieder alles in den falschen Hals gekriegt: Sie hätten sie gefaßt, es seien eigene Leute gewesen. Mein Gott diese Spannungen! Durch welche gütige Natur-Erfindung konnte man sie eigentlich ausbalancieren und bekam keinen Herzklaps dabei. Dann klingelte das Telefon: Philippa [von Bredow]: ‹Ursel, hast du Radio gehört?› Ich sagte: ‹Nein, ich habe doch keins. Was ist denn eigentlich los?› ‹Ja›, sagte sie, ‹sie haben alle gefaßt. Höre mal genau zu, es ist ein Graf Stauffenberg gewesen.› Dann hängte sie ein. Ich war wie vom Schlag gerührt. Sehe mich noch im Nachthemd auf meiner Schreibtischecke sitzen. Dann schlich ich ins Bett zurück, heulend – um diese Zeit lagen Stauffenberg und Haeften schon als Leichen auf dem Hof in der Bendlerstraße, Beck hatte sich selbst erschossen, und Fritzi saß schon hinter Schloß und Riegel. Und dann ging es los, keiner entkam ihnen, und alle wurden sie elend umgebracht. Die Besten und Edelsten, Klügsten (obwohl es dilettantisch gemacht worden war) und Vornehmsten, die wir noch hatten in unserm vom Tode schon so entsetzlich beschatteten Land. Mein Gott, diese Stunde, in der ich vollkommen verzweifelt und aufgelöst im Bett lag und Uta so reizend war wie später nie wieder. ‹Dein Wille geschehe›, sagte sie immer, und ich verzweifelte mal wieder an Gott. Jetzt sehe ich ein, es mußte so kommen. Später half mir der Satz von [Ernst] Jünger: ‹Und vor seinem edlen Haupte schwur ich mir zu, lieber mit den Freien einsam zu sterben, als mit den Knechten im Triumphe zu gehen.›» 3 Im Tagebuch heißt es unter dem 30. Dezember 1944 rückblickend: «[...] diese ganze blöde Dilettanten-Revolution, die schon im Keim erstickt wurde. Die Nachrichten am nächsten Tag, die Sorgen um viele [...].» Nachträglich fügte UvK an dieser Stelle im Tagebuch handschriftlich hinzu: «Dieses aus Vorsicht so geschrieben. 20. [Juli] war einer der schlimmsten Tage meines Lebens.» 4 Die Bendlerstraße war Sitz des Allgemeinen Heeresamtes des OKH, der Dienststelle von General Olbricht und Oberst Stauffenberg. Hier war die Befehlszentrale der Verschwörer. Im Innenhof des Bendlerblocks wurden noch in der Nacht Stauffenberg, Haeften, Olbricht und dessen Stabschef Oberst Mertz von Quirnheim standrechtlich erschossen. Auch Generaloberst Ludwig Beck, der als künftiges Staatsoberhaupt vorgesehen war, wurde nach einem mißlungenen Selbstmordversuch, zu dem er die Gelegenheit erhalten hatte, erschossen. 5 Die Verfolgungswelle erreichte ein solches Ausmaß, daß sogar die weitere Kriegsführung gefährdet schien. Die Zahl der Verhafteten in Verbindung mit dem 20. Juli wird auf etwa 7000 Personen geschätzt. Tausende wurden hingerichtet. Keiner der Hauptbeteiligten und kaum ein Eingeweihter überlebten.

24. Juli 1944

Hitler und Duce trafen sich.[1] In der Wehrmacht ist der «deutsche Gruß» eingeführt worden.[2] Ungeheure Zusammenraffung und Stärkung der Parteigewalt.[3] Im «Angriff» ein Artikel von Robert Ley über die «Blaublütigen Schweine, deren ganze Sippe ausgerottet werden muß».[4] Stauffenbergs Frau soll angeblich schon tot sein, auch seine Kinder – das jüngste ist gerade erst geboren worden.[5] Die ausländischen Sender benehmen sich zurückhaltend und nennen zum Glück keine Namen.

In dieser Situation, in der man nachts von den quälendsten Bildern verfolgt wird und tags eine Schreckensnachricht nach der anderen hört, hilft nur eins: die Freunde. Wenn ich Bärchen und Uta nicht hätte, Thilenius, Schwab und andere aus der Redaktion, wäre ich längst verzagt. Trost vom Religiösen? Mehr hilft mir ein Satz aus den «Marmorklippen», in dem es um den getöteten Fürsten geht: «So schwur ich vor diesem Haupt mir zu, in aller Zukunft lieber mit den Freien einsam zu fallen, als mit den Knechten im Triumph zu gehen.»[6]

Hardenberg kam gestern noch einmal. Ich konnte ihm berichten, daß die Kollegen aus der Redaktion überzeugt sind, dieses Opfer sei nicht umsonst gewesen. Endlich sei einmal etwas versucht worden, endlich habe eine Gruppe von Menschen etwas unternommen. Darauf werde man später verweisen können. Möglich – wenn man es kühl betrachtet –, daß es vielleicht ganz gut ist, wenn Hitler die bittere Suppe nun auslöffeln muß. Wäre das Attentat gelungen, hätten die Täter sofort den Krieg beenden müssen, und alle Konsequenzen eines verlorenen Krieges wären auf ihr Konto gebucht worden. Immer hätte es geheißen: «Ja, wenn der Führer noch lebte, wären wir nie besiegt worden.» Das gab Hardenberg einen gewissen Trost. Er sah verfallen aus, wie ein alter Mann. Bei dem Attentat sollen auch SS-Leute mitgemacht haben. Auch Helldorf.[7]

1 Benito Mussolini, seit seiner Befreiung Staatschef von Hitlers Gnaden, war bereits am Nachmittag des 20. Juli 1944, kurz nach dem Attentat, in der Wolfsschanze eingetroffen. 2 Der «Deutsche Gruß»,

der erhobene rechte Arm, dazu der Gruß «Heil Hitler», war nach dem 20. Juli für Wehrmachtssoldaten obligatorisch. 3 Vom 25. Juli 1944 an befanden sich die wichtigsten Machtbereiche in der Hand von drei NS-Größen. Josef Goebbels verfolgte als Reichsbevollmächtigter für den totalen Kriegseinsatz die Aufgabe, «das Höchstmaß von Kräften für die Wehrmacht und Rüstung freizumachen». Reichsführer SS und Innenminister Heinrich Himmler erhielt den Oberbefehl über das Ersatzheer. Albert Speer war für die Lenkung der gesamten Kriegswirtschaft und Rüstungsindustrie zuständig. 4 Der *Angriff*, ursprünglich von Goebbels als Kampfblatt gegründet, richtete sich ab 1933 als Tageszeitung der Deutschen Arbeitsfront (DAF) an ein Massenpublikum. Der Leiter der DAF, Robert Ley, berüchtigt wegen seines pöbelhaften Auftretens und seiner Alkohol-Eskapaden («Reichstrunkenbold»), nutzte die Zeitung als Forum für seine Hetzartikel. «Degeniert bis in die Knochen», wütete er am 23. Juli 1944 im *Angriff*, «blaublütig bis zur Idiotie, bestechlich bis zur Widerwärtigkeit und feige wie alle gemeinen Kreaturen, das ist die Adelsclique, die der Jude gegen den Nationalsozialismus vorschickt, ihr die Bombe in die Hand drückt und sie zu Mördern und Verbrechern macht. [...] Dieses Geschmeiß muß man ausrotten, mit Stumpf und Stiel vernichten.» 5 Vgl. 26. 11. 1944, Anm. 1. 6 Ernst Jünger, Auf den Marmor-Klippen, 25. Abschnitt: «Und wie das hohe Beispiel uns zur Gefolgschaft führt, so schwur ich...» 7 Der Berliner Polizeipräsident Wolf Graf von Helldorf war an der Verschwörung eher aus Opportunitätsgründen denn aus Überzeugung beteiligt. Er stand mit seinem Polizeiapparat für Stoßtruppunternehmen bereit, die dann allerdings unterblieben, und wurde dafür am 15. August 1944 hingerichtet. Die SS verhielt sich bei dem Staatsstreich zunächst untätig und abwartend. Daraus wird die Hypothese abgeleitet, die SS habe die Putschisten zunächst gewähren lassen, um letztlich selbst Profit aus dem Umsturz zu schlagen. Beweise gibt es für diese Annahme nicht. Aktiv beteiligten sich SS-Einheiten nur an der Niederschlagung nach dem Scheitern des Putsches.

25. Juli 1944

Werner Fiedler war am 20. Juli auf dem Gut von Fritzis Schwester Tisa, um Matthias Wiemann zu besuchen, der jetzt dort lebt. Auch Fritzis Frau ist mit den Kindern bei der Schwägerin. Fiedler erzählte, es sei der erstaunlichen Haltung des Gauleiters Hildebrand zu verdanken, daß bis jetzt niemand verhaftet worden sei.[1] Sie dürften nur das Gut nicht verlassen. Über Fritzis Schicksal herrscht Ungewißheit. Er ist verhaftet, aber noch nicht hingerichtet.[2]

Abends erschien ein Abgesandter von Eberhard mit einem langen Brief. An der Invasionsfront scheint es nicht ermutigend auszusehen.

Versuchte zusammen mit Thilenius in Neuhardenberg anzurufen, aber wir bekamen keine Verbindung. Die Leitung sei gesperrt, erklärte jemand vom dortigen Postamt, und wollte wissen, wer wir seien. Das läßt das Schlimmste ahnen. Vater Hassell, der mit seinem Sohn im Adlon an unseren Tisch kam, nahm die Nachricht mit Fassung auf. Liebenswürdig lächelnd, als könne ihn nichts erschüttern, ging er davon, das Musterbild des Weltmannes. Abends saß Wolf-Uli Hassell dann mit Thilenius bei mir. Düstere Gespräche, immer über das eine Thema.

1 Friedrich Hildebrand, Gauleiter und Reichsverteidigungskommissar in Mecklenburg, der ein gutes Verhältnis zu dem Vater Fritz-Dietlof von der Schulenburgs pflegte, setzte sich mit Erfolg dafür ein, daß die Familie nicht verhaftet wurde. 2 Fritz-Dietlof von der Schulenburg, der sich am 20. Juli im Bendlerblock aufgehalten hatte, ohne aktiv mitzuwirken, wurde dort noch in der Nacht verhaftet.

26. Juli 1944

Eben zurück aus dem Bunker. Wie oft werde ich noch in diese rettende Höhle gehen können? Sah mich schon in einer Zelle, in panischer Angst auf dem Boden hockend.

> Das Leben nennt der Derwisch eine Reise,
> und eine kurze. Freilich! Von zwei Spannen
> diesseits der Erde nach zwei Spannen drunter.
> Wer heut sein Haupt noch auf der Schulter trägt,
> hängt es morgen schon zitternd auf den Leib
> und übermorgen liegt's bei seiner Ferse.
> Zwar eine Sonne, sagt man, scheint dort auch,
> und über bunt're Felder noch als hier.
> Ich glaub's! Nur schade, daß das Auge modert,
> das diese Herrlichkeit erblicken soll.

Jürgen liebte diese Verse aus dem «Prinzen von Homburg»[1] genauso wie ich, obwohl sie im Grunde genommen unchristlich sind, ohne Hoffnung. Was mich an ihnen bewegt, ist das Sich-Fügen in ein Schicksal, die Gelöstheit von allem Irdischen.

Beer will mich morgen für eine Reportage über Erholungsheime der Arbeitsfront[2] nach Schlesien schicken, Uta darf als Zeichnerin mit. Gut, einmal für kurze Zeit aus dem Karussell der Angst herauszukommen.

1 Heinrich von Kleist, Prinz Friedrich von Homburg, 4. Akt, 3. Auftritt. 2 Die Deutsche Arbeitsfront (DAF), die größte Massenorganisation des Dritten Reiches, trat nach der Zerschlagung der Gewerkschaften im Mai 1933 an deren Stelle. Die ihr unterstehende Freizeitorganisation «Kraft durch Freude» [vgl. 31. 5. 44, Anm. 3] unterhielt eigene Erholungsheime. Der Artikel «Fahrt durch Schlesien», ein idyllisches Feuilleton, erschien am 6. August 1944.

28. Juli 1944, Bad Reinerz

Als wir gestern früh um sechs Uhr übernächtig und nervös am Görlitzer Bahnhof standen, ertönten die Lautsprecher: «Alle Offiziersanwärter der Kriegsschule Krampnitz haben sich sofort zu melden.» Klang nicht sehr ermutigend. Im gedrängt vollen Zug wies Uta auf eine Frau, die den Roman im Völkischen Beobachter[1] las. Er hieß «Letzte Reise». Sie zwinkerte mir vielsagend zu, und wir mußten beide lachen. Uta ist die beste Stütze in dieser Zeit.

Hier gibt es Berge, Wälder und Blumen, und zwischen den Besichtigungen immer wieder Pausen, in denen wir uns für eine Weile fortstehlen, uns auf eine Wiese legen und in den Himmel starren, minutenweise in dem Gefühl, daß wir eines Tages aus einem schweren Alptraum erwachen werden und vielleicht alles gar nicht wahr ist.

1 Der *Völkische Beobachter* war das Zentralorgan der NSDAP. Die drei Ausgaben in Berlin, München und Wien hatten 1944 eine Gesamtauflage von 1,4 Millionen Exemplaren.

30. Juli 1944, Breslau

Morgen geht es wieder nach Berlin. Hatte es zum Schluß auch satt, jeden Tag inmitten von DAF-Waltern[1] die Radionachrichten anhören zu müssen, immer in der Furcht, daß Utas Onkel[2] genannt wird. Dazu die Haßkanonaden auf die Adligen. Widerlich ein Kreisleiter, der unentwegt versicherte, er würde die Verräter am liebsten eigenhändig aufhängen. Aber zum Schluß hatten wir ihn beinahe für uns gewonnen. «Wir könnten ihn jetzt mühelos dazu bringen, auf den preußischen Adel zu trinken», sagte ich zu Uta.

Die Arbeiter, mit denen wir sprachen, ruhige Leute, waren ganz zufrieden mit den Erholungsheimen, da wirklich gut für sie gesorgt wurde. Nur daß sie ihre Frauen nicht mitnehmen dürfen, ärgert sie. Gigantische Organisation, diese Arbeitsfront, aber was sie für die Gesundheit der Arbeiter tut, geschieht ja schließlich nur, damit man höhere Leistungen aus ihnen herausholen kann. Sie sind Termiten, die besonderer Pflege bedürfen.

War vorhin bei Ilse, unserer ehemaligen Volontärin, die hier verheiratet ist. Ihre Schwester, Eva Braun, ist häufig auf dem Berghof bei Hitler.[3] Dachte mir, daß diese Verbindung immerhin vielleicht einmal nützlich sein kann, falls es ganz schwierig wird und womöglich Klaus noch etwas passieren sollte. Sie war sehr nett. Schien nicht besonders nazistisch zu sein, obwohl auch sie oft bei Hitler ist. Zeigte mir Fotos von der Hochzeit ihrer zweiten Schwester, die den SS-Reiter Fegelein[4] geheiratet hat; Trauzeuge Hitler, der sich Arm in Arm mit ihr und Eva hatte aufnehmen lassen. Seltsames Gefühl, dieses Bild mit bewundernder Miene betrachten zu müssen. Aber Fritzi hat mir beigebracht, zwar sanft wie die Tauben, doch auch klug wie die Schlangen zu sein. Sonst kann man in dieser Zeit überhaupt niemandem mehr helfen. Morgen werde ich zu Hause sein. Habe Angst, jämmerliche Angst.

1 «Amtswalter» – Bezeichnung für hauptamtliche Parteifunktionäre. 2 Generalfeldmarschall Erwin von Witzleben (vgl. 20. 7. 1944, Anm. 4). 3 Eva Braun war seit 1929 Hitlers Lebensgefährtin. Erst am 29. April 1945, einen Tag vor dem gemeinsamen Selbstmord, heirateten sie. Sie lebte zurückgezogen in Hitlers Bergresidenz auf dem Obersalzberg bei Berchtesgaden und trat erst von 1944 an gelegentlich (als Schwägerin des SS-Generals Hermann Fegelein; vgl. folg. Anm.)

öffentlich in Erscheinung. 4 Hermann Fegelein, Generalleutnant der Waffen-SS, zuvor Leiter der SS-Hauptreitschule, war Verbindungsoffizier der Waffen-SS bei Adolf Hitler. Seit der Heirat mit Eva Brauns Schwester Margarete 1944 gehörte er dessen engster Umgebung an. Kurz vor Kriegsende wurde er im Hof der Reichskanzlei ohne Verfahren wegen angeblicher «Fahnenflucht» erschossen.

31. Juli 1944, Berlin

Traute mich kaum in die eigene Wohnung. Aber noch ist keine Vorladung da. Hingegen erzählte der Portier, unter Tränen, daß Hardenberg verhaftet ist. Kurz darauf erschien Mädy Schilling, eine Nichte von Hardenberg, die Einzelheiten wußte.[1] Als die Gestapo-Leute das Schloß umstellten, hat Hardenberg sich von seiner Frau herzlich verabschiedet und dann einen Selbstmordversuch unternommen. Um den anderen den Anblick schrecklicher Verstümmelung zu ersparen, hat er sich in die Brust geschossen, aber das Herz verfehlt. So transportierte die Gestapo ihn auf einer Bahre ab. Vermutlich nach Sachsenhausen.[2] Außer ihm haben sie Reinhild mitgenommen, die dritte Tochter, die heimlich mit Werner Haeften verlobt war; auch Mädys Vater, der zufällig dort war, und den armen alten General von Schulenburg, der nun wirklich gar nichts mit der Sache zu tun hat.[3]

Die Familie mußte ständig vor der Dienerschaft Theater spielen. Reinhild vor allem, die sich ihren Schmerz um Werners Tod nicht anmerken lassen durfte. Und dazu jedesmal, wenn ein Auto vorfuhr, die panische Vorstellung: Das sind «sie». Bis es dann wirklich soweit war. Sogar die Bauern wurden aufgefordert, das Gelände mit abzusperren. Das Gästebuch wurde beschlagnahmt. Wie viele Namen stehen darin! Oberst Jäger ist natürlich auch längst verhaftet.[4] Keiner wird «ihnen» entgehen. Der Apparat surrt auf Hochtouren.

1 Im Tagebuch heißt es unter dem 30. Dezember 1944 rückblickend: «[...] schließlich hier morgens früh Mädy [Schilling] mit den Schrekkensnachrichten aus Neuhardenberg.» 2 Das Konzentrationslager Sachsenhausen in Oranienburg, 25 Kilometer nordöstlich von Berlin, war 1936 als politisches Straflager für etwa 8000 Gefangene angelegt worden. Gegen Kriegsende wurden dort rund 35 000 Sträflinge aller Nationen unter katastrophalen Bedingungen festgehalten. 3 Am 22. August 1944 schrieb UvK an Eberhard von Urach andeutungsvoll:

«Neben mir sitzt Lalla H[ardenberg]. Goldig, sie ist ein so reizender Mensch, einfach liebenswert. Sie hat es ungeheuer schwer. Vaters Schicksal in einem Lazarett mit 2 aus der Brust herausoperierten Kugeln mehr als ungewiß und die Schwester [Reinhild], die seit dem Tag, als Heeren [?] seinen Besuch machen wollte, weg ist. Sie, die Schwester, war heimlich verlobt. Der Mann [Werner Haeften] ist auch schon gefallen. Du machst Dir keinen Begriff, wie aufregend alle diese Dinge sind für mich.» 4 Oberst Fritz Jäger wurde am 21. Juli 1944 verhaftet.

1. August 1944

Das war ein Tag! Mittags tat sich in der Redaktion die Tür auf – ich saß bei Bärchen und ließ mir gerade von Graf Douglas erzählen, daß jeder, der mit Stauffenberg und seinen Leuten bekannt war, verhaftet werden würde –, und ein Mann, den wir nie gesehen hatten, kam herein. «Ist Ursula von Kardorff hier? Geheime Staatspolizei, bitte kommen Sie gleich mit.» Wobei er sich, wie ich es bisher nur aus Filmen kannte, mit einer Blechmarke auswies.

Merkwürdige Erfahrung. Wenn es soweit ist, hat man einen klaren Kopf und wird ganz ruhig. Auf der Treppe konnte ich Bärchen noch zurufen, daß es in die Französische Straße[1] ginge. Wir fuhren mit der U-Bahn dorthin, und ich ärgerte mich, daß ich das Billett selbst bezahlen mußte. Dann, während ich die nichtsahnenden Leute um mich herum betrachtete, das unheimliche Gefühl, daß ich nun so bald nicht wieder mit der U-Bahn würde fahren dürfen und schon eine Gefangene sei.

Am Ziel angelangt, einem halbausgebrannten Haus, das gerade wieder hergerichtet war, durfte ich zu meiner Verwunderung noch für eine Stunde essen gehen. Rief, einigermaßen beruhigt dadurch, Schwab und Bärchen an und bestellte sie nebenan zu Borchard.[2] Da ein Fremder an unserem Tisch saß, unterhielten wir uns in etwas übersteigerter Lebhaftigkeit, aber ich konnte mich wenigstens in Gedanken einigermaßen vorbereiten. Dann wieder zurück in das Gestapo-Haus, das wie jedes andere Bürogebäude aussieht. Auf den Fluren Sekretärinnen und Wartende. Viele von ihnen allerdings mit blassen Gesichtern und gespannten Mienen. Wer weiß denn auch, ob die Türen hier nicht endgültig hinter ihm zufallen. Man atmet schwer in solchen Häusern. Ich wurde sehr bald in ein Zimmer hereingerufen und stellte dort mit Erleichterung fest, daß der gleiche subalterne Beamte, der mich geholt hatte, mich nun auch verhören wollte. Wichtiges schien er von meiner Aussage nicht zu erwarten.

Es dauerte etwa zwei Stunden, bis das Protokoll aufgesetzt war, und ich durfte es sogar durchlesen, ehe ich unterschrieb.[3] Die Fragen bezogen sich, wie ich erwartet hatte, auf Hardenberg. Daraus, daß ich in seiner Stadtwohnung wohne, hatten sie offenbar ihre eigenen Schlüsse gezogen. Zum Glück konnte ich den Mann durch ausführliche Schilderungen von der Familie sehr schnell überzeugen, daß ihre Vorstellung nicht den Tatsachen entsprach.

Schwieriger wurde es, als der Beamte mich fragte, was ich am 20. Juli mit Hardenberg im Adlon gesprochen hätte. Das war also bereits zu seiner Kenntnis gelangt. Durch wen? Doch gab er sich dann zufrieden, als ich ihm sagte, wir hätten nur herumgerätselt, von welcher Seite das «verabscheuungswürdige Verbrechen» wohl begangen worden sein könnte. Überhaupt hatte ich den Eindruck, daß er gutwillig war, im Grunde auch ziemlich uninteressiert. Ließ bereitwillig jede Änderung in das Protokoll aufnehmen. Störend allerdings war ein zweiter Mann, der von Zeit zu Zeit hereinkam, stumm am Fenster stand und mich betrachtete. Schließlich, nachdem ich Hardenberg als begeisterten Soldaten geschildert hatte, der sich größte Sorge um die Entwicklung an der Ostfront machte, konnte ich wieder gehen. Wenn ich es jetzt Satz für Satz noch einmal überdenke, hoffe ich nur, daß ich es richtig gemacht habe. Es ist nicht leicht, ohne zu zögern sofort auf Fragen zu antworten, wenn man jedesmal überlegen muß, welche Formulierung am unverfänglichsten klingt. Wenn sie Hardenberg nun aber völlig andere Aussagen entgegenhalten? So tun, als hätte ich ihn belastet? Sie können ja machen, was sie wollen. Man ist ein Spielball in ihren Händen, rechtlos, machtlos, ahnungslos.

Meine ganze Bude zu Hause voll von den Freunden, die Bärchen alarmiert hatte. Umarmte einen nach dem anderen vor lauter Dankbarkeit – sie hatten sich genau zurechtgelegt, was zu unternehmen sei, falls ich abends nicht mehr zurückkäme. Vater Hassell ist nun auch verhaftet,[4] er muß das schon geahnt haben, als ich ihn das letzte Mal sah.

Ich hingegen bin frei! Und doch läßt der Druck nicht nach.

Morgen können sie wiederkommen. Ein engmaschiges Netz wird sich über uns alle senken, wenn erst die Akten ausgetauscht, verglichen, die Querverbindungen, die Verästelungen des Kreises deutlich geworden sind.

Frau Leber ist ebenfalls geholt worden, es war zu erwarten, ihr Mann also unrettbar verloren.[5] Dabei hing es an einem Faden! Tausende wären befreit worden, der Krieg wäre zu Ende.

1 In der Französischen Straße befand sich eine Außenstelle der Gestapo. 2 Borchard – Restaurant in Berlin. 3 Im Tagebuch heißt es unter dem 30. Dezember 1944 rückblickend: «Der Gestapo-Mann, der mich von der Redaktion in die Französische Straße holte, Bärchen, Tb [Thilenius], alle Freunde der Redaktion, das Verhör 2 Stunden und sehr höflich – mein Gott, was für Aufregungen.» 4 Ulrich von Hassell wurde am 28. Juli 1944 in seinem Büro in Potsdam festgenommen, wo er die Gestapobeamten bereits erwartete. 5 Annedore Leber, die sich nach der Verhaftung ihres Mannes in ein Krankenhaus zurückgezogen hatte, wurde am 7. August 1944 festgenommen und war bis zum 30. September im Gefängnis Moabit in «Sippenhaft».

2. August 1944

Unter den Linden Hardenbergs Frau getroffen. «Sprechen Sie noch mit mir?» fragte sie ganz verzagt. Wir umarmten uns, und ich fing an zu weinen. Sie war gefaßt und voller Spannkraft. Hardenbergs Verwunderung bewahrt ihn vorläufig vor Verhören – vielleicht rettet sie ihm das Leben. Die Leute auf dem Gut seien rührend. Kein böses Wort, im Gegenteil, jeden Tag brächten die Bauern kleine Geschenke: Fische, Eier, Blumen oder Gemüse. Nach Hardenbergs Verhaftung habe ihr Diener, ein Franzose, im Namen sämtlicher Kriegsgefangener, auch der russischen, eine Ansprache gehalten, in der er ihrer aller Bewunderung für den Grafen zum Ausdruck brachte und ihre Anteilnahme für sie. Danach habe er einen starken Bohnenkaffee serviert, aus eigenen Vorräten gespendet. Menschen gleicher Gesinnung fühlen sich also heute über Grenzen, Gräber und Stacheldrähte hinweg verbunden.

Reinhild ist im Gefängnis in der Lehrter Straße.[1] Sie ist knapp zwanzig Jahre alt.

Fritzi ist nicht in der Bendlerstraße erschossen worden, er

lebt noch. Wo, ist nicht zu ermitteln. Wahrscheinlich sitzt er in der Prinz-Albrecht-Straße.[2]

Unerträglich die Vorstellung, daß er gefoltert wird; Visionen in der Nacht und besonders im Morgendämmer, wenn der Schlaf gewichen ist.

1 In das Zellengefängnis Moabit in der Lehrter Straße 3 wurden nach dem 20. Juli viele politische Gefangene eingeliefert, für die im nahegelegenen Gestapo-Hauptquartier kein Platz mehr war. Es war ein Männergefängnis. Reinhild Hardenberg verbrachte ihre Haftzeit vom 24. Juli bis 18. Dezember 1944 in der Haftanstalt Alt-Moabit und im Gerichtsgefängnis Charlottenburg in der Kantstraße. 2 Die Prinz-Albrecht-Straße war Sitz des bei Kriegsbeginn aus Gestapo, Kriminalpolizei und SS-Sicherheitshauptamt gebildeten Reichssicherheitshauptamtes, der Terror- und Repressionszentrale des Regimes, in der sich auch Gefangenenzellen und Folterräume der Gestapo befanden.

6. August 1944, Böhlendorf

Berlin liegt hinter mir, aber die Angst streckt ihre Polypenarme bis hierher aus. Die Ruhe auf dem Land ist fast schlimmer als die Spannung in Berlin.[1] Dort wurde ich wenigstens über alles sofort informiert. Hier sind die Zeitungen zwei Tage alt, und die Promi-Nachrichten fehlen.

Eltern und Verwandte sind voller Mitgefühl. Aber ich möchte allein sein, nichts als allein sein, und das versteht nur Papa. Mein einziger Trost hier ist der Wald, nur dort lösen sich für wenige Stunden Angst und Verkrampfung. Jeden Abend bei den Radionachrichten von neuem die Qual: Wen haben sie jetzt?

1 Im Tagebuch heißt es unter dem 30. Dezember 1944 rückblickend: «Böhlendorf – völlig unerholsam, da in zu großer Unruhe.»

12. August 1944, Böhlendorf

Erster groß aufgemachter Bericht in den Zeitungen. Übler Text, dazu Fotografien, die so erschüttern, daß man weinen muß. Witzleben mit einem hageren, entsetzlich traurigen Gesicht, ohne Schlips, ohne Hosenträger, in der lächerlichen Haltung eines Menschen, der sich die Hosen festhalten muß. Dahinter Stieff.[1] Eine neue Liste von Namen wurde veröffentlicht, darunter auch der von Fritzi Schulenburg und Peter Yorck.[2]

Nachmittags zwei Stunden im Wald auf einer Lichtung im Moos gelegen und geweint.

Stauffenberg soll, ehe er erschossen wurde, ausgerufen haben: «Es lebe unser heiliges Deutschland!»[3] Für ihn und auch für Werner Haeften war das Sterben leicht im Vergleich zu dem, was die anderen jetzt vor ihrem Tod durchmachen müssen. Fritzi vor dem Volksgerichtshof – wenn ich mir das vorstelle, kann ich nicht mehr atmen. Wie mag es seiner Frau gehen? Wie bringt sie den Kindern bei, daß ihr Vater kein Verräter ist?

Ich mache mir Sorgen um Papa. Jürgens Tod hat seine Kraft gebrochen, den Lebenswillen geschwächt. Er sieht so elend aus, daß die Hakennase das ganze Gesicht beherrscht. Mama vergeht vor Sorgen um alle. Nicht zu Unrecht. Obwohl ich ihr das Schwerste verschweige.

1 Der erste Prozeß vor dem Volksgerichtshof gegen die Verschwörer des 20. Juli fand am 7. und 8. August 1944 unter Vorsitz von Roland Freisler gegen Erwin von Witzleben, Helmut Stieff, Peter Graf Yorck von Wartenburg, Friedrich Karl Klausing und vier weitere Offiziere statt. 2 Peter Graf Yorck von Wartenburg, Oberleutnant im Wehrwirtschaftsamt des OKW, war Mitbegründer des oppositionellen Kreisauer Kreises. In enger Zusammenarbeit mit seinem Vetter Claus von Stauffenberg gehörte er zum inneren Kern der Verschwörer. 3 Dieser Ausruf Stauffenbergs wird von Chauffeuren und Sekretärinnen bestätigt, die Zeugen des Standgerichtes im Hof des Bendlerblocks wurden.

15. August 1944, Böhlendorf

Klaus rief aus Berlin an. Er ist aus Belgrad zurück, auf Heiratsurlaub, will schon am 20. August heiraten. Es zieht mich unaufhaltsam nach Berlin. Die Stille hier hat etwas Entnervendes, sie beruhigt nicht.

Ob Fritzi schon tot ist? Erhängt? Wenn man erhängt wird, soll der Tod sehr schnell eintreten, weil das Genick schon in der ersten Sekunde gebrochen wird.

Ulrich Schwerin, den wir damals in Potsdam sahen, gehört auch dazu. Ebenfalls der junge Klausing, der so oft in Neuhardenberg war.[1] Wage kaum darüber nachzudenken, wen es noch treffen wird.

Neue Landung der Alliierten in Südfrankreich. Der Durchbruch bei Avranches geht vorwärts.[2] Vielleicht sind die feindlichen Truppen schneller als die Schergen der Gestapo. Auf Goerdelers Erfassung ist eine Million Mark ausgesetzt.[3] Überall hängt sein Steckbrief.

1 Die Hauptleute Ulrich-Wilhelm Graf Schwerin von Schwanenfeld und Friedrich Karl Klausing gehörten am 20. Juli zu den engen Mitarbeitern Stauffenbergs im Bendlerblock. Schwerin wurde noch in der Nacht festgenommen. Klausing, der Stauffenberg als Adjutant zur Seite gestanden hatte, stellte sich trotz geglückter Flucht der Polizei, um Freunde nicht zu gefährden. 2 Mit dem Durchbruch der US-Truppen durch die deutsche Westfront am 25. Juli 1944 bei Avranches, an der Grenze zwischen Normandie und Bretagne, war Frankreich für die deutsche Wehrmacht verloren. An der Côte d'Azur landeten am 15. August überdies amerikanisch-französische Truppen, die schnell in Richtung Italien und Lyon vorstießen. 3 Carl Friedrich Goerdeler, bis zu seinem Rücktritt 1937 Oberbürgermeister von Leipzig, galt als der politische Kopf der bürgerlich-konservativen Opposition und war nach einem geglückten Umsturz für das Amt des Reichskanzlers vorgesehen. Der Haftbefehl gegen ihn war bereits wenige Tage vor dem 20. Juli ausgestellt worden.

17. August 1944, Berlin

Wieder in der Redaktion. Bärchen erzählt vom Tag der Verhandlung gegen Witzleben. Graf Douglas und Guschi Döring hatten Zutritt. So erfuhren sie Genaueres. Freisler, ein geifernder Spuk. Unser Chefredakteur, der Fritzi gut kannte, war verzweifelt, ausgerechnet einen Leitartikel über den 20. Juli schreiben zu müssen. Er unterzog sich dieser Aufgabe mit Mut und viel Geschicklichkeit.[1] Abends sind dann alle zu Bärchen gegangen; zerschlagen, unfähig, irgend etwas zu denken oder zu tun, haben sie die halbe Nacht dort auf dem Balkon gesessen. Wenigstens konnten sie untereinander offen sprechen.

Der Tod dieser Menschen kettet uns fester an diesen Boden, den ich so oft verfluchte.[2]

1 So vermied Otmar Best in seinem Leitartikel, der am 11. August 1944 unter dem Titel «Die Konsequenzen» erschien, jede explizit persönliche Stellungnahme. Zur Kritik an den Verurteilten gab er ausschließlich Zitate von Repräsentanten des NS-Staates wieder. Jeder Leser könne sich angesichts der ausführlichen Prozeßberichte in der Presse «eine eigene Meinung machen», ergänzte er sibyllinisch. 2 Am 22. Au-

gust 1944 schrieb UvK an Eberhard von Urach: «Dieses Berliner Leben ist schon nervenzehrend, ganz besonders jetzt. Tausend Gerüchte schwirren umher, und der Tod schreitet in vielerlei Gestalt durchs Land.»

19. August 1944

Bei größter Hitze feierten wir Klausens Polterabend. Klaus – ein Gespenst, jeden dritten Tag bekommt er einen Malariaanfall. Zwei Tage zuvor wurde Uta von einem Gestapo-Beamten zum Verhör geholt. Klaus ging mit. «Was hätte ich tun können», sagte er resigniert, «den Kerl über den Haufen schießen? Was hätte das genützt? Noch nie, selbst nicht im schlimmsten Feuer an der Front, habe ich so das Gefühl der Hilfslosigkeit gehabt wie in diesen Stunden.» Das Verhör war ziemlich scharf. Uta hatte Briefe ihres Onkels Witzleben ins Ausland vermittelt. Sie konnte sich geschickt herausreden, wurde aber mit der Drohung entlassen, daß man sie weiter beobachten und bei dem geringsten Verdacht verhaften werde.

Während die Gäste, vor allem eine Anzahl hübscher Mädchen aus Potsdam, Fröhlichkeit mimten, saßen Klaus und ich im Nebenzimmer und sprachen von Fritzi. Klaus ist so verzweifelt wie ich, er hing mit der gleichen Verehrung an ihm. «Wir müssen uns ihrer würdig erweisen», sagte er immer wieder. «Sie waren das Beste, was wir hatten.» Über dem Abend lag viel Bedrückendes, und niemand wurde richtig vergnügt. Dörtenbach sagte: «Kaufen Sie sich bald ein Billett nach Süddeutschland, der Krieg ist spätestens im November zu Ende.» Ich dachte an den letzten Brief von Eberhard und war von allem unberührt.

20. August 1944

Die Trauung in der fast leeren Kirche ging schnell vorüber. Klaus blaß, Uta im weißen Abendkleid ihrer Mutter, mit der goldenen Kette unserer Urgroßmutter. Als wir aus der Kirche kamen, hielt mich plötzlich Jutta Sorge an, völlig verstört. Helmuth Cords, ihr Verlobter, Jürgens Freund aus dem Arbeitsdienst, ist verhaftet worden.[1] Haeften hatte ihn zu sich in Stauffenbergs Abteilung geholt. Er war erst ein paar Tage dort, als das Verhängnis ihn ereilte. Natürlich darf niemand wissen, daß er mit einer Halbjüdin verlobt ist. So ist der Armen noch eine Last mehr aufgebürdet. Gott gibt jedem so viel, wie er tragen kann, heißt es; aber sind die Lasten nicht ungleich verteilt?

Gleich nach dem Essen im kleinsten Kreis verfrachtete ich Uta und Klaus auf die Bahn. Er war so elend, daß wir fürchteten, er fiele in Ohnmacht. Ich bekam den Brautstrauß, gelbe Rosen, die meine Portiersloge mit ihrem Duft erfüllen.

1 Der Hauptmann Helmuth Cords, der am 20. Juli die Hauptwache des Bendlerblocks gesichert hatte, wurde am Tag darauf festgenommen. Der Reichsarbeitsdienst, 1935 für alle jungen Männer, 1939 auch für Frauen obligatorisch, wurde zunächst eingeführt, um die Arbeitslosenzahlen zu senken. Zugleich diente er der NS-Erziehung und der Vorbereitung auf den Militärdienst.

24. August 1944, Neuhardenberg

Bin für die restlichen drei Tage meines Urlaubs hierhergefahren. Da ich mich nicht telefonisch ansagen wollte, ging ich den langen Weg vom Bahnhof aus zu Fuß. Der erste Mensch im Schloß, der mich sah, die Beschließerin, ließ vor Schreck beinahe eine Schüssel fallen, denn außer mir hat sich noch niemand hierher getraut. So war die Freude bei der Gräfin doppelt groß.

Es ist unheimlich hier, wie in einem verwunschenen Schloß. Der Park im Sonnenglast, die sanften Wiesen und in der Ferne die Dunkelheit des Waldes von grenzenloser Melancholie. Kein Mensch ist zu sehen, und doch scheinen sie wie Geister auf den Wegen zu gehen, die vielen Gestalten, die früher hier alles mit Leben erfüllten. Schulenburg, Stauffenberg, Jäger, Haeften, Klausing – alle tot. Oder lebt Fritzi noch? Manche behaupten es. Die anderen Foltern ausgeliefert: Hassell, Kleist, Oppen[1] und Nikolaus Halem, Reinhild, die um das Leben des Vaters im KZ zittern muß.[2]

In der Bibliothek zeigte man mir die Kugelspuren. Die Gestapo-Leute hatten ebenfalls geschossen, als sie Hardenbergs Schuß hörten, diesen Schuß, der seinem Leben ein Ende bereiten sollte und es ihm vielleicht gerettet hat. Hatte das Gefühl, in einem Zwischenreich zu sein, in dem die Toten lauter sprechen als die Lebenden. Die Schinkel-Säle mit ihrer kühlen Pracht wirken jetzt bedrückend. So sitzen wir abends in der Bibliothek und sprechen von der Vergangenheit.

Heinrich Lehndorff, ein Freund der Familie, entkam aus dem Transportzug und konnte sich in Berlin eine Weile durchschlagen.[3] Nun haben sie ihn doch gefaßt. Ebenso wie Goerdeler, den eine Luftwaffenhelferin erkannte und angezeigt hat.[4] Möge sie an dem Blutgeld eines Tages ersticken!

Diese leeren Räume – alle Kinder sind fort, der Sohn an der Front, zwei Töchter als Schwestern im Lazarett und Reinhild, vor kurzem noch wohlbehütet, mit Verbrecherinnen aller Sorten zusammen eingesperrt. Gisela Arnim, die älteste Tochter, kam unerwartet. Behauptete, aus sicherer Quelle zu wissen, daß Fritzi noch lebe. Es sei im englischen Sender gesagt worden.

Gerade im Radio gehört, daß Rumänien abgefallen ist und uns den Krieg erklärt hat.[5] Die Balkan-Front kommt ins Wanken. Das Ende schreitet schnell, wenn das wenigstens den Menschen in den Gestapo-Kellern noch nützen könnte.

Ich fange langsam an, wieder an die Macht des Gebetes zu glauben. Besonders, wenn ich Reinhold Schneiders Sonett lese: «Allein den Betern wird es noch gelingen ...»,[6] das man sich abschreibt und an andere weitergibt.

1 Oberleutnant Ewald Heinrich von Kleist und Leutnant Georg Sigismund von Oppen, die zusammen mit Schulenburg dem Infanterieregiment 9 angehörten, waren am 20. Juli als Ordonnanzoffiziere an der Verschwörung im Bendlerblock beteiligt und wurden noch in derselben Nacht festgenommen. 2 Carl-Hans Graf von Hardenberg kam in das Konzentrationslager Sachsenhausen, aus dem er bei Kriegsende befreit wurde. 3 Oberleutnant Heinrich Graf von Lehndorff-Steinort war für den Fall eines geglückten Staatsstreiches als Verbindungsoffizier in Königsberg vorgesehen. Nach dem 20. Juli hatte er sich zunächst selbst gestellt, war dann jedoch wieder entflohen. Nach seiner endgültigen Festnahme wurde er am 4. September 1944 zum Tode verurteilt und hingerichtet. 4 Carl Friedrich Goerdeler wurde nach wochenlanger Flucht am 12. August 1944 auf den Hinweis einer Luftwaffenhelferin hin in Westpreußen verhaftet. Die Denunziantin erhielt die ausgesetzte Belohnung von einer Million Reichsmark. 5 Rumänien, seit 1941 militärisch mit Deutschland verbündet, stand nach der sowjetischen Großoffensive im August 1944 am Rand der Kapitulation. In dieser Situation wurde der Staatschef Ion Antonescu am 23. August 1944 gestürzt. Die neuen

Machthaber erklärten dem Deutschen Reich fünf Tage später, nach der Bombardierung Bukarests durch die deutsche Luftwaffe, den Krieg und schlossen bald darauf einen Waffenstillstand mit der Sowjetunion. 6 Reinhold Schneiders Gedicht «Allein den Betern kann [!] es noch gelingen».

26. August 1944, Berlin

In der Redaktion das Gerücht, daß ich mit einigen anderen entlassen und in die Fabrik geschickt werden soll.[1] Wurde von einem widerlichen Direktor auf die Liste gesetzt. Wie ich das Wort «Liste» hasse. Alle diese Listen, die bei den Verhafteten vom 20. Juli gefunden worden sein sollen. Die Gestapo könnte allein nach dem Hardenberger Gästebuch weitere hundert Menschen verhaften.

Fatal, wenn ich in die Fabrik müßte, nicht nur wegen der Arbeit, denn schließlich ist es gleichgültig, unter welchen Umständen man die letzten Monate bis zum Schluß verbringt – aber ich wäre abgeschnitten von allen Verbindungen und Nachrichten. Es ist so schwer zu erfahren, ob ein Urteil gefällt und ob es dann auch vollstreckt wurde. Darum ist Graf Douglas für uns so wertvoll, er hat sichere Quellen, die uns nicht zur Verfügung stehen, und seine Nachrichten stimmen immer.

Paris scheint in der Hand der Alliierten zu sein. Zum Glück unzerstört.[2]

1 Am 25. Juli 1944 begann eine weitere Mobilisierungskampagne für den «totalen Krieg». Betriebe und staatliche Dienststellen wurden nach personellem Nachschub für Militär und Rüstungsindustrie durchkämmt. Am 23. August 1944 schrieb UvK an Eberhard von Urach: «Es kann sehr gut sein, daß sie mich in eine Fabrik stecken, die DAZ wird mit dem Börsenblatt [Berliner Börsen-Zeitung] zusammengelegt, und dafür viel abgegeben. Da unsere Männer alles so schlottrige Greise sind, daß sie für die Front nicht mehr in Frage kommen, wird man sich wohl an die paar Mädchen halten. Na, mir ist es allmählich auch egal. Man wird so entsetzlich gleichgültig gegen so etwas. [...] Um mich herum ist so entsetzlich viel Leid, daß ich mir gemein und herzlos vorkäme, wenn ich zu glückstrahlend umherlaufe.» Im September 1944 wurden Börsenzeitung und DAZ im Rahmen der dritten Stillegungsaktion des Reichspresseamtes zusammengelegt. 2 Am 24. August 1944 marschierte die 2. französische Panzerdivision unter General Leclerc als Vortrupp der alliierten Armee in Paris ein. Die Résistance hatte

ihr mit einem bewaffneten Aufstand den Weg bereitet. Der deutsche Militärbefehlshaber General Dietrich von Choltitz übergab die Stadt, Adolf Hitlers Durchhalte- und Zerstörungsbefehlen zum Trotz, beinahe unversehrt.

31. August 1944

Die Fabrik ist mir noch einmal erspart geblieben. Das Damoklesschwert nicht auf mein durchaus unbereitetes Haupt heruntergefallen. Der dicke Generaldirektor Wiessner[1] gratulierte mir dazu. Seit dem 20. Juli begrüßt er mich betont mit «Guten Morgen», sonst sagte er stets «Heil Hitler».

Auch Bulgarien scheidet aus dem Krieg aus.[2] Die Linie Reims, Chalons, Vitry ist erreicht. Wo mag Eberhard stecken? Über einen Boten kam ein Brief für mich, mit einem Talisman, einem Georgstaler,[3] den er in Rußland getragen hat. Meine Antwort hat er noch nicht bekommen.

Ich gehe neuerdings oft in katholische Kirchen. Sonntags fahre ich noch am Abend nach Westend in die Messe. Obwohl ich nicht viel verstehe von dem, was vor sich geht, finde ich dort Trost.

1 Max Wiessner, Geschäftsführer des *Deutschen Verlags*, hatte seine Laufbahn als Journalist bei der liberalen *Frankfurter Zeitung* begonnen und unter Gustav Stresemann die Presseabteilung der Reichsregierung geleitet. 2 Am 26. August 1944 verkündigte Bulgarien offiziell den Rückzug aus dem Krieg. Geheimverhandlungen mit den Alliierten in Kairo waren dem Beschluß vorausgegangen. Dies konnte ebensowenig wie der Abbruch der diplomatischen Beziehungen mit Deutschland und die anschließende Kriegserklärung an das Deutsche Reich den Einmarsch der Roten Armee in Bulgarien verhindern. 3 Georgstaler – Amulett mit einer Abbildung des Heiligen Georg als Drachentöter, zum Schutz vor Verwundung und Unfällen.

2. September 1944

Heute früh erschien Wolf-Uli Hassell plötzlich bei mir. Sehr beunruhigt, sein Vater ist aus Mecklenburg, wo er in einer Art Ehrenhaft saß, in die Prinz-Albrecht-Straße gebracht worden.[1] Das heißt Verschärfung. Er bat mich, wenn möglich herauszubekommen, ob eine Verhandlung anberaumt sei und für wann.

Wolf-Uli läuft von einer Stelle zur anderen, bringt dem Vater Wäsche und Eßpakete und versucht immer wieder, vorzudringen, Sprecherlaubnis zu bekommen. Merkwürdig, daß er nicht selbst verhaftet wurde. Überall begegnet er Achselzucken oder ausweichenden Vertröstungen.

1 Ulrich von Hassell wurde am 18. August 1944 vom Konzentrationslager Ravensbrück in Mecklenburg in das Kellergefängnis der Gestapo in der Prinz-Albrecht-Straße verlegt.

5. September 1944

Brüssel und Antwerpen sind gefallen. Wenn es in diesem Tempo weitergeht, wäre jedenfalls das Ende mit Schrecken bald da und der Schrecken ohne Ende hörte auf, um eine dieser entmutigenden Redensarten zu gebrauchen, die dauernd in aller Munde sind. Ein Zeitungsartikel von einem PK-Mann, Fernau, hat größtes Aufsehen erregt; er schreibt von einer Wunderwaffe, als sei die Entscheidung schon gefallen und Churchill müsse darauf gefaßt sein, mit der ganzen Insel in die Luft gesprengt zu werden.[1] Durch solche Artikel wird das Volk immer wieder zum Durchhalten hochgepeitscht.

Wolf-Uli Hassell stand schon an der Ecke meiner Straße, wie verabredet. In meine Wohung kann er nicht mehr kommen; denn wer weiß, ob die OT-Wächter[2] nicht den Auftrag haben, jeden zu notieren, der mich besucht. Habe durch Graf Douglas herausbekommen, daß Goerdeler und Hassell wahrscheinlich in den nächsten Tagen vor den Volksgerichtshof kommen. Freisler soll der Teufel in Person sein. Da helfen Klugheit und auch der geschliffenste Verstand nichts.

Abends besuchte mich Roderich Thun, ein Vetter von Eberhard, und bot mir Zuflucht in einem kleinen schwäbischen Dorf, Jettingen, an, dort hat er seine Abteilung der Messerschmitt-Werke[3] untergebracht. Der Gedanke hat etwas Verlokkendes. In so einem Dorf kann man nicht verhungern, und Revolution wird es dort auch nicht geben.

1 Der Artikel des Kriegsberichterstatters Joachim Fernau, am 30. August 1944 im *Völkischen Beobachter* unter der Überschrift «Das Geheimnis der letzten Kriegsphase» erschienen und von mehreren Zeitungen nachgedruckt, wurde von vielen Lesern als Fanal einer Kriegswen-

de verstanden. Fernau pries die Überlegenheit der neuen «Wunderwaffen» und fügte prophetisch hinzu: «Wir werden den letzten Preis, den wir noch zu bezahlen haben, eben bezahlen. Mit allen Mitteln und mit allen Kräften. Der Sieg ist wirklich ganz nahe.» 2 Vgl. 17. 12. 1943, Anm. 1. 3 Die *Messerschmitt AG*, Flugzeugunternehmen mit Stammsitz in Augsburg, stellte mit der ME 109 das meistproduzierte Jagdflugzeug des Zweiten Weltkriegs her und begann 1944 mit der Entwicklung der ersten Düsenjäger.

6. September 1944

Ging vor Redaktionsbeginn eine Stunde mit Wolf-Uli spazieren. Trost – wie schwer ist heute Trost. Vielleicht half es ihm, daß er sich aussprechen konnte. Morgen soll die Verhandlung gegen seinen Vater beginnen. Ich habe nicht mehr viel Hoffnung. Wolf-Uli hat getan, was menschenmöglich war. Nun muß das Schicksal seinen Lauf nehmen, diesen unaufhaltbaren, langsam zermalmenden Lauf. Wir klammerten uns theoretisch noch an einige Strohhalme, aber im Grunde waren wir beide verzweifelt.

7. September 1944

Erwachte aus einem seltsamen Traum. Frau von Hassell erschien in Trauerkleidern und sagte: «Nun sind die Würfel gefallen.» Kurz darauf kam ein Auto vorgefahren, in dem Hardenberg saß. Elend, aber lebendig und frei. Sollte sich dieser Traum erfüllen? Hardenberg war sogar so lebendig, daß er mich wegen der fürchterlichen Unordnung auf meinem Schreibtisch zur Rede stellte. Ich nehme diesen Traum als gutes Zeichen für ihn.

Beim Abenddienst in der Redaktion mit viel List, in gemeinsamer Arbeit mit Bärchen, aus Guschi Döring das Neueste über die Verhandlung gegen Hassell herausbekommen. Döring war so mitgenommen, daß er beinahe froh zu sein schien, endlich die Dämme des Redeverbotes[1] durchbrechen zu können. Anscheinend steht es sehr schlecht, und die Sache sieht hoffnungslos aus.

Es ist jetzt bereits so weit, daß jeder, dem nachgewiesen werden kann, daß er von der Planung des Attentates etwas wußte, ein Todesurteil wegen Nichtanzeige zu erwarten hat.[2] Auf diese

Weise können Tausende vernichtet werden. Ich versuche, mir diese Dinge möglichst nicht auszumalen, sonst könnte ich wieder in den Strudel der Angst geraten.

1 Jede Indiskretion sei «schwer strafbar», hatte der Präsident des Volksgerichtshofs Roland Freisler bei Verhandlungsbeginn ausdrücklich angedroht. Zu den Prozessen waren nur Amtsträger aus Partei und Staat, Offiziere und Pressevertreter, die vorher gründlich überprüft wurden, zugelassen. Dennoch drangen Einzelheiten über die Verhandlungen nach außen. 2 Nach dem 20. Juli wurden viele Unbeteiligte zum Tode verurteilt, weil sie von den Staatsstreichsplänen wußten und sie nicht angezeigt hatten.

8. September 1944

Graf Douglas und Döring waren schon mittags von der Verhandlung zurück. Sie kamen wie Gespenster an. Waren noch so erregt, daß es einfach aus ihnen herausquoll, obwohl sie auf Schweigen vereidigt worden sind. Freisler, in scharlachroter Robe, schrie von neun Uhr früh bis mittags. Hassell hat seine bisherige Zurückhaltung aufgegeben, da er wohl gemerkt hat, daß nichts mehr zu retten war. Er soll imponierend gewesen sein.[1] Von Goerdeler seien die anwesenden SS-Leute so begeistert gewesen, daß es beinahe an Hochverrat grenzte. Auch Wirmer und Leuschner überzeugten ihre Gegner sehr viel mehr als der brüllende Freisler.[2] Wirmer, ein Riese, habe so zurückgebrüllt, daß es selbst Freisler einen Moment den Atem verschlug. Lange hätten sie über die Una Sancta[3] gestritten, bis Freisler schließlich zynisch lächelnd gesagt habe: «Nun, wenn ich in der Hölle sitze und Sie im Fegefeuer, können wir ja darüber telefonieren.»[4] Freisler, schäumend, schreiend, zeternd, geschmeidig, höhnisch, niederträchtig und klug, muß etwas vom Leibhaftigen gehabt haben.

Das Publikum – nur auserwählte Presse und dreifach gesiebte Parteileute waren zugelassen – soll eindeutig auf seiten der Angeklagten gewesen sein.

Tod durch Erhängen war der nie bezweifelte Ausgang.[5]

Ging dann abends mit Wolf-Uli Hassell die ganze Charlottenburger Chaussee hinunter. Was für ein Gang! Ausgerechnet ich mußte ihm die Nachricht überbringen, eine Stunde nach der

Verhandlung: Tod durch Erhängen. Er hatte immer noch Hoffnung für seinen Vater gehabt, ganz einfach, weil er nicht ohne Hoffnung leben kann. Doch noch ist das Urteil nicht vollstreckt.

Wie machtlos stand ich da. Die Tränen rollten uns herunter, als wir uns am Bahnhof Zoo unter dem Stadtbahnbogen verabschiedeten. Ich konnte ihm nur noch sagen, daß er immer spüren sollte, wie sehr seine Freunde für ihn da seien. Aber was für ein lächerlicher Trost.

«Schweigt jetzt nicht leitend Gott? Und kannst du furchtbares Schweigen, nur du, uns bessern?» (Klopstock)[6] Manchmal bin ich so weit, die Toten zu beneiden. Sie haben die Ruhe, während wir hin- und hergeschleudert werden.

1 Nach Augenzeugenberichten wirkte Ulrich von Hassell vor Gericht eher als Ankläger denn als Angeklagter. Er berief sich darauf, «stets mit offenem Visier gekämpft zu haben». Seine Verteidigungsrede konnte er ebensowenig wie nach ihm Carl Friedrich Goerdeler zusammenhängend vortragen, da Roland Freisler ihm fortwährend mit hämischen Bemerkungen und wütendem Gebrüll ins Wort fuhr. 2 Der Rechtsanwalt Josef Wirmer, der der katholischen *Zentrumspartei* angehört hatte, sollte nach dem Umsturz das Justizministerium übernehmen. Wilhelm Leuschner, bis 1933 stellvertetender Vorsitzender des Gewerkschaftsbundes ADGB und SPD-Innenminister in Hessen, war als künftiger Vizekanzler vorgesehen. 3 Una Sancta – nach katholischer Lehre die *eine*, von Jesus gestiftete Kirche. Den Wortführer der gleichnamigen ökomenischen Bewegung, Max Metzger, hatte der fanatische Antikleriker Roland Freisler 1943 zum Tode verurteilt. 4 Folgender Wortwechsel ist überliefert: Wirmer: «Wenn ich hänge, habe nicht ich die Angst, sondern Sie!» – Freisler: «Bald werden Sie in der Hölle sein!» – Darauf Wirmer: «Es wird mir ein Vergnügen sein, wenn Sie bald nachkommen, Herr Präsident!» 5 Beim sechsten Prozeß gegen die Verschwörer des 20. Juli am 8. September 1944 wurden alle fünf Angeklagten zum Tod verurteilt. 6 Die beiden letzten Verse von Klopstocks später Ode «Wißbegierde»: «Schweigt jetzt, nicht leitend, Gott? Und kannst du, furchtbares Schweigen, nur du uns bessern?»

9. September 1944

Sorgen um Eberhard, der jetzt in Kämpfen an der französischen Küste sein muß. Versuchte, ihm durch einen Freund im Marineministerium über Funk einen Gruß zukommen zu lassen, aber das gelang nicht mehr.

10. September 1944

Bin völlig zerschlagen. Diese Fronten, draußen und drinnen, an denen die Menschen, die ich liebe, verbluten – fast scheint es über die Kräfte zu gehen.

Ging vormittags und abends in die Messe. Das einzige, was mich noch aufrechterhält.

Klaus kam schwerkrank von der Hochzeitsreise aus Überlingen zurück. In Überlingen sollten sie von der Gestapo aus ihrem Hotel ausgewiesen werden, nachdem Uta ihren Geburtsnamen[1] angegeben hatte. Wie Vogelfreie oder Verfemte. Schließlich konnten sie doch bleiben. Er liegt jetzt im Lazarett, mußte eine Malariakur machen.

1 Der Geburtsname war von Witzleben; vgl. 20. 7. 1944, Anm. 4.

11. September 1944

Die Sorge um Eberhard verdunkelt im Moment alles andere. Le Havre ist gefallen.[1] Wo mag er stecken? Er sei nicht gewillt, unterzugehen, schrieb er im letzten Brief.

Das Urteil gegen Hassell wurde auf eine ekelhafte Weise in der Presse veröffentlicht. Wie schwer für die Familien, diese Lügen und Gemeinheiten lesen zu müssen.

1 Aus dem Militärhafen Le Havre in der Normandie zog sich die deutsche Besatzungsmacht am 11. September 1944 zurück.

12. September 1944

Den ganzen Abend mich um L. gekümmert, die Kummer hat, weil ihr Mann sie betrügt. Seltsam, diese Frau, die ich sehr gern mag, erschien mir wie eine Figur aus dem Guckkasten. So weltfern, so unwirklich. Ich kann für Strindberg im Augenblick kein Verständnis aufbringen. Wenn der Tod täglich in so vielerlei Gestalt auftritt, verliert man jedes Gefühl für die Wichtigkeit einer unglücklichen Liebe. Heute besteht das Vokabular aus: Gestapo, Verhaftung, Ostfront, Volksgerichtshof, Gefallenenanzeigen, Luftangriff, Verhör, Folter und Galgen. Alles andere geht unter in dieser Wirklichkeit.

In meiner Wohnung sind wieder mal alle Fensterscheiben kaputt. Eben war ein Angriff, und ich sitze nun im zugigen Dunkel. Aber das Badewasser läuft noch.

Einige Leute meiden mich jetzt. Drehen den Kopf zur Seite, wenn ich an ihnen vorbeigehe, oder erkundigen sich auf Umwegen, ob ich noch nicht verhaftet sei. Mich stört das nicht. Besser kann man nicht lernen, wer wirklich zählt – und bei meinen Freunden habe ich keine einzige Enttäuschung erlebt.

13. September 1944

Während die Sirenen Tagesalarm gellten, zog mich heute in der Redaktion ein Nachrichtenredakteur noch schnell in sein Zimmer und zeigte mir den blauen Zettel vom Funk. Darauf stand eine Reutermeldung[1] über Eberhard: «Ein deutscher Prinz am Gent-Kanal am 1. September gefangengenommen.»[2]

Raste mit weichen Knien in den Keller, kaum fähig, meine Aufregung zu verbergen. E. ist also in Sicherheit! Welche Last ist von mir genommen. Nun darf ich natürlich vorläufig mit niemandem darüber sprechen.

Die Schwestern Bredow aus Potsdam sind zu dritt eingesperrt worden.[3] Erst wurde die eine auf die Gestapo bestellt, dann nacheinander die beiden anderen, angeblich, weil sie ihrer Schwester etwas bringen sollten, aber sie wurden gleich dabehalten. Nun ist es auch um die hübsche Philippa geschehen, die damals bei uns löschte.

1 Reutermeldung – Fernschreibmeldung der britischen Nachrichtenagentur *Reuters*. 2 Eberhard von Urach wurde am 10. September 1944 gefangengenommen, wie er UvK am 16. Oktober auf einer Karte mitteilte. 3 Philippa von Bredow wurde am 21. August 1944 festgenommen. Die Anklage lautete auf «Mitwisserschaft und Beihilfe zum Hochverrat». Grund für die Verhaftung waren vermutlich die Kontakte mit Personen aus dem Umfeld des 20.-Juli-Kreises wie Werner von

Haeften, Sydney Jessen und Anton Graf von Welsburg. Am 21. und 22. August wurden ihre Schwestern Alexandra und Diana in «Sippenhaft» genommen, die bis zum 16. November währte. Philippa wurde Ende März 1945 entlassen.

14. September 1944

Heute um sechs Uhr nachmittags wurde ich in der Redaktion angerufen. «Hier SS-Hauptamt, bitte kommen Sie morgen um zehn Uhr zu Herrn Kriminalrat Opitz. Wir hätten gern einige Auskünfte von Ihnen.» Prinz-Albrecht-Straße also. Die schlimmste Adresse, die es in Berlin gibt.

Ging gleich zu Ulrich Doertenbach ins Amt,[1] der immer Rat weiß. Er meinte, es sei wohl wegen der Schwestern B. Die jüngste soll vor dem Volksgerichtshof wegen Mitwisserschaft angeklagt werden. Er gab mir gute Ratschläge. Ging dann an seinen Panzerschrank und holte eine Flasche Rotwein heraus. Sagte, falls es um Philippa ginge, solle ich sie als ein exaltiertes Mädchen hinstellen, das gern ein bißchen angebe.

Als es dunkel war, schlich ich mich mit Bärchen in die Charité,[2] um die älteste Schwester Bredow zu sprechen, die als Ärztin der Verhaftung bis jetzt entgehen konnte. Als sie hörte, daß ich zu Opitz bestellt bin, sagte sie: «Dann nimm dir nur gleich Wanzenpulver mit, bis jetzt hat er außer mir noch niemanden wieder gehen lassen.»

Dieser Weg unter den feindlich funkelnden Sternen. Dazu noch Angst vor Alarm.

Mitternacht. Habe eben die Sachen zusammengepackt, die mir Bärchen bringen soll, falls man mich dort behält. Mit der Redaktion ist verabredet, daß sie morgen gegen eins anrufen werden, wo ich denn bliebe, die Bildseite müsse gemacht werden. Mein Fahrrad nehme ich mit, ich kann dann gleich bitten, daß man es abholen kommt. Habe Pervitin, Lockenwickel und Gesichtscreme in der Handtasche, zwei Schnitten Brot und einen Albatrosband.[3] Eben noch mal gebadet – wann wohl wieder? Bärchen übernachtet hier. Sehr viel zum Abendbrot gegessen haben wir nicht.

1 Ulrich Doertenbach war Legationsrat im Auswärtigen Amt. 2 Charité – Krankenhaus in Berlin. 3 Die 1932 in Hamburg ge-

gründete *Albatros*-Edition war bis Kriegsbeginn einer der bedeutendsten Verlage für moderne, englischsprachige Literatur in Deutschland.

15. September 1944

Wieder zu Hause. Ich kann es noch gar nicht recht begreifen. Sieben Stunden Verhör! Und das in der Prinz-Albrecht-Straße, dem Gestapo-Hauptquartier. Und doch wieder frei. Eben mit Thilenius im Adlon gegessen. Unfaßbar. Auf dem Bett liegt noch das Bündel, das ich für Bärchen zurechtgelegt hatte.

16. September 1944

Will versuchen, festzuhalten, wie es gestern war. Frühstück unmöglich. Bärchen und ich schoben uns dasselbe Brötchen dreimal gegenseitig zu. Dann machten wir uns auf den Weg, sehr pünktlich. Kurz vor der Prinz-Albrecht-Straße hängte sie mir ihren Talisman um. Dann radelte ich das letzte Stück. Stellte bei der Wache mein Rad ab, in der Überzeugung, es so bald nicht wieder zu benutzen. Zögernd die Treppe hinauf. Dieses Haus ist viel beklemmender als das in der Französischen Straße, als klebten hier die Schreie an den Wänden. Dazu halb ausgebrannt. Oben ein trostloses Zimmer, kahl und häßlich, Risse an den Wänden, halbverschalte Fenster. Hinter dem großen Schreibtisch ein kleiner, blasser, dünnlippiger Mann, Ausdruck der Augen nicht schlecht. Neben ihm eine platinblonde Sekretärin, die mich feindlich anstarrte.

Zehn Minuten Schweigen, nachdem meine Bemerkung, daß dies die erste Behörde sei, bei der ich nicht warten müsse, stumm quittiert wurde. Diese zehn Minuten, in denen er in seinen Akten wühlte, waren eigentlich das Schlimmste. Dann überkam mich wieder die glasklare, fast heitere Wachheit, gepaart mit Unternehmungslust – als hätte ich eine Flasche Sekt getrunken. Wie die Gefahr alle Sinne schärft, fast beflügelt.

Seine erste Frage: «Wen kennen Sie von den Attentätern des 20. Juli?» Ich: «Mein Gott, wie soll ich wissen, wer alles dabei war, jeden Tag gibt es neue Verhaftungen, von den meisten erfährt man nichts.» Er: «Nun, in Ihren Kreisen spricht sich das doch schnell herum, aber wenn Sie wollen, kann ich Ihnen auch die Namen vorlesen.» Schlägt einen Aktendeckel auf und liest in schnellem Tempo nach dem Alphabet eine Liste herunter. Ich bekam nur einen Teil mit, erfuhr jedoch einiges Neue dabei: Verhaftet wurden die Brüder Brücklmeier, Kleist, Oppen und auch Jessen, ein Freund der Familie Bredow in Potsdam, Welsburg,[1] der auf unserem letzten Fest in der Rankestraße so unermüdlich tanzte, Botschafter Schulenburg, Frau Leber und noch einige andere, die ich in der Erregung vergessen habe. Im ganzen waren dreiundzwanzig darunter, die ich kannte. Schließlich kamen wir zum Ziel: Philippa und Werner Haeften. Ich konnte andere Klippen umgehen.

Ungefähr nach einer Stunde hatte ich instinktiv das Gefühl: Dieser Mann will mir wohl. Wahrscheinlich war er früher Kriminalkommissar und wurde erst später von der Gestapo übernommen.[2] Ich hatte mich so intensiv auf ihn eingestellt, daß ich ihn dazu brachte, meinen Abschweifungen auf neutrale Themen willig zu folgen. Aber vielleicht war dies nur Taktik bei ihm?

Vor allem wollte er Einzelheiten über unsere verschiedenen Abende wissen, besonders über die im Sommer 1943 und hauptsächlich den bei Haeften, auch über den im Dezember 1943 bei Brücklmeiers. Ich lieferte ihm, so anschaulich wie nur möglich, ein frivoles Feuilleton: Es hätte sich lediglich um Flirt und Liebesgeschichten gehandelt. Er muß mich für ein ungemein leichtsinniges Wesen gehalten haben. «Und Schulenburg», sagte er, «haben Sie nicht mit ihm zusammengesessen und über das Attentat gesprochen?» Furchtbare Sekunde. Ich tat so fassungslos, daß er dieses Thema schnell fallenließ. Und doch wurde ich das Gefühl nicht los, von ihm durchschaut zu werden. Ich sollte ihm genau sagen, wer alles bei Werner Haeften eingeladen war. Während ich Namen aufzuzählen begann, überlegte ich fieberhaft, was schlimmer sei, sie zu verschweigen oder zu nennen. Aber sowie ich mich nicht mehr besinnen konnte, half er mir aus. So merkte ich bald, daß er alle längst notiert hatte.

Ein SS-Offizier, der hereinkam, unterbrach uns. Langes Gespräch der beiden mit offensichtlich auf mich gemünzten Drohungen gegen Leute aus dem Auswärtigen Amt. Ich aß indessen mein Brot, las die DAZ und tat, als hörte ich nicht zu. Da ich mich sehr warm angezogen hatte – mehr konnte ich nicht tun, ohne allzu gefaßt auf eine Verhaftung zu erscheinen –, wurde mir heiß und heißer. Als ich wieder mit Opitz allein war, sagte ich: «Schon wieder ein Bekannter von mir gefallen, gerade habe ich die Anzeige gesehen. So geht es jeden Tag.» «Das», antwortete er, «sind eben Ihre Leute. Entweder sie fallen an der Front, oder sie werden aufgehängt.» Es durchzuckte mich. Wie recht er hatte. In dieser Umgebung traf es mich doppelt.

Nach drei Stunden ließ er mich gehen, bestellte mich aber wieder auf drei Uhr. Katz- und Mausspiel? Die schlimmste Angst hatte ich überwunden. In der Redaktion eine Anteilnahme, die mir Kraft gab.

Um drei Uhr war ich pünktlich zur Stelle. Mußte erst auf dem Flur warten; KZler strichen die Wand im Treppenhaus mit frischer Farbe. Dann ging es weiter: «Ich habe noch eine Vernehmung für die Presseabteilung zu machen», sagte Opitz zu mir. «Sie waren doch wohl gut mit Knyphausens befreundet und brachten ihn an dem Abend in Potsdam mit Brücklmeiers und Schulenburg zusammen?» Zum Glück konnte ich beschwören, daß das nicht stimmte. Graf Knyphausen war zwar zwei Wochen vorher in der Rankestraße einen Abend bei uns gewesen, aber niemals in Potsdam. Die Frage, ob ich etwas von seiner Fluchtabsicht gewußt hätte, verneinte ich selbstverständlich. Schließlich setzten wir gemeinsam das Protokoll beider Vernehmungen auf. Um jeden Satz und seine Formulierung gab es lange Auseinandersetzungen. Auch eine Charakterisierung von Haeften sollte hinein. War froh, daß meine journalistische Erfahrung mir diese Sache erleichterte, und beschrieb Werner als einen leichtsinnigen Jüngling, eine Art «Sonnenknabe», ein Ausdruck, der Opitz sehr gefiel. Stritt jede ernsthafte Beziehung zwischen ihm und der schönen Reinhild ab. Die Sekretärin tippte das Protokoll fehlerlos in die Maschine. Einmal ging sie hinaus, da beugte sich der Kommissar schnell zu mir hinüber und sagte fast flüsternd: «Mir haben sie alle Frauen vom 20. Juli übergeben, ich wünschte, ich könnte sie freilassen, denn ich will mit dieser Sache nichts zu tun haben. In meiner früheren Abteilung hatte ich nur Zollgeschichten zu bearbeiten.» Als die blonde Tipperin wieder hereinkam, änderte er seinen Ton. Offensichtlich wird er von ihr bespitzelt.

Zum Schluß erzählte er mir, wie die Kette sich Glied für Glied schlösse, wie hilflos manche Verhafteten in ihrer Verteidigung seien, da sie – das klang fast traurig – nicht lügen könnten. Jeder, dem Mitwisserschaft nachgewiesen werden könne, sei rettungslos verloren. Ich sagte, man werde doch nicht dumme kleine Mädchen, die sich wichtig machen wollten, zum Tode verurteilen. Er fand es nicht so ausgeschlossen.

Schließlich, als ich unfaßbarerweise gehen konnte – bis zum letzten Moment hatte ich noch gedacht, jetzt kommt es –, schieden wir fast herzlich mit Handschlag und «Auf Wiedersehen», worauf ich allerdings nicht hoffe. Ich kam mir vor, als sauste ich auf einem geflügelten Roß durch die Straßen, als ich um sieben Uhr in die Redaktion radelte. Bärchen, blaß vor Aufregung, stand am Fenster.[3] Sogar der Chefredakteur und Graf Douglas waren noch da, hatten extra auf mich gewartet. Rundum gab es Umarmungen. Eine heiße Welle der Zuneigung für sie alle überflutete mich. Jemand spendierte einen scheußlichen Schnaps, der mir wie Nektar schmeckte.

Inzwischen ist wieder eine Verhandlung gewesen, bei der ein Jesuitenpater sich so wunderbar verteidigt hat, daß alle Zuhörer aufatmend dachten, er käme frei.[4] Bis im letzten Moment auch ihn das Schicksal ereilte.

Immer wieder das Gerücht, es seien Listen gefunden worden. Oft sollen Namen aufgeführt sein, ohne daß die Betreffenden, die sich jetzt verantworten müssen, davon wußten. Beer berichtet von einer Verhandlung gegen einen Üxküll und einen Dohna,[5] die als Oberpräsidenten[6] aufgestellt waren. Todesurteil für beide, die sich gar nicht erst die Mühe machten zu leugnen. Märtyrerblut, aus dem vielleicht eines Tages eine neue Saat aufgehen wird.

Jutta erschien bei mir. Sehr elend und blaß, sehr hübsch. War froh, daß Opitz ihren Namen überhaupt nicht erwähnt hat.

1 Der Legationsrat Eduard Brücklmeier, der an der Planung des Staatsstreichs mitgewirkt hatte, wurde am 20. Oktober 1944 zum Tode verurteilt und hingerichtet. Sein Bruder Erich-Fritz, Schauspielregisseur in Essen, gehörte nicht zu den unmittelbar Beteiligten. Fregattenkapitän Sydney Jessen war der Verbindungsmann der Verschwörer in der Nachrichtenabteilung der Seekriegsleitung. Graf Anton von Welsburg wurde verhaftet, weil sein Name in einem der Verhöre genannt worden war. Jessen und Welsburg kamen kurz vor Kriegsende aus dem Gefängnis in der Lehrter Straße frei. 2 Nach der Fusion der Krimi-

nalpolizei mit der Geheimen Staatspolizei und dem Sicherheitsdienst der SS zur Sicherheitspolizei (Sipo) wurden zahlreiche Kriminalbeamte zur Politischen Polizei versetzt. 3 Im Tagebuch heißt es unter dem 30. Dezember 1944 rückblickend: «14. September. Anruf SS-Hauptamt. Die unruhige Nacht, Bärchen, Spaziergang, Kognak, das Brötchen am Morgen, das wir uns hin- und herschoben, Fahne und Kreuz, dann 3 Stunden schwierig im grauen, schmucklosen Raum, 2 Stunden Pause, DAZ alle goldig, dann 4 Stunden, teils sehr interessant und nett. Bähr aus dem Fenster starrend. Endlich wieder zurück.» 4 Bei dem Geistlichen handelt es sich vermutlich um den katholischen (nicht jesuitischen) Kaplan Hermann Wehrle, den Beichtvater des Mitverschwörers Ludwig Freiherr von Leonrod. Der Volksgerichtshof verurteilte ihn am 14. September 1944 zum Tode, weil er, von Leonrod in die Attentatspläne eingeweiht, keine Anzeige erstattet hatte. 5 Oberst Nikolaus Graf von Üxküll-Gyllenband, Stauffenbergs Onkel, sollte als Verbindungsmann der Verschwörer zum Wehrkreis Böhmen-Mähren fungieren. Heinrich Graf zu Dohna-Schlobitten, bis zu seiner Entlassung 1943 Generalmajor im Generalkommando Danzig, war nach einem geglückten Umsturz als politischer Beauftragter der neuen Regierung in Königsberg vorgesehen. 6 Oberpräsident – höchster Beamter einer Provinz in Preußen, vergleichbar einem heutigen Regierungspräsidenten.

18. September 1944

Gerhard Starke, der auf meine Bitten bei Kaltenbrunner[1] Erkundigungen über Hardenberg eingezogen hat, sagte, er sei auf schärfstes Erstaunen gestoßen: Das sei eine ganz dunkle Angelegenheit, wie er überhaupt zu diesem Namen komme?

1 Ernst Kaltenbrunner hielt seit dem 30. Januar 1943 als Chef des Reichssicherheitshauptamtes, der Sicherheitspolizei und des SS-Sicherheitsdienstes den gesamten Polizei- und Nachrichtenapparat des NS-Staates in der Hand. Er leitete die Ermittlungen zum 20. Juli, die er mit Skrupellosigkeit und Tücke vorantrieb.

29. September 1944

Saß zu Hause an einem Artikel über Fliegerinnen, als das Telefon klingelte. Eine sanfte Stimme: Melitta Stauffenberg, die Schwägerin des Attentäters, die selbst Fliegerin ist. Sie bat mich, der Gräfin Hardenberg zu bestellen, daß sie Reinhild ein Eßpaket schicken könne. Sagte, sie selbst sei aus der Haft entlassen worden, da man sie für ihre Versuche an Nachtfluggeräten dringend brauche.[1] Auch Kommissar Opitz hatte mir gegenüber mit größter Hochachtung von ihr gesprochen.

Abends erschien ausgelaugt und vibrierend vor Nervosität Gräfin Hardenberg bei mir. Schloß und Vermögen sind gestern beschlagnahmt worden. Sie sieht das als eine Verschärfung der Lage an. Ich ging sofort zu Doertenbach ins Amt, der mich beruhigte: Das sei automatisch bei allen Verhaftungen passiert und habe gar nichts zu bedeuten. So konnte ich sie wenigstens etwas trösten. Rührend schmal und blaß lag sie auf dem Plüschsofa und versuchte zu schlafen.

Fühle mich bei diesen Aufregungen kaum noch imstande, meine Arbeit in der Redaktion zu leisten. Wären sie dort nicht so anständig, hätte ich längst entlassen werden müssen. Die Lust, jetzt noch Artikel zu schreiben, ist mir restlos vergangen.

1 Melitta Gräfin Schenk von Stauffenberg, die Schwägerin des Grafen Stauffenberg, die als einzige deutsche Pilotin sämtliche Flugzeugführerscheine besaß, war während des Krieges bei der fliegerischen Entwicklung und Erprobung neuer Flugzeugmodelle für die Luftwaffe eingesetzt. Nach dem 20. Juli wurde sie in Charlottenburg inhaftiert, wegen der Bedeutung ihrer Tätigkeit jedoch nach kurzer Zeit wieder entlassen.

3. Oktober 1944

Um sieben Uhr klingelte mein Telefon. Die Portiersfrau: «Draußen steht ein Herr, der möchte Sie sprechen.» Ich, ärgerlich: «Er soll warten, ich bin noch nicht aufgestanden.» Antwort: «Der Herr sagt, er will nicht warten, er kommt von der Geheimen Staatspolizei.»

Mit wankenden Knien schlich ich ins Badezimmer, um mich anzuziehen und zu schminken. Warum man in solchen Momenten so hübsch wie möglich aussehen will, weiß ich nicht. Uralter Instinkt? Die Vorstellung, den Gegner auf solche Weise entwaffnen zu können? Jedenfalls war ich noch nicht fertig, als der Mann schon im Zimmer stand. Ich fragte böse, ob er denn nicht etwa hätte warten können, worauf er sich ganz freundlich entschuldigte, er sei nur gekommen, um die Möbel, die Hardenbergs gehörten, zu beschlagnahmen.[1] Ich dürfe nichts aus der

Wohnung herausnehmen. Hätte ihm fast um den Hals fallen können, so erleichtert war ich. Zwinkernd fragte er, ob Hardenberg nicht Kognak oder Zigaretten hätte, was ich lächelnd verneinte – trotz des kleinen Vorrats in meinem Kleiderschrank, der für die schlimmsten Fälle dort deponiert wurde. Nach einigen Scherzen zog er ab, mit einem schneidigen «Heil Hitler», das schlecht zu seinem Mäusegesicht paßte.

Klaus, der noch im Lazarett liegt, kann jetzt wenigstens schon stundenweise aufstehen. Mich überfällt nachts oft panische Angst, daß sein Name auf irgendeiner Liste stehen könnte. So viele junge Offiziere sind in der letzten Zeit verhaftet worden.

1 Im Tagebuch heißt es unter dem 30. Dezember 1944 rückblickend: «Mein Geburtstag [. . .]. Gestapo-Mann morgens um 7 wegen der H[ardenberg'schen] Möbel [. . .].»

7. Oktober 1944

Jutta Sorge kam heute in die Redaktion. Äußerlich hübsch und gepflegt, aber in Wirklichkeit tief verzweifelt. Als sie gestern abend von einer Reise zurückkam, war niemand mehr zu Hause. Schlafzimmer der Eltern in Unordnung, von ihnen selbst keine Spur, kein Zettelchen, keine Hinweise. Hingegen alle Kleider und Vorräte unangetastet. Also Verhaftung!

Wir waren ratlos. Bärchen, der Chefredakteur, Beer und Schwab, die gerade zusammenhockten, schlugen ihr vor, sie illegal unterzubringen, was sie aber nicht wollte. Erst muß sie die Spur finden. Sie deutete an, daß sie einen Offizier aus dem Kreis vom 20. Juli für ein paar Tage beherbergt hätten.[1] Schwab bot ihr an, mit ihr nach Hause zu gehen und wenigstens noch ein paar Koffer und Nahrungsmittel herauszuholen, denn wohnen kann sie dort natürlich nicht mehr, wenn sie sich ihre Bewegungsfreiheit bewahren will. Sie nahm das dankbar an. Ging lächelnd fort. Ich frage mich immer wieder, woher diese Menschen ihre Haltung nehmen. Gibt Gott den Verfolgten besondere Kräfte?

1 Vgl. 21.9. 1945, Anm. 1.

8. Oktober 1944

Schwab berichtet, daß in Juttas Haus, gerade als sie eifrig Sachen zusammenpackten, das Telefon geläutet habe. Als er sich mit «Hallo» meldete, fragte ein Gestapo-Beamter nach Kommissar Stavitzky. So also heißt der Mann, der den Fall Sorge bearbeitet. Jutta will nun noch einmal aufs Land zu Freunden fahren, um ihre Sachen fortzuschaffen, dann will sie sich stellen. Mittags kam sie wieder auf der Redaktion vorbei. Hat inzwischen herausbekommen, daß ihr Vater in der Lehrter Straße sitzt.[1] Ist einfach dorthin gegangen und hat nach ihm gefragt. Helmuth Cords, ihr heimlicher Verlobter, der aus der Lehrter Straße nach Tegel verlegt worden war, ist nach einem schweren Angriff wieder dorthin zurückgekommen. Bei dem Angriff wurde er leicht verletzt, wie sie aus einigen Notizen im «Faust», den er mit seiner Wäsche zurückgab, entnehmen konnte. Er muß jetzt Zivil tragen, ein Zeichen, daß er aus dem Heer ausgestoßen ist. Von Juttas Mutter fehlte jede Spur. Sie ist Jüdin.

1 Der Diplomingenieur Kurt Sorge wurde am 4. Oktober 1944 zusammen mit seiner Frau Eva verhaftet.

9. Oktober 1944

Die Eltern sind zu Mamas Geburtstag zu Besuch gekommen. Schon unterwegs zwei Fliegerangriffe, beide Male mußten sie aus dem Zug. In Berlin dann sofort in den Bunker, beim üblichen Abendalarm. Diese Stadt ist nichts für alte Leute – die Nervenanspannung zu groß, zumal wir ja alle doppelbödig leben, in der Furcht vor Bomben und Gestapo. Beide sehr elend, Papa erschreckend abgemagert. Er hat keine Freude am Malen mehr. Ganz schlechtes Zeichen. Mamachen, voller Angst um uns alle, als ahnte sie, wie schnell das Verhängnis über uns hereinbrechen könnte.

Morgens Charlotte Schulenburg bei mir, Fritzis Frau. Ein erschütterndes Wiedersehen. Sie war so souverän, daß sie sogar lachen konnte. Sie glaubt nicht mehr, daß Fritzi noch lebt. Allen Gerüchten zum Trotz, ganz tief innen, weiß sie, daß er tot ist.

Nachmittags feierten wir bei Kerzenbeleuchtung in meiner

Wohnung mit den Eltern und ein paar Freunden Mamas und meinen Geburtstag. Plötzlich fiel mit schepperndem Krach das Bild von Papas Mutter von der Wand und löschte die Kerze aus. Es heißt, wenn ein Bild herunterfällt, stirbt bald jemand. Wir konnten uns eines gewissen abergläubischen Schauers nicht erwehren.

12. Oktober 1944

Jetzt sind sogar schon die Sechzehnjährigen zum Militär einberufen.[1] Siebzig Prozent haben sich freiwillig gemeldet. Der Moloch verlangt immer neue Opfer.

Papa fuhr noch nach Templin, um Onkel Siegfried zu besuchen, der schwerkrank ist und kaum noch jemanden erkennt. Tante Kathinka pflegt ihn aufopfernd. Papa kam ganz erschüttert zurück. «Ehe ich so ein Wrack werde, bringt mich lieber um», sagte er.

1 Mit «Führererlaß» vom 25. September 1944 wurden alle bisher noch nicht eingezogenen Männer zwischen 16 und 60 Jahren zum «Volkssturm» formiert. Dieses schlecht ausgebildete und ausgerüstete letzte Aufgebot, das der NSDAP, nicht der Wehrmacht unterstand, konnte die militärische Katastrophe nicht aufhalten. Kinder und alte Männer wurden einem aussichtslosen Kampf geopfert.

13. Oktober 1944

Die Eltern sind nach Böhlendorf zurückgereist. Ich brachte sie auf die Bahn, bin froh, sie wieder in Sicherheit zu wissen. Wie Papa auf dem zugigen, zerbombten Bahnsteig stand, in seinem Pelzchen, die lange Gestalt so dünn und verweht – es griff mir ans Herz.

In der Redaktion wieder Besuch von Jutta Sorge. Für morgen ist sie in die Prinz-Albrecht-Straße bestellt. Sie war von einer etwas hektischen Zuversicht, die aber durchaus nicht überzeugend wirkte, eher wie eine Maske, hinter der sich das Wissen um Lebensgefahr verbirgt. Und dennoch brachte sie es fertig, mit einer Leichtigkeit zu sprechen, als hätte sie eine Vergnügungsreise vor.

Sie gab uns die Adresse eines Generals, eines Freundes ihrer

Eltern, der ihre Interessen wahrnimmt. Wir versprachen ihr, uns um Helmuth Cords zu kümmern, der keine Verwandten mehr hat und in der fremden Stadt auch keine Freunde. Dann ging sie.

14. Oktober 1944

Um zwölf Uhr stahl ich mich aus der Redaktion fort, um Jutta noch meinen Talisman in die Hand zu drücken, bevor sie in das SS-Hauptamt ging. Stand eine halbe Stunde vor dem Eingang, noch schaudernd in der Erinnerung, wie ich selbst durch dieses Portal gehen mußte. An einer Ecke hatte sich Schwab postiert. Aber wir sahen Jutta nicht mehr. In der modernen Welt werden die Opfer von ihrem Henker telefonisch bestellt. Eingefangen im Netz der Terrorbürokratie, können sie ihrem Schicksal kaum mehr entgehen. Wäre es nicht klüger gewesen, Jutta hätte den Weg in die Illegalität gewählt? Aber wem konnte sie zumuten, sich für sie zu opfern, in tödliche Gefahr zu bringen?

16. Oktober 1944

Mittags Frau Leber in der Redaktion. Entdeckte sie auf dem Flur und zog sie schnell in mein Zimmer. Sie war gerade aus dem Gefängnis entlassen worden, wußte nichts über das Schicksal ihres Mannes. Er sei bereits tot, hatte man ihr auf der Gestapo gesagt. Ich erfuhr, noch während sie da war, über Graf Douglas, daß die Verhandlung gegen Leber noch gar nicht stattgefunden habe, er also noch lebt. Wenigstens einmal eine günstigere Nachricht aus meinem Mund. Sie wollte sofort ein Wäschepaket abgeben, wenn ihr Mann dann ihre Schrift sieht, weiß er, daß sie frei ist. Beide Kinder, fünfzehn und dreizehn Jahre alt, hat sie auch wieder bei sich. Ein Kriminalbeamter der Gestapostelle Dessau, der sie eigentlich in ein Konzentrationslager bringen sollte, hat sie gegen den Befehl bei sich zurückbehalten. Seine Frau habe rührend für die Kinder gesorgt. Frau Leber ist außerordentlich beherrscht. Gerade in die glücklichsten Ehen, die erfülltesten Familien ist der 20. Juli wie ein Blitz gefahren.

Rommel ist tot. Man hat ein Staatsbegräbnis angeordnet.[1]

1 Generalfeldmarschall Erwin Rommel, zuletzt Befehlshaber der West-Streitkräfte, hatte Adolf Hitler schriftlich aufgefordert, die politischen Konsequenzen aus dem aussichtslosen Abwehrkampf gegen die Invasionstruppen zu ziehen. Die Ermittlungen der Gestapo nach dem 20. Juli ergaben überdies, daß Rommel in die Staatsstreichpläne eingeweiht war. Um eine öffentliche Aburteilung des legendären Afrika-Heerführers («Wüstenfuchs») zu vermeiden, wurde Rommel am 14. Oktober 1944 gezwungen, eine Giftkapsel zu schlucken. Er tat es, auch um seiner Familie die Verfolgung zu ersparen. Offiziell wurde der erzwungene Selbstmord als «Heldentod» deklariert. Rommel sei den schweren Verletzungen erlegen, so wurde erklärt, die er bei einem Jagdbomberangriff am 17. Juli erlitten hatte.

17. Oktober 1944

Traf mich bei Bärchen mit Frau Leber. Sie erzählte uns, daß ihr Mann glücklich sei, sie in Freiheit zu wissen. Sie hat ihm sogar einen Brief schreiben können. Vermutlich wird in der nächsten Woche seine Verhandlung sein. Ich zittere, wenn ich daran denke, daß womöglich ich wieder Bote des Unglücks sein muß. Jedenfalls will Frau Leber zu mir in die Redaktion kommen. Immer wieder bin ich fasziniert von ihrem Stoizismus. Sie ist zu schier übermenschlicher Größe gewachsen. Nur in den Augen und um den Mund verrät sich, was sie durchmacht.

Sie zeigte mir ein Bild ihres Mannes: ein großflächiges, zerklüftetes Gesicht, ein dunkler Blick. Angespannte Züge, voll Energie. In solchen Gesichtern spiegelt sich das Deutschland, das sich dem Terror nicht beugen will.

Ich bin stolz, mit diesen Menschen in Berührung gekommen zu sein. Sprachen lange von Fritzi. Annedore Leber nimmt an, daß die Gerüchte, er sei noch am Leben, nicht stimmen. Ich klammere mich noch immer an diese Hoffnung. Schließlich soll Goerdeler auch noch leben, obwohl er mit Hassell zusammen verurteilt worden ist.[1] Frau Leber erzählte, daß sie im Gefängnis nicht einmal verhört worden sei. Das Quälendste war die Sorge um die Kinder. Nach vier Wochen wurde sie entlassen.

1 Carl Friedrich Goerdeler mußte bis 2. Februar 1945 auf den Tag seiner Hinrichtung warten. Ungeklärt ist, ob die Gestapo sich von dem auskunftsbereiten Gefangenen noch weiterreichende Informationen erhoffte oder ob die Verzögerung von wohlwollender Seite erwirkt wur-

de. Denkbar ist auch, daß man erst abwarten wollte, bis Goerdeler seine umfangreichen Denkschriften, etwa zum Wiederaufbau nach dem Krieg, abgeschlossen hatte, die er während der Haftzeit im offiziellen Auftrag verfaßte.

19. Oktober 1944

Besuch von Axel Bussche,[1] dem jungen Freund von Fritzi. Er kam im Rollstuhl. Gehörte auch zum engsten Kreis. Nur der Umstand, daß er am 20. Juli schwer verwundet in Hohenlychen im Lazarett lag – ein Bein wurde in Oberschenkelhöhe amputiert –, hat ihm das Leben gerettet. Zudem haben sie wohl auf die Ritterkreuzträger keinen Verdacht. Dabei hatte Klausing ihn noch am 18. Juli besucht. Bussche kam, um mich zu fragen, ob ich noch Leute wüßte, die ein Versteck brauchten. Ich dachte an die beiden Söhne Hammerstein.[2] «Für die ist gesorgt», meinte er. Blitzartig fiel mir Bärchens Freund Wiedfeld[3] ein, ein Journalist, der ein Schuhgeschäft am Kurfürstendamm aufgemacht hat, weil er im Dritten Reich nicht mehr schreiben wollte. Sie weiß, daß er Offiziere verborgen hält. Ob sie bei ihm sind?

Indessen ist der Volkssturm gegründet worden. Alle Männer zwischen sechzehn und sechzig Jahren werden rekrutiert. Das letzte Aufgebot der Lahmen und der Krüppel, der Kinder und der Greise. Das Wort «Volkssturm» soll, so heißt es in Goebbels' Anweisungen, die Erinnerung an den «Landsturm» der Befreiungskriege wachrufen.[4] Aber diese neue Garde, zum größten Teil gepreßt, wird die Niederlage auch nicht mehr aufhalten. Die Niederlage, die doch zugleich Befreiung von Hitler bedeutet.

1 Axel Freiherr von dem Bussche-Streithorst, Hauptmann im Infanterieregiment 9, hatte sich auf Fritz-Dietlof von der Schulenburgs Initiative hin Ende 1943 bereit erklärt, bei einer Uniform-Vorführung in Anwesenheit Hitlers eine in der Kleidung versteckte Sprengladung zu zünden. Die Vorführung wurde allerdings mehrmals verschoben. Wegen einer schweren Verwundung an der Ostfront kam Bussche schließlich für das Kamikaze-Unternehmen nicht mehr in Betracht. Sein Lazarettaufenthalt ersparte ihm die Verfolgung nach dem 20. Juli.
2 Den Söhnen von Generaloberst Hammerstein-Equord, beide aktiv am Staatsstreichsversuch beteiligt, gelang es nach dem 20. Juli, sich der

Verhaftung zu entziehen. Während Ludwig sich in wechselnden Geheimquartieren in Berlin verborgen hielt, entfloh Kunrat über Leipzig und Breslau nach Köln. 3 Wilhelm Wiedfeld hatte bis 1933 bei der christlichen Gewerkschaftspresse gearbeitet. 4 Um einen Bezug zu den Befreiungskriegen gegen Napoleon zu konstruieren, wurde als Gründungsdatum für den «Volkssturm» der Jahrestag der Völkerschlacht bei Leipzig (1813) gewählt. Die Presse wurde am 17. Oktober 1944 angewiesen, diesen geschichtlichen Zusammenhang besonders herauszustellen.

20. Oktober 1944

Abends wieder Besuch von Charlotte Schulenburg. Niemand hat ihr bis jetzt den Tod ihres Mannes mitgeteilt. Verhaftet wurde sie nicht, und ihre sechs Kinder, das jüngste wurde erst vor einigen Monaten getauft, konnten bei ihr bleiben. Gauleiter Hildebrandt hält eine schützende Hand über sie und Fritzis Schwester Tisa, auf deren Gut sie noch immer lebt.

Sie kam von Plötzensee: Dort sollen die Hinrichtungen vorgenommen werden.[1] «Ich stand lange vor dem Tor», erzählte sie, «bis es mir schließlich gelang, hineinzukommen. Dann traf ich einen alten Wärter, der mich böse anfuhr. Als ich aber sagte, wer ich sei und daß ich gekommen wäre, um etwas über die letzten Stunden meines Mannes zu erfahren, wurde er weich, streichelte mein Gesicht und sagte ‹Armes Kind, armes Kind›; dann führte er mich in sein Zimmer und wies von dort auf eine hohe Mauer, über die man nicht hinwegsehen konnte. ‹Sehen Sie›, sagte er, ‹dahin kommen wir nie, ich weiß nicht, was dort geschieht – und ich bin froh, daß ich es nicht weiß.›»

Vermutlich ist Fritzi am 20. August hingerichtet worden. Einen Abschiedsbrief hat sie nicht bekommen.[2] Die letzten Tage soll er noch in seiner Zelle an Städtebau- und Siedlungsplänen gearbeitet haben. Sie glaubt, daß er ruhig in den Tod gegangen ist. Er war ein Christ, das mag ihm geholfen haben. Tisa, die Bildhauerin, hat in eine Eichenplatte den Spruch geschnitzt, den Fritzi sich als Vierzehnjähriger wählte: «Ich hab's gewagt mit Sinnen und trag des doch kein' Reu'» (Ulrich von Hutten).[3] Die Tafel hängt jetzt an einem Baum auf ihrem Gut, von einem Kranz verdeckt. Charlotte sagt, die letzten Jahre ihres Lebens mit Fritzi, oder vielmehr die wenigen Wochen, in denen er nach

Hause kam, seien so erfüllt gewesen, daß eine Steigerung kaum noch möglich schien. Sie habe beinahe Angst gehabt, wie es weitergehen solle. Sie spürten wohl beide, daß ihnen nicht mehr viel Zeit blieb, und diese Ahnung war es wohl auch, die ihnen jedes Zusammensein so kostbar gemacht hat. Charlotte ist jetzt fünfunddreißig Jahre alt. Sie bot mir das Du an, worüber ich glücklich war.

1 In der Strafanstalt Plötzensee, im Nordwesten Berlins, wurden in der NS-Zeit etwa 2400 Regimegegner hingerichtet, darunter die meisten Verschwörer des 20. Juli. 2 Der Abschiedsbrief, den Fritz-Dietlof von der Schulenburg am 10. August 1944 aus Plötzensee an seine Frau schrieb, *sollte* vernichtet werden. Eine Sekretärin verfaßte jedoch heimlich eine Abschrift, die Charlotte von der Schulenburg beinahe zehn Jahre später schließlich erreichte. «Was wir getan haben», heißt es in dem Brief, «war unzulänglich, aber am Ende wird die Geschichte richten und uns freisprechen. Du weißt, daß mich auch die Liebe zum Vaterland trieb.» 3 Anfangszeilen von «Ein neu Lied Herr Ulrichs von Hutten» (1521). Im Original: noch kein Reu.

21. Oktober 1944

Gestern abend war die Verhandlung gegen die Sozialisten beendet. Bis auf Dahrendorf, der Zuchthaus bekam, wurden alle zum Tode verurteilt.[1] Heute mittag mußte ich es Frau Leber sagen.[2] Wieso bewegten sich meine Lippen? Wie brachte ich es fertig, diese Worte auszusprechen, ihr ins Gesicht zu sehen, ohne die Fassung zu verlieren? Einen Moment überkam es mich. Ich wollte sie berühren, streicheln, da zuckte sie zurück: «Bitte jetzt kein Mitleid.» Idiotische Geste von mir, aus lauter Hilflosigkeit. Auch Leber soll großartig gewesen sein. In der Verhandlung kam zur Sprache, daß er als Innenminister vorgesehen war, und Fritzi Schulenburg sein Staatssekretär werden sollte. Höhnisch hat Freisler geschrien: «Was, Leber, Sie wollten einen Grafen zum Staatssekretär haben?»

Welche Spannweite hatte der Verschwörerkreis – von der konservativen Rechten bis weit in die Linke hinein. Der beste Beweis dafür, daß es sich nicht nur um eine kleine Clique verbitterter adliger Offiziere gehandelt hat, sondern um alle Kreise des Volkes. Auch Professor Reichwein[3] war dabei. Er ist ebenfalls zum Tode verurteilt worden.

Graf Douglas erzählte, daß Freisler im kleinen Kreis geäußert haben soll, er halte Leber für den bedeutendsten Kopf. Viel konnte ich Annedore nicht sagen, denn unsere Berichter aus der Redaktion sind vorsichtig geworden, es ist zu gefährlich, über die Prozesse zu sprechen. Die Frage ist nur noch, ob und wann das Urteil vollstreckt wird.

Zergrübelte mein Gehirn, ob ich ihr die Wahrheit auf eine zartere, schonendere Weise hätte beibringen können. Aber wahrscheinlich war Sachlichkeit das beste, sonst hätten wir beide die Nerven verloren. So nahmen wir stumm Abschied. Ich saß, ohne mich zu rühren, lange in meinem Zimmer in der Redaktion, zum Glück ungestört von Kollegen. Ging abends in die Messe.

Aachen ist besetzt. Die erste große deutsche Stadt. Der General, der sie schon vor einiger Zeit übergeben wollte, ist erschossen worden, heißt es.[4] Immer wieder hört man das Gerücht, Rommel sei in Wirklichkeit ermordet worden, da auch er mit dem 20. Juli in Zusammenhang gestanden haben soll. Dies muß in einer Verhandlung angedeutet worden sein. Sein Staatsbegräbnis ist kein Gegenbeweis.[5]

1 Gustav Dahrendorf, bis 1933 Abgeordneter der SPD im Reichstag, war nach dem Umsturz als politischer Beauftragter für den Wehrkreis Hamburg vorgesehen. Der Volksgerichtshof verurteilte ihn am 20. Oktober 1944 zu sieben Jahren Zuchthaus. Gegen die Sozialdemokraten Julius Leber, Adolf Reichwein und Hermann Maass wurde das Todesurteil verhängt. 2 In einem persönlichen Manuskript für die Frau von Richard Thilenius schrieb UvK später: «Vater Hassell und Leber waren längst hingerichtet, immer hatte ich die Nachricht überbringen müssen, da in unserer Redaktion einige Leute waren, die Zugang zum Reichssicherheits-Hauptquartier hatten.» 3 Adolf Reichwein, von den Nationalsozialisten 1933 als Leiter der «roten» Lehrerbildungsakademie Halle abgesetzt und zum Dorfschullehrer degradiert, war nach dem Umsturz als Kultusminister vorgesehen. Er war am 4. Juli 1944, einen Tag vor Julius Leber, verhaftet worden. 4 Nach zähen Straßenkämpfen übergab Oberst Wilck am 21. Oktober 1944 als erste deutsche Großstadt die Ruinen von Aachen an die alliierte Armee. Damit fiel eine der Festungen des zur neuen Verteidigungslinie ausgebauten «Westwalls». Wilck ging mit insgesamt 1600 Soldaten in Gefangenschaft, wurde aber nicht erschossen. 5 Vgl. 16. 10. 1944, Anm. 1. Das Staatsbegräbnis, am 18. Oktober 1944 in Ulm mit allen militärischen Ehren zelebriert, sollte der Öffentlichkeit ein ungetrübtes Verhältnis des Generals zur NS-Führung vortäuschen.

22. Oktober 1944

Bei Thilenius mit einigen Freunden lange über Jutta Sorge konferiert. Sie sitzt im Gefängnis am Kaiserdamm. Ihre Mutter war kurz im Charlottenburger Gefängnis, konnte dort ein paar Worte mit einer der Schwestern Bredow sprechen. Wohin sie transportiert worden ist, weiß niemand.

Wir sammeln jetzt Marken, die Sache funktioniert ganz gut, und wir bekommen ziemlich viel zusammen. Dafür kaufen wir Lebensmittel: für Helmut, Jutta und viele andere. Die einzige Hilfe, die man ihnen zukommen lassen kann.

In Ostpreußen schwere Abwehrkämpfe. Man gewöhnt sich langsam daran, in den Heeresberichten deutsche Orts- und Landschaftsnamen zu lesen.[1] Der alte General ist unermüdlich, kam neulich in die Redaktion und zeigte uns einen Kassiber von Jutta. Sie hat sich bereits einen Heilgehilfen zu Diensten gemacht, der ihr Briefe herausschmuggelt.

1 Am 16. Oktober 1944 begann die Rote Armee eine Offensive gegen Ostpreußen, die jedoch von der Wehrmacht abgewehrt wurde.

26. Oktober 1944

Ging heute früh zum Tegeler Zuchthauspfarrer Poelchau,[1] um etwas Speck für die Gefangenen bei ihm abzugeben. Lalla Hardenberg, die zweitälteste Tochter, deren Verlobter in Rußland gefallen ist, kam mit. Sie hatte heute keinen Dienst im Lazarett, und Furcht kennt sie nicht. Poelchau imponierte uns. Groß, blond, kämpferisch, witzig, fast zynisch. Manchmal redet er im Gefängnisjargon – ich vergaß mitunter ganz, daß ich mit einem Geistlichen sprach. Ständig mit einem Fuß im Zuchthaus, hilft er, wo er kann, stellt sich ganz in den Dienst der Nächstenliebe.

Er unterhielt sich lange mit uns. Bestätigte, daß Fritzi tot sei, entgegen den noch immer umlaufenden Gerüchten. Mittendrin wurde er angerufen und sagte nach einer Weile wütend: «Ich weiß gar nicht, was Sie meinen, Sie müssen mich mit irgend jemandem verwechseln, Heil Hitler.» Dann hängte er wieder ein, bleich vor Zorn. «Das war irgendeine verkalkte Exzellenz aus Potsdam. Sie ahnen nicht, wie die mir das Leben erschweren», sagte er. «Dieser hier hat mir wieder einen jungen Offizier anempfohlen, der längst zu meinen Schützlingen gehört. Manche Leute gehen mit geradezu unglaublicher Naivität durchs Leben und quatschen alles am Telefon aus. In solchen Fällen ist das ‹Heil Hitler› meine einzige Waffe.»

Poelchau hat auch den Harnack-Prozeß miterlebt; erzählte, daß er noch mehr Menschenleben gekostet hätte als der 20. Juli.[2] Freilich sind die Akten über den 20. Juli noch lange nicht abgeschlossen. Täglich gibt es neue Verhaftungen, täglich neue Hinrichtungen. Menschen wie Poelchau sind ein Hort für die Verzweifelnden. Mit dieser Verbindung von Güte und Mut geben sie immer wieder Kraft, wenn man schon ganz an diesem Volk verzagen möchte.

Der Rückweg an den zerbombten und abgebrannten Zuchthäusern vorbei wurde uns wesentlich leichter als der Hinweg. Im kalten Licht des frühen Morgens hatte die Gegend besonders düster gewirkt. Abends, nachdem Lalla und ich mit Thilenius und einem Freund gegessen hatten, Alarm. Wir gingen auf den U-Bahnhof am Potsdamer Platz hinunter, zum Glück kam bald Entwarnung. Aber diese Aufregungen zehren an den Nerven. Ein Wunder, daß wir noch normal sind. Fritzi hat einmal zu mir gesagt, die großen Nervenzusammenbrüche kämen erst, wenn der Krieg vorbei sei, jetzt sei alles noch in einer angespannten Aufregung, die Kollapse nicht zuließe.

1 Harald Poelchau, seit 1933 evangelischer Gefängnispfarrer im Zuchthaus Tegel, gehörte seit 1924 den «Religiösen Sozialisten», später auch dem oppositionellen «Kreisauer Kreis» an. Er betreute Todeskandidaten und vermittelte unter der Hand auch Kontakte für die inhaftierten Regimegegner. 2 Arvid von Harnack, Oberregierungsrat im Wirtschaftsministerium, war der Kopf eines konspirativen Kreises regimekritischer Intellektueller, der sich später mit der Gruppe um Harro Schulze-Boysen zusammentat. Diese Geheimorganisation, von der Gestapo «Rote Kapelle» genannt, verband Fluchthilfe, Sabotage und Aufklärung mit Spionagetätigkeit für die UdSSR. Nach der Entschlüsselung eines Funkspruchs aus Moskau im August 1942 verhaftete die Gestapo 117 Mitglieder der Gruppe. 50 von ihnen wurden zum Tode, 40 zu schweren Strafen verurteilt; eine Bilanz, die von der Strafverfolgung nach dem 20. Juli noch deutlich in den Schatten gestellt wurde (vgl. 23. 7. 1944, Anm. 5).

Wolf-Uli Hassells Bruder, ein junger Generalstäbler, ist verhaftet worden.[1]

Es gibt bereits Arbeitslose.[2] Allerdings dürfen sie nicht entlassen werden, denn sie sind dienstverpflichtet und müssen weiter jeden Morgen in der Fabrik antreten. Arbeit für sie wird erfunden; nur den Menschen kein Privatleben lassen, sie könnten ja auf falsche Gedanken kommen.

Hans von Savigny ist wieder aufgetaucht. Sieht in Uniform aus wie der Soldat Schwejk, aber er trägt sein Geschick mit Geduld, wenngleich gänzlich ungewappnet gegen die Tücken des Soldatenlebens. So ließ er neulich nach einem Abend bei mir sein Koppel liegen, rief verzweifelt vom Lehrter Bahnhof an, so daß Lo Schüddekopf, deren Mann ein ähnlich unvollkommener Soldat ist, voll Mitleid mit dem Koppel zu Fuß durch die dunklen Straßen zum Bahnhof eilte. Dort stand unser Dichter, an die Wand einer Telefonzelle gelehnt, beide Hände breit über der mageren Taille gefaltet – Lo rettete ihn aus dieser Not. Er ist der Typ des Intellektuellen, auf den sich jeder Unteroffizier mit freudigem Sadismus stürzt. Bei der Dolmetscherkompanie geht es ihm allerdings besser. Dort sehen die meisten so aus wie er.

Lese abends viel im katholischen Katechismus, den mir ein Priester gegeben hat. Eine Zeitlang hat er mich unterrichtet, aber ich gehe jetzt nicht mehr zu ihm, da er, aus dem Rheinland ausgewiesen, illegal in Berlin lebt und ich ab und zu das Gefühl habe, beobachtet zu werden. Doch mag das auch Einbildung sein.

Klaus ist aus dem Lazarett entlassen, muß aber noch ambulant behandelt werden. Er lebt bei seinen Schwiegereltern in Dahlem. Von Eberhard immer noch keine offizielle Nachricht aus der Gefangenschaft.

War gestern abend von Albert Bürklin eingeladen und lernte seinen Bruder Willi kennen. Generalstabsoffizier im OKH, der in den nächsten Tagen eine Nachamputation am Beinstumpf machen lassen muß. Wir gerieten in eine so angeregte Unterhaltung, daß hinterher alle noch zu mir kamen und wir bis spät in die Nacht zusammensaßen. Bärchen und ich bekamen unseren üblichen Krach über Ernst Jünger, den ich immer wieder verteidige.

Nachmittags hatten wir bei Bärchen schwarzgekauften Kaffee geröstet, er kostet jetzt 300 Mark das Pfund, aber ohne diesen Trank wäre bei der ständig gestörten Nachtruhe keine Arbeit möglich.

1 Johann Dietrich von Hassell, Major im Generalstab, kam als Sohn Ulrich von Hassells in Küstrin in Festungshaft. 2 Nach unkoordinierten Stillegungs- und Auskämmaktionen blieb 1944 ein Heer von unbeschäftigten Arbeitskräften, die für den Kriegseinsatz keine Verwendung fanden.

3. November 1944

Heute morgen in der Redaktion ein Anruf, bei dem ich wieder einmal weiche Knie bekam. Kommissar Opitz aus der Prinz-Albrecht-Straße ließ mir sagen, ich solle ihn sogleich in Steglitz aufsuchen. Weiter nichts. Setzte mich also recht beklommen in die Bahn, auf das Schlimmste gefaßt. Kam in eine Privatvilla, am Tor stand die SS-Wache. Wie Giftpilze haben die Gestapo-Stellen sich in allen Vierteln, in allen Gegenden angesiedelt. Als ich mich mit zögernden Schritten in Opitz' Zimmer führen ließ – saß dort Reinhild Hardenberg auf dem Sofa. Wir fielen uns in die Arme. Opitz, hinter seinem Schreibtisch, beobachtete uns und hörte natürlich genau zu, was wir sprachen. Vielleicht war das der Zweck dieser Unternehmung – vielleicht aber entsprang sie wirklich seinem guten Herzen. Während Reinhild heißhungrig den Inhalt eines Pakets von zu Hause aufaß, das Opitz ihr ausgehändigt hatte, erzählte sie von ihrer augenblicklichen Umgebung. Ohne eine Spur von Klage. Sie sah nicht schlecht aus, nur etwas gedunsen und fiebrig-rot von der Aufregung.

Opitz ließ uns anderthalb Stunden reden, mischte sich kaum in unser Gespräch, nur gelegentlich ließ er etwas herablassend eine Bemerkung fallen. Fühlte sich als wohlwollender Protektor.

Reinhild muß bei Alarm in ihrer verschlossenen Zelle bleiben. Sie hockt sich dann in eine Ecke, die, wie sie vermutet, durch einen Pfeiler im unteren Stockwerk abgestützt ist, zieht die Decke über die Ohren und versucht, nicht daran zu denken, was passieren könnte. Nebenbei kam heraus, daß sie jede Nacht friert, weil es zu wenig Decken gibt. Sie ist mit der Frau des hingerichteten Berthold Stauffenberg[1] zusammengelegt worden, soll ihr durch ihre unbekümmerte Art etwas aufhelfen. Sie ist so jung und unbeirrbar fröhlich.

Was ich ihr über ihren Vater berichten konnte, beruhigte sie. Er ist noch immer nicht vernehmungsfähig. Opitz, dem ihre unpathetische Art Eindruck machte, will sehen, daß er sie in das Charlottenburger Gefängnis verlegen kann.

Reinhild steckte sich noch ein halbes Brot unter den Pullover, bevor wir uns trennten. Das wollte sie in die Zelle schmuggeln. Bat um Stopfnadeln, Garn und einen dicken Mantel.

Erleichtert fuhr ich in die Redaktion zurück. Welch menschliche Geste von diesem Gestapo-Kommissar.

1 Berthold Schenk Graf von Stauffenberg, Berater der Seekriegsleitung in Völkerrechtsfragen, war enger Vertrauter seines Bruders Claus und in mancher Hinsicht sogar Initiator bei der Vorbereitung des Attentats gewesen. Er wurde noch am 20. Juli im Bendlerblock festgenommen und am 10. August hingerichtet.

9. November 1944

November, von jeher ein verhängnisvoller Monat. Vielleicht bringt er diesmal eine Revolution wie 1918 oder das Kriegsende – aber es sieht nicht so aus. Wir schießen jetzt mit V2 nach London und richten beträchtlichen Schaden an.[1] Zwar werden solche Lanzenstiche nicht tödlich treffen, aber allmählich aufs höchste reizen. Die Vergeltung für die Vergeltung der Vergeltung wird schon kommen. Ein Karussell, aus dem keiner herausspringen kann.

Besuche Willi Bürklin jetzt oft im Oskar-Helene-Heim.[2] Neulich, bei Alarm, schob ich seine Bahre auf den Flur und später in den Keller, zwischen die Betten der Schwerverwundeten, die ständig unten liegen: Gespenster, mit dicken Verbänden, auf Geräte geschnallt, schmerzverzerrt oder phantasierend. Hilflos, unfähig sich zu bewegen, liegen sie nun Tag und Nacht in diesem Keller, der gar nicht sehr sicher ist. Die Abschüsse der Flakkanonen waren deutlicher zu hören als in meinem Bunker. Viele waren schon vom Tod gezeichnet. Und doch sorgte einer dafür, daß ich einen Stuhl bekam.

Sprach mit Bürklin lange über den Tod; er ist in Afrika auf

eine Mine gefahren, dabei hat er sich seine Verwundung geholt. Sie waren zu dritt im Wagen, ein General,[3] ein Leutnant und er. Als er das Bewußtsein wiedererlangte, sah er, daß sich der General einen Stein auf den blutenden Stumpf seines Beines gedrückt hatte, um an seine Frau schreiben zu können. Dann starb er. Der Leutnant, der hinter Bürklin lag, stöhnte nur noch: «Ach, Herr Major, nun geht es mit mir zu Ende, und das Leben war doch so schön.»[4] Später wurden sie gefunden. Bürklin blieb trotz Schädelbasisbruch wie durch ein Wunder am Leben, der eine Fuß mußte amputiert werden. Ich dachte: Wie mag Jürgen gestorben sein.

Wofür nur werden diese Hekatomben von jungen Menschen geopfert? Sie wußten nur, daß sie ihre Pflicht für ihr Vaterland taten. Aber was für ein schreckliches Vaterland forderte ihren Tod.

1 Vom 8. September 1944 an feuerte die deutsche Wehrmacht V2-Raketen auf London ab. Von den rund 1200 Geschossen schlug mehr als ein Drittel am Zielort ein. Gegen die Überschallraketen gab es keine direkte Abwehrmöglichkeit. Über 2000 Menschen kamen bei den Angriffen auf London ums Leben. In Belgien, einem weiteren Schwerpunktziel, forderte die «Wunderwaffe» rund 6500 Todesopfer. 2 Die Krankenbesuche und Gespräche sind im Tagebuch unter dem 15. November 1944 belegt. An diesem Tag führte UvK nach mehrmonatiger Pause erstmals wieder Tagebuch. 3 Generalleutnant Wolfgang Fischer, Kommandeur der 10. Panzerdivision im Afrikakorps, war am 4. Februar 1943 durch die Explosion einer Mine ums Leben gekommen. Seine Stelle als Kommandeur hatte später Claus von Stauffenberg übernommen. 4 Im Tagebuch unter dem 15. November 1944 folgt an dieser Stelle: «Es lebe die Kavallerie!»

13. November 1944

Mußte wieder zu einer Fabrikbesichtigung in die Nähe von Potsdam. Die Räume warm und hell, die Arbeit an Radiogeräten sicherlich nicht uninteressant, trotzdem deprimierte mich der Anblick der zwangsverpflichteten Hausfrauen wieder sehr. Die bunten Schürzen, die sie trugen, hatten sie doch einmal gekauft, um in ihnen für Mann und Kinder zu sorgen. Aber wer tut denn heute noch das, was er gern möchte?

Viele Frauen erwarten jetzt plötzlich Kinder, denn Schwangerschaft rettet sie vor der Fabrik. Was für Kinder mögen das werden, die nur aus diesen Gründen empfangen wurden.

Besichtigten auch noch einen Molkerei-Großbetrieb. Anschließend Kaffeetafel, aber ehe die ausgehungerte Journaille sich auf die Butter stürzen konnte, die gelb und appetitlich pfundweise herumstand, mußten wir noch eine DAF-Ansprache über uns ergehen lassen, bei der zum Schluß alle mit erhobenen Händen (über den Butternäpfen) in ein Sieg-Heil ausbrachen. Grotesk. Beschloß, darüber nichts zu schreiben, obwohl mir die Butter ausgezeichnet schmeckte.[1]

1 Im Tagebuch heißt es unter dem 15. November 1944: «Es folgte dann noch ein grotesker Nachmittagskaffee in einem Buttergeschäft, mit einem irren Butterfaß und Sieg-Heil am Kaffeetisch.» Bis zum Jahresende 1944 keine weiteren Eintragungen im Tagebuch.

15. November 1944

Ging, als die Dämmerung einfiel, mit Lalla in das Militärgefängnis in der Lehrter Straße. Wir hatten vorher auf meinem kleinen Kocher Bratkartoffeln gemacht, die wir in papierumwickelte Büchsen taten, damit sie sich warm hielten.

Moabit war auch in guten Zeiten schon von spezieller Häßlichkeit. Heute, da jedes zweite Haus eine Ruine ist, liegt über dieser Gegend eine Trostlosigkeit, wie sie nur Goya malen konnte. Die Mauern des Gefängnisses sind zum Teil zerborsten. Durch einen langen Gang, ausgebrannt und schwarz, von Balken abgestützt, kamen wir an ein eisernes Tor, das hell angestrahlt war. Davor zwei Wachen und ein Schalter, an dem man die Sachen abgeben konnte. An einen der Stützbalken gelehnt ein junges Mädchen mit rotem Kopftuch und traurigem Gesicht. Vor uns eine kleine Schlange von wartenden Frauen, teils betont einfach, teils elegant angezogen. Hatte plötzlich das Gefühl, gar nicht mehr ich selbst zu sein, sondern zum Bühnenbild eines Revolutionsstückes zu gehören. Ab und zu wurde die schwere Tür von einem Wärter mit rasselndem Schlüsselbund geöffnet, Gestalten wurden heraus- oder hineingeführt, angeleuchtet von dem Scheinwerfer, in dessen Kegel auch wir standen.

Ich erkannte Frau von Falkenhausen und Frau von Rönne,[1]

die ich im Oskar-Helene-Heim getroffen hatte. Jeder maß jeden mit scharfem Blick, ohne jedoch Erkennungszeichen zu geben. So weit ist man allmählich geschult im Umgang mit der Unterwelt. Die Wachen, teils noch blutjung, waren freundlich. Einmal führten zwei stupide aussehende Wärter dicht an uns einen Mann vorbei. Er war groß, hatte den Mantel über die Schultern gehängt, Fesseln an den Händen, ein totenblasses, schmales Gesicht, das ich nie vergessen werde. Er starrte uns so intensiv an, als hinge sein Leben davon ab, daß er wisse, wer da stand. Nie werden wir erfahren, wer es war, vielleicht Helmut Moltke,[2] vielleicht einer der vielen Offiziere, die sich im Netz der Spinne verfangen haben.

Es heißt, Nikolaus Halem sei tot.[3] Er soll bei der Verhandlung so überlegen gewesen sein, daß selbst Freisler zu schreien vergaß – aber was nutzt das schon. Wer vor Freisler steht, steht vor dem Tod.

Wir gaben unsere Büchsen für den jungen Oppen, Cords und Professor Spranger ab – er sitzt seit einigen Wochen ebenfalls in der Lehrter Straße.[4] Legten kleine Zettel dazu und warteten, bis wir die leeren Büchsen zurückbekamen. Helmut bat um Seife und einen Kamm, Oppen ganz beglückt über die Bratkartoffelgabe, Spranger schrieb nichts.

Was für ein Wartesaal. Wie rührend, wie mühselig scherzten manche Frauen mit dem Mann am Schalter, in welchem Gegensatz stand der Ausdruck ihrer Augen zu dem Lächeln, das ihn schließlich bewog, ein Extrapaket in Empfang zu nehmen. Plötzlich meinte ich alle diese Gesichter schon einmal gesehen zu haben – in einem anderen Jahrhundert vielleicht, damals, vor zehn Jahren, als wir alle noch auf Bälle gingen. Doertenbach, der mich am selben Abend besuchte, war entsetzt, als wir ihm von der Lehrter Straße erzählten, und warnte mich energisch, so etwas noch einmal zu machen: «Sie wissen gar nicht, ob Sie nicht seit Monaten beobachtet werden. Verdächtig genug sind Sie in Ihrer Unvorsichtigkeit. Vielleicht hofft man weiteren Kreisen auf die Spur zu kommen und läßt Sie deshalb noch eine Weile in Freiheit.»

Möglich, daß er recht hat, aber ich tröste mich damit, daß die Gestapo ein Massenheer aufbieten müßte, wenn sie auch noch alle Randfiguren schnappen wollte, bevor die Auflösung endgültig ist. Bei der Bedrohung durch die zusammenbrechenden Fronten und durch die Bombenangriffe funktioniert selbst der Apparat des Terrors nicht mehr so präzise wie früher.

1 Beide Frauen waren wegen der Beteiligung ihrer Männer am 20. Juli in «Sippenhaft». Gotthard Freiherr von Falkenhausen, Rittmeister der Militärverwaltung in Frankreich, hatte zum engeren Verschwörerkreis in Paris gehört. Oberst Alexis Freiherr von Rönne, Chef der Abteilung «Fremde Heere» des OKH, war ebenfalls an der Vorbereitung des Staatsstreichs beteiligt. 2 Helmut James Graf von Moltke, völkerrechtlicher Berater des OKW, stand im Mittelpunkt des «Kreisauer Kreises». Dieser Kreis, der sich auf Moltkes Gutshof in Kreisau traf, diskutierte Fragen der politischen Neugestaltung nach Hitlers Sturz. Moltke wurde am 19. Januar 1944 im Zusammenhang mit der Zerschlagung des «Solf-Kreises» verhaftet [vgl. 11.4. 1944, Anm. 3] und am 23. Januar 1945 hingerichtet. 3 Nikolaus von Halem wurde nach über zweijähriger Haft, während der er grausamen Folterungen ausgesetzt war, am 16. Juni 1944 zum Tode verurteilt und am 9. Oktober hingerichtet. 4 Eduard Spranger war von 9. September bis 14. November 1944 im Gefängnis Moabit in der Lehrter Straße inhaftiert.

22. November 1944

Es gibt kaum noch Kartoffeln zu kaufen, ich lasse sie mir von Böhlendorf in einem Karton schicken. Aber oben im Ministerium Speer wurde ein Verkaufsstand für die Angestellten eingerichtet, von dem auch ich frech profitiere. Es gibt gute Salate und Wurst, auch immer frische Semmeln. Obwohl die Stadt ringsum immer weiter in Trümmer sinkt, habe ich es also mit meiner Verpflegung zur Zeit so bequem wie selten zuvor.

25. November 1944

Gräfin Hardenberg kommt jetzt oft in die Stadt, versucht immer wieder, bei den Behörden etwas zu erreichen. Sprecherlaubnis für ihren Mann hat sie bisher noch nicht bekommen, nur für Reinhild, die sie einmal in der Französischen Straße sehen durfte. Reinhild ist jetzt in Charlottenburg, sitzt in einer Zelle mit Philippa. Auch Frau von Hammerstein ist dort. Ehe sie das Versteck ihrer Söhne nicht verrät, will man sie nicht freilassen. Als ob eine Mutter, und wenn man sie folterte, ihre Söhne verraten würde.

26. November 1944

Abends war Melitta Stauffenberg bei mir und brachte ein Eßpaket für Reinhild. Mädchenhafte Gestalt, lockiges Haar, kurze, fast griechische Nase, eine weiche, etwas müde Stimme. Auf dem silbergrauen Kleid die Brillantspange über dem Band des Eisernen Kreuzes. Sie darf sich nur noch Schenk nennen, nicht mehr mit dem vollen Namen. Nachts fliegt sie Versuche mit Blindfluggeräten, tags läuft sie von einer Behörde und Gestapo-Stelle zur anderen, um für ihren Mann und seine Verwandten zu sorgen. Wann sie eigentlich schläft, ist mir ein Rätsel. Claus Stauffenbergs Frau soll noch am Leben sein und gerade ein Kind geboren haben. Die anderen Kinder hat die Gestapo geholt.[1]

1 Nina Gräfin Schenk von Stauffenberg wurde kurz nach dem Attentat mit ihren 3- bis 10jährigen Kindern Berthold, Heimeran, Franz Ludwig und Valerie in «Sippenhaft» genommen, die bis Kriegsende währte. Im Januar 1945 wurde die jüngste Tochter Konstanze geboren.

30. November 1944

Der Bahnhof Friedrichstraße mit seinen breiten Treppen, die in eine Art Unterwelt führen, gilt als bombensicher. Dort ist es so, wie ich mir Shanghai vorstelle. Zerlumpte malerische Gestalten in wattierten Jacken mit den hohen Backenknochen der Slawen, dazwischen hellblonde Dänen und Norweger, kokett aufgemachte Französinnen, Polen mit Haßblicken, fahle, frierende Italiener – ein Völkergemisch, wie es wohl noch nie in einer deutschen Stadt zu sehen war. Fast ausschließlich Ausländer sind da unten, Deutsch hört man kaum. Die meisten wurden in Rüstungsbetriebe zwangsverpflichtet. Trotzdem machen sie keinen gedrückten Eindruck. Viele sind laut und fröhlich, lachen, singen, tauschen, handeln und leben nach ihren eigenen Gesetzen.

Der Not gehorchend – nicht dem Herzen – hat man für sie Kantinen eingerichtet, Theateraufführungen organisiert und bringt sogar Zeitungen heraus. Auch in den großen Bräus am Bahnhof Friedrichstraße sind fast keine Deutschen mehr zu sehen. Jeder, der nicht dort hingehört, wird mißtrauisch gemustert. Hier kennt sich alles untereinander. Mädchen gehen von

Tisch zu Tisch, junge Männer mit grellen Halstüchern und langen Haaren schlendern umher. Dazwischen wieder einsame Gestalten, die gemieden werden, vermutlich Spitzel oder Kriminalbeamte. Die Fremdarbeiter sollen vorzüglich organisiert sein. Es heißt, daß Agenten unter ihnen sind, Offiziere, Abgesandte der verschiedenen Untergrundbewegungen, die gut mit Waffen ausgerüstet seien, auch mit Sendegeräten.[1] Woher soll der «Soldatensender» auch sonst so auf dem laufenden sein, woher «Gustav Siegfried Eins» zwischen Zoten immer wieder Wahrheiten einstreuen können? «Es sprach: der Chef»... schließen die Nachrichten.[2] Diese Sender werden bei uns passionierter gehört als alles, was je dem Deutschen Haus des Rundfunks entströmte. Zwölf Millionen Fremdarbeiter gibt es in Deutschland.[3] Eine Armee für sich. Manche nennen sie das Trojanische Pferd des heutigen Krieges.

1 Gegen Kriegsende fanden sich im gesamten Reichsgebiet ausländische Arbeiter in Widerstandsgruppen zusammen, häufig auf Initiative russischer Zwangsarbeiter. Konspirative Organisationen wie das «Komitee Kampf dem Faschismus» betätigten sich auch in der Spionage von Wehrmachtseinrichtungen. Angesichts des bevorstehenden Zusammenbruchs setzten sich immer mehr ausländische Arbeitskräfte aus den Betrieben ab und hielten sich im Untergrund verborgen. 2 Der «Soldatensender Calais» und «Gustav Siegfried 1» (GS 1) waren die bekanntesten Propagandasender des britischen Foreign Office. Mit einer geschickten Mischung aus verläßlichen Nachrichten, gezielter Desinformation und Schreckensberichten von NS-Greueln erzielte der Journalist Denis Delmer großes Aufsehen unter den heimlichen Hörern in Deutschland. Der Sender GS 1 gab vor, Sprachrohr einer Widerstandsgruppe deutscher Patrioten zu sein, deren Anführer unter dem Decknamen «der Chef» firmierte. 3 Nach dem aktuellen Erkenntnisstand waren Ende 1944 etwa 7,5 Millionen Fremdarbeiter in Deutschland. Die Zahl 12 Millionen, die auch im Nürnberger Prozeß genannt wurde, dürfte zu hoch angesetzt sein.

1. Dezember 1944

In der Redaktion haben wir jetzt eine Sondergemeinschaft gebildet: Bärchen, Graf Douglas, Willy Beer, Paul Bourdin, der sich nach zwanzigjährigem Aufenthalt in Paris erstaunlich gut in die neudeutsche Misere einfindet, und Schwab. Jeden Tag halten wir unsere Konferenzen ab, tauschen Gerüchte und

Neuigkeiten aus und lesen alle ausländischen Zeitungen, deren wir habhaft werden können.

Jutta ist verhört worden. Leider wurden bei ihr zu Hause, wie sie uns auf einem Kassiber mitteilte, Fotografien von Klaus gefunden. Sie hat aber anscheinend geschickt ausgesagt. Der alte General, der sich um die Familie Sorge kümmert, läßt allerdings nicht die gleiche Geschicklichkeit walten. Heute kam mit der Post ein Brief an mich, von dem er offenbar Durchschläge an verschiedene Leute geschickt hat. Äußerst kompromittierender Text: Dank für die Unterstützungen, Bitten um neue Gaben, insbesondere Speck und Butter, etwas, was der gewöhnliche Deutsche schon seit Jahren kaum noch kennt. Juttas Mutter sei in Ravensbrück im Konzentrationslager,[1] ihr Vater in Plötzensee. Fällt dieses naive Dokument einem Zensor in die Hand, können alle Empfänger sofort verhaftet werden. Als staatsfeindliche Organisation zur Unterstützung von Juden und politischen Verbrechern. Dazu bedarf es nicht einmal einer böswilligen Auslegung. Dann noch die Verbindung von Klaus zu Helmuth, zu Haeften, zu Fritzi – als ob das nicht längst genug wäre. Schrieb auf Anraten der Freunde dem General einen höchst unfreundlichen Brief: Ich wüßte nicht, worum es sich handelte, kennte Juttas Familie überhaupt nicht und ähnlichen Unsinn mehr. Zugleich schickte ich Schwab mit gesammelten Fleisch- und Fettmarken zu ihm. Auch er wurde wohl ziemlich deutlich.

1 Das Konzentrationslager Ravensbrück wurde 1939 in Fürstenberg, nördlich von Berlin, als Frauengefängnis errichtet, später um ein Männerlager erweitert. Zeitweise wurden dort mehr als 10 000 Häftlinge untergebracht.

3. Dezember 1944

Anruf von Mama: Papa muß in die Klinik nach Rostock.

7. Dezember 1944

Abends Wolf-Uli Hassell und Thilenius bei mir. So gefährlich es sein mag, jetzt kommt es darauf an, daß Wolf-Uli fühlt, wie sehr wir ihm verbunden sind. Ohne diese Gemeinsamkeit wären wir alle verloren. Wolf-Uli erzählte, daß sein Bruder auf einer Festung sitzt, und auch seine jüngste Schwester, die mit einem Badoglio-Italiener[1] verheiratet ist, verhaftet wurde. Sie scheint mit anderen Sippenhäftlingen im Riesengebirge zu sein.[2] Die beiden Kinder hat man ihr fortgenommen. Unmöglich, deren Adresse herauszufinden.

Die Gestapo ist eigens zu Hassell nach Potsdam hinausgekommen, um die Anzüge des hingerichteten Vaters zu beschlagnahmen. Zum Glück hatte er sie schon vorher sichergestellt. Wie ordentlich diese Unmenschen sind, wie sparsam! Warum sollen nicht die Anzüge der Gehenkten noch weiterverwendet werden. Wolf-Uli versucht noch immer, den Siegelring seines Vaters herauszubekommen und die Jugenderinnerungen, die er während der Haft in Fürstenberg geschrieben hat.[3] Bisher alles vergeblich.

1 Badoglio-Italien, der von den Alliierten befreite Teil im Süden Italiens, behielt diese Bezeichnung auch nach dem Rücktritt von Regierungschef Pietro Badoglio am 9. Juni 1944 bei. 2 Fey von Hassell, deren Ehemann Detalmo Pirzio-Biroli als Offizier in der italienischen Resistenza gegen die deutsche Besatzungsmacht kämpfte, wurde am 9. September 1944 als Tochter Ulrich von Hassells in Italien verhaftet und am 21. Oktober zur «Sippenhaft» ins Riesengebirge deportiert (vgl. 20. 12. 1944, Anm. 1). 3 Die fragmentarisch gebliebenen Erinnerungen schrieb Ulrich von Hassell während seiner Haft im KZ Ravensbrück bei Fürstenberg und im Gestapogefängnis auf alle Papierfetzen, deren er in seiner Zelle habhaft werden konnte. Kurz vor dem Einmarsch der Roten Armee überließ die Gestapo die Manuskripte Hassells Sohn. Die Memoiren, in der Abschrift etwa 300 Manuskriptseiten, reichen bis zum Jahr 1930.

9. Dezember 1944

Mama rief an. Man will Papa operieren, hat das aber vorläufig verschoben, da seine Gesamtkonstitution zu schlecht sei. Das einzige, was ihn interessiert, ist der Untergang des Regimes. Sonst liegt er apathisch und teilnahmslos da. Kann nicht einmal mehr rauchen. Besuche hat er sich verbeten, er will uns erst sehen, wenn es ihm wieder besser geht.

Eine Karte von Eberhard aus der Gefangenschaft. Das erste Lebenszeichen. Er ist in England.

In der Redaktion wird von einem deutschen Gegenangriff

gemunkelt, der unter Sepp Dietrich im Westen gestartet werden soll.[1] Die höheren Militärs sind mit Blindheit geschlagen. Sollen wir denn im Westen standhalten, damit im Osten die Russen immer weiter über unsere Grenzen dringen?

Klaus ist in Breslau in ein Lazarett gekommen, muß eventuell an der Galle operiert werden. Zum Glück kann Uta, die mitfuhr, ihn oft besuchen.

1 Josef (Sepp) Dietrich, Generaloberst der Waffen-SS und bis 1943 Kommandeur der «Leibstandarte Adolf Hitler», war einer der ältesten und treuesten Kampfgefährten Hitlers. Bei der bevorstehenden Offensive im Westen (vgl. 18. 12. 1944, Anm. 1) sollte er mit seiner 6. SS-Panzerarmee die Nordflanke übernehmen. Dieser Angriffsplan wurde streng geheimgehalten, auf die Weitergabe der Information stand die Todesstrafe.

12. Dezember 1944

Bin in großer Sorge um unsere netten Franzosen aus der Rankestraße. Zwei von ihnen wohnen seit der Ausbombung in Bärchens Haus, der dritte scheint jetzt geflohen zu sein. Jedenfalls ist er von seinem Urlaub nicht zurückgekommen, hatte uns das auch schon vorher angedeutet. Nun mehren sich die Gerüchte, daß alle ausländischen Arbeiter in Lagern konzentriert werden sollen, wo sie gegebenenfalls bei Aufstandsversuchen vernichtet werden können. Thilenius war unserer Franzosen wegen schon auf der Schweizer Gesandtschaft. Aber die Schweiz war nicht imstande, viel zu helfen. Ein Versteck in der Gesandtschaft unmöglich. So haben wir durch Bekannte von Bärchen einen Keller ausfindig gemacht und den Speicher eines halbausgebrannten Hauses, wo sie sich notfalls verstecken können. Für die Ernährung müßten wir dann sorgen. Da wir uns schon um so viele kümmern, wird das nicht ganz einfach sein.

18. Dezember 1944

Tatsächlich deutsche Offensive! In den Ardennen unter Rundstedt, der sich wieder auf die Bühne hat zerren lassen.[1] Marionette, an deren Fädchen Hitler zieht. Wenn die Russen eines

Tages da sind, bevor die Engländer und Amerikaner kommen, dann ist das die Schuld dieser Feldmarschälle. Aufhalten können sie die Niederlage doch nicht, bei der ungeheuren Materialüberlegenheit der anderen.[2]

Liege mit Fieber und eitriger Mandelentzündung im Bett. Papas Befinden wechselnd.

1 Generalfeldmarschall Gerd von Rundstedt durchlief bei der Wehrmacht eine wechselvolle Karriere. 1938 verabschiedet, ließ er sich zu Beginn des Krieges wieder aktivieren. Ebenso war er 1941 und 1944 nach Differenzen mit Hitler abgesetzt, und dann jeweils wieder zurückbeordert worden, wenn Not am Mann war. Nach dem 20. Juli leitete er den «Ehrenhof», der die unehrenhafte Entlassung der am Putsch beteiligten Offiziere aus der Wehrmacht verfügte. Seine letzte Aufgabe war der Oberbefehl während der Ardennenoffensive, zu der er am 16. Dezember 1944 sämtliche verfügbaren Reserven der deutschen Armee zusammenzog. Der für die Alliierten überraschende Vorstoß auf der Höhe von Luxemburg und Südbelgien saß bereits nach einer Woche wieder fest und erwies sich bald als militärischer Fehlschlag. 2 Trotz der Verfünffachung der Produktion seit 1939 lag das Rüstungspotential des Deutschen Reiches stets deutlich unter dem der Alliierten. 1944 erreichte die Kriegswirtschaft in Deutschland nach Schätzungen gerade 30 Prozent der alliierten Rüstungsproduktion.

20. Dezember 1944

Weiter ziemlich hohes Fieber. Verbrachte die zwei Tage auf dem Sofa liegend, unterbrochen von Alarmen und viel zuviel Besuch. Aber so bleibt wenigstens kaum Zeit zum Grübeln. Die Offensive geht vorwärts, die Redaktion bereitet schon Material über die Rückeroberung von Lüttich vor. Glauben sie wirklich daran, daß sie die Alliierten wieder vertreiben?

Vorhin Lytta Stauffenberg. Sie fährt über die Feiertage nach Schlesien auf die Hindenburgbaude,[1] nimmt einen kleinen Weihnachtsbaum mit. Will versuchen, ihren Mann und die Familie zu sehen. Opitz, der sie offenbar verehrt, scheint ihr dabei zu helfen. Überhaupt verwandelt sich dieser Kommissar langsam in eine Art Schutzengel. Hat neulich die ganze Familie Bredow mit der aus der Schweiz zurückgekehrten Mutter zum Kaffee in seinem Büro gehabt. Trotzdem ist die Gefahr für Philippa noch nicht vorüber. Es kann noch immer zu einer

Verhandlung kommen. Ich gab Lytta eine Pelzweste von Klaus mit, für ihre Schwägerin, die nichts Warmes hat.

Wie zäh diese Frauen für ihre Männer sorgen. So viel nie erlahmende Geduld, so viel Überredungskünste, so viel Geschick, auch die kleinsten Möglichkeiten auszunutzen, hätten im umgekehrten Falle wohl nur wenige Männer aufgebracht. Der neueste Witz: Keiner soll frieren ohne zu hungern.

1 In der «Hindenburgbaude», einem abgelegenen Berghotel im Riesengebirge, wurden im Oktober 1944 21 Angehörige der Hauptbeteiligten an der Verschwörung des 20. Juli interniert. Die «Sondergefangenen» wurden am 30. November in das Konzentrationslager Stutthof verlegt, wo Melitta (Lytta) von Stauffenberg die Möglichkeit erhielt, per Flugzeug ihren Mann zu besuchen.

22. Dezember 1944

Gerade, als ich mich nach dem ersten Aufstehen wieder recht erschöpft auf das Sofa gelegt hatte, klopfte es an die Tür, und Reinhild Hardenberg kam herein. Nach fünf Monaten Haft ohne jedes Verhör plötzlich entlassen! Sie war noch so aufgeregt, daß sie kaum sprechen konnte. War erst vor ein paar Stunden im Charlottenburger Gefängnis aus der Zelle herausgerufen worden. Unten stand ein bösartig aussehender Gestapo-Beamter, der ihr erklärte, sie solle ihre Sachen packen, sie käme in ein Konzentrationslager. Sie nahm also weinend Abschied von Philippa und Puppi Hammerstein. Fuhr verzweifelt mit dem Beamten in die Französische Straße.[1] Als man ihr dort eröffnete, daß sie entlassen sei, schwand ihr fast der Boden unter den Füßen.

Sie kam mir vor wie ein Schmetterling, der aus einem Kasten ganz plötzlich wieder in die Sonne gelassen wird. Leicht taumelig und betäubt. Sie rief eine Aufseherin an, um ihr die unerwartete Lösung mitzuteilen, eine Frau, die früher in einem Modehaus war, jetzt in Charlottenburg dienstverpflichtet ist und gut mit den Gefangenen steht. Fast tat es Reinhild leid, am Weihnachtsabend nun nicht mehr im Gefängnis zu sein. Sie hatten ihn betont christlich feiern wollen. Im Gefängnis kann man das in Deutschland also, in der Presse nicht.

1 Vgl. 1. 8. 1944, Anm. 1.

Die Eltern wollten nicht, daß ich sie in Rostock besuche. So waren wir zum erstenmal zu Weihnachten getrennt. Ich ging in den Dom – in der Krypta schöne Feier mit einer Predigt von Doehring,[1] deren Akzent auf unserer Bedrohung und Not lag.

Sechsmal, seit der Krieg begann, hörte ich nun «Und Friede auf Erden». Sechsmal. Manchmal habe ich das Gefühl, in diesen sechs Jahren um Jahrzehnte gealtert zu sein. 1939 stand Jürgen unter dem Baum. Blaß nach der eben überstandenen, fast tödlichen Ruhr. Er las das Gebet um den Frieden vor. «Allmächtiger Gott, du lenkst die Geschicke der Völker nach deinem Rat: Siehe unsere Not und erbarme dich unser. Überwinde du die Zwietracht unter den Völkern und gib uns den Frieden der Gerechtigkeit und der Freiheit, den wir ersehnen. Laß unter den Menschen die Liebe nicht sterben, die dein Erbarmen bezeugt.»[2]

Als ich nach Hause kam, um mein Bäumchen zu schmücken, saß Gräfin Hardenberg da. Sie hatte ihren Mann zum erstenmal besuchen dürfen und konnte erst abends wieder nach Hause fahren. Sie schenkte mir einen Strauß weißer Chrysanthemen, der eigentlich für ihren Mann bestimmt gewesen war, aber er hatte gelacht: Für einen solchen Strauß sei in seinem Spital kein Platz. Es sei das schönste Weihnachten ihres Lebens gewesen, sagte sie, denn sie hätte Carl-Hans eine Stunde lang sprechen dürfen. So verschiebt sich der Begriff von Glück! Daß sie eine Stunde in einer kleinen dreckigen Wachstube in Oranienburg[3] mit ihrem Mann unter Aufsicht sprechen durfte – das bedeutete Glück. Hardenberg war elend, aber guten Mutes. Er ist erst zweimal verhört worden, ohne daß viel herausgekommen wäre. Manchmal habe ich die zaghafte Hoffnung, daß er vielleicht doch durchkommt. Wider alle Vernunft.

Abends Besuch. Savigny und ein Freund. Hatte den Tisch so hübsch wie möglich gedeckt und einige Kerzen angesteckt. Es gab Brühe, Kartoffelsalat und hinterher Kaffee, den die Gäste spendeten, Wein, den Thilenius gestiftet hatte. Es gelang uns sogar, für ein paar Stunden die Gegenwart zu vergessen.

1 Bruno Doehring, evangelischer Domprediger in Berlin, war bis 1933 Abgeordneter der Deutschnationalen Volkspartei im Reichstag.

2 Quelle nicht ermittelt. 3 Das Konzentrationslager Sachsenhausen befand sich in einem Ortsteil von Oranienburg.

27. Dezember 1944

Las heimlich im Klosett in der Kochstraße eine Nummer des «Journal de Genève», die Bärchen mir zugesteckt hatte. Schauerlicher Bericht von zwei Tschechen, die aus einem KZ im Osten entflohen sind. Anscheinend werden die Juden dort systematisch vergast.[1] Sie werden in einen riesigen Waschraum geführt, angeblich zum Baden, dann läßt man durch unsichtbare Röhren Gas einströmen. Bis alle tot sind. Die Leichen werden verbrannt. Der Artikel wirkte seriös, klang nicht nach Greuelpropaganda. Muß ich diesem entsetzlichen Bericht glauben? Er übersteigt die schlimmsten Ahnungen. Das kann einfach nicht möglich sein. So viehisch können selbst die brutalsten Fanatiker nicht sein. Bärchen und ich waren heute abend kaum fähig, über etwas anderes zu sprechen. Das Lager soll in einem Ort namens Auschwitz sein. Wenn es wirklich stimmt, was in der Zeitung stand, dann gibt es nur noch ein Gebet: Herr, befreie uns von den Übeltätern, die unseren Namen mit dieser Schande bedecken.

Die Ardennen-Offensive ist steckengeblieben.[2] Der Vorstoß sollte bis zum Kanal gehen, um bessere Abschußplätze für die V2 zu gewinnen. Im Osten beklemmende Ruhe.[3]

1 Ausländische und illegale Medien verbreiteten teils ziemlich detaillierte, teils widersprüchliche Informationen über die Vernichtungslager, aber die davon erfuhren, wollten solche Ungeheuerlichkeiten oft einfach nicht glauben. In Deutschland wußten Millionen von der Deportation der Juden, nur wenige von ihrer systematischen Vernichtung in Lagern wie Auschwitz. 2 Vgl. 18. 12. 1944, Anm. 1. 3 An der Front im Osten herrschte bis zum 12. Januar 1945 Waffenruhe, vor dem letzten Ansturm der Sowjetarmee.

29. Dezember 1944

Die Pfarrersfrau, bei der Fritzi Schulenburg eine Zeitlang gewohnt hat, brachte mir ein Tagebuchblatt von ihm. Aufzeichnungen aus Rußland, aus der Zeit, als er Reserveoberleutnant war: «Alle Fasern des Herzens, alle Gedanken waren bereit, nur dem Schicksal hingegeben, dem man entgegenging. Ganz gleich, ob Gott das Opfer forderte oder das Leben neu schenkte. Ich war ganz erfüllt von Gott. Er war der einzige Gedanke, der mich ganz in Besitz nahm. Manchmal flüsterten meine Lippen, ‹Gott – Gott›, und da er von mir Besitz nahm, ging ich ruhig und sicher, fern aller Furcht meinem Zug voran. Wie im Traum nur gewahrte ich den Gegner, das Sirren der Kugeln, das Krachen der Granaten, alles ließ mich unbewegt. Ich war voll von Gott.»[1] Vielleicht ist er auch seinen letzten Gang so gegangen.

Die Pfarrersfrau fragte, ob ich nicht etwas über die Verhandlung gegen Pfarrer Lilje[2] erfahren könnte, mit dem Fritzi befreundet war. Sein Name hat auf einer der sagenhaften Listen gestanden, er war als Landesbischof der evangelischen Kirche vorgesehen. Bekam heraus, daß seine Verhandlung erst im neuen Jahr sein wird. Jede Verzögerung kann lebensrettend sein.

1 In dem Tagebuchfragment, das im Nachlaß von UvK überliefert ist, heißt es zum Abschluß: «Wie im Traum nur gewahrte ich den Gegner, das giftige Sirren der Kugeln, das Krachen der Granaten, gab meine Befehle, sah Kameraden fallen. Alles ließ mich unbewegt: Ich war voll von Gott.»

2 Hanns Lilje, evangelischer Theologe und Generalsekretär des Lutherischen Weltkonvents, gehörte der Bekennenden Kirche an und war für seine internationalen ökumenischen Tätigkeiten schon mehrmals mit Predigtverbot bestraft worden. Am 18. Januar 1945 wurde er vom Volksgerichtshof im Zusammenhang mit dem 20. Juli zu vier Jahren Zuchthaus wegen «Landesverrats» verurteilt.

31. Dezember 1944

Der letzte Tag des Jahres. Wieder einmal schreibe ich vorn in mein neues Notizbuch: Dieses Jahr muß besser werden. Die Bilanz heute ist noch erschreckender als voriges Jahr. Drohende Sorge: Papas Krankheit. Und sonst? Der Ring der Fronten so eng, daß uns jeden Moment der Atem abgeschnürt werden kann. Der Tod hat vielfältige Gestalt. Er wird nicht nur an der Front gestorben, sondern auch mitten im Lande, durch Bomben, Phospor und am Galgen. Das Begraben der Hoffnung, von innen die Wende herbeiführen zu können – das war das Furchtbarste in diesem Jahr. Sehenden Auges den Niedergang zu erleben – unfähig, etwas zu ändern. Und doch sind sie nicht umsonst gestorben. Bestimmt nicht die am Galgen. Wenn ich diese Gewißheit nicht hätte, möchte ich nicht mehr weiterleben. Wolf Schulenburg, Bernhard Mutius gefallen, Fritzi Schulenburg, Halem, Werner Haeften, Hassell aufgehängt. Hardenberg, Jutta, ihre Eltern und Cords in bedenklicher Gefahr. Klaus schwer krank – schließlich der Verlust unserer Wohnung. Es sieht so aus, als ginge der doppelte Angriff, von innen und außen, noch über Monate weiter, ehe die große Stille kommt. Hoffnungen? Daß das Ende bald kommen möge und damit die Vernichtung der verhaßten Führerschicht.

Auf der Plusseite dieses Jahres stehen nur die Freunde, das Zusammenwachsen unter dem ständigen Druck. Und Eberhards Briefe.

1945

1. Januar 1945

Gestern abend einige Freunde bei mir, um acht Uhr der übliche Störangriff, der als Neujahrsböller überall zerbrochene Fensterscheiben hinterließ. Um zwölf Uhr dann der Augenblick der Stille. Wir standen mit unseren Gläsern da und wagten nicht anzustoßen, von ferne erklang scheppernd ein Armsünderglöckchen, dazu Schüsse und schwere Tritte, auf Glassplittern. Unheimlich. Es war, als striche ein Schatten über uns alle hin, streife uns mit seinen Flügeln.

Vor ein paar Tagen kam die Nachricht, daß Alfred Haußner, der lange als PK-Mann in Rußland war und sich im Urlaub über unseren Defaitismus so entsetzte, am 17. Dezember in München umgekommen ist. In der Redaktion der Münchner Neuesten Nachrichten wurde er mit drei anderen Redakteuren durch eine Zeitzünderbombe tödlich verletzt.[1] Wieder ein Tod, der mir unbegreiflich erscheint. Rußland überstand er – in München traf es ihn.

1 Neben Alfred Haußner kamen bei dem Luftangriff am 17. Dezember 1944 der Chefredakteur der MNN Franz Geisler, der Sportjournalist Walter Baumann und einige Verlagsangestellte ums Leben.

3. Januar 1945

Am Neujahrsabend erschien Etzdorf mit ein paar Freunden und Savigny. Hockten bis morgens um vier Uhr bei mir. Ich hatte, wie schon lange nicht mehr, wieder dieses leichte, schwebende Gefühl, als ginge mich alles nichts an und ich könnte den Gewalten entrinnen.

Heute aber ist der gemeine Alltag wieder da. Mit allen Schikanen. Wurde von zwei Seiten gewarnt vor einer Frau, die sich mir am Silvesterabend so lange aufgedrängt hatte, bis ich sie einlud. Jetzt erfahre ich, daß sie schon bei verschiedenen Frauen vom 20. Juli war und als Spitzel gilt. Sie führte sich bei mir auch merkwürdig ein, sagte, sie habe immer für Eberhard die Blumen besorgt, die er mir brachte. Da er mir nahezu nie welche geschenkt hat, machte mich das stutzig. Aber ich vergaß es dann wieder, bis sie mich so eigentümlich ansah, als ich sagte, ich ginge nicht mit nach vorn auf die Wache, um die Hitler-Rede anzuhören. Ich könnte seine Stimme nicht mehr ertragen. Sie versuchte immer wieder das Gespräch auf den 20. Juli zu bringen. Vergeblich allerdings, denn davon reden wir nur, wenn wir unter uns sind. Ob sie wirklich eine Denunziantin ist und mich hereinlegen wollte?[1]

1 Im Taschenkalender heißt es unter dem 5. Januar 1945 verschlüsselt: «Nachm. Schürer über [Frau] Ul[rich]. Recht deprimierend.»

6. Januar 1945

Nachts. Vorhin zwischen zwei Alarmen ein Gespräch mit dem Rostocker Krankenhaus. Mama war nicht da, so sprach ich mit der Oberschwester, die mir riet, so schnell wie möglich zu kommen. Es scheint, die arme Mama gibt sich Illusionen hin und sagt mir nicht die Wahrheit, weil sie sie selbst nicht ertragen kann. Werde also morgen früh zu Papa fahren. Er hat Urämie und soll schon nicht mehr ganz bei Bewußtsein sein.

Bin von derselben Hoffnungslosigkeit wie damals bei Jürgen. Ich habe ihn schon aufgegeben.

8. Januar 1945, Rostock

Gestern nachmittag stand ich an Papas Bett. Mama hofft immer noch – ich kann nur eines wünschen: daß es recht schnell geht, daß er von der Qual erlöst wird. Er phantasiert fortwährend vom Ersten Weltkrieg. Auf seinem Nachttisch liegen die Aischylosverse, die Mama ihm immer wieder vorlesen muß:

Dein ist die Weisheit, Zeus, und du beschließest,
daß auch wir Sterbliche die Weisheit schmecken,
durch Leid, durch tiefes Leid, denn das macht klug.
Gestorbene Hoffnung gibt uns tiefe Einsicht.
Wen Schmerz zerriß, der weiß Bescheid um
 Menschen,
Bescheid um Götter. Wie zur Regenzeit
die grauen Wasser unablässig tropfen,
so rauscht das Leid in unsere bangen Nächte,

tropft unablässig auf das Herz und flößt
ihm Weisheit ein. Von Göttern aus der Höhe
hernieder quillt sie und wir werden weise.
Auch wider Willen.[1]

1 Sehr freie Übersetzung des Zeushymnos aus dem «Agamemnon» des Aischylos.

9. Januar 1945, Rostock

Mama ist Tag und Nacht bei Papa. Schläft auf einer Matratze neben seinem Bett. Daß sie es durchsteht, ist ein Wunder. Heute kam auch Klaus mit Uta. Er fahl und schwankend, hat dauernd Gallenattacken, aber auch Uta sehr elend, sie erwartet ein Kind. Wir versuchten, es Papa zu erzählen. Ich weiß nicht, ob er es noch erfaßt hat.

10. Januar 1945, Rostock

Die anderen sind heute zu den Verwandten nach Böhlendorf gefahren, auch Mama, da sie für Papa Gemüse und Milch holen will. Klaus soll ein paar Tage auf dem Land bleiben.

So war ich heute allein bei Papa. Ich las ihm aus «Dichtung und Wahrheit» vor, so wie er mir vorlas, als ich mit zwölf Jahren Masern hatte. Damals setzte er sich in einem Regenmantel an mein Bett, der ihn angeblich vor Ansteckung schützen sollte und den er hinterher regelmäßig auszuziehen vergaß. Auch aus Humboldtbriefen mußte ich ihm vorlesen. Manches nahm er noch vage in sich auf und lächelte ab und zu. Die eine Stelle paßt so gut auf sein Leben, daß ich sie abschrieb:

«Allein wanderten wir bis Torre di Mezza unter den verfallenen Gräbern. Es ist eines der größten Bilder der Zerstörung, die man irgend sehen kann, und erfüllt das Gemüt mit süßer und tiefer Wehmut. Denn süß ist es, daß alles Irdische vergeht, daß das Schöne, das Hohe, das Große und Edle aufgelöst ist in dem ewig flutenden Strom der Zeit, nur noch dem Höchsten im lebenden Menschen, dem Gedanken angehört. Wenn man sich so in seine Träume verliert, so wird die Vergangenheit gleichsam zu einem großen geistigen Bilde, und es schwebt über diesen Trümmern ein Hauch des Lebens.»[1]

1 Wilhelm von Humboldt, Quelle nicht ermittelt.

11. Januar 1945, Rostock

Heute um zwei Uhr mittags starb Papa.

Ich war allein bei ihm, Mama kam erst nachmittags zurück. Papas abwehrende Geste, als ich noch einmal über seine Stirn strich – er war schon nicht mehr auf dieser Welt. Er ist ohne Auflehnung gestorben, hing nicht mehr am Leben, und trotzdem brach aus dem Abgrund seiner Traurigkeit mitunter noch jene Heiterkeit hervor, die auch Jürgen besaß. Im Grunde war seine Existenz seit 1934 zerstört, wenn auch in den letzten Jahren seine schönsten Bilder entstanden. Vieles hat er vorausgeahnt. «Ich wünschte, ich hätte unrecht», wie oft hat er das seufzend gesagt. Viele seiner Freunde waren Juden – man hat sie vertrieben, sein größter Stolz war Jürgen – man hat ihn getötet. Das hat ihm den Lebenswillen genommen. Er litt fast physisch unter dem, was den Juden zugefügt wurde. Die Hetzreden, die Judensterne, die fürchterlichen Drohungen, daß man sie ausrotten werde, das alles zehrte an seiner Substanz. Weil er sich für eine jüdische Schülerin in der Hochschule für Kunsterziehung eingesetzt hatte, wurde er vor Erreichung der Altersgrenze pensioniert.[1] Begründung: Er stehe nicht auf dem Boden des Dritten Reiches. In seiner Abneigung gegen das Regime ging er so weit, daß er auch in den Spendenlisten nie etwas zeichnete. Darum gab der Pedell aus eigener Tasche heimlich eine Mark und trug sie als Beitrag von Papa ein. Bis Papa das eines Tages entdeckte und wütend seinen Namen wieder ausstrich. Er konnte sich einfach nicht verstellen.

1 Konrad von Kardorff hatte bis zu seiner vorzeitigen Pensionierung 1934 als Professor an der Staatlichen Kunstschule für Kunsterziehung Berlin-Schöneberg unterrichtet.

15. Januar 1945, Böhlendorf

Heute wurde Papa hier beigesetzt. Vor zwei Tagen die Einäscherung im Krematorium in Rostock. Nur Mama, Klaus und ich waren dort. Wir ließen das «Ave verum» von Mozart spielen, und Bachs «Komm, süßer Tod». Gestern fuhr ich von Böhlendorf noch einmal nach Rostock hinein, um die Urne abzuholen. Brachte sie im Rucksack hierher. Zum Glück stand mir Hanna Boye, unsere getreue Freundin, bei. Wie auch damals, nach Jürgens Tod, war sie eigens aus Lübeck zu uns gekommen.

Das Begräbnis war feierlich. Die französischen Gefangenen hatten eine kleine Abordnung mit einem Kranz geschickt. Daran ein Zettel: «Pour Monsieur von Kardorff, qui aimait tant notre pays»,[1] von den Farben der Trikolore umrandet. «Courage, Madame, courage», sagte der Überbringer zu Mama. Das Grab liegt im Wald, auf der Familiengrabstelle, neben den Kreuzen für die gefallenen Vettern.

Für Jürgen wollten wir in Schlesien, auf dem früheren Kardorffschen Gut in Klein-Öls, ein Barockkreuz aufstellen lassen, aber es kam nicht mehr dorthin. Am 13. Januar, Papas Geburtstag, den er nicht mehr erlebte, erreichten die Russen Öls. Ihre neue Offensive scheint nicht aufzuhalten zu sein.[2] Klaus und Uta gehen wieder nach Breslau, ich nach Berlin.

1 «Für Herrn von Kardorff, der unser Land so sehr liebte.» 2 Am 12. Januar 1945 begann die Großoffensive der Roten Armee, die ausgehend vom Brückenkopf Baranow, nordöstlich von Krakau, rasch den polnischen Raum durchquerte und zur deutschen Reichsgrenze vorrückte. Im Tagebuch heißt es unter dem 8. Februar 1945 rückblickend: «Am 12. [Januar] begann die russische Offensive, die immerhin in noch nicht einem Monat bis vor die Tore Berlins führte. Sieht man es so, kann man die Alten, die noch einigermaßen in Ruhe starben, nur beglückwünschen.»

20. Januar 1945, Berlin

Kam in ein aufgelöstes, hysterisches Berlin.[1] Meine Wohnung zum Glück wieder aufgeräumt, ein paar Tage, ehe ich kam, soll sie ein einziger Splitter- und Kalkhaufen gewesen sein, da vor dem Haus eine Sprengbombe eingeschlagen ist.

Ungefähr jeden Tag zweimal Alarm, fast mit dem Glockenschlag, abends um acht und dann noch einmal um elf. «Einflug Hannover-Braunschweig» heißt die Vorformel, ehe das Rennen in den Bunker beginnt. Gehe jetzt meist in den Speer-Bunker, der sehr komfortabel ist, mit fließendem Wasser und vielen Abteilungen für die verschiedenen Büros. Sitze oft neben dem alten Eulenburg, der von vergangenen Zeiten erzählt, in denen er Vortänzer am Kaiserhof war. Mitunter taucht auch Speer selber auf, der einen bescheidenen und freundlichen Eindruck macht. Nichts Bonzenhaftes.

Ungarn hat uns nun auch den Krieg erklärt. Aus dem großen Waffenbruder wurde der neue Feind.[2] Nur Japan bleibt noch bei der Stange, vielleicht, weil es so weit von uns entfernt ist. Budapest eingeschlossen.

Professor Zutt war bei mir. Er ist befreundet mit der Schwiegertochter von Planck, dessen Sohn ebenfalls zum 20. Juli gehörte.[3] Ob ich erfahren könne, wann die Verhandlung sei. Ich fürchte, es ist bereits um ihn geschehen, denn die Miene von Gerhard Starke sagte mehr als Worte. Aber Genaues wußte er auch nicht. Goerdeler soll immer noch leben.[4]

Thilenius geht furchtlos in die Lehrter Straße, um Helmuth Cords zu versorgen, und selbst in die Prinz-Albrecht-Straße, um sich für Kleist-Schmenzin[5] einzusetzen, für den er sogar einen Verteidiger gefunden hat. Schwab sorgt für Jutta. Neulich konnte er sie vom Hof aus an ihrem Zellenfenster sehen.

Unsere Markenorganisation funktioniert gut. Bekomme oft anonyme Briefe mit Fleisch- und Fettmarken. Sie gehen weiter an Pfarrer Poelchau.

1 Laut Taschenkalender kehrte UvK am 22. Januar 1945 nach Berlin zurück. Zur weiteren Eintragung unter diesem Datum kein Beleg in den Original-Aufzeichnungen. 2 Die in Ungarn einrückende Sowjetarmee verhalf am 22. Dezember 1944 einer provisorischen, Moskau-freundlichen Gegen-Regierung an die Macht. Diese schloß einen Waffenstillstand mit der UdSSR und erklärte Deutschland den Krieg. Bereits 1943 hatte die frühere Regierung angesichts der wenig aussichtsreichen Lage versucht, ein geheimes Separatabkommen mit der Sowjetunion abzuschließen, woraufhin die deutsche Wehrmacht das verbündete Land besetzt und den Sturz der Regierung veranlaßt hatte. 3 Erwin Planck, der Sohn des Physik-Nobelpreisträgers Max Planck, unter den Reichskanzlern von Papen und von Schleicher Leiter der Reichskanzlei, hatte für die Widerstandsbewegung Kurierdienste übernommen und an Entwürfen einer künftigen Verfassung mitgearbeitet. Er wurde am 23. Juli 1944 verhaftet und am 23. Januar 1945 hingerichtet. 4 Vgl. 17. 10. 1944, Anm. 1. 5 Der Gutsbesitzer Ewald von Kleist-Schmenzin widersetzte sich als konservativer Monarchist von Anfang an konsequent dem NS-Staat, wofür er mehrmals in Haft kam, und knüpfte Kontakte ins Ausland. Am 21. Juli 1944 wurde er verhaftet und am 9. April 1945 hingerichtet.

23. Januar 1945

Gespräch in der Setzerei mit meinem Freund Büssy: «Mich hält jetzt wenigstens die Hoffnung auf den Untergang der Nazis aufrecht.»

Brief von Gretl aus Prag.[1] Katta Colloredo hat Krebs, er wird nicht mehr lange leben. Die anderen sind eingezogen, sie selbst ist krank. «Untergang des böhmischen Adels», schreibt sie. «Es lohnte sich, darüber ein Buch zu schreiben. Was noch da ist, lebt entweder hoffnungslos in der Vergangenheit oder hat sich so mit der Zukunft abgefunden, daß das Prädikat ‹Adel› seine Gültigkeit verliert. So geht langsam alles zugrunde, worauf wir noch hoffen, woran wir noch glauben. Dem wissend zusehen zu müssen ist hart.»

Papas Freund, der Theologe Erich Seeberg, kondolierte Mama und schrieb: «Er war stets auf der Seite der Schwachen und der Minorität – und er wußte nicht einmal, daß das Mut war.»

1 Der Brief datiert vom 9. Januar 1945.

25. Januar 1945

Klaus und Uta kamen übernächtigt aus Breslau zurück – wie durch ein Wunder dem Schlimmsten entronnen. Bereits bei ihrer Ankunft dort schallten ihnen Lautsprecher entgegen: Frauen und Kinder, hieß es, sollten die Stadt sofort verlassen. Die Russen rückten von Öls aus vor. Als Klaus im Lazarett erfuhr, daß alle Kranken mit Handgranaten ausgerüstet wurden und sich verteidigen sollten, bestand er darauf, daß Uta sofort wieder abreiste. Sie brauchten Stunden für den Weg zum Bahnhof, aber als der Zug, in dem Uta noch Platz gefunden hatte, schließlich abfahren sollte, sprang sie im letzten Moment heraus. Sie wollte Klaus nicht verlassen. Drei Tage später erneuter Aufruf an die Zivilbevölkerung, Breslau so schnell wie möglich zu verlassen. Wieder gingen Klaus und Uta auf den jetzt hoffnungslos überfüllten Bahnhof, wo fanatische Offiziere jeden Uniformierten, auch die Verwundeten, aufzugreifen suchten, um kleine Trupps zu bilden, die sich den Russen entgegenstellen sollten.[1] Während die Menge in ihrer Panik sich durch die Haupteingänge stieß und drängte, fiel Uta ein Nebeneingang ein. Er war fast leer. Durch ihn gelangten Klaus und Uta auf den Bahnsteig und gerade noch in den letzten Zug, der aus Breslau abfuhr. Sie erzählten von Flüchtenden, die sich gegenseitig fast tottrampelten, von Leichen, die unterwegs aus ungeheizten Güterzügen hinausgeworfen wurden, von Trecks, die auf den Straßen steckenblieben, von irrsinnig gewordenen Müttern, die nicht glauben wollten, daß die Babys, die sie im Arm trugen, schon tot waren.[2] Aber man ist schon so abgestumpft, daß man sich solche grauenhaften Szenen kaum noch vorstellen kann.

Zwischen den Alarmen tippte Bärchen bei mir für Gräfin Hardenberg ein Gesuch an den gefürchteten Gestapokommissar Müller.[3] Weil sie sich nicht dabei verschreiben durfte, tat sie es aus Nervosität unentwegt. Bei der dritten Abschrift setzte sie hinter das Heil Hitler ein Fragezeichen. Streich ihres Unterbewußtseins. So schrieb sie das Ganze zum viertenmal.

1 Im Januar 1945 lief unter dem Stichwort «Fronthilfe 1945» eine Mobilisierungsaktion an, deren Zweck es war, alle auch nur bedingt kriegsverwendungsfähigen Männer zwischen 17 und 58 Jahren, die im Zivilberuf ersetzbar waren, zum «Volkssturm» abzukommandieren. Dies traf besonders in großem Maße auch Männer, die in Flüchtlingstrecks auf der Flucht aus den Ostgebieten aufgegriffen wurden.
2 Die sowjetische Großoffensive veranlaßte die Masse der deutschen Bevölkerung in den Ostgebieten zu panikartiger Flucht. Im eisigen Winter, immer wieder von Sowjettruppen überrollt und abgeschnitten, artete der Aufbruch nach Westen für die völlig unvorbereiteten Flüchtlingstrecks in ein verlustreiches Chaos aus.
3 Heinrich Müller, Chef des Amtes IV (Gestapo) im Reichssicherheitshauptamt, war wegen seiner Brutalität und Willkür bei der Verfolgung der NS-Opfer eine der am meisten gefürchteten Personen des Regimes.

28. Januar 1945

Gestern abend einige Freunde bei mir. Während des Alarms, es waren nur Störflugzeuge, las Savigny bei Kerzenlicht seine neueste Elegie vor. Flakdonner und brummende Nachtjäger gaben die passende Geräuschkulisse. Savigny, fanatisch und hager, sah wie ein moderner Savonarola aus. «Vater unser, der du bist im Bombentrichter», so fing eines seiner Gedichte an. Blasphemie oder Ausdruck größter Verzweiflung?[1]

Thilenius kam zwei Stunden später als erwartet. Wir hatten

die ganze Zeit Angst gehabt, daß er verhaftet worden sei, und fielen ihm erleichtert um den Hals.[2]

1 Im Tagebuch heißt es unter dem 8. Februar 1945: «[...] vor 10 Tagen las Savigny bei Kerzenschein und Flakdonner seine Elegie, wir redeten bis 4 Uhr früh über Jünger, Christentum und Sozialismus und wußten doch, daß jedem von uns vielleicht bald ein böses Schicksal bereitet wird.» 2 In einem persönlichen Manuskript für die Frau von Richard Thilenius schrieb UvK später: «Immer wieder kam auch die Angst um alle die Freunde, Tiberius [Thilenius] hatte mit Fritzi [Schulenburg] konferiert, er sprach nie darüber, doch wußte ich es. Wir alle waren gefährdet, zum Glück hatte die Gestapo allmählich andere Dinge im Kopf als Berlin.»

30. Januar 1945

Willy Beers Frau ist aus Schlesien nicht zurückgekommen. Täglich liegen auf seinem Schreibtisch grauenvolle Nachrichten über Untaten an der zurückgebliebenen Bevölkerung: erschlagene Kinder, vergewaltigte Frauen, angesteckte Höfe, erschossene Bauern. Goebbels' Propagandahirn arbeitet offenbar wieder fieberhaft.[1] Oder sollte das alles doch wahr sein? Ich glaube nichts mehr, ehe ich es nicht selbst gesehen habe.

Früher zogen an diesem Abend endlose Fackelschlangen durch die Straßen, Massenaufgebot einer begeisterten Menge.[2] Heute wird ein anderer Marsch geblasen: Die Straßen menschenleer, alles bereit, in Keller und Bunker zu flitzen.

Bei mir übernachten täglich ein oder zwei Freundinnen. Eine im Schlafsack auf der Erde. Die andere auf dem Plüschsofa. Ausgebombte, Durchreisende, Fliehende.

1 Von Vergeltungsgefühlen bestimmt und zunächst auch mit Duldung ihrer Regierung, verübten sowjetische Soldaten an deutschen Zivilisten Gewalttaten wie Mord, Vergewaltigung und Plünderung, was die NS-Propaganda im großen Stil ausschlachtete. 2 Am 30. Januar wurde alljährlich mit großem Pomp der «Tag der Machtergreifung» 1933 gefeiert.

31. Januar 1945

Von allen Seiten wird auf mich eingeredet, auch abzuhauen. Wir hockten heute wieder einmal alle beieinander und schmiedeten Pläne, da trat ein Fremder mit lautem «Heil Hitler» in die Stube. Ich dachte natürlich Gestapo, statt dessen war es ein Abgesandter von Roderich Thun: Ich könne jederzeit nach Jettingen kommen, Platz sei dort genug.[1]

1 Im Taschenkalender heißt es: «Berlin wird immer irrer. Soll man türmen? Doert[enbach], Tafel schon weg, Etz[dorf] verschwunden. Thun läßt sagen, ich sei willkommen. [Erna] Bähr [...] verspricht, mit mir zu kommen.»

1. Februar 1945

Abschied von Klaus und Uta. Beide in bedenklicher Verfassung. Für Uta sind diese Aufregungen gefährlich. Wann und wo werde ich die beiden wiederfinden, falls wir gut durchkommen sollten? Immer wieder Gerüchte, daß die KZs unterminiert seien, damit sie im letzten Augenblick in die Luft gesprengt werden können.[1] Erfuhr durch Bärchens Franzosen, daß eine Fremdarbeiterorganisation besteht, die, wenn es an der Zeit ist, die KZs stürmen wird. Erzählte es Reinhild. Sie arbeitet jetzt mit Lalla Hardenberg zusammen in Potsdam im Lazarett und ist in ihrer freien Zeit oft bei mir. Bei ihrem letzten Besuch in Oranienburg gab sie meine Nachricht an ihren Vater weiter, sie ist äußerst gewandt in solchen kleinen Tricks seit ihrer Gefängniszeit. Es gelang ihr sogar, ihm eine Uhr und ein Taschenmesser zuzustecken.

Bärchen hat auf mysteriöse Weise Fahrkarten für uns beide beschafft. Auf normalem Weg kann niemand aus Berlin hinaus. Schon gar nicht die Berufstätigen.[2]

1 Heinrich Himmler hatte angeordnet, Konzentrationslager wie Auschwitz oder Dachau dem Erdboden gleichzumachen und keinen Häftling lebend in die Hände der Alliierten fallen zu lassen. In den meisten Vernichtungslagern wurden kurz vor dem Eintreffen der Alliierten Gaskammern, Krematorien und Erschießungsanlagen gesprengt, um Spuren zu verwischen. Die Gefangenen wurden unter großen Verlusten in andere Lager verschleppt. 2 Da die verbliebenen Eisenbahnkapazitäten für Wehrmacht und Versorgung reserviert waren, gab

es vom Frühjahr 1945 an kaum noch Flüchtlingszüge. Bestimmten Amtsträgern, hohen Beamten zum Beispiel, war es überdies bei Todesstrafe untersagt, die Reichshauptstadt zu verlassen.

3. Februar 1945

Heute der schwerste Angriff auf die Innenstadt, den es je gegeben hat.[1] Daß eine Steigerung überhaupt noch möglich war, hätte ich nicht gedacht. War zum Glück im Bunker, aber auch dort setzte eine leichte Panik ein. Weiber kreischten los, sobald das Licht endgültig ausging. Kam mit Schwab in zwei Stunden auf Umwegen schließlich zur Redaktion durch, die in hellen Flammen stand. Gegenüber, im Iduna-Haus, war eine Ladung Panzerfäuste losgegangen. Dadurch wurde alles rundherum zerstört. Unfaßlich, daß niemand umkam. Und von der Redaktion ist zum Glück auch keiner verletzt. Aber in den Verlagskellern haben sie Höllenängste ausgestanden. Dreimal glaubten sie, nun sei es aus. Während wir uns unterhielten – eine nette kleine Sekretärin, rußverschwärzt, versuchte uns mit Witzen aufzuheitern –, dachte ich manchmal, ich müßte ersticken, so qualmte es. Kein Stückchen Himmel zu sehen, nur gelbe, giftige Rauchschwaden.

Ging schließlich, da nichts zu helfen war, mit Schwab wieder zurück. Am Potsdamer Platz brannte das Kolumbushaus wie eine Fackel. Wir wanderten inmitten eines Stromes grauer, gebückter Gestalten, die ihre Habseligkeiten mit sich trugen. Ausgebombte, mühselig beladene Kreaturen, die aus dem Nichts zu kommen schienen, um ins Nichts zu gehen. Kaum zu merken, daß der Abend sich über die glühende Stadt senkte, so dunkel war es auch tagsüber schon. Die Arbeiterviertel sollen am schlimmsten mitgenommen sein.[2]

Warum stellt sich niemand auf die Straße und schreit «genug, genug», warum wird niemand irrsinnig? Warum gibt es keine Revolution?

Durchhalten, blödsinnigste aller Vokabeln. Also werden sie durchhalten, bis sie alle tot sind, eine andere Erlösung gibt es nicht.

1 Die Bombardierung der Berliner Innenstadt am 3. Februar 1945 war der bis dahin schwerste Luftangriff auf die Reichshauptstadt. In einer

knappen Stunde kamen dabei annähernd 23 000 Menschen ums Leben. 2 Zur folgenden Eintragung unter diesem Datum kein Beleg in den Original-Aufzeichnungen.

4. Februar 1945

Heute, am Sonntag, hatte ich einmal richtig ausschlafen wollen, aber schon in aller Frühe erschien Rupprecht Keller aus Bayern. Korrekt im schwarzen Anzug, voller abenteuerlicher Pläne. Er wollte irgendwo Pferd und Wagen für unser Gepäck mieten, und unsere gesamte Freundesgruppe sollte dann zu Fuß im letzten Moment aus Berlin heraus.

Ich bin nie mehr allein.[1] Die Menschen fliehen zueinander wie die Rinderherde bei Gewitter, keiner kann die Einsamkeit ertragen. Man redet nur noch von falschen Pässen, Bescheinigungen, Dienstreisen, Fremdarbeiterausweisen, Attesten. Jeder hat andere Pläne, einer verrücktere als der andere. Aber nur Pläne, diese Luftballons, bewahren uns davor, in Lethargie zu verfallen.

Die Redaktion in Tempelhof[2] – ein Irrenhaus. Um dahin zu kommen, braucht man allein zwei bis drei Stunden. Alle sitzen in einem riesigen Saal, einem Glaskasten, wie die Papageien im Zoo. Roboter, die irgendeine Funktion erfüllen, deren Sinn niemand mehr erkennt. So sind zum Beispiel jeden Tag große Flugblätter mit Greuelgeschichten über Russen zu füllen oder mit idiotischen Anfeuerungen:[3] Haltet durch, denn laut Goebbels steht der Sieg vor der Tür. «Wir werden siegen, weil wir siegen müssen», heißt es mit bezwingender Logik. Mußte lachen über einen überaus korrekten Kollegen, der stets eine Schlipsnadel mit einer kleinen Kaiserkrone trägt und sich nie gehen läßt. Heute aber stand er wütend in der Tür und schrie: «Mit dem Essen ist es auch Scheiße!»

1 Im Tagebuch heißt es unter dem 8. Februar 1945: «Es waren am Tag vorher 29 Menschen nacheinander bei mir gewesen, und das ist selbst für mich, die ich noch auf dem Sterbebett von Besuchern umgeben sein werde, etwas zuviel geworden.» 2 Nach der Zerstörung des Berliner Zeitungsviertels bei dem schweren Luftangriff vom 3. Februar 1945 wurden die verbliebenen Redaktionen aus der Kochstraße in den Stadtteil Tempelhof ausgelagert. 3 Gegen Kriegsende wurden Zeitungsredaktionen auch zur Verfassung von Propagandaaufrufen verpflichtet.

Zur Eintragung unter diesem Datum kein Beleg in den Original-Aufzeichnungen.

8. Februar 1945

Führe ein ganz verrücktes Leben. Bei den ständigen Luftalarmen kommt man nie mehr zu normalen Stunden zu Bett, steht daher so spät wie möglich auf. Wirkliche Arbeit gibt es nicht mehr. Daß Papa noch nicht vier Wochen tot ist, kommt mir unbegreiflich vor. Nicht einmal für Trauer hat man Zeit – oder die Muße, die sie verlangt, so grotesk das klingt. Rundum wieder viele Verhaftungen.

Bärchen hat die Fahrkarten sehr schlau ergattert, auf den Namen einer schwedischen Familie. Anderthalb Karten, auf die halbe, die Kinderkarte, fahre ich. Wir überlegen hin und her, ob wir das Angebot von Thun annehmen und in das kleine schwäbische Dorf fliehen sollen.

Wechselnde Nachrichten von der Ostfront. Manche sagen, es kann noch drei, andere, es kann noch vierzehn Tage dauern.

Es gibt ein Gerücht, nach dem Freisler am dritten Februar im Luftschutzkeller von einer Bombe getroffen worden sein soll. «Es brach ihm das Genick», sagte Willi Beer in der Redaktion. Das würde für viele die Rettung bedeuten.[1] Vielleicht ist Halem doch noch am Leben? Und Fritzi?

Die Kohlenvorräte der Stadt sollen nur noch für vierzehn Tage reichen. Und wann kommt die Hungersnot? Vielleicht sind wir überhaupt nur noch verrückte Mäuse in einer Riesenfalle. Noch rasen wir hin und her, dabei hält schon einer die Falle in der Hand, um sie in eine Regentonne zu versenken.[2]

Ich gehe sonntags oft in die Messe zu einem ausgezeichneten Jesuiten: «Auch die Kirchen sind nicht bombensicher», sagte er, «sonst würden sie auf eine erstaunliche Weise überfüllt sein.» Aber bei ihm ist die kleine Kapelle wirklich immer ganz voll. Viele knien auf dem Gang, Soldaten gehen zur Kommunion.

1 Roland Freisler war beim Luftangriff vom 3. Februar 1945 im Keller des Gerichtsgebäudes von einem herabstürzenden Deckenbalken erschlagen worden. Die Prozesse vor dem Volksgerichtshof gingen jedoch nach mehr als einem Monat Verhandlungspause unter einem neu-

en Vorsitzenden weiter. 2 Im Tagebuch heißt es unter dem 8. Februar 1945 an anderer Stelle auch: «Ach mein Gott, ‹Du denkst zu schieben, und Du wirst geschoben›, ich spüre dieses Wesen, das meinen Faden hin und her zieht, vielleicht die Schere schon bereithält, ihn durchzuschneiden, vielleicht morgen, vielleicht in einer Woche – oder noch lange nicht. Ich werde allmählich stoischer. In dem Moment, wo ich mein Element, dieses Berlin, die urgemütliche Portiersloge, die DAZ, verlasse, ist mir sowieso alles gleichgültiger. Ein Jahr war ich hier zum großen Teil sehr glücklich.»

9. Februar 1945

Bekam die Nachricht, daß der Direktor des Deutschen Verlages mein Entlassungsgesuch genehmigt hat. Anständig von ihm, denn eigentlich darf er es nicht tun.

Dies also ist nun der Schlußstein unter sechs Jahre Beruf. Ich hoffe, daß ich mich in diesen Jahren nicht an das Promi verkauft, daß ich niemals etwas geschrieben habe, was direkt gegen meine Überzeugung war. Allerdings hatte ich das Glück, im Feuilleton zu arbeiten, dadurch ist mir vieles erspart geblieben.[1]

Unsere Zeitung soll demnächst eingestellt werden, vorübergehend jedenfalls. So treibt man dahin, nachdem sich der Anker gelöst hat, ein Schiff ohne Steuer und ohne rechtes Ziel.[2]

1 Im Tagebuch heißt es unter dem 8. Februar 1945: «Eben erhalte ich die Nachricht, daß meine Entlassung von der DAZ genehmigt ist. Gut und traurig. Der Schlußstein unter sieben Jahre Beruf, der bei wenig Arbeit, viel Erfolg und amüsantem Leben so sehr reizvoll war, daß ich noch gar nicht weiß, wie ich mich in die neue, schwankende Existenz ohne Grund und Basis finden soll. Irrsinnig traurig, wie so langsam der Boden unter den Füßen wegbricht. Dabei fängt es erst an.» Weiter heißt es an anderer Stelle: «Die DAZ ist weg. Mein Gott, ob es richtig war, diesen Schritt zu tun? Ich bin verzweifelt, irgendwie fahnenflüchtig. Komme mir so widrig vor. Dabei, in zwei Wochen werde ich vielleicht meinem Schöpfer danken für diesen Entschluß, der mir gestern wie aus einer puren Eingebung kam. So treibt man dahin, ein Schiffchen, ohne rechtes Steuer, ohne rechtes Ziel, im Strudel, im allesverschlingenden!»
2 Die *Deutsche Allgemeine Zeitung* erschien als eine der letzten Hauptstadtzeitungen noch bis zum 24. April 1945.

10. Februar 1945

War mit Bärchen bei einem ihrer Freunde, der einen hohen Posten in der pharmazeutischen Industrie hat. Er erzählte uns, daß vor ein paar Tagen ein Goldfasan[1] in seinem Labor erschien und für die Reichskanzlei Scopolamin[2] bestellte. Soweit ist es also schon. Er vertraute uns an – oder hat er aufgeschnitten? –, daß er jede Dosis so gering gehalten habe, daß sie nicht tödlich sei.[3] Die Rache eines Hassers. Seine Offenheit zeigt, wie weit die allgemeine Vorsicht schon nachgelassen hat.

Eben erschienen die beiden Hardenberg-Schwestern in Rot-Kreuz-Tracht. Verfroren und ausgehungert. Kamen von Neuhardenberg, dort ist schon eine Art Front, die Russen stehen zwölf Kilometer davor. Sie sind an brennenden Dörfern vorbeigefahren, zwischen fliehenden Menschen hindurch. Die dunkle Wand rückt also immer näher. Aber ich kann mich nicht entschließen, mein Asyl hier zu verlassen. Denn ein Asyl ist es noch, und ich schäme mich, fahnenflüchtig zu werden.[4]

Beide übernachten bei mir.

1 Goldfasan – Spottbezeichnung für hohe Parteifunktionäre, die sich mit Uniformen und Ehrenzeichen schmückten. 2 Scopolamin – krampflösendes Mittel, in höheren Dosen lähmendes Gift. 3 Im Taschenkalender heißt es unter diesem Datum nur andeutungsweise: «Handschuh mit toller Idee.» 4 Im Tagebuch heißt es unter dem 8. Februar 1945: «Seit bald 14 Tagen will ich jeden Tag zu Thun reisen mit Bärchen, alles ist gerüstet, und immer noch bleibt man, weil man sich nicht entschließen kann, eine ungewisse Zukunft für ein, wenigstens noch sicher ein paar Tage gewisses Heim einzutauschen. Dieses Abschiednehmen ist so anstrengend, daß die Nervensubstanz völlig aufgezehrt wird davon. [...] So als erste Ratte möchte ich auch nicht dieses Schiff verlassen, obwohl es bald zu spät sein wird. Schicksal!»

11. Februar 1945

Etzdorf kam und lud mich für heute zu einem Abschiedsabend ein. Morgen fliegt er nach Genua, geht als Generalkonsul dorthin.

Melancholischer Abend in völlig chaotischer Wohnung. Ein Freund von ihm aus dem Archiv des Auswärtigen Amtes, eine Figur, die E. T. A. Hoffmann ersonnen haben könnte, hielt im Luftschutzstahlhelm und Russenpelz mit düsterer Stimme eine

Ansprache nach der anderen, in wohlgewählten, aber völlig sinnlosen Worten. Der reinste Surrealismus.

13. Februar 1945

Heute vor zwei Jahren kam die Nachricht von Jürgens Tod. Seitdem hat mich nichts mehr so tief erschüttert. Fast gleichgültig stehe ich neben mir und betrachte mit Spott, wie ich mich bemühe, mein eigenes, so unwichtiges Schicksal in die Hand zu nehmen. Die Freunde drängen immer mehr zur Abfahrt.

Vor ein paar Jahren hatte Bärchen ihren Vater, den der Volkssturm als untauglich abgelehnt hat, nach Thüringen verfrachtet. Sein Posten im Magistrat war überflüssig geworden, aber er wurde trotzdem nicht entlassen. Nun ist er gestern wieder zurückgekommen. Noch elender und ganz verzagt. In Thüringen hat man ihm auf der Polizei erklärt, wenn er nicht innerhalb von zwei Tagen nach Berlin zurückkehre, müsse man ihn als Deserteur der SS übergeben. Diese Bürokratie verordnet Tausenden gedankenlos den Tod. So haben im Osten die Kreisleiter jeden Treck verboten, bis es zu spät war.[1] Alles soll eben mit untergehen, so will es die Spinne in ihrem unterirdischen Netz in der Reichskanzlei, die kein Opfer entläßt.

Bürklin kam mit einer Landkarte, die einem Gefangenen abgenommen worden war. Aus den eingezeichneten Grenzlinien geht hervor, daß Mecklenburg russisch wird. Wenn man das im Generalstab jetzt schon weiß, muß es wohl stimmen.[2] Rief Mama mit Blitzgespräch in Böhlendorf an, sie solle so schnell wie möglich nach Lübeck zu Freunden oder nach Lychow zu Verwandten gehen. Sie wollte mir nicht glauben, auch nicht, als ich dringend wurde. Sie scheinen dort völlig ahnungslos zu sein. Hoffe trotzdem, daß sie mich verstanden hat.

Auch der jüngere Veltheim kam vorbei. Sie haben am 8. Februar die Nachricht bekommen, daß sein Bruder Josel als vermißt gemeldet wurde. Auf dem Rückzug von Thorn haben die Kameraden ihn schwerverwundet unter einem Baum liegen lassen müssen. «Ich kann nicht mehr, laßt mich liegen, versucht euch durchzuschlagen», hatte er zu einem seiner Fahnenjunker gesagt und ihm alle Papiere übergeben. Die Eltern

Veltheim sind in Pommern enteignet worden, weil sie gegen das Verbot getreckt sind.

Als ob nicht andere Mächte anrückten, die sie ohnedies bald enteignen, dann aber auch noch ums Leben bringen würden. Die Russen sollen Gutsbesitzer verschleppen oder erschießen. Ich glaube jetzt allmählich, daß dies keine Goebbels-Propaganda ist, sondern die Wahrheit.

Veltheim geht nun wieder an die Front. Ich versuchte vergeblich, ihn davon abzubringen. «Es ist meine Pflicht», sagte er, «ich kann meine Leute nicht im Stich lassen, ich bin nicht umsonst Preuße.» Er ist zwanzig Jahre alt und wäre freiwillig niemals Soldat geworden.

Mit seiner Hilfe schnitt ich noch meinen Lieblingsahnen aus dem Rahmen. Den will ich mitnehmen.

Bürklin kann möglicherweise etwas für Savigny tun, der sonst an die Ostfront muß, die sich nun schon auf die Grenzen Berlins zuschiebt. Ich bat ihn sehr darum.

1 Die Evakuierung der deutschen Bevölkerung aus den Ostgebieten verlief überstürzt und unvorbereitet. Die amtliche Durchhaltepropaganda hatte stets den Grundsatz ausgegeben, bis zur letzten Minute auszuharren. Zu dieser und der weiteren Eintragung unter diesem Datum kein Beleg in den Original-Aufzeichnungen. 2 Auf den Kriegskonferenzen in Teheran Ende 1943 und Jalta Anfang Februar 1945 hatten die USA, die UdSSR und Großbritannien die künftige Aufteilung Deutschlands in Besatzungszonen beschlossen, ohne einen endgültigen Konsens zu erreichen. Nach dem Konzept der Alliierten sollte Mecklenburg der künftigen Sowjetzone angehören.

15. Februar 1945

Die Nachrichten aus Dresden sind so schauerlich, daß man sie einfach nicht glauben kann. Die Stadt war vollgestopft mit Flüchtlingen, erst als sie brannte, begannen die Sprengbomben zu fallen. Es wird von fünfzigtausend Toten gesprochen.[1]

1 Der britisch-amerikanische Luftangriff auf Dresden am 13. und 14. Februar 1945 löste einen verheerenden Feuersturm aus, der in der von Flüchtlingen überfüllten Stadt nach Schätzungen 40 000 bis 60 000 Todesopfer forderte. Im Tagebuch wird die Zerstörung Dresdens erstmals am 12. März 1945 erwähnt (vgl. 12. 3. 1945, Anm. 1); ein Indiz für die zu diesem Zeitpunkt bereits stark beeinträchtigte Informationsver-

breitung. In einem persönlichen Manuskript für die Frau von Richard Thilenius schrieb UvK später: «Merkwürdig, weder den Warschauer Aufstand registrierten wir, noch das Ausmaß vom vernichteten Dresden und seinen Hunderttausenden von Toten.»

16. Februar 1945

Der letzte Abend! Warum kann ich immer noch nicht weinen? Ich nehme nun seit vierzehn Tagen Abend für Abend Abschied. Ich drücke Menschen die Hand, die mir sagen, Gott segne Sie, und ich bleibe unberührt, habe eine Melodie im Kopf, die ich fast zu singen beginne. Wahrscheinlich macht das Übermaß an Traurigkeit so stumpf, daß man gar nichts mehr aufnehmen kann. Wir haben uns breitschlagen lassen, morgen zu fahren. Trotzdem sträubt sich etwas in mir gegen diesen Aufbruch.

«Ich komm' nochmal vorbei» – wie oft haben die Freunde das in den letzten Wochen gesagt. Und sie kamen vorbei – viele, viele und brachten in meine «Portiersloge» eine fast heitere Atmosphäre. Ich bemühte mich, zu trösten, zu ermuntern, flehte sie an, mit uns zu gehen, aber sie wollten nicht. Der Abschied von Bürklin, von Veltheim, von Willi Beer, von den vielen Kollegen – ach, ich habe das Abschiednehmen bis zum Exzeß betrieben.

Hätte ich nicht vor ein paar Tagen eine Karte von Eberhard aus England bekommen, mit seiner Lageradresse, wäre ich noch verzweifelter.[1] So weiß ich wenigstens, wohin ich ihm schreiben kann, obwohl man nie recht glaubt, daß in diesem Chaos noch Post aus Berlin herausgeht.

Sah mir noch einmal die Prinz-Albrecht-Straße an. Ausgebrannt und zerstört. Aus den Kellern schleppten KZler Panzerschränke, die sie in Wagen verluden. Was für Akten mögen dort noch geborgen werden?[2]

Von den Gefangenen nichts Neues. Seit Freislers Tod gab es keine Verhandlungen mehr.[3] Viele Todesurteile sind noch nicht vollstreckt: Leber soll noch am Leben sein, ebenso Goerdeler, auch Fritzi, heißt es jetzt wieder. Vielleicht hält Himmler es für vorteilhaft, sie als Unterpfand aufzubewahren, um eventuell einen guten Eindruck zu machen. Es wird viel geraunt von einem Umsturz innerhalb der SS.[4]

Jutta schickte ich einen großen Karton Knäckebrot. Ihr Vater sitzt noch in Tegel, Helmuth Cords noch in der Lehrter Straße, von der Mutter weiß man nichts. Schwab hat abenteuerliche Fluchtpläne für Jutta. In der zu erwartenden Auflösung wird vieles möglich sein.

Die letzte Nacht in dieser Wohnung, in der ich so vieles Schreckliche erlebte und doch auch so glücklich war. Die Schreibtischküche, das Telefon, das Bad mit ständig heißem Wasser, die Bücher, das Öfchen und das bequeme Sofa. Wie wird man weiterleben? Verschenkte mein Porzellan, die Bücher, Töpfe und restlichen Lebensmittel, alles, was ich nicht mitnehmen kann.

1 Die Tagebuchaufzeichnungen aus diesen Tagen vermitteln ein Bild tiefer Depression. So heißt es unter dem 16. Februar 1945: «Ein kleines Nußbötchen in ungewisse, weite, böse, schwankende Ferne zum Start bereit. Mama allein. Dieser Untergang, den man so oft bildhaft vor sich sah, er ist viel, viel bitterer und gnadenloser, als die Phantasie es je erträumte. Gelassen dem Tod entgegenzusehen und doch vital sich allem Kommenden zu stellen, so nur wird man die Zeit ertragen können.» 2 Nach der schweren Zerstörung des Prinz-Albrecht-Palais am 3. Februar 1945 wurde das Reichssicherheitshauptamt aus dem Gebäude ausquartiert. Die Gefangenenzellen im Keller hielt die Gestapo jedoch bis zum Kriegsende weiter aufrecht. Ohne jede Strom- und Wasserversorgung mußten die Häftlinge dort um das Überleben kämpfen. Zur Eintragung in diesem und den beiden folgenden Absätzen kein Beleg in den Original-Aufzeichnungen. 3 Vgl. 8.2. 1945, Anm. 1. 4 Innerhalb der SS gab es kurz vor Kriegsende Überlegungen, daß nur die Beseitigung Hitlers und separate Friedensverhandlungen mit den Westmächten eine Überlebenschance eröffneten. SS-Chef Himmler knüpfte in diesem Sinne Kontakte zu den West-Alliierten. Zu direkten Verhandlungen oder Umsturzvorbereitungen kam es nicht.

18. Februar 1945, Augsburg

Sitze mit Bärchen im kalten, ungemütlichen Hotel und warte auf Nachricht von Roderich Thun. Er will uns nach Jettingen holen, aber vorläufig erweist sich alles als recht kompliziert. Sein Messerschmitt-Büro hat er in ein Stauffenbergsches Schloß verlegt; die Besitzer wurden, obwohl sie mit dem Attentat nichts zu tun hatten, als Sippenhäftlinge festgenommen und verschleppt.[1] Neben Thuns Büro ist ein Gestapo-Mann eingezogen, der beobachten und berichten soll. Figuren wie Bärchen und ich müssen da natürlich unangenehm auffallen.

Hier spricht man vom Gegenstoß aus der Slowakei und hofft offenbar noch auf den «Endsieg».[2]

Den letzten Tag in Berlin werde ich so leicht nicht vergessen. Morgens rief Bürklin noch an, er hat Savigny in seine Abteilung geholt. Dann stand plötzlich Marion Dönhoff vor meiner Tür, die von Ostpreußen heruntergeritten war. Auch Reinhild Hardenberg kam noch einmal, sie wollte für den Vater zu Müller, dem Gestapo-Kommissar. Ich schenkte ihr mein letztes Paar neue Seidenstrümpfe, weil ich sie so bewunderte.

Schrieb noch schnell einen Brief an Eberhard, kochte dann einen Riesentopf weiße Bohnen für die Getreuen, die zum Kofferschleppen erschienen. Schwab im Uniformmantel mit Filzhut sah aus wie ein Revolutionär von 1918. Er brachte für jede von uns einen kleinen Talisman und Blumen. Bleich und völlig aufgelöst schwirrte dann auch Bärchen heran. «Wo sind bloß meine Marken», jammerte sie, «ich muß sie verloren haben.» Sie kam mit sechs Koffern, einem Hutkoffer und einem Radioapparat. Ich bekam einen solchen Lachanfall bei ihrem Anblick, daß ich alle Traurigkeit vergaß. Schließlich zog eine Karawane von sechs Kofferträgern mit unseren zwölf Gepäckstücken langsamen Schrittes über den Pariser Platz zur U-Bahn. Am Anhalter Bahnhof einige Sekunden übelster Aufregung, da der Zug nur zwei Wagen für Flüchtlinge hatte, die natürlich schon überbesetzt waren. Jeder verlor jeden. Durch die Sperre war man ohne Billette gekommen, aber als wir auf dem Bahnsteig standen, kontrollierten ein dicker Major und ein Bahnhofspolizist die Leute im Zug auf Flüchtlingsscheine.[3]

Kaum waren wir im Abteil, begann ein allgemeines Gezeter, als der Gepäckträger einige unserer Koffer auf die anderer Leute stellen wollte. «Wir haben noch mehr verloren als Sie», mekkerten die Besitzer. Aber Bärchen zauberte in wenigen Minuten eine freundliche Stimmung herauf, indem sie Brote, Zigaretten und Tee verteilte. Ich stand indessen an einem halbzerborstenen Klofenster und schaute noch einmal auf das getreue DAZ-Grüppchen und die Ruinen in Berlin. Langsam fuhr der Zug an, die zerbombte schwarze Stadt glitt an mir vorüber. Bärchen redete die alten Leute in unserem Abteil sofort mit «Muttel» und «Vatel» an. Wir seien aus einem Rüstungswerk, erzählte sie, das in den Süden verlegt worden wäre. Neben mir ein kleiner Soldat, ein siebzehnjähriger Junge, als Flakhelfer schon einmal verwundet. Während die Dämmerung sich über unser trauriges Häufchen senkte, fiel sein Kopf auf meine Schulter. Aus lauter Verzweiflung begann ich mit Bärchen ein langes Gespräch über die DAZ – wir unterhielten uns so, als hätten wir gelegentlich durch einen Zufall den einen oder anderen unserer Kollegen flüchtig kennengelernt.

Unterwegs wurde der Zug immer voller, so daß die Leute schließlich einfach durch die Gangfenster in den Wagen kletterten; ich hörte einen brutalen Soldaten eine Frau anschreien, offenbar stieß er sie dann wieder auf den Bahnsteig zurück.

In dem Gedränge verzog ich mich von der Bank auf einen Reisesack, saß dort, halb an den kleinen Soldaten gelehnt, ganz bequem. Nur ab und zu, wenn wir Bahnhöfe durchfuhren, fiel Licht in das dunkle Abteil. Plötzlich merkte ich, wie mein Kopf gestreichelt wurde. Dieses Kind begann, ganz zart mit mir zu flirten.

Gegen Morgen starrten wir uns alle in die blassen Gesichter. Bärchen und ich stiegen bei Regen aus.

1 Berthold Schenk Graf von Stauffenberg, der 85jährige Onkel des Attentäters, dessen Sohn Klemens mit Frau Elisabeth, geborene Freiin von und zu Guttenberg sowie deren Kinder Marie-Gabriele, Markwart und Otto-Philipp kamen nach dem 20. Juli in «Sippenhaft». Nach kurzer Internierungszeit im Gefängnis wurden sie mit den anderen «Sondergefangenen» in die Hindenburg-Baude, anschließend in die Konzentrationslager Stutthof und Buchenwald verlegt. 2 Am 22. Februar 1945 unternahm die deutsche Wehrmacht von Ungarn und der Slowakei aus Vorstöße gegen den «Brückenkopf Gran», 30 Kilometer vor Budapest. Drei Tage später meldete der Wehrmachtsbericht: «Gran zerschlagen.» Der Rückzug war jedoch unaufhaltsam. 3 Die amtliche Anerkennung als Flüchtling war Voraussetzung zum Erhalt der Aufenthaltserlaubnis, von Bezugsscheinen und Fahrausweisen.

20. Februar 1945, Augsburg

Seltsames Exil im eigenen Land. Es ist Mitternacht, und wir sitzen im Luftschutzkeller unseres Hotels, denn Sirenen gibt es auch hier.[1] Mir gegenüber eine Ostarbeiterin im grauen Jäckchen und Röckchen, die Beine umwickelt, plumpe Schuhe, das Kopftuch reicht bis über die Stirn. Sie tut mir leid, und gleichzeitig frage ich mich, ob sie wohl bald über uns triumphiert.

Thun verbirgt sein berechtigtes Unbehagen über uns unter Höflichkeit. Er will uns in seinem Büro unterbringen, Bärchen als Sekretärin (sie ist, weiß Gott, perfekt), mich – die ich keine Stenografie kann – als Schreibkraft. Sprach von einem zwölfstündigen Arbeitstag. Das Dorf in Schwaben – ohne Bomben und reich an Fett – wird immer mehr zur Fata Morgana. Die Sehnsucht nach Berlin, dem Fatalismus dort, der Großzügigkeit, der Schnoddrigkeit wächst. Sollen wir zurückfahren?

1 Im Taschenkalender heißt es: «Exil ist Mist. Das einzige, was einen an B[erlin] erinnert, ist Alarm. Vormittag 2 Stunden, nachts wieder. Abends umgezogen gegen Depression. Nützt nicht viel.»

22. Februar 1945, Augsburg

Eben fliegt ein neuer Verband über Ulm an. Kommt man auch hier nicht zur Ruhe?

Abends zwölf Uhr.

Siebentausend Flugzeuge waren über Deutschland, haben anscheinend das Bahnnetz angegriffen. Hier liegt der Verkehr völlig still. Bis nach Berlin hinauf soll die Strecke zerstört sein. Der Anfang vom Ende?

24. Februar 1945, Augsburg

Hundertmal haben wir diese Fahrt schon bereut. Wären wir nur in Berlin geblieben.

Seit einer Woche im Osten keine Veränderung.

25. Februar 1945, Augsburg

Abscheuliche Woche. Klapperkalt, ständig Hunger und jeden Tag neue, unausführbare Pläne. Thun wurde zur Gestapo bestellt, sein Aufpasser hatte einen Bericht über die Sekretärinnen gemacht, sie arbeiteten zuwenig und schminkten sich zuviel. So also geht ein Reich unter, so kleinlich. Was soll denn eine Auslandsabteilung der Messerschmitt-Werke schon noch tun, wenn der Feind in Deutschland steht und alle Grenzen gesperrt sind? In den nächsten Tagen sollen angeblich in einem Jettinger Gasthof endlich Zimmer für uns frei werden, wie Christa Doymi, Thuns hilfreiche Sekretärin, uns eben mitteilte.

War vorhin zu einer Messe im Dom.

27. Februar 1945, Augsburg

Wieder einmal im Keller. Diesmal scheint es ernst zu werden. Einflüge von drei Seiten. Einschläge – Erdbebengefühl – wie in Berlin. Ich will nicht mehr dieser kreatürlichen Angst ausgeliefert sein – bloß nicht hier sinnlos umkommen.

Nachmittags. Es war ein schwerer Angriff. Solche Angst wie heute hatte ich selten in Berlin. Bärchen und ich umfaßten uns jedesmal, wenn die Wände wackelten, das Licht ausging und an der Wand das Wort «Notausgang» aufleuchtete. «Und schrieb und schrieb an weißer Wand»[1] – das ging mir immerzu durch den Kopf. Uns gegenüber saßen HJ-Führer[2] mit ihren Mädchen. Zuerst angeberisch und laut, dann, als es immer bedrohlicher wurde, knieten sie im Kreis auf dem Boden nieder, klammerten sich aneinander, duckten sich bei jedem schweren Einschlag und wurden ganz still. Schließlich beteten sie.

Als wir nach zwei Stunden mit grünlichen Gesichtern wieder ans Tageslicht krochen, bot sich ringsum das bekannte Bild. Sieben Sprengbomben in unmittelbarer Nähe. Rauch- und Feuerwolken. In den Zimmern unseres Hotels die Wände geborsten, keine Tür schloß mehr. Auf unseren Betten Berge von Kalk und Staub. In der ganzen Stadt nichts zu essen.[3]

Vor dem Hotel wurde ein Trupp Gefangener in Zivil vorübergeführt. Graue Gestalten, sie schleppten sich mühselig voran. Was mag mit ihnen geschehen?

Wenn heute nacht ein neuer Angriff auf die brennende Stadt heruntergeht, weiß ich nicht, wohin wir laufen sollen. Kein Radio, keine Sirene funktioniert mehr. Morgen wollen wir versuchen, auf eigene Faust nach Jettingen durchzukommen.

1 Aus Heinrich Heines Gedicht «Belsazar». 2 Die Hitler-Jugend (HJ) diente als Einheits-Jugendverband, im engeren Sinn als Organisation der 15- bis 18jährigen Jungen, der Integration, der Lenkung und später auch der militärischen Rekrutierung der Jugendlichen im NS-

Staat. 3 Im Taschenkalender heißt es: «11 Uhr Alarm, der sich in einer halben Stunde zu einem ganz üblen Angriff verdichtet. Keller dunkel und wackelnd und scheppernd, daß man denkt, das letzte Stündchen ist da. Übel. Danach 5 Bomben direkt im Hotel.»

1. März 1945, Jettingen

Kaum zu glauben, aber wir sitzen wirklich am Ziel. Spazierengehen und seit vierzehn Tagen zum erstenmal richtig schlafen! Ein Dorf wie aus einem Bilderbuch. Kleine bunte Häuser, in der Ferne Wälder und sanfte Hügel, auf der Straße falbenfarbene Ochsen. Keine Sirene, keine Ruine, keine brandgeschwärzten Mauern. Man glaubt, auf einem anderen Stern zu sein.

Abenteuerliche Fahrt hierher. Erst zu Fuß, dann mit einem Soldatenpferdewagen, danach im eleganten Auto, am Steuer ein höherer HJ-Führer, schon halb in Zivil, die Uniformmütze lässig im Nacken. Was mag er wohl im Sinn haben? Sah nicht so aus, als ob er sich den kommenden Dingen stellen würde. Immerhin brachte er uns bis nach Günzburg, einem romantischen, verschlafenen Ort.[1] Daß es so etwas noch gibt! Sahen uns trotz aller Müdigkeit die Barockkirche an.

Thun ist rührend, seine Sekretärin hat sich unser schwesterlich angenommen. Heute nacht soll uns also kein greller Sirenenton mehr aufschrecken! Der Gasthof «Adler» blitzsauber, die Wirtin zwar noch skeptisch gegen uns Preußen, aber wir werden sie schon noch umstimmen – besonders Bärchen mit ihrer entwaffnenden Liebenswürdigkeit.

1 Im Tagebuch heißt es: «Gestern einen netten Tag gehabt. [...] Dann trampten wir erst per Soldatenpferdewagen und dann in einem schikken Bonzenauto mit einem jungen, anscheinend hohen SA-Führer bis nach Günzburg.»

7. März 1945

Thun will uns demnächst in einem Werk in Neuoffingen als Sekretärinnen unterbringen. Er hält das für sicherer, da sein Gestapo-Mann unseretwegen unter Umständen in Berlin nachfragen könnte. Mir kommt das freilich unwahrscheinlich vor, aber es ist mir gleichgültig, womit ich diese letzten Wochen totschlage. Denn lange kann es einfach nicht mehr dauern.

Heute wurde bei Remagen der Rhein überschritten.[1]

Auch über Jettingen brausen die Flieger der Alliierten hinweg. Aber sie stören nicht. Man steht auf der Straße und schaut hinauf, staunt über die blitzende Akkuratesse, mit der sie ungestört am Himmel dahinfliegen, als seien sie im eigenen Land.

Bärchen ist noch einmal nach Berlin zu ihren Eltern gestartet. Mit einem gefälschten Kurierausweis.

Schleiche in der Dämmerung ab und zu heimlich in das Schloß Stauffenberg, zu Dusi Saucken, einer Kusine von Claus Stauffenberg, die mit ihrem Baby dort sozusagen interniert ist. Ihr Vater, Nikolaus Üxküll, wurde wegen Beteiligung am 20. Juli im September aufgehängt. Er sollte Oberpräsident werden. Ihr Mann ist an der Ostfront. Ich finde bei ihr etwas von der verlorenen Berliner Atmosphäre wieder. Außer ihr wohnt noch Claus Stauffenbergs siebzigjährige Tante Üxküll im Schloß, die zur Zeit des Attentats bei der Familie in Lauingen lebte.

Dusi erzählte, als die Gestapo Stauffenbergs fünf Kinder abholte, seien sie so beherrscht gewesen, daß den einen Gestapo-Mann die Rührung übermannt habe. Nun sind sie irgendwo in Mitteldeutschland in einem NSV-Kinderheim,[2] niemand weiß genau, wo. Gestern zeigte mir Dusi Bilder von Stauffenberg und den anderen, sie beschworen alles wieder herauf.

Im Schloß sind jetzt also Büros untergebracht, und die Familie Stauffenberg sitzt im Konzentrationslager: der Vater, ein Onkel von Claus, die Mutter, eine Tochter und zwei Söhne.[3] Die Mutter ist eine Schwester von Karl Ludwig Guttenberg, der in der Lehrter Straße eingesperrt ist.[4]

1 Mit dem Übergang über den Rhein am 7. März 1945 erzielten die Alliierten den Durchbruch ihrer Großoffensive im Westen. Zur Eintragung unter diesem Datum kein Beleg in den Original-Aufzeichnungen. 2 Etwa 50 Kinder der Hauptbeteiligten an der Verschwörung des 20. Juli oder deren Angehöriger wurden nach der Verhaftung ihrer Eltern in ein Kinderheim der Nationalsozialistischen Volkswohlfahrt (NSV) in Bad Sachsa am Südrand des Harzes gebracht. Ihre Nachnamen wurden geändert. Der ursprüngliche Plan, die älteren Kinder umzubringen und die jüngeren teils in SS-Internaten, teils in Familien von SS-Angehörigen unterzubringen, kam nicht mehr zur Verwirklichung. 3 Vgl. 18. 2. 1945, Anm. 1. 4 Karl Ludwig Freiherr von und zu Guttenberg, der dem Widerstandskreis im Abwehr-

Amt der Wehrmacht um Admiral Wilhelm Canaris angehört hatte und der katholischen Opposition nahestand, wurde Ende Juli 1944 verhaftet und am 24. April 1945 im Konzentrationslager Flossenbürg von der SS erschossen.

12. März 1945

Man hört grausige Schilderungen aus Dresden. Zehntausende von Toten, da die Stadt mit Flüchtlingen aus dem Osten überfüllt war. Die Lebenden nur noch damit beschäftigt, aus den Trümmern Leichen zu bergen. Die Engländer rühmten sich speziell, so viele Flüchtlinge getroffen zu haben. Eine Barbarei, die sich nicht mehr sonderlich von der unseren unterscheidet. Flüchtlinge, Alte, Mütter und Kinder mit Sprengbomben und Phosphorregen zu überschütten, sie zu verbrennen, zu verstümmeln und zu ersticken – das ist unmenschlich.

Ich möchte diese Trümmer niemals sehen, die Stadt soll mir in ihrem heiteren Glanz in Erinnerung bleiben.[1]

Habe hier endlich so viel Ruhe, daß ich zu mir selbst komme. Erst jetzt wird mir der Tod Papas wirklich bewußt. Wie oft denke ich, das mußt du ihn fragen, und erschrecke dann, weil es nicht mehr geht.

«Heldengedenktag.»[2] «Das Jahr 1918 wird sich nicht wiederholen», sagte Hitler in seiner Rede. «Es ist mein unabänderlicher Entschluß.»

1 Im Tagebuch heißt es: «Schilderungen über Dresden sind so grauenhaft, daß man meint, eine Höllenvision zu sehen. Alles verbrannt und zerstört, Zehntausende von Toten. Die wenigen noch Lebenden sind nur noch damit beschäftigt, die Toten auszugraben und zu begraben. Ich möchte diese Trümmer nie sehen, sondern in meiner Erinnerung stets den heiteren Glanz dieser anmutigen, beschwingten Stadt bewahren, in der ich so schöne Tage verlebte. Ich sehe mich noch mit Klaus nach der Oper im Nebeldunst unter einer Kette von Bogenlaternen an der Elbe entlanggehen. Wie bewußt trank ich schon damals diese Schönheit in mich, als hätte ich bereits die Ahnung ihrer Zerstörung in mir.»

2 Der «Heldengedenktag», wie der Volkstrauertag in der NS-Zeit hieß, war der Erinnerung an die Gefallenen des Ersten Weltkriegs und die «Helden» der NS-Bewegung gewidmet. Die Propaganda zelebrierte ihn mit großem militärischem Gepränge. Von 1939 an wurde der Nationalfeiertag auf den 16. März gelegt, den Tag, an dem 1935 die allgemeine Wehrpflicht wieder eingeführt wurde.

27. März 1945

Dieser Frühling auf dem Lande hat etwas Berauschendes. Sonne, dunstig-fruchtbare Landschaft, Blumen, die nie so wie im März beglücken, und abends der Mond. Der Duft der Erde, das weiße Barockkirchlein inmitten der Häuser, wie eine Gluckhenne über den Kücken.

Alle Unruhe ist von mir gefallen. Dabei schwirren die Gerüchte hier nicht minder hektisch als in Berlin. Gestern hieß es, Luftlandetruppen in Untertürkheim, der Volkssturm habe Höchstalarm. Aber bei Morgenlicht besehen, scheint die Nachricht zweifelhaft. Frankfurt am Main ist schon gefallen.[1]

Gestern saß der Gestapo-Mensch an unserem Tisch, ein harmlos wirkender Bauer mit Goldzähnen und einem bayerischen Hütchen. Verwickelte ihn in ein solches Nazi-Gespräch, tat so überzeugt vom Sieg, daß Bärchen, die erst tapfer mitgemacht hatte, schließlich mitten beim Essen aufstand, weil ihr einfach schlecht wurde. Sie ist zurück aus Berlin, erzählte, wie die Stadt sich zum Endkampf rüstet. Panzerfallen, gesprengte Brücken, Barrikaden.[2] Wie viele Menschen werden dort noch sinnlos ihr Leben verlieren? Hitler hingegen verkriecht sich tief unter die Erde in seinen Bunker. Wie ich ihn hasse.

Christa Doymi hat mir ein Radio geborgt, so hören wir Abend für Abend England.[3] Ohne große Vorsicht, denn bei Dunkelheit dringt die fette unsympathische Stimme des Sprechers nahezu aus jedem dritten Haus.

1 Die US-Truppen rückten am 29. März 1945 in Frankfurt ein. Zur weiteren Eintragung unter diesem Datum kein Beleg in den Original-Aufzeichnungen. 2 Angesichts des sowjetischen Vormarsches erklärte die NS-Führung Berlin am 1. Februar 1945 zur «Festung». Alle verfügbaren Arbeitskräfte wurden zur Errichtung von vier Verteidigungsringen aus Panzersperren und Schützengräben um die Stadt abkommandiert. Verteidigung «bis zum letzten Mann und bis zur letzten Patrone» lautete die zynische Parole. Wer sich diesem Befehl widersetzte, dem drohte die Todesstrafe. Im Taschenkalender heißt es unter dem 20. März 1945: «Ruhiges Leben, indessen Berlin in Verteidigungszustand gesetzt wird bis zur letzten Patrone und Mann.» 3 Das deutschsprachige Radioprogramm, das die britische BBC unter Mitarbeit deutscher Emigranten etwa 30 Stunden im Monat ausstrahlte, war für die meisten Hörer die Hauptinformationsquelle aus dem Ausland.

1. April 1945

Allein einen Osterspaziergang an der Mindel gemacht und Veilchen gepflückt. Ringsum Kämpfe, Tragödien, Schicksale, die man nicht vergessen kann, und ich lebe so still wie schon seit Jahren nicht. Muß ich ein schlechtes Gewissen haben?

8. April 1945

Halb Deutschland ist besetzt.[1] Jetzt wird es wohl Klaus in Hannover bald treffen, hoffentlich hat er es als Lazarettinsasse leidlich gut. Von ihm keine Post, von Mama ein unglücklicher Brief aus Mecklenburg. Hatte ihr noch einmal telegrafiert, daß sie nach Lübeck fahren soll. Aber sie schreibt, sie könne sich nicht von den Erinnerungen trennen, den Briefen, den Bildern von Papa. So viele sind schon verbrannt. Sie will wenigstens die restlichen zu retten versuchen, hat sie jetzt aus den Rahmen genommen.

Neben der Kirche steht eine kleine Barockkapelle mit einer Pietà. Das Halbrund der Kapelle ist ganz mit Moos ausgelegt, und darin haben die Bauern Birkenkreuze für ihre Gefallenen aufgestellt. Über neunzig sind es schon. An jedem Kreuz hängt eine Vase, darin immer frische Blumen. Ich kann mir kein Kriegerdenkmal vorstellen, das in seiner Einfalt ergreifender wäre. Heute, am Weißen Sonntag, standen die Erstkommunikanten vor den Kreuzen der gefallenen Väter. Hinter ihnen in schwarzen Witwenschleiern die Mütter. Nie wurde mir deutlicher bewußt, daß der Krieg Lücken gerissen hat, die sich nicht wieder schließen werden.

Der Mann, den Roderich Thun uns als Chef zugedacht hatte, ist wegen Benzinschiebungen verhaftet worden.[2] Wir sind froh, denn damit haben wir die beste Ausrede vor dem Arbeitsamt, das uns selbst hier auf den Fersen ist.

Das Dorf spricht von nichts anderem als von den Amerikanern. «Wenn ‹d' Amerikaner› kommen», sagen sie und lachen dabei ohne jede Furcht. Sie denken sich nichts Böses und stellen sich vor, daß Gerechtigkeit, Zigaretten und Schokolade an die Stelle der Bomben und der Gestapo treten werden. Sind als vernünftige Schwaben bereit, so bald wie möglich die weiße Fahne zu hissen.

1 Am 18. April 1945 erreichten die US-Truppen die Elbe auf der Höhe von Magdeburg. 2 Im Tagebuch unter dem 9. April 1945 folgt an dieser Stelle: «Einmal wendet sich das Schicksal, und mir entspringt aus diesem so gefürchteten Zustand, der so entsetzlich viel Leid gebracht hat, etwas Gutes. Umkehrung der Dinge.»

9. April 1945

Heute wurde Günzburg bombardiert. Bomben fallen also auch hier. Ob man sich Illusionen über die Amerikaner macht? Schließlich werden wir ein besiegtes Volk sein. Die menschliche Würde – ob man sie uns lassen wird?[1] Traf vorhin eine Evakuierte aus Schlesien, die einmal bessere Tage gesehen und «grobe Arbeit nicht nötig» gehabt hat. Sie predigt vom Endsieg, begrüßt die Bauern mit «Heil Hitler» und wundert sich, daß sie beim Hamstern für ihre drei Kinder nie etwas bekommt.

1 Im Tagebuch heißt es: «Ich fürchte, es wird nicht so komisch werden, obwohl wir ja auf Disziplin, Verordnungen und Anschläge genug gedrillt sind. Aber wenn sie einen nur nicht zu sehr demütigen! Die Würde, die menschliche Würde! Wir haben ihr zu oft ins Gesicht geschlagen, wenn sich das nur nicht zu sehr rächt.»

11. April 1945

Es kursiert das grauenvolle Gerücht, Melitta Stauffenberg sei bei einem Flug in Süddeutschland abgeschossen worden.[1]

Die Front rückt näher. Tagsüber Fliegertätigkeit. In der Ferne sind die Bombenabwürfe zu hören. Man kommt sich so hilflos vor, wenn man sich vorstellt, daß es nur von der Laune eines Menschen dort oben abhängt, ob er auf ein Dörfchen wie Jettingen die Vernichtung hinunterfallen läßt oder nicht. Feindlich sitzt man hier beim Skat. Draußen rollen ununterbrochen die Militärautos.[2]

Zur Zeit bin ich als Landhilfe-Mädchen[3] bei einem Bauern angestellt. Gehe in blauer Schürze mit Kopftuch in den Wald und aufs Feld, begleitet von den wohlwollenden Blicken der Jettinger. Mit einem Schlag gewinnt man an Ansehen.

1 Melitta von Stauffenberg kam während eines Testfluges am 8. April 1945 unter nicht ganz geklärten Umständen ums Leben. 2 Im Tagebuch folgt an dieser Stelle: «Ich rechne noch mit ca. 14 Tagen, bis die

Sache hier erledigt ist.» 3 Im Rahmen der Landhilfe wurden Frauen in der Landwirtschaft dienstverpflichtet.

12. April 1945

Hatte gestern abend meinen Radioapparat auf einen französischen Sender in Köln gestellt. Eine Haßtirade drang in mein kleines Gasthofzimmer. «Deutschland, dein Lebensraum ist jetzt dein Sterbensraum», rief eine Stimme, dazu spielten sie in verzerrter Melodie «Morgenrot, Morgenrot».[1] Bedrückend. Fühlte mich angegriffen in der Liebe zu meinem Land, obwohl ich doch glaubte, sie sei in einem langen bitteren Prozeß in mir zerbrochen. Oder werden Sentiments jetzt vielleicht zu Ressentiments?

Das, was ich liebte, existiert nicht mehr, die Ideale sind verunglimpft, die Freunde gefallen oder gehängt, die Kirchen, die Städte, die Orte schönster Erinnerungen verbrannt.[2] Was soll man wünschen, woran noch glauben, woran sich noch aufrichten?

1 «Morgenrot, Morgenrot, / leuchtet mir zum frühen Tod? / ...» Anfangszeile aus Wilhelm Hauffs Gedicht «Reiters Morgenlied». 2 Im Tagebuch folgt an dieser Stelle: «Und wenn die andern [die Alliierten] mit ihrem maßlosen Haß, ihren grauenvollen Anschuldigungen kommen, muß man schweigen, denn es stimmt.»

15. April 1945

Bärchen und ich wuschen die dicken Unterhosen unseres Bauern, die dicksten Unterhosen, die ich je gesehen habe. Wir spülten sie in der Mindel. Drei Stunden haben wir den Stall geputzt. Unglaublich, was für Mengen die Kühe im Bauch haben.

Sprach mit einem Berliner, einem Soldaten, der schon recht verlottert aussah – auch daran ist die Auflösung deutlich zu erkennen. «Wann der Krieg aus is, wollnse wissen? Det is wie beis Rennen, det Rennen ist längst vorbei, die Pferde schon im Stall, denn kommt 'n Männeken mit ner Bimmel und läutet den Sieger ab. So weit sind wir jetzt schon.»

Heute der Heeresbericht über die Bombardierung Potsdams und die Zerstörung der Garnisonskirche. Das gab mir einen solchen Schock, daß ich mitten auf der Straße anfing zu weinen. – Potsdam – eine ganze Welt wurde damit vernichtet. Ich dachte an Jürgen, Fritzi, die I. R. 9er,[1] an Papas Aquarelle von Potsdam, sogar an den Alten Fritz, mit dem sie zuletzt ein solches Schindluder getrieben haben. Alle verschütteten Bindungen an das Preußentum regten sich wieder in mir.

Roosevelt ist gestorben. Die Kommentare in den Zeitungen sind kindisch – als ob sein Tod noch etwas ändern könnte.[2]

Mitternacht. Schlief schon, als es plötzlich an die Tür klopft, ich solle ans Telefon kommen, ein Herr sei am Apparat. Ich rase im Schmuck meiner Lockenwickel hinunter, melde mich und bekomme zur Anwort: «Halloo – Bürklin.» In etwa einer Stunde will er herkommen.

1 Dem traditionsreichen Infanterieregiment 9 (I. R. 9) in Potsdam, das wegen des hohen Adelsanteils spöttisch auch «I. R. von 9» genannt wurde, hatten zahlreiche Offiziere angehört, die an der Verschwörung des 20. Juli beteiligt waren. 2 Am 12. April 1945 starb US-Präsident Franklin D. Roosevelt, der entschiedenste Verfechter einer bedingungslosen Kapitulation Deutschlands. Die NS-Propaganda nahm seinen Tod zum Anlaß, eine Spaltung des alliierten Lagers zu prophezeien.

16. April 1945

Bürklin kam erst gegen Morgen. Er hat seinen Stab an der tschechischen Grenze aufgelöst, alle, die verstehen wollten, was er in seinen Worten durchblicken ließ, nach Hause geschickt. Die Restgruppe dirigierte er nach Reichenhall, wo sie noch ein Scheindasein führt, bis das große Ende kommt. Ich finde, er hat das sehr klug gemacht. Er wenigstens opfert seine Leute nicht noch in einem sinnlosen Widerstand auf. Savigny ist auch schon auf dem Heimweg.

20. April 1945

Hitlers Geburtstag! Fragte mich bei der Rede von Goebbels, die ich mir zum erstenmal freiwillig anhörte, ob dies schon Irrsinn oder einfach Raffinesse ist, ob er kaltblütig eine Doppelrolle spielt? Parteigrößen begehen Selbstmord,[1] weit mehr als die

Hälfte Deutschlands ist besetzt. Die Ostfront rückt unaufhaltsam vor. Fürstenwalde, Eberswalde, Müncheberg sind gefallen. Tag und Nacht Bomben auf alle Gebiete, selbst auf friedliche Dörfer, auch in unserer Nähe. Und Goebbels redet, als stünden wir kurz vor dem Sieg.

Die Entdeckung des KZ Oranienburg ruft bei den Alliierten unvorstellbares Entsetzen hervor.[2] Ich hörte es im englischen Rundfunk. Was jetzt zutage tritt, muß über alle Maßen grauenhaft sein. Selbst wir, die in Berlin viel erfuhren und noch mehr ahnten, sind fassungslos. Unsere Phantasie hat also doch nicht ausgereicht.[3]

Daß die Leute vom 20. Juli, die die Lager öffnen wollten, dies nicht vollbringen konnten! Wie viele Menschen mußten in den letzten acht Monaten dort noch sterben. Wie viele Städte wurden noch zerstört.[4]

Im Ruhrgebiet ist der Kampf aus. Feldmarschall Model soll Selbstmord begangen haben.[5]

Bürklin ist wieder fort. Er fuhr nach Reichenhall in das «réduit nationalsocialiste», wie er es nennt.[6]

Von Lalla Hardenberg ein trauriger Brief. Kurt Plettenberg, einer der nächsten Freunde ihres Vaters, ist zu guter Letzt doch noch verhaftet worden und hat Selbstmord begangen. Stürzte sich in der Prinz-Albrecht-Straße aus einem Fenster.[7] Dieser lebensfrohe, gütige Mensch! Meine Phantasie versagt, wenn ich mir sein Ende ausmalen will. Wie mag es Jutta Sorge gehen? Schwab schrieb einen verklausulierten Brief über die geplante Befreiung.

1 So nahm sich der Reichsverteidigungskommissar für Luxemburg, Gustav Simon, beim Einmarsch der Alliierten im April 1945 das Leben. Unmittelbar nach der Kapitulation im Mai 1945 gab es die meisten Selbstmorde ehemaliger Funktionäre der NSDAP. 2 Bei der Befreiung der Konzentrationslager bot sich den alliierten Truppen allerorten ein Bild des Grauens. Die menschenunwürdigen Zustände waren in den letzten Kriegswochen durch die gewaltsame Evakuierung der Gefangenen aus weiter östlich gelegenen Lagern und durch wahllose Exekutionen noch verschlimmert worden. 3 Im Tagebuch heißt es: «Führers Geburtstag! Gespenstisch das Ganze. Parteigrößen begehen Selbstmord, weit über die Hälfte Deutschlands ist besetzt. Hier flog man heute zur Feier des Tages zunächst einmal morgens aus dem Bett von Bomben auf Burgau. In Berlin scheint die Hölle nun wirklich

losgegangen zu sein. Grauenhaft. Fürstenwalde, Eberswalde, Freienwalde, Müncheberg. Seydlitz-Leute [Nationalkomitee Freies Deutschland; vgl. 14.7.1944, Anm. 2] scheinen mitzumachen, Bomben tags und nachts. Oranienburg! Die Entdeckung der KZ-Greuel scheint tiefstes Entsetzen hervorzurufen. Welch grausiges Chaos, Himmel, rächten sich je Schuld und Verbrechen so schnell? Es gibt einen zürnenden Gott. Aber ich lege meine Hoffnung vertrauensvoll in seine Hand, die einzige Möglichkeit, diese Spannungen zu ertragen.» 4 Im Tagebuch heißt es unter dem 21. April 1945: «Die KZ-Greuel werden drüben [im alliierten Lager] propagandistisch ganz groß ausgeschlachtet. Welches Grauen, daß man diese stinkend-schmutzige Wäsche nicht selbst waschen durfte, wie man es am 20. [Juli] vorhatte. Welche Schande!» 5 Generalfeldmarschall Walter Model, wegen seiner Vasallentreue von Hitler besonders geschätzt, hatte mit seiner Armee der Einkesselung durch die Alliierten im Ruhrgebiet 18 Tage lang standgehalten. Angesichts der unausweichlichen Kapitulation nahm er sich am 21. April 1945 das Leben. 6 Während der Lagebesprechung vom 18. April 1945 hatte Hitler den Plan ausgesprochen, die Truppen zum «Endkampf» in einer imaginären «Alpenfestung» zusammenzuziehen. Das irrationale Vorhaben wurde mit Hitlers Verbleib in Berlin hinfällig, stiftete jedoch erhebliche Irritationen bei deutschen und alliierten Militärs. 7 Kurt Plettenberg nahm sich am 10. März 1945 in der Gestapo-Haft das Leben. Er wollte der Gefahr entgehen, andere Mitverschwörer während der Verhöre und Folterungen zu belasten.

21. April 1945

Die Sender der Welt spielen Tanzmusik. Alle! Zu den Tragödien – Jazz. Die Franzosen scheinen näherzurücken. Wenn ich unsere Soldaten sehe, werde ich traurig. Was sollen sie machen? Sie werden fallen oder gefangengenommen werden. Etwas anderes bleibt ihnen nicht, wenn sie nicht raffiniert genug sind, sich in Zivil selbständig zu verdrücken.

22. April 1945

Stuttgart gefallen. Fünfzig Kilometer stehen sie vor Augsburg. Hier zogen französische Kriegsgefangene durch. Einer, braungebrannt und erschöpft, sagte, während er Milch trank, die ihm die Adlerwirtin spendete: «J'ai fait la retraite déjà une fois, et maintenant c'est la deuxième fois en Allemagne.» «Ce n'est pas drôle», sagte ich. «Ni l'un, ni l'autre», antwortete er.[1] Sie trugen eine weiße Fahne mit sich, wegen der Tiefflieger, der neuesten Plage. Die erste weiße Fahne, die ich sah. Merkwürdig, dieses stumpfe Weiß, aber wie wohltuend nach dem grellen Rot.

Neun Uhr abends, im Schloß bei Thun. Durch die Straßen rasen flüchtende Wehrmachtsautos. Die Bauern vergraben ihr Silber.

Eben zog der Gestapo-Mann beklommen ab. Sah seinen Gamsbart die Treppe hinunterwackeln. Bärchen hatte ihm die Hölle heiß gemacht, er würde unweigerlich angezeigt und dann erschossen. Lief gleich zu Dusi. Endlich brauchen wir uns nicht mehr wie Verschwörer heimlich zu treffen.[2]

Vier Uhr nachts. Bin durch Hundegebell aufgewacht. Draußen ist es kalt, der Himmel wechselnd bewölkt. Immer noch fahren Lkws durch die Straßen. Soldaten auf der Flucht! Eine Kuh blökt, ein Hahn kräht, zwischendrein böllert die Artillerie, man hört Abschuß und Einschlag genau. Bürklin wollte sich in Zivil zu uns durchschlagen. Ob es gelingen wird? Jetzt ist der allerletzte Termin.

1 «Ich habe schon einmal einen Rückzug mitgemacht, und jetzt passiert es mir ein zweites Mal in Deutschland.» «Das ist nicht sehr komisch», sagte ich. «Weder das eine, noch das andere Mal», antwortete er. 2 Im Tagebuch heißt es: «Eben von hinten den *letzten* Gestapomann – den Stauffenberg'schen Bewacher, gesehen! Den letzten! Von hinten! Welch ein beglückender, befreiender, herrlicher Anblick. Ich danke Gott dafür. Die Freude! Rotwein getrunken! Relativ guter Laune. Der Volkssturm ist nicht angetreten. Die paar Leute, die gefährlich werden könnten, sind sichergestellt. Kann mich jetzt öffentlich zu Dusi [Saucken] bekennen.»

23. April 1945

Die Artillerie ist verstummt. Sie scheinen auf München zuzugehen. Wir bleiben also im toten Winkel. Werde jetzt Grünfutter für die Kaninchen holen. Im Stall ist es noch am besten. Draußen eisige Kälte.

SS-Truppen sollen bei Ulm Höfe angezündet haben, alle Brücken wurden gesprengt. Vernichtungswahnsinn, der sich nun gegen das eigene Land richtet.[1] Aber ich will ihm nicht zum Opfer fallen. Um keinen Preis.

Brief von Mama vom 10. April aus Böhlendorf. Sie ist noch

nicht in Lübeck. Welch neue, entsetzliche Sorge. Unmöglich, ihr noch auf irgendeine Weise zu helfen.

Mitternacht. Willi Bürklin ist gekommen, mit seinem Fahrer. Beide haben wir gut untergebracht. Willi gilt im Dorf als Bärchens Schwager. Wir zwangen ihn, seine Prothese abzunehmen, und haben sie in den Schrank in meinem Zimmer gestellt. Er geht nun auf Krücken, wohnt bei Wetzels. Auch ich verziehe mich tagsüber dorthin, will aber mein Zimmer im «Adler» nicht aufgeben.

1 Am 19. März 1945 erließ Hitler den sogenannten «Nero»-Befehl: Sämtliche vom Kriegsgegner nutzbaren Einrichtungen sollten beim Rückzug zerstört werden. Rüstungsminister Albert Speer gelang es in Verbindung mit Verwaltung und Wehrmacht, diese Politik der verbrannten Erde weitgehend zu unterlaufen.

24. April 1945

Fiel im «Adler» fast aus dem Bett, so nahe krachte ein Artillerieeinschlag. Bürklins Fahrer hat für uns alle einen Splittergraben ausgehoben. Am Waldrand, gegenüber von Wetzels Haus, geht eine deutsche Kompanie in Stellung. Mit Artillerie-Granatwerfern. Was das Dorf so sehr gefürchtet hat, ist eingetroffen. Es wird vielleicht noch einen Kampf geben.

Nachmittags fünf Uhr. Vorhin kam eine Frau in den Garten gestürzt: «Sie sind schon am Bahnhof, auf der Kirche weht die weiße Fahne.» Wir gingen mit Wetzels auf den Boden und hißten ebenfalls ein Bettuch. Dann radelte ich auf einem der OKW-Räder, die Bürklin für sich und seinen Fahrer im Wagen mitgebracht hat, durch das Dorf. Überall aufgeregte, lachende Gesichter. Auf der Dorfstraße wurde ausgeklingelt: «Wer Widerstand leistet, wird erschossen.» Ich finde das völlig richtig, aber beklemmend ist es doch. Ein Franzose rief mir nach: «Alors, la grande nation, elle mets le drapeau blanc?» «Was wollen Sie», rief ich zurück, «c'est ce qu'il faut.»[1]

Sechs Uhr nachmittags. Jetzt ertönt von ferne Artillerie mit dumpfen Einschlägen. Wir sitzen in Wetzels guter Stube: Bürklin, sein etwas sauertöpfischer Fahrer, das totenblasse Bärchen und ich. Ich darf diese Nacht hier auf dem Sofa schlafen, weil es mir allein im «Adler» zu unheimlich ist. Fast könnte ich jetzt weinen. Warum eigentlich? Bärchen tut es. Aber ich bin wohl zu stumpf.

Nun kommen also die neuen Herren.[2] Ob wir nie frei werden?

Eben erscheint Frau Wetzel: «Zu früh die Freud. Die Fahnen müssen wieder herein.»

Pfarrer, Bürgermeister, Gendarm und Ortsgruppenleiter wurden von der SS verhaftet und abgeführt. Die SS ist jetzt der schlimmste Feind, bedrohlicher als die Amerikaner, die uns erobern.[3]

Acht Uhr abends. Eben «Gefechtsbeobachtung» mit Bürklin: Maschinengewehre, Jabos,[4] ferne Artillerie, Panzerkanonen, durchziehende Truppen, Soldaten auf schweißbedeckten Pferden. Von drei Seiten knallt es. Sitze jetzt mit ihm vor dem Splittergraben. Bärchen kocht Reis. Zwanzig Meter vor uns wird die winzige Brücke zur Sprengung vorbereitet, Panzerfäuste stehen an einen Baum gelehnt.

Mitternacht. Sitze allein in Wetzels guter Stube. Die andern schlafen. Irgendwo brummt ein Flieger, von ferne weiterhin Artillerie. Frau Wetzel wankt herein: «Ich will doch nicht im Hemd verschosse werde.» Der Bauer kommt auch herunter, er macht sich Kaffee.

War eben draußen. Klarer Sternenhimmel. Wie unfaßlich sind die Deutschen, daß sie sich in letzter Minute noch gegenseitig umbringen, eigenhändig ihr Land zerstören. Hörte, daß der SS-Mann den Bürgermeister der Feigheit bezichtigte, weil er die weiße Fahne gehißt hatte. Er befahl ihm, sich an die Wand zu stellen, wollte ihn erschießen, nahm ihn dann aber mit dem Ortsgruppenleiter, dem Polizeiwachtmeister und dem Priester in ein anderes Dorf mit. Als dort jedoch plötzlich der Ruf erscholl: «Panzerspitzen sind da», ließ man alle vier laufen. Kalkweiß kamen sie zurück, der Tod war um Haaresbreite an ihnen vorübergegangen.

Frau Wetzel dreht eifrig ein kleines Handbutterfaß.

1 «Was, die große Nation hißt also jetzt die weiße Fahne?» – «Das ist jetzt angebracht.» 2 Im Tagebuch folgt an dieser Stelle: «Die neue Sklaverei beginnt.» 3 SS-Verbände und fanatische Partisanen der Organisation «Werwolf» verübten noch in den letzten Kriegstagen zahlreiche Gewalttaten an Politikern und Personen, die eine friedliche

Übergabe an die Alliierten auszuhandeln suchten. 4 Jabos – Jagdbomber; zur Bekämpfung gegnerischer Flugzeuge ebenso wie zum Abschuß von Luft-Boden-Raketen und zum Bombenabwurf geeignet.

25. April 1945

Saß vorhin mit Bürklin unter einem blühenden Apfelbaum in der Sonne, über uns ein strahlend blauer Himmel. Um uns herum Artillerieeinschläge, Granatwerfer – die letzten Szenen eines schaurigen Dramas. Und doch sprachen wir von völlig anderen Dingen. Er steckte mir eine Blume ins Haar. Dann wurden die Schüsse heftiger, eine Staffel Jabos kreiste über der «Festung Jettingen», in Wetzels Wald gegenüber Artillerieeinschläge.

Mitternacht. Bin bei Dusi Saucken. War nachmittags mit Bärchen bei den Amerikanern. Sie seien schon im Nachbardorf Scheppach, hatte es geheißen. Aufgestachelt von einem ungarischen Oberst, beschlossen wir, einfach dorthin zu radeln. Machten uns möglichst sorgfältig zurecht, setzten uns auf die beiden OKW-Räder und fuhren, angestaunt von den Dorfbewohnern, klopfenden Herzens die Straße hinunter. Als wir am Bahnhof waren, rief Bärchen: «Guck mal, da oben auf der Unterführung liegt was Braunes, ist das Holz?» Schon bewegte sich der Holzstoß – es waren Amis in Khakiuniformen. In der gleichen Sekunde fuhr ein Spähwagen aus der Unterführung heraus, hielt. Ein langer Kerl mit Stahlhelm sprang heraus und kam auf uns zu. «Don't shoot, they are women!» schrien die Posten von oben. Dann kamen noch zwei Soldaten hinzu, und wir unterhielten uns, so gut es eben ging. Sie fragten, ob noch Militär im Dorfe sei. Wir verneinten, obwohl wir kurz zuvor beim «Adler» drei Offiziere auf einem Krad gesehen hatten. Staubbedeckt und übermüdet, Gestalten aus einer bereits untergegangenen Welt. Dann behaupteten die Amerikaner, in den Rot-Kreuz-Wagen säßen fliehende Offiziere. «Verwundete», protestierte ich. Nein, sie seien nicht verwundet, deshalb schössen sie auch auf die DRK-Sankas.[1] Wir fragten sie, wann sie denn kämen – und ob sie uns alle fortnähmen? Nur die Waffen, sagten sie, und im übrigen kämen sie «as friends».

Abends, als wir gerade in Bärchens Zimmer beim Essen saßen, fuhr hinter Wetzels Haus ein deutscher Lkw heran. Vier aufgeregte Soldaten sprangen heraus, wirre Haare, graue Gesichter – sie hatten den Anschluß an ihre Einheit verloren. «Haut bloß ab», schrien wir, «sie sind schon am Bahnhof, wir haben gerade mit ihnen gesprochen.» Sie machten schleunigst kehrt. Als wir uns wieder setzten, schoß ein Jabo mit Leuchtspur dicht an unserem Fenster vorbei. Mir wurde fast schlecht vor Angst.

Mühsam gelang es uns später bei Thun, für Bürklin einen Messerschmitt-Ausweis zusammenzutippen und ihm mit falschen Stempeln ein amtliches Aussehen zu verleihen.[2] Seine Uniformen hat er vergraben. Auf Generalstäbler haben es die Alliierten besonders abgesehen, es heißt, daß sie lebenslänglich auf eine Insel deportiert werden sollen.

Bärchen hat zwei kleine Soldaten von fünfzehn und sechzehn Jahren im Heuboden versteckt und einem dritten von Wetzels Zivilkleidung verschafft.

1 «DRK-Sankas» – Sanitätskraftwagen des Deutschen Roten Kreuzes. 2 Im Taschenkalender ist unter dem 26. April 1945 lediglich das Stichwort «Ausweise» notiert.

26. April 1945

Sie sind da. Die Hauptstraße dröhnt von ihren Panzern. Überall sieht man die khakibraunen Gestalten. Manche lächeln ganz freundlich. Aber auch kalte Blicke gibt es. Sind es die Feinde? Die neuen?

27. April 1945

Ein Dorfbub kam heute zu uns gerast, ich müsse sofort mein Zimmer im «Adler» räumen, der ganze Gasthof sei beschlagnahmt. Ich dachte mit Schrecken an Bürklins Prothese, die in meinem Kleiderschrank stand, und rannte mit Bärchen wie von der Tarantel gestochen die Straße hinauf.

Wir kommen gerade zurecht. Unter den Augen von drei Soldaten packen wir mein Hab und Gut zusammen, und während Bärchen radebrechend mit ihnen witzelt, hülle ich die Prothese in meinen Bademantel. Höflich entschuldigt sich mein amerikanischer Zimmernachfolger für die Umstände, die er mir macht.

Kaum sind wir wieder unten – ich kann zu Wetzels in eine Kammer ziehen –, erscheinen zwei üble Subjekte, die «snaps» und Eier wollen. Frau Wetzel bringt sogleich ein halbes Dutzend an – uns hat sie noch nie eins gegeben. Schnaps sei nicht da, erkläre ich ihnen und werde genauso frech wie sie. «Wir die besten Soldaten of the world», schrien sie mich an. «I don't believe it», sage ich – nur weil die Eilfertigkeit der Bäuerin mich ärgert.

Auch das Schloß soll beschlagnahmt werden, heißt es plötzlich. Wir helfen also, Dusis Koffer zu uns zu schleppen. Gleich darauf große Aufregung bei den Nachbarn, reichen Müllersleuten mit drei Töchtern. Sie müssen ebenfalls räumen. Dreißig Mann bevölkern plötzlich ihre sämtlichen Stuben. Bärchen und ich helfen Säcke voll der schönsten Sachen und Vorräte herauswuchten. Wir reden ein wenig mit den Soldaten. Einer geniert sich (wir auch), er sagt, die – bis zur Decke gefüllte – Speisekammer könne verschlossen werden, den Schlüssel könnten die Leute mitnehmen. Sie würden ohnehin nichts anrühren.

Nachts vier Uhr. Sitze bei Christa Doymi, im Schloß. Bin nach der Sperrstunde nicht mehr zu Wetzels hinuntergegangen. Hier macht sich alles größte Sorge um Dusi Saucken. Sie ist mit einem französischen Capitaine auf die Klingenburg gefahren, wo Soldaten geplündert hatten – wir sind nicht nur von Amerikanern, sondern auch von gaullistischen Truppen besetzt, Teile der Armee Leclerc.[1] Dusi sollte dort dolmetschen. Da sie bis zwei Uhr nachts noch immer nicht zurück war, machte ich mich vorhin mit Gräfin Üxküll zum Kommandanten des Dorfes auf. Mit einer Laterne bewaffnet, in lauter Unterhaltung, damit man uns nicht anschoß, gingen wir durch das völlig dunkle Dorf – es gibt schon lange keinen Strom mehr. «Sœur de la Croix Rouge»,[2] meldete sich die alte Dame bei dem Posten an. Der Kommandant erschien im Pyjama, betont höflich, korrekt und kalt. Auch er ein Gaullist. Helfen konnte er uns nicht, will uns aber in der Frühe einen Wagen mit Soldaten zur Verfügung stellen. Er bot uns Kaffee an, fragte, woher ich Französisch könne, ob ich Österreicherin sei. Ich sagte: «Non, pure prussienne.»[3] Absichtlich. Dann gerieten wir in eine lange Debatte, er voller Haß auf alles Deutsche. Ich sprach vom Schicksal der Berliner. Er sagte, es würde ihnen genauso ergehen wie den Russen unter deutscher Besatzung. Da wurde ich wütend. So einfach sei die Sache nun auch wieder nicht. Meine Freunde seien von Hitler aufgehängt worden, und meine Brüder hätten in Rußland gekämpft, aber niemals geplündert oder vergewaltigt.[4] Er: «Dann sind sie eben eine Minorität, aber die Masse...» Ich: Die Masse könne man mit Diabolik zu allem bringen. Er: Zweihunderttausend Franzosen hätten die Deutschen in den KZs gefoltert und getötet. Ich: Auch Deutsche hätten in den KZs gesessen. Er habe keine Ahnung, was es hieße, unter einer Diktatur zu leben. Gräfin Üxküll erzählte ihm, daß sie wegen Stauffenbergs Attentat ebenfalls verhaftet worden sei und daß alle ihre Verwandten heute noch säßen. Er ließ sich über den 20. Juli erzählen, wußte offenbar nichts darüber. Wurde eigentlich immer freundlicher. Trotzdem meinte er beim Abschied: «Je n'arrive pas à vous plaindre.»[5] «Das will ich auch gar nicht», sagte ich. Mitleid wahrhaftig nicht.

Wie viele solcher aussichtslosen Debatten werde ich noch führen! Manchmal denke ich, Jürgen hat das bessere Teil gewählt.[6]

1 General Jacques Philippe Leclerc hatte mit seiner 2. Panzerdivision entscheidenden Anteil an der Rückeroberung Frankreichs. Leclerc, der im Auftrag der Exilregierung unter Charles de Gaulle handelte, marschierte mit den alliierten Truppen auch in Süddeutschland ein. 2 «Rotkreuz-Schwester». 3 «Nein, echte Preußin.» 4 Im Tagebuch heißt es unter dem 2. Mai 1945: «Dann bot er uns Kaffee an, und wir gerieten in eine lange Debatte. Er natürlich, wie alle anderen, voll Haß auf Deutschland. Ich sprach von Berlin und dem Schicksal der Berliner. Da sagte er nur, sie werden dasselbe Schicksal haben wie die Russen unter deutscher Besatzung. Ich bekam dann eine Wut. Erklärte ihm, daß das deutsche Schicksal nicht so einfach zu behandeln wäre. Ich hätte nicht 12 Jahre gegen die Nazis gekämpft und so und so oft mein Leben riskiert, um jetzt für alles, was die SS getan hätte, haftbar gemacht zu werden. Meine Brüder hätten beide in Rußland gekämpft, einer sei gefallen, und sie hätten sich nie so benommen wie heute die Franzosen in Klingenburg.» 5 «Es gelingt mir nicht, euch zu bedauern.» 6 Im Tagebuch unter dem 2. Mai 1946 folgt an dieser Stelle: «Aber ich will doch noch leben, und zu irgend etwas wird es sicher auch gut sein. Immerhin, dieser Mann, der alles über einen Kamm scheren wollte, wird nun doch etwas nachdenken. Beeindruckt war er wohl.»

Morgens erschien Dusi, ganz vergnügt. Nichts war ihr passiert; sie hatte oben in der Klingenburg übernachtet, der Capitaine hielt seine schützende Hand über alle. Neue Plünderer sind nicht mehr gekommen.

Habe soeben eine Handvoll Parteiabzeichen, die mir Messerschmittleute verstohlen gaben, in die Mindel versenkt. Ich empfand es als einen feierlichen Akt – seit Jahren habe ich mir etwas Derartiges heiß ersehnt.[1]

Von den Nazis sind wir nun befreit, keine Gestapo kann uns mehr vorladen, beunruhigen, verhaften, quälen oder verfolgen. Man kann gar nicht glücklich genug darüber sein. Und doch, auch jetzt sind wir nicht frei, müssen wieder gehorchen, auf Sperrstunden achten, Befehle, die angeschlagen sind, befolgen.[2] Alle mußten zum Beispiel ihre Radios abliefern. Wir haben unseres einfach behalten.

Die amerikanischen Soldaten sind freundlich. Ab und zu lugen einige bei uns über den Zaun. Wir unterhalten uns gern mit ihnen. Vor allem Bürklins wegen, und damit kein Verdacht gegen ihn aufkommt, bitten wir sie sogar in Wetzels gute Stube. Sie bringen Schokolade mit, und wir sprechen – in sagenhaft schlechtem Englisch – so sachlich wie möglich über Politik. Willi Bürklin liegt stumm dabei, auf dem Sofa. Bärchen wusch einem Sergeant die Uniformjacke und bekam dafür ein Paket herrlichen Tees und Seife.

Ich traf den französischen Capitaine bei Dusi im Schloß. Da die Sperrstunde schon begonnen hatte, als ich aufbrach, begleitete er mich höflich bis hinunter zu Wetzels Haus. Wir unterhielten uns völlig ungezwungen miteinander. Er soll bei der Spionageabwehr sein. Wenn du wüßtest, dachte ich im stillen, als wir uns verabschiedeten, wer da oben im Kämmerchen bei Kerzenlicht hockt. Ein deutscher Generalstäbler. Bärchens junge Soldaten sind mit zwei gestohlenen Rädern auf und davon.

Wir haben uns jetzt ganz gemütlich eingerichtet. Meine Kammer ist nur zwei zu vier Meter groß, aber ein Herd steht darin, auf dem Bärchen und ich für Bürklin und seinen Fahrer kochen und der auch gut heizt – zum Glück, denn es ist wieder sehr kalt geworden. Wir sitzen bei Kerzenlicht auf dem als Sofa getarnten Bett, es gibt sogar Wein, den Bärchen organisiert hat, und mit Bürklins Radio, dessen Batterie noch kurz vor Toresschluß neu aufgeladen wurde, hören wir Nachrichten. Eine kleine warme Insel im Chaos.

1 Im Tagebuch heißt es unter dem 2. Mai 1945: «Fand heute, während ich mit 8 Gaullisten in Enders Küche über Politik sprach, in meiner Tasche ein PG-Abzeichen, das ich vernichten sollte von T[hun], beschloß aber, es zu behalten: Jetzt, nachdem das 1000jährige Reich im 13. Jahr vollkommen vernichtet ist, kann man diese komischen Dinge ja behalten.» 2 Mit ihrem Einmarsch übernahmen die alliierten Besatzungsmächte die oberste Befehlsgewalt in Deutschland. Zu den neuen Anordnungen gehörte eine strikte Ausgangssperre zwischen 18 und 7 Uhr.

29. April 1945

Aus unserem Radio ertönen die seltsamsten Nachrichten. Ein Teil der Sender ist noch in Nazihand, ein Teil macht schon alliierte Propaganda. So können wir ein Stück Historie drahtlos miterleben. In München scheint Revolution zu sein. Sie haben jetzt zwei Sender. Ein Hauptmann Gerngroß gibt aufregende Befehle durch, dann wieder ertönt die Stimme des Gauleiters.[1] Wir sind verdammt froh, «in Feindeshand» zu sein.

1 Hauptmann Rupprecht Gerngroß, Kommandeur der Dolmetscherkompanie in München, unternahm am 27. und 28. April 1945 mit der Widerstandsgruppe «Freiheitsaktion Bayern» einen Putschversuch, der die friedliche Kapitulation Bayerns vorbereiten sollte. Unter der Parole «Fasanenjagd» setzten die Aufständischen den Reichsstatthalter Franz von Epp fest, eroberten zwei Funkhäuser und verbreiteten einen Aufruf an die Bevölkerung. Noch vor dem Einmarsch der Alliierten leitete Gauleiter Paul Giesler jedoch die Gegenmaßnahmen zur Niederschlagung des Aufstandes ein. Im Taschenkalender heißt es unter dem 28. April 1945: «Radio: Fasanenjagd: schaurig», unter dem 29. April: «München-Revolution». Darauf folgt die Notiz: «Himmler Angebot Übergabe», die sich wohl auf Himmlers Sondierungskontakte mit den Westalliierten bezieht.

Dolmetsche nachmittags in der Küche des «Adlers». Die Wirtin, eine blühende, resolute, völlig furchtlose Frau, schreit die Soldaten, da sie nicht Französisch kann, auf schwäbisch an, wahrscheinlich in der Hoffnung, sich durch die erhöhte Lautstärke verständlicher zu machen. Natürlich verstehen sie trotzdem kein Wort. Manchmal denke ich, sie haben sogar Angst vor ihr. Heute waren drei nette Gaullisten da, baten mich schließlich, ihnen ein Omelette zu machen. Ich nahm sie mit zu Wetzels, vor allem auch, um Bürklin als Bärchens Schwager einzuführen. Aus zwölf Eiern machte ich dort mit Hilfe von Frau Wetzels Schneemaschine ein Traumomelette und gleichzeitig Konversation. Dabei stellte sich heraus, daß einer von ihnen mit dem Sohn von François-Poncet[1] in eine Klasse gegangen ist, mit dem auch Jürgen auf dem Französischen Gymnasium zusammen war. Jürgen hatte ihn später noch einmal kurz in Bordeaux getroffen. So dreht sich das Karussell der Besatzung. Politisch schienen mir die drei etwa fünfundzwanzigjährigen jungen Leute recht chauvinistisch. Hörte von ihnen ähnliche Äußerungen wie früher von jungen nazibegeisterten deutschen Offizieren.

Willi schwieg zu alledem. Als die drei schließlich gegangen waren, kehrte einer nochmal um. Er habe seine Handschuhe vergessen, sagte er, und dann: «Wer ist eigentlich der Offizier da auf Ihrem Sofa?» Ich fragte erstaunt, wie er Bärchens schwerverwundeten Schwager, einen Messerschmitt-Angestellten, denn für einen Offizier halten könne? Er sehe gut aus, bekam ich zur Antwort, und habe genau «la tête d'un officier».[2] Dann ging er. Glaube nicht, daß er mir glaubte.

Ein Uhr nachts. Hitler ist tot. Eben hörten wir es im Radio, Bärchen, ich und Bürklin, dessen Fahrer getürmt ist. Hitlers Nachfolger: Dönitz.[3] Er sprach ziemlich schwach.

Das also ist der Moment, den ich seit Jahren glühend herbeigesehnt, um den ich flehentlich gebetet habe. Und nun? Als jetzt das Deutschlandlied gespielt wurde, ergriff es mich zum erstenmal seit vielen Jahren wieder. Ist das Sentimentalität? Jürgens Tod, die Verschleppung der Juden, das geschändete Land... Fritzi Schulenburg, Halem, Hassell, Leber, Haeften,

Stauffenberg... Mutius, Mandelsloh, Wolf Schulenburg, Raschke, drei Brüder Schweinitz, drei Brüder Lehndorff, Veltheim – alle, die ihr Leben drinnen oder draußen verloren haben. Doch für Deutschland?

Aber wir werden es schaffen. Wir werden arbeiten, genügsam sein, bescheiden – und gläubig. Vielleicht gibt es eines Tages wieder ein neues, liebenswertes Deutschland. Der Tod so vieler Gefallener und Gehängter – ist er umsonst gewesen? Oder gibt es einen Sinn?

1 André François-Poncet war von 1931 bis 1938 französischer Botschafter in Berlin. Sein Sohn Jean André, der ebenfalls die politische Laufbahn einschlug, wurde später von 1978 bis 1981 Frankreichs Außenminister. 2 «... den Kopf eines Offiziers.» 3 Am 1. Mai 1945 gab Großadmiral Karl Dönitz im Rundfunk bekannt, «der Führer» sei an diesem Tag «an der Spitze seiner Truppen» im Kampf um Berlin gefallen. Tatsächlich hatte Adolf Hitler bereits am Vortag im Bunker der Reichskanzlei Selbstmord begangen. Zu seinem Nachfolger als Reichskanzler hatte er in seinem politischen Testament den ihm treu ergebenen Großadmiral bestimmt. Im Taschenkalender heißt es: «Hitler ist tot: Aufregendst! Heule.»

2. Mai 1945

Als ich heute einigen Leuten von Hitlers Tod erzählte, sahen sie mich gleichgültig an: «So? Endlich! Leider zu spät.» Dann gingen sie zu ihrem Tagesprogramm über. Was sagte Talleyrand über Napoleons Tod? Das sei kein Ereignis, es sei eine Nachricht. Den Menschen hier ist es völlig gleichgültig, ob Hitler, der einst so vergötterte, geliebte Führer, noch lebt oder schon tot ist. Er hat seine Rolle ausgespielt. Millionen starben durch ihn – nun wird sein Tod von Millionen nicht betrauert. Wie schnell verging sein auf tausend Jahre angelegtes Reich. Nicht einmal ein Dutzend überstand es.

4. Mai 1945

Bärchen und ich (mehr als Zuschauerin) wuschen heute in Dusis Badezimmer recht aufopfernd Bürklins Hemden, als plötzlich Dusis Mann erschien. Hatte sich mit dem Fahrrad hierher durchgeschlagen. Während wir alle an der Badewanne standen und Willi seine Hemden spülte, redete Saucken ihn mit «Herr Oberst» und in der dritten Person an. Unten im Park spazierten die Gaullisten. Herrliche Situationskomik, für den, der Sinn dafür hat.

Mittendrin wurden Dusi und ich abgerufen, ein außerhalb liegendes Stauffenbergsches Geschäft sollte angeblich in Brand gesteckt werden. Wir radelten im Regen los, trafen in dem ausgeplünderten Haus, dem alle Fensterscheiben fehlten, einen verängstigten Pächter, der uns mit monotoner Stimme von der nächtlichen Plünderung erzählte. Er zeigte uns das Bett, auf dem seine Tochter vergewaltigt worden war und Kugelspuren an den Wänden. Im gleichen Augenblick kam ein Auto angerast, vier wilde Gestalten entstiegen ihm, die uns sofort heftig zu beschimpfen begannen: «Ihr beschissenen Deutschen – immer sprecht ihr von der SS – dabei waren es alle, alle.» Aber als Dusi ihnen die Vollmacht zeigte, die ihr der Capitaine auf französisch geschrieben hat, wurden sie plötzlich freundlich und zogen höflich grüßend wieder ab.

Wir fuhren recht erleichtert zurück.

Dusis Mann erzählt grausige Sachen. Man habe in Schwabmünchen ein Judenlager gefunden,[1] die schaurigsten Greuel entdeckt, daraufhin deutsche Soldaten und Offiziere in eine Baracke eingesperrt, wo sie bis zu den Knien im Wasser stehen müßten. Wer Wind sät, wird Sturm ernten. Jetzt erfahren wir das am eigenen Leibe. Nur daß es zumeist nicht die Schuldigen trifft. «Machen Sie Propaganda für das ‹gute› Deutschland», sagte der Capitaine neulich zu mir. «Es ist nötig, und Sie können es.» Ach, mich widert alles gleichermaßen an.

1 Schwabmünchen war keine Außenstelle des Konzentrationslagers Dachau. Diese verbreitete irrtümliche Annahme geht wahrscheinlich darauf zurück, daß ehemalige Häftlinge des Dachauer Außenlagers Augsburg-Pfersee 1945 auf ihrem Evakuierungsmarsch nach Schwabmünchen gelangten und dort im Krankenhaus versorgt wurden.

6. Mai 1945

Vorhin hallten wieder Revolverschüsse durch die Gegend. Frau Wetzel kam ängstlich angerannt. Wie sich dann herausstellte, schoß ein Gaullisten-Leutnant in der Mindel Fische. Zwei schenkte er uns freundlicherweise, Bärchen und mir. Wir brieten sie sogleich in meinem Büdchen. Wir haben Mehl – von Müllers als Dolmetschergebühr –, Butter und Kartoffeln – gegen meine Raucherkarte eingetauscht –, und die Bäckerin, Frau Weizmann, schenkt uns, sooft wir darum bitten, Brot. Sie ist eine gute Seele, und als ich ihr einmal erzählte, daß Jürgen mit dreiundzwanzig Jahren gefallen ist, sagte sie etwas sehr Rührendes: «Die so früh sterben, werden im Himmel immer jung und schön aussehen.»

Wir machen ständig wechselnde Pläne. Gräfin Üxküll will nach Bad Sachsa, die fünf Stauffenbergkinder suchen.[1] Bürklin will natürlich zu seiner Familie, Bärchen nach Berlin, ich nach Lübeck, weil ich hoffe, Mama dort zu finden, und nach Hannover, um Klaus und Uta zu sehen. Aber die Eisenbahn fährt nicht, Autos gibt es nicht, Bürklins im Wald versteckten Wagen haben Gaullisten mitgenommen, und er kann sich natürlich nicht bemerkbar machen. Die Post geht schon lange nicht mehr. Über die Wetzel-Wiese sieht man oft merkwürdige Gestalten wandeln, in Räuberzivil, eine Schaufel oder Mistgabel geschultert. Soldaten zu Fuß auf dem Heimweg, die sich an vielen Gefahrenstellen vorbeimogeln müssen. Denn sie werden alle gefangen. Oft fahren große Lastwagen mit Gefangenen durchs Dorf. Jetzt, da wir nicht mehr die Eroberer, sondern die Eroberten sind, überfällt mich ein ganz ungewohntes Gefühl, wenn ich sie sehe, und ich winke ihnen zu. Ob Eberhard wohl bald kommt?[2]

1 Alexandrine Gräfin von Üxküll-Gyllenband, die Tante der Brüder Stauffenberg, erreichte schließlich im Juni 1945 auf Vermittlung eines ehemaligen französischen Kriegsgefangenen die Rückkehr der fünf Kinder. Den Aufenthaltsort hatte sie noch von Melitta von Stauffenberg erfahren. 2 Im Tagebuch folgt an dieser Stelle: «Man wird doch sofort wieder national sowie man selbst das ‹Getretene› ist und nicht der ‹Tretende›. In einer Weise bin ich nicht unglücklich über die Plünderungen, es zeigt, daß die Soldateska eben überall gleich ist und die anderen also auch nicht unbedingt besser als wir.»

Wir sitzen in unserem Büdchen, im Radio erklingt eine Motette von Mozart. Will versuchen, die heutigen Ereignisse zu rekapitulieren: Bärchen und ich starteten früh um sieben auf Bürklins Rädern gen Günzburg zum amerikanischen Kommandanten. Wollten versuchen, für die Tante Üxküll einen Passierschein zu bekommen. Auf der Straße zwei Kontrollen. Wir kamen mit Überredungskunst und ohne Ausweis durch. Halbzerstörte Panzersperren, vermintes Waldgelände, auf der Chaussee amerikanische Lastwagen, am Rand Stahlhelme, Kanonen und Flakgeschütze, die nutzlos gewordenen Werkzeuge dieses Krieges. Trafen viele Landser, die zu Fuß unterwegs waren. Drei wollten nach Berlin. Teilten, soweit es reichte, unser Brot mit ihnen. Drangen nach längerer Verhandlung mit Negerwachen in das ausgestorben wirkende Günzburg ein und gelangten mit Hilfe eines Security-Sergeant bis kurz vor die Tore des Gewaltigen. Immer wieder trugen wir in unserem schlechten Englisch vor, weswegen wir gekommen waren. Dann hieß es, wir müßten zwei Stunden warten. Standen ratlos auf der verödeten Straße, bis zwei Soldaten, die uns schon vorher behilflich gewesen waren, uns aufforderten, in ihr Hotel zu kommen, dort könnten wir uns in die Halle setzen. Wir gingen also mit. Ein paar Minuten Konversation, dann beugte sich der eine zu mir vor und machte eindeutige Vorschläge. In Sekundenschnelle standen wir wieder auf der Straße, ich war außer mir vor Wut. Wie hatten wir aber auch so naiv sein können? Bärchen, immer die Klügere, lachte herzlich.

Schließlich waren die zwei Stunden um, und wir gelangten vor den Kommandanten, Captain Herrell, einen gut genährten, gut gepflegten, nicht mehr jungen Mann. Wir baten ihn um einen Ausweis für Gräfin Üxküll, erzählten von den verschleppten Kindern Stauffenbergs, fragten, ob es ihm möglich wäre, die Tante in einem Rot-Kreuz-Auto nach Bad Sachsa zu schicken. Ohne uns einen Stuhl anzubieten, hörte er uns mißtrauisch an, der Name Stauffenberg sagte ihm nichts, und erst nach längerer Verhandlung ließ er sich endlich herbei, uns einen Passierschein nach Augsburg auszustellen. Mehr war nicht zu erreichen, und auch dem ging eine Art Verhör voraus. «First I will see if you are good Germans.» Damit schlug er ein Buch auf und stellte uns viele Fragen. Ob wir in der Partei, in der NS-Frauenschaft, in dieser oder der oder jener Organisation gewesen seien? Ich wußte gar nicht, daß es so viele gab, wie er aufzählte. Kam mir vor wie auf der Gestapo. Nach einer Weile stellte sich offenbar heraus, daß wir «good Germans» gewesen waren. Zumal der Dolmetscher Onkel Siegfried gekannt hatte.

Merkwürdiges Gefühl, so klassifiziert zu werden. Mir liegt nicht das geringste daran, in deren Augen eine «gute Deutsche» gewesen zu sein. Sie können doch nicht rückwirkend den Grad unserer Gutartigkeit oder Bosheit wie mit einem Thermometer messen!

Kaum waren wir wieder draußen, hielten vor einem Bombentrichter einige Lastwagen mit deutschen Gefangenen. Fahle Gestalten. Halb verdurstet. Die Bevölkerung brachte Eimer mit Wasser an, wir halfen eine Kette bilden, reichten auch Brote hinauf und nahmen Adressenzettel in Empfang. Die beiden Kavaliere vom Vormittag kamen die Straße heruntergeschlendert und beobachteten uns dabei. «Das ist streng verboten!» fuhren sie uns an. Bärchen bekam einen ihrer Zornesausbrüche, die selbst geharnischte Männer in Schrecken versetzten. «Wir tun nichts Unrechtes», schrie sie, «das ist unsere Pflicht.» In solchen Augenblicken sieht sie aus wie eine Raubkatze kurz vor dem Absprung.

So also ist die Niederlage. Hatten sie uns unbedachterweise anders vorgestellt, das heißt, eigentlich gar nicht vorgestellt. Alles, alles mußte besser sein als Hitler. Aber Befreiung? Seltsames Wort.

Mitternacht. Ab jetzt tritt die bedingungslose Kapitulation in Kraft.[1] Überall in der Welt Siegeshymnen und Glockengeläute, Feiern und Jubel. Und wir? Bärchen hat heute abend gekocht, ich habe gebügelt, Bürklin hat die Erde um die Obstbäume umgegraben. Wir haben den Krieg verloren. Aber wenn wir ihn gewonnen hätten, wäre alles noch viel grauenvoller.[2]

1 Die bedingungslose Kapitulation wurde am 7. Mai 1945 im US-Hauptquartier in Reims, am 9. Mai im Hauptquartier der Sowjets in Berlin-Karlshorst unterzeichnet und trat offiziell mit Beginn des 9. Mai in Kraft. 2 Im Tagebuch heißt es: «Morgen ist ‹victory day› bei den andern. Natürlich bei den andern. Warum müssen wir immer den Krieg

verlieren... Wenn wir den Krieg gewonnen hätten... Beides gleich schaurig. Der ewig deutsche Zwiespalt!»

10. Mai 1945

Heute vor fünf Jahren erschien eine Freundin an unserem Frühstückstisch – Klaus und Jürgen waren gerade auf Urlaub – und brachte die Nachricht, daß die deutschen Truppen in Holland und Belgien einmarschiert seien.[1] Mich überfiel die Angst. Sechs Wochen später war Frankreich besiegt.[2] Damals lebten, bis auf Aschmann, noch alle meine Freunde. Unsere Wohnung stand noch.

In der Kirche den einen Sohn Stauffenbergs gesehen, der aus dem KZ zurückgekommen ist. Wie er da auf der Familienempore stand, mußte ich an die anderen denken, die nun nicht mehr wiederkommen. Die gefoltert, erschossen, aufgehängt wurden, die sich aus dem Fenster stürzten, sich erschossen, vergifteten, die in den KZs verhungerten. Ihr Tod muß einen Sinn haben! Aber waren sie nach der Auffassung des Günzburger Captains alle «gute Deutsche»? Sicherlich nicht. Fragten wir denn, ob einer das Abzeichen hatte oder nicht? Wichtig war doch nur, ob er bereit war, gegen Hitler zu sein.[3]

1 Mit dem Überfall auf das neutrale Belgien und die Niederlande am 10. Mai 1940 hatte die deutsche Wehrmacht auf dem Vormarsch nach Frankreich den Hauptteil der französischen «Maginot-Linie» umgangen. 2 Im Tagebuch heißt es: «6 Wochen später war Frankreich besiegt – und jetzt muß man sich vor jedem gaullistischen Angeber fürchten, daß er einem nicht die Ringe vom Finger zieht.» 3 Im Tagebuch heißt es: «Aber wenn jemand nicht umsonst gestorben ist, dann gewiß diese Leute vom 20. Juli. Und dann mußte ich an den Captain in Günzburg denken, diesen Boschen [!] mit Siegerallüren, der einen fragt, ob man ‹gut› gewesen wäre! Als ob diese Leute auch nur einen blassen Schimmer von der deutschen Tragödie haben. Diese nichtsahnenden Materialisten. Oh, man wird sie bald hassen lernen, aber lieber den äußeren Feind hassen als den eigenen Feind im Innern. Markwart Stauffenberg [Cousin der Brüder Stauffenberg], den die Amerikaner voller anfänglichem Interesse behandelten, wurde im Vorzimmer eines Mayors vom Korps bereits bestohlen, und als er sich weigerte, NS-Namen zu denunzieren, verlor sich jäh die amerikanische Höflichkeit. Als ob man nun mit NS-Manieren sich sein Leben günstiger gestalten sollte, das wäre ja widerlich. Worin würden wir uns dann

von denen unterscheiden, die wir 13 Jahre gehaßt und bekämpft haben.»

15. Mai 1945

Heute letzter Tag mit Bürklin. Morgen soll er sich auf den Weg machen. Habe das Gefühl, daß es so richtig ist. Wir machten gestern per Rad eine Probefahrt nach Offingen, an den Donauübergang. Waren von unbeschwerter Heiterkeit, radelten durch die liebliche Landschaft und sprachen nicht von der Zukunft.

16. Mai 1945

Nun ist er fort. Begleitete ihn früh um sechs Uhr nach Offingen. Unsentimentaler Abschied. Sah ihm noch nach, wie er, neben seinem hochgepackten Rad stehend, auf der Fähre langsam über die Donau glitt, in eine recht ungewisse Zukunft. Zunächst wird er versuchen, seine Frau heimlich aufzusuchen, dann unter falschem Namen irgendwo als Flüchtling untertauchen. Die Generalstäbler werden am meisten gesucht.[1]

Wohne nun in Christa Doymis Zimmer, beim Doktor. Es hat einen Schafwollteppich und ist ungemein behaglich.[2]

1 Ehemalige Offiziere des Generalstabs mußten nach dem Besatzungsrecht mit «automatic arrest» rechnen. Die Bekämpfung des Militarismus war einer der Leitgedanken der Alliierten. Zudem wollten die Westmächte nicht riskieren, daß die ehemaligen Berufssoldaten mit ihrem Wissen und ihrer Erfahrung den Sowjets in die Hände fielen.
2 Im Tagebuch unter diesem Datum folgt auf die Schilderung eines Traums: «Ich empfand wieder dieses grausige und vollkommen leersaugende Gefühl der Angst vor der Gestapo, das ich mit Worten überhaupt nicht beschreiben kann, und da kam mir plötzlich die erlösende Erleuchtung: Es ist ja vorbei, Hitler ist tot, es gibt keine SS mehr. Dies hemmungslose, flutende Glücksgefühl, mit dem ich zu Eberhard sprach. [...] Der Krieg ist aus, die Nazis wie im 73. Psalm weggeschwemmt, zusammengebrochen, schon so vergangen, daß sie kaum noch interessieren.»

Pfingstsonnabend 1945

Heute, Bärchen und ich hatten uns gerade in einer alten Käsebüchse etwas Leberwurst gebraten, stellten wir Radio Luxemburg an. Erst harmlose Musik – und dann lief es uns kalt über den Rücken: ein Bericht darüber, wie ein Kameramann die Vollstreckung des Urteils an den Offizieren vom 20. Juli filmen mußte. Man hat sie nicht erhängt, sondern langsam erdrosselt, dann an Fleischerhaken aufgehängt. Diesen Film soll sich Hitler – für den das Wort noch nicht gefunden ist – mehrmals haben vorführen lassen.[1] Wir konnten keinen Bissen mehr hinunterbringen, flüchteten in die Kirche, die schon pfingstlich geschmückt war.

Gott – gibt es denn einen Gott, der so etwas duldet? Das alles soll nach seinem Willen geschehen? Vielleicht ist er nur eine Stütze, die sich das schwache, menschliche Gehirn errichtet – man muß wohl sehr alt und sehr weise werden, um an den «gütigen» Gott glauben zu können.

1 Die Verurteilten waren an Seilen, die an Fleischerhaken befestigt waren, qualvoll erdrosselt worden. Hitler ließ die Hinrichtung filmen und sich die Aufnahmen gleich anschließend im Führerhauptquartier vorführen.

20. Mai 1945

Bärchen und ich kommen uns sehr allein vor. Manchmal sehen wir vom Wald aus die Güterzüge voll winkender und singender Russen – ehemalige Gefangene, die jetzt heimgefahren werden. Für uns fährt keine Bahn.

22. Mai 1945

Auch der Mai ist nun bald zu Ende. Wir langweilen uns. Bärchen und ich spielten auf unserem Spaziergang mit Margeriten das alte Spiel: er liebt mich und so fort – für beide endete es mit «fast gar nicht». Triste auch der Anblick unserer «Berlinerin», einer höchst komischen, undefinierbaren Person, mit der wir uns aus Heimweh angefreundet haben. Sie ging in einem selbstgenähten Dirndl aus Gardinenstoff einher, die rote Schürze war aus einer alten Hakenkreuzfahne fabriziert. Das einzige, was sie gerettet hat, ist ein riesiger Wolfshund. Sie hat kein Geld mehr, ihr Mann ist in Berlin. Diesem Berlin, das für uns alle in unerreichbarer Ferne liegt. Wie mag es jetzt dort aussehen?[1]

1 Im Tagebuch folgt an dieser Stelle: «Nur ganz spärliche und billige Propaganda dringt über die Sowjetsender [aus Berlin] hierher. Die Alliierten scheinen alles einzustecken, was ihnen Stalin bietet, sie haben jetzt auch schon auf eine gemeinsame Besatzung verzichtet. Grausig. [Hasso von] Etzdorf sagte damals: ‹Sie werden die Sowjets erst die grobe Arbeit tun lassen.› – Nun lassen sie sie alles tun. Herrgott, was mag aus der geliebten Stadt und den vielen Freunden dort geworden sein! Wenn ich an meine herrliche Portiersloge denke [...] Es gibt nur eine Hoffnung, daß die Spannung zwischen Sowjets und den Alliierten so zunimmt (Triest), daß bald ein Krieg kommt. [Über den Status der Stadtregion von Triest war zu dieser Zeit ein Ost-West-Konflikt entbrannt. Anm. Hrsg.] Ein Wunschtraum, unsere Soldaten mit ihrer Erfahrung und amerikanischer Ausrüstung und englische Luftwaffe! Das wäre wohl ein Ziel, ich würde sofort mitmachen, als was auch immer, denn diese rote Pest mitten in Deutschland ist zu gefährlich. Grotesk, daß man 2 Wochen nach Beendigung dieses schaurigen Krieges schon wieder einen neuen herbeisehnt – direkt. Hätte ich nie für möglich gehalten. Aber man hat auch gar nicht das Gefühl von einer Art Ruhe, es schwelt so unruhig weiter, man wagt nicht aufzuatmen. Jetzt, wo meine größten Feinde, die ich mehr als alles in der Welt gehaßt habe, die Nazis, vernichtet sind, möchte ich die nächsten, die Sowjets, auch geschlagen wissen. Vielleicht doch die Weisheit Gottes, daß er Hitler und Stalin, die Brüder im Geiste, gegeneinander kämpfen und sich schwächen ließ. Zusammen wären sie mit ihren Massen-Polizei-Staaten die Herrscher der Welt geworden. Das sollte nicht sein. Aber vielleicht ist der Sozialismus, die Masse, doch das Künftige, und wir erleben nur die letzten Zuckungen der westlichen Kulturwelt. Europa! Wird es untergehen? Oh Spengler!»

25. Mai 1945

Bärchen und ich haben uns ab übermorgen als Stallmägde bei einer Molkerei verdingt, der die polnische Arbeiterin fortgelaufen ist.[1] Das heißt um sechs Uhr anfangen. Allmählich geht uns auf, wie schwer die Landarbeit ist, von der wir Städter keine Ahnung haben. Erst wenn man mit Bauern lebt, lernt man das.

Himmler ist tot. Zyankali, der englische Arzt konnte es nicht mehr verhindern. Die Leute vom 20. Juli starben nicht so leicht. Mit Abscheu hörte ich von seinem Ende. Alle hat sie das Schicksal ereilt. Aber ich kann sie nun nicht mehr hassen.[2]

1 Die meisten der ausländischen Zwangsarbeiter kehrten wieder in ihre Herkunftsländer zurück. Einige von ihnen blieben zunächst oder dauerhaft in Deutschland. Für diese «displaced persons» wurden eigene Lager eingerichtet. 2 Heinrich Himmler, der bei dem Versuch, in Verkleidung zu entkommen, von einer Militärpatrouille aufgegriffen worden war, tötete sich am 23. Mai 1945 in britischer Gefangenschaft, indem er auf eine im Mund verborgene Giftkapsel biß. Im Tagebuch heißt es: «Himmler ist tot. Mit Abscheu, so wie man eine Spinne zertritt und mit dem Fuß wegstößt, hörte ich von seinem Ende. Zyankali, im englischen Hauptquartier, der Arzt konnte es nicht verhindern. 15 Minuten Todeskampf. Die Leute vom 20. [Juli] hatten es nicht so gut. Aber nun ist er tot, der Teufel habe ihn unselig, meine Rachegelüste sind gelöscht, denn alle hat sie ihr Schicksal ereilt.»

27. Mai 1945

Unser Kuhstall-Job war von kurzer Dauer. Sollten Kühe und Stall putzen. Rieben also den Kühen die Hintern und die Beine ab, vermutlich mit mehr Eifer als Geschick. Denn ab und zu hörten wir Kichern: Bauern, die uns beobachteten. Um elf machten wir Brotzeit, bekamen ein Stück Butter und Milch. Kurz darauf erschien ein Kind mit der Botschaft, wir brauchten nicht mehr wiederzukommen, die Polin sei zurückgekehrt. Uns war's nicht unlieb, auch wenn es einer Niederlage glich.

Unsere Berlinerin, die auf unsere Empfehlung hin Putzfrau bei dem amerikanischen Kommandanten geworden ist, verpflegt uns häufig mit Resten aus der amerikanischen Küche. Sie bekommt sie in Eimern, sehr sauber und appetitlich, für ihren Wolfshund, gibt uns davon ab, und wir geben wieder unserem Schützling etwas, dem einundzwanzigjährigen entlassenen Kriegsgefangenen Helmut, der sich nicht nach Hause traut, weil in der französischen Zone alle Männer gefangengenommen werden. Manchmal gibt es auch einen ganzen Eimer Bohnenkaffee. Mußte an eine Karikatur von Th. Th. Heine denken, arme Leute, die bei einem reichen Mopsbesitzer betteln: «Verzeihung, wenn der Herr Hund etwas übrigläßt, dürfen wir das haben?» So weit sind wir gekommen. Aber ich werde auf diese Weise gut und fett und reichlich ernährt.

5. Juni 1945

Die Tage vergehen eintönig. Alles, was um uns herum geschieht, bleibt so nebelhaft, als ob man es gar nicht selbst erlebt. Kein Brief, kein Telefon, keine Nachricht. Anfangs, nach dem Bomben-Berlin, erschien mir das Dorf paradiesisch. Doch jetzt bin ich viel zu ungeduldig, um die Ruhe und das Faulenzerdasein noch zu genießen.

Die einzige Verbindung zur Außenwelt ist der Sender Luxemburg,[1] den ich täglich ergeben anhöre. Die Alliierten bedrohen uns nicht mehr mit Bomben, sie sprechen jetzt zu uns im Ton einer Gouvernante, die mit ihrem knöchernen Zeigefinger und der schrillen Altjungfernstimme an unseren Nerven zerrt. Man hat das Gefühl, in einer Schulklasse zu sitzen und unentwegt Standpauken zu bekommen, worauf selbst der gutartigste Schüler in kurzer Zeit mit Verstocktheit reagieren muß.

Sie reden von der Umerziehung zur freien Demokratie[2] und wollen uns in jeden Suppentopf gucken, sie reden von Ausrottung des Militarismus, dabei werden ringsum neue Armeen aufgestellt. Holland, die Tschechen, die Polen. Sie halten uns mit Recht Intoleranz vor, aber in Frankreich gibt es einen chauvinistischen Prozeß nach dem anderen. Die befreiten Länder gebärden sich nationalistischer als je zuvor. Möglich, daß wir, die eigentlich durch Hitler davon geheilt sein müßten, eines Tages das europäische Ferment bilden, falls nicht allzu großes Elend den Nationalismus bei uns wieder neue, giftige Blüten treiben läßt. Doch was verlange ich schon, vier Wochen nach Kriegsende.

1 Seit der Eroberung des Großherzogtums durch die Alliierten im September 1944 strahlte der «Freie Sender Luxemburg» unter der Leitung des Exil-Journalisten Hans Habe ein deutschsprachiges Programm aus.

2 Das umfassende «reeducation»-Programm der Alliierten verfolgte das Ziel, demokratisch-rechtsstaatliches Gedankengut im Bewußtsein der deutschen Bevölkerung zu verankern und die NS-Ideologie auszurotten. Die von schonsamer Aufklärung bis zur Schocktherapie reichenden «Erziehungsmethoden» erzielten neben unbestreitbaren Erfolgen oft auch die gegenteilige Wirkung: trotzige Abwehrhaltung.

6. Juni 1945

Die Welt feiert heute den Tag, an dem die Invasion begann. Und doch hat es noch fast ein Jahr gedauert, bis das Ende da war. Bärchen und ich haben diesen Tag symbolisch begangen. Wuschen bei unserer Berlinerin den ganzen Tag amerikanische Wäsche. Im Hof des Schulhauses, in dem auch das Massenquartier für Flüchtlinge ist. Waschfrauen der Putzfrau der Amerikaner. Neben uns wühlten Batschka-Deutsche[1] in Stoffresten vom «Volksopfer».[2] Kleine, dürre Kinder, Geschwüre an den Beinen, spielten selig mit fürchterlichen Hüten und umgehängten Muffs. Dazu flatterte die Khakiwäsche im Winde, und wir tranken Bohnenkaffee.

1 Batschka-Deutsche – Deutschstämmige Flüchtlinge aus der Batschka, einer Region in Jugoslawien nahe der ungarischen Grenze. Insgesamt kamen bei Kriegsende knapp 300 000 Vertriebene und Flüchtlinge aus Jugoslawien nach Deutschland. 2 Als «Volksopfer» war die Abgabe von Ausrüstungsgegenständen für die Wehrmacht, wie Zeltbahnen, Schuhe, Kochgeschirr oder Rucksäcke, deklariert worden, zu der die NS-Führung die Bevölkerung im Januar 1945 aufgerufen hatte.

11. Juni 1945

Im Bügeln von Uniformhemden bin ich jetzt allmählich perfekt. Unser Putzfrauen-Essen war heute vorzüglich. Fleisch, grüner Salat und hinterher ein Schokoladenpudding, wie ich ihn seit Jahren nicht gegessen habe.

Die Russen wollen halb Deutschland schlucken: Weimar, Leipzig, Dresden. Rußland über uns – alles, was man am Nazismus gehaßt hat, würde dann wieder von vorn anfangen. Stalin als Menschheitsbeglücker. Wenn doch bloß die Menschheitsbeglücker, die nur Elend bringen, einmal aussterben würden.[1]

Gestern Krach bekommen mit einer typischen Nazitante, einer Flüchtlingsfrau. Sie regte sich auf, daß Bärchen und ich Wäsche der Amerikaner waschen: «Das ist doch der Feind, die können sich doch allein ihre Wäsche waschen.» Wieso vergebe ich mir etwas, wenn ich diese Arbeit tue, noch dazu ohne daß die Amerikaner es merken? Die Frau sagte, wenn alle so wie die Jettinger gewesen wären, vielleicht auch die Bevölkerung von Aachen, so freundlich und ohne Widerstand, «ja, stellen Sie sich doch einmal vor, dann wäre der Feind ja noch schneller gekommen, vielleicht schon im vorigen Herbst.» «Ja», sagte ich, «das wäre allerdings furchtbar, dann wären noch zirka eine Million Deutsche mehr am Leben und ein Dutzend Städte weniger zerstört.» Das mußte sie, etwas verblüfft, zugeben. Die KZ-Greuel, die ihr nun täglich serviert werden, glaubt sie einfach nicht: «Die lügen doch so viel.» Man sollte solche Toren tatsächlich einmal fünf Wochen nach Dachau schicken und dort einsperren.[2] Aber auch dann würden sie wohl nicht glauben, daß Deutsche so etwas gemacht haben. Das sind die Momente, in denen ich denke, vielleicht ist es gut, daß das Attentat am 20. Juli gescheitert ist. Denn diese Idioten hätten immer gesagt: «Ja, wenn Hitler noch gelebt hätte, wäre uns das nicht passiert.»

Die amerikanischen Soldaten rufen uns auf der Straße zu: «We would like to talk to you, but we are not allowed. Eisenhower said so.» Fraternisierungsverbot.[3] Eine neue Vokabel.

1 Der Rückzug der anglo-amerikanischen Truppen aus Sachsen, Thüringen und Mecklenburg mochte der nicht-eingeweihten Bevölkerung wie eine Kapitulation vor der Sowjetunion erschienen sein. Er entsprach allerdings der alliierten Vereinbarung über die vier Besatzungszonen, die offiziell am 5. Juni 1945 in Kraft trat. Im Tagebuch heißt es: «Indessen wollen die Russen ja halb Deutschland schlucken – Weimar, Leipzig usw. Ein unhaltbarer Zustand, der früher oder später Krieg herbeiführen muß, trotz der mir absolut kindlich und utopisch erscheinenden Weltsicherheitsliga [die unmittelbar vor der Gründung (26. Juni 1945) stehende UNO; Anm. Hrsg.] 2 Dachau, eines der ersten NS-Konzentrationslager, wurde nach der Befreiung in ein Internierungslager der amerikanischen Besatzungsmacht umfunktioniert. In dem Lager wurden bis 1948 vorwiegend ehemalige KZ-Aufseher, Angehörige der Sicherheitspolizei und Kriegsverbrecher interniert. 3 Amerikanische und britische Soldaten waren strikt angewiesen, jeden Kontakt mit der deutschen Zivilbevölkerung zu vermeiden. Sie durften nicht einmal auf Grüße reagieren oder mit Kindern spielen. Damit sollte zum Ausdruck kommen, daß die Deutschen nun besiegt und schuld am Krieg seien. In der Praxis wurde dieses Gebot der «non-fraternization» meist stillschweigend umgangen, bis es schließlich ganz aufgehoben wurde.

22. Juni 1945

Heute vor vier Jahren begann der Krieg gegen Rußland und damit unser aller Verhängnis. Eben im Radio Montgomery:[1] «Der deutsche Generalstab wird außerhalb des Landes in aufgeteilten, isolierten Gruppen sein Leben lang gefangengehalten.» Ich dachte an Bürklin, und mir wurde schlecht.[2]

Gestern waren wir mit einem Lastkraftwagen in Augsburg, eine Breslauerin besuchen. Die Stadt ist schauerlich. Man hat auf dem Dorf ganz vergessen, wie zerstörte Städte aussehen und riechen. Wie elend die Bevölkerung, ausgezehrt, grau, alt. Kann jetzt ermessen, wie gut ich es habe. Die sanft geschwungene Landschaft, die gute Luft und das «Hundeessen». Wenn man nur Nachricht von den Allernächsten hätte.

1 Feldmarschall Bernard Law Montgomery war Oberbefehlshaber der britischen Besatzungstruppen in Deutschland. Sein Name steht hier für das Rundfunkprogramm von *Radio Hamburg*, dem Sender der britischen Zone. 2 Im Tagebuch folgt an dieser Stelle: «In der Welt scheint allmählich ein Haß und zugleich ein fast dämonischer Mythos vom Generalstab auszubrechen, der gar nicht mehr aus den Gehirnen herauszubekommen sein wird. Ich gebe zu, in vielem ist der Generalstab schuldig – sehr schuldig. Im Mitansehen und Dulden der Greuel in Rußland usw. Aber eins ist klar, weder waren sie am Kriegsausbruch überhaupt schuldig noch am Krieg mit Rußland. Niemand warnte mehr vor dem Krieg gegen Frankreich zum Beispiel als gerade sie – allerdings behielt Hitler *gegen* ihre Einwände recht, es ging schnell und einfach – und so hatten sie natürlich keine Resistenz gegen seine russischen Ideen. Es stimmt, sie waren ehrgeizig (sonst wären sie nicht im Generalstab gewesen), sie ließen sich beschenken, und viele von ihnen hatten keinerlei Zivilcourage. Andererseits sollte man ja wohl kaum vergessen, daß die meisten 20.-Juli-Leute eben Generalstäbler waren, man sollte nicht vergessen, daß die schärfsten Gegner Hitlers gerade dort saßen, man sollte auch Namen wie Hammerstein, Beck, Fritsch, Stauffenberg weiß Gott erinnern.»

25. Juni 1945

Ich pauke Englisch. Schreibe Briefe an einen eingebildeten Geliebten, in denen ich mich mit allen Problemen auf englisch auseinandersetze. Hatte einen Amerikaner aufgetan, dem ich Deutsch und der mir dafür Englisch beibringen sollte. Aber da er nur wissen wollte, was «love» auf deutsch hieße und nur von «fraternization» sprach, merkte ich bald, wohin der Hase lief. Und nachdem ich weder seine Zigaretten wollte noch seine Schokolade, erschien er bereits zur zweiten Stunde nicht mehr.

Neulich kam ein ganzer Omnibus mit Priestern aus Dachau durch.[1] Sie zeigten Schreckensfotos von Leichenbergen aus dem KZ. Aber die Leute hier, die diese Aufnahmen sahen, sagten, das seien in Wirklichkeit Bilder vom Angriff auf Dresden. Das sind die Früchte der Goebbels-Propaganda. Dieses Volk wird nun nichts mehr glauben, gegen alles und jeden mißtrauisch sein.

1 Im Konzentrationslager Dachau waren seit 1940 schwerpunktmäßig Geistliche verschiedener Nationen inhaftiert. Die meisten der rund 2700 gefangenen Priester kamen aus Polen.

28. Juni 1945

Heute bekam ich meinen ersten Brief seit der Besatzung, zwar nicht durch die Post, sondern mit einem Boten. Eine Kusine von Bürklin erschien und brachte ihn. Er ist gut angekommen, innerhalb von vier Tagen. Zu Hause traf er nur den Sohn, seine Frau war gerade mit schwerem Typhus nach Heidelberg geschafft worden. Er selbst mußte sich schleunigst wieder verdrücken.

Hier wird behauptet, die Russen verlangten auch noch Bayern! Schon löst die neue Angst die alte ab. Die Standardisierung wird kommen, wir werden alle Roboter werden, eine graue Masse. Der individuelle Mensch wird nicht existieren können, an seine Stelle das genormte Arbeitstier treten. Das Antlitz unseres Jahrhunderts, wird es Stalins Züge tragen?[1]

1 Im Tagebuch heißt es unter dem 30. Juni 1945: «Ich habe schon seit einiger Zeit ein grauenhaftes Gefühl, als ob der Krieg bald wieder los geht, oder die Russen einfach so, ohne Krieg, uns ganz überschwemmen. Sie sind jetzt an der bayerischen Grenze, sie haben beinahe zwei Drittel Deutschlands, warum sollen sie vor dem letzten Drittel noch haltmachen? Wir, entwaffnet wie wir sind, und ohne Männer, können sie gewiß nicht aufhalten. Und die paar Armeen englischer und amerikanischer Soldaten sind ihnen in keiner Weise gewachsen. Die ahnen ja gar nicht, was ein harter Krieg heißt. Es ist unheimlich, in Norwegen, Frankreich, England, Italien, überall hat die kommunistische Partei die Weisung, mit der sozialistischen zusammenzugehen. Die Tschechei

wird, wie ich eben auf englisch höre, anscheinend mit der Ukraine vereinigt, Polen hat von 21 Regierungsmitgliedern 16 Moskau-Bestimmte, die Einigung ist mehr als durchsichtig. Auch in Berlin dasselbe Prinzip, Kommunisten und Sozialdemokraten ziehen am selben Moskauer Strick. Welches Interesse hat Amerika wirklich in Europa? Gar keines, Japan – man rechnet noch mit mindestens einem Jahr hartem Krieg – liegt ihnen weiß Gott näher. In Frankreich steigen die Kommunisten in manchen Provinzen um das 3fache. England – das letzte wirklich konservative Land, ist immerhin eine Insel. [...] Churchill ist der letzte Strohhalm für den abendländischen Gedanken. Aber kann ein Mann eine Weltentwicklung aufhalten? [...] Das Antlitz unseres Jahrhunderts wird Stalins Gesichtszüge tragen. Das Jahrhundert, in dem ausgerechnet ich geboren bin. Mit meinem Hang zur Freiheit und zu ein bißchen Wohlleben. ‹Darauf wird das Jahrhundert keine Rücksicht nehmen›, sagt Bärchen, womit sie recht hat.»

2. Juli 1945

Wir erlebten heute eine Tragikomödie. Helmut, unser junger Soldat, der mich mit seinem hohen Wuchs und seiner Anmut ein wenig an Jürgen erinnert, kam zu uns mit der Botschaft, er habe in einem verlassenen Heuschober Schiebergut entdeckt, in einer Tonne sei Olivenöl. Bärchen und ich waren begeistert, organisierten eine Kanne, in die er etwas abzapfen sollte, und warteten gespannt. Als er bald darauf die volle Kanne anbrachte, tauchte Bärchen gleich den Finger hinein und kostete: «Herrlich, typisches Olivenöl. Das schmeckt man sofort.» Helmut erzählte, daß noch viele Tonnen in dem Heuschober lägen, wenn in allen Olivenöl sei, wären es mindestens tausend Liter. Bärchen behauptete, ganze Waggons wären aus Italien verschoben worden. Sie sah den nächsten Winter für uns gesichert. «Und davon kann Helmut sogar studieren», meinte sie. Wir organisierten zehn leere Weinflaschen und begannen, langsam das kostbare Öl umzufüllen. Aber es war merkwürdig dick. Deshalb stellte ich die große Kanne eine Weile auf meine Kochplatte. Nach einiger Zeit verbreitete sich ein seltsamer Werkstattgeruch, und schließlich, wir hatten schon fünf Flaschen abgefüllt, merkten wir: es war Maschinenöl. Verbissen füllten wir weiter ab. Das Öl lief über, tropfte und fettete durch, es stank wie die Pest. Den Rest gossen wir in das Klosett, das daraufhin verstopfte. Bärchen wurde grüngelb, als ihr der abgeschleckte Ölfinger wieder einfiel. Wir brauchten drei Stunden, um alle Spuren zu beseitigen, Kanne, Teller und Tassen mit Sand zu reinigen. Schon war der Öltraum ausgeträumt.

9. Juli 1945

In dieser Woche hatte ich an drei Abenden Gelegenheit, mich mit Amerikanern zu unterhalten: einem Major, einem Sergeanten und dem Jettinger Captain, einem Fabrikdirektor von Beruf. Ein bißchen primitiv erschienen sie mir alle. Man fühlte sich in ihrer Gegenwart plötzlich beladen mit der Last von Jahrhunderten, kommt sich uralt und zwiespältig vor, wie sich außer uns wohl nur noch die Juden fühlen mögen.[1] Wie ähneln sich die Deutschen und die Juden. Las bei Thomas Mann: «In der Absonderung des Deutschen war immer viel Sehnsucht nach Gesellschaft, und der tiefste Grund für seine Einsamkeit, die ihn schlecht machte, war stets der Wunsch, zu lieben und geliebt zu werden. Und der Gnade, deren Deutschland so bitter bedarf, meine Freunde, wie sehr bedürfen wir ihrer alle.»[2]

Zur Zeit darf niemand Schwaben verlassen, weil die Zonen noch nicht festgelegt sind.[3]

1 Im Tagebuch folgt an dieser Stelle: «[...] und doch – obwohl man so zerschlagen ist wie noch nie ein Volk – unendlich überlegen. In jeder Hinsicht.» 2 Schluß von Thomas Manns Rede «Deutschland und die Deutschen» (nicht wörtlich, möglicherweise aus dem Englischen übersetzt). 3 Die Grenzen der Besatzungszonen wurden am 26. Juli 1945 im Zonenprotokoll der Europäischen Beratenden Kommission (EAC) endgültig festgelegt.

15. Juli 1945

Morgen wird Stalin in Potsdam erwartet. Ich schreibe das so einfach hin: Stalin in Potsdam. Churchill und Truman kommen dazu. Im Schloß Cecilienhof werden sie tagen.[1] Mir ist klar, daß von diesem Treffen unser aller Schicksal abhängt. Geht es schief, gibt es wieder Krieg.

Wie alle Völker, die besiegt sind, scheinen wir allmählich wieder Sympathien zu gewinnen. Das zeigt die gestrige Aufhebung der «non-fraternization», mit der die Alliierten sich eigentlich recht lächerlich gemacht hatten. Dazu die merklich veränderte Sprache im Londoner BBC-Sender.

1 Auf der Konferenz von Potsdam von 17. Juli bis 2. August 1945 vereinbarten die Staatschefs und Außenminister der USA, UdSSR und Großbritanniens die Grundlagen für die politische und wirtschaftliche Weiterentwicklung Deutschlands. Entnazifizierung, Demilitarisierung und Dezentralisierung waren dabei die Schlüsselbegriffe. Die Ostgebiete jenseits der Oder-Neiße-Linie wurden unter polnische, ein Teil Ostpreußens unter sowjetische Verwaltung gestellt, die Vertreibung der dort ansässigen Deutschen wurde sanktioniert. Die vierte Besatzungsmacht Frankreich stimmte dem Potsdamer Abkommen nachträglich zu.

18. Juli 1945

Die drei sitzen in Potsdam wie die Nornen. Nun wird sich entscheiden, ob man noch in Europa existieren kann oder versuchen muß, als Flüchtling wer weiß wo sein Leben zu verbringen. Ein Jahr ist seit dem Versuch vom 20. Juli vergangen. Ein Jahr voll Blut und Elend, das vielleicht hätte verhindert werden können. Aber unser Volk mußte die Suppe auslöffeln. Und schließlich war es wohl gut so.

24. Juli 1945

Eben im englischen Rundfunk eine lange Sendung über den 20. Juli gehört, untermalt von Beethovens Fünfter Sinfonie, was meine Erregung steigerte. Die Sendung, von Hugh Carleton Greene,[1] war sehr fair, besser hätte es niemand machen können. Halem hätte über ein Jahr standhaft allen Befragungen und Folterungen widerstanden, bis er 1944 vor den Volksgerichtshof gekommen sei. So ist er wohl tot. Dann rollte noch einmal das ganze Drama ab. Stunden danach konnte ich noch mit keinem Menschen reden. Dies war die erste Rechtfertigung in unserem Sinne. Sie sind also damals wirklich nicht umsonst gestorben.[2]

1 Hugh Carleton Greene, bis 1939 Pressekorrespondent in Berlin, hatte als Nachrichtenoffizier, Direktor des deutschsprachigen BBC-Programms und später als Medien-Kontrolloffizier der britischen Zone wesentlichen Einfluß auf die Meinungsbildung und Medienentwick-

lung in Deutschland. Die Gründung und Organisation des *Nordwestdeutschen Rundfunks* geht auf seine Initiative zurück. 2 Im Tagebuch folgt an dieser Stelle: «[Die Generäle] Guderian, Kluge, Rundstedt, Fromm spielten die miese Rolle der Halb-Entschlossenen. Witzleben, Hammerstein, Beck vor allem, Leber, Goerdeler, Hassell prima. Es ergriff mich so, daß ich wie im Fieber war, konnte mich Stunden danach noch nicht beruhigen. Haeften, Stauffenberg!»

28. Juli 1945

Churchill ist mit überwältigender Mehrheit gestürzt worden. Wer hätte das gedacht.[1]

1 Nach der Bekanntgabe der vernichtenden Niederlage bei den Unterhauswahlen trat Winston Churchill am 26. Juli 1945 als Premierminister zurück. Sein Nachfolger, der *Labour*-Politiker Clement Attlee, nahm auf der Potsdamer Konferenz seinen Platz ein. Im Tagebuch folgt an dieser Stelle: «Immer war meine Rede: Wenn bloß Churchill nichts passiert, dem letzten Kämpfer für das konservative Element in der Welt, dem letzten Europäer. Aber obwohl er England in bedrohlicher Zeit zum Sieg geführt hat, haben sie genau 5 Wochen später die Schnauze schon voll – stürzen ihn einfach. Roosevelt, Mussolini, Hitler tot, Churchill abgesetzt, was bleibt? Eisern, ewig, bedrohlich, grauenhaft: Stalin! Wie nun der sowjetfreundliche Arbeiter-Parteiler Attlee mit ihm fertig werden soll? Wohl doch nur auf unserem Rücken. Sollte nun unser Schicksal besiegelt sein?»

29. Juli 1945

Heute waren Bärchen und ich auf geliehenen Rädern nach Röfingen unterwegs, zu dem katholischen Priester, bei dem ich Unterricht nehme, als uns ein abgerissener Soldat entgegenradelte. Bärchen schrie auf, sprang vom Rad, warf es hin und fiel ihm um den Hals. Es war ihr Schwager, auf der Suche nach ihr. Diesmal der richtige. Dienstag will sie nun mit ihm nach Eschwege trampen und später nach Berlin. Es zieht sie zurück zu ihrer Familie.

30. Juli 1945

Wir sahen eine Demonstration der göttlichen Gerechtigkeit. Bärchen und ich fuhren in einem Lkw, von Augsburg kommend, die Autobahn entlang und überholten eine englische Militärkolonne. Hinten auf die Wagen waren Zionsterne[1] gemalt. Anscheinend war es eine jüdische Division.[2] Und während diese Soldaten in der Uniform des Siegers auf der einen Seite fuhren, sausten auf der anderen offene Lkws mit deutschen Kriegsgefangenen vorbei. Bleich, grau, zerrissene Uniformen ohne Abzeichen, Hungerfurchen im Gesicht. Ich dachte zurück: Kurfürstendamm vor drei Jahren, ordensgeschmückte Offiziere, stramme deutsche Soldaten, unkompliziert und naiv. In den Nebenstraßen die gebückten, bleichen Juden, auf Befehl einer unmenschlichen Führung der Verachtung preisgegeben, gekennzeichnet mit demselben Stern, den ich nun als Ehrenzeichen auf den englischen Lkws sah.

Wir hatten uns auf einen Anruf hin bei der «Augsburger Zeitung» gemeldet.[3] Kamen dort zu einem amerikanischen Major und mußten einen grotesken Fragebogen mit 148 Fragen ausfüllen.[4] Unter anderem, wieviel man wiegt, was für Narben man hat, die Farbe der Augen und der Haare, ob und welchen Adelstitel die Vorfahren geführt haben, welcher Religion man angehört, ob man aus der Kirche ausgetreten ist, wieviel man verdient hat, ob man in einem der besetzten Gebiete eine Funktion gehabt hat, ob man verhaftet war. Besonders absurd fand ich die Frage, was man 1933 gewählt hatte. Erstens, weil man bei ihrer Beantwortung mühelos lügen kann, und zweitens, weil ich mir bisher eingebildet hatte, das Wahlgeheimnis gehöre zu den grundlegenden Gesetzen der Demokratie. Überhaupt erschien uns das Ganze so lächerlich, daß wir in eine übermütige Laune gerieten, als wir den Bogen ausfüllten. Früher war es die jüdische, nun ist es offenbar die adlige Großmutter, die einem schaden kann. Und was hat wohl die Farbe meiner Augen mit meiner politischen Gesinnung zu tun? Hinterher unterhielten wir uns noch lange mit dem Major. Er war voller Verständnis.

Bärchen ist ungemein mutig. Gerade sie, die doch eine solche Angst vor den Russen hat, macht sich nun auf zu ihrer Schwester in die russische Zone.

1 Zionstern – Davidstern, das Symbol des Zionismus. 2 Auf seiten der Alliierten kämpften auch jüdische Freiwilligenverbände, die in Palästina rekrutiert wurden. 3 Es handelte sich um einen Aufruf der *Schwäbischen Landeszeitung* in Augsburg, die am 30. Oktober 1945 zum ersten Mal erschien. 4 Bis zum Juli 1946 mußten 1,6 Millionen Deutsche, die wegen ihrer Vergangenheit verdächtig waren oder eine neue Stellung anstrebten, einen Fragebogen für die US-Verwaltung ausfüllen, der 131 Fragen über ihre Tätigkeit im Dritten Reich umfaßte. Die Sanktionen für eine Verstrickung in den NS-Staat reichten von Entlassung und Vermögenseinzug bis zur Einweisung in ein Arbeitslager. Später ging die Entnazifizierung in deutsche Hände über.

1. August 1945

Brachte Bärchen und Schwager an die Autobahn. Schon der zweite Wagen, ein riesiger Lastwagen mit Schweinehäuten, hielt. Im Handumdrehen waren beide oben.

2. August 1945

Kaum war Bärchen fort, erschien Bürklin. Er hat jetzt einen vorzüglichen falschen Ausweis und ist hierher getrampt, weil er seine Uniform ausgraben wollte. Er wartete ab, bis es dunkel wurde; nahm sich die Eisernen Kreuze mit, der Rest war verschimmelt.

Der Jettinger Captain zeigte mir ein amerikanisches Merkblatt, auf dem zu lesen steht, woran man einen (bösen) Junker[1] erkennen könne: daran, daß er auf seinem Gut eine Kartoffelschnaps-Brennerei habe.

1 Die Junker, die ostelbischen Großgrundbesitzer, galten den Besatzungsmächten als besonders des Nationalismus und Militarismus verdächtig. Der nationalkonservativen Aristokratie wurde vorgeworfen, als «Steigbügelhalter» Hitler zur Macht verholfen zu haben.

15. August 1945

Heute unterzeichnet Japan die Kapitulation. Die Amerikaner müssen eine grauenvolle Atombombe auf eine Stadt geworfen haben.[1] Frieden? Jedenfalls verstummen die Geschütze. Aber ich habe noch nicht das Gefühl, daß Frieden sei. Die Welt ist noch mit zuviel Sprengstoff angefüllt.[2]

Bürklin ist wieder fort. Er war sehr deprimiert. Vielleicht kommt für die Frauen erst jetzt die schwerste Aufgabe dieses Krieges: das Verstehen, Ausgleichen, Aufrichten und Mutmachen, das so viele ganz geschlagene und verzweifelte Männer jetzt brauchen.

1 Nach den verheerenden Atombombenabwürfen der USA auf Hiroshima am 6. August 1945 und drei Tage später auf Nagasaki erklärte Japan am 14. August die Bereitschaft zur Kapitulation. Die Unterzeichnung fand am 2. September statt. Zu den Atombombenabwürfen kein Hinweis in den Original-Aufzeichnungen. 2 Im Tagebuch heißt es: «Frieden! Man hat sich so entsetzlich danach gesehnt, und doch, auch jetzt gibt es kein friedliches Gefühl für mich. Vielleicht, weil 6 Jahre Gewöhnung an das Furchtbare einen nicht fassen lassen, daß es nun vorbei sein soll, vielleicht auch, weil es so ein eminenter Unterschied ist, ob man einen Frieden nach einem Sieg oder einer vollkommenen Niederlage erlebt.»

21. August 1945

Abends sitzen wir oft bei Thun und hören Musik. Er hat eine ausgezeichnete Plattensammlung. Die Stunden in Röfingen beschäftigen mich sehr. Der Pfarrer, ein Allgäuer Bauernsohn, ist gelehrt und zugleich ganz ursprünglich. Ich verbringe alle drei Tage viele Stunden in seinem Studierzimmer.

23. August 1945

Auch Helmut will sich nun auf den Weg in die Heimat machen. Die Nachrichten aus Konstanz sind nicht mehr so bedrohlich. Bin traurig, diesen aufgeschlossenen, etwas schwärmerischen Jungen zu verlieren. Er ist ein ungebrochener Mensch, im Krieg gereift und aus dem Inferno gläubig zurückgekehrt. Oft habe ich bis spät in den Abend hinein über theologische Fragen mit ihm diskutiert. Ich habe viel von ihm gelernt. Dazu hatte er mit seinen einundzwanzig Jahren etwas so Beschützerisches, schleppte uns Kartoffeln an, reparierte das Radio und organisierte Obst. Er erzählte mir, daß sein Großvater einmal, nur aus reiner Freude über die Schönheiten der Natur, an einem Baum ein Kreuz anbringen ließ. Das könnte ich auch tun.

6. September 1945

Bärchen ist jetzt genau fünf Wochen fort. Ich fange an, mich ernstlich um sie zu sorgen.

7. September 1945

Kaum eine Stunde, nachdem ich das gestern geschrieben hatte, erschien Bärchen, im strömenden Regen, mit aufgeweichtem Rucksack. Sie erzählte die halbe Nacht. Zunächst ein Schock für mich: Mama ist in Güstrow, in der russischen Besatzungszone. Was muß sie durchgemacht haben! Und ich war überzeugt, daß sie längst in Lübeck sei. Über Thilenius bekam Bärchen noch am letzten Tag in Berlin einen kleinen Zettel, von Mama geschrieben: «Wer kann mir Nachricht über den Aufenthalt meiner Kinder geben. Und wer kann mir eine bescheidene Unterkunft geben, da ich hier nicht bleiben kann?» Ich beschloß sofort, mich auf den Weg nach Berlin zu machen. Bärchen, obwohl recht erschöpft, will wieder mitkommen, weil sie Nahrungsmittel für ihren Vater nach Berlin bringen muß. Er ist am letzten Kampftag von einer Granate schwer verletzt worden und beinahe am Verhungern. In vier Tagen wollen wir los.

Bärchens Berichte könnten Romanbände füllen. In Mühlhausen traf sie ihre Schwester mit den Kindern wohlbehalten an, fuhr von dort nach Berlin: die Wohnung dreiviertel zerstört, der Vater in hoffnungslosem Zustand, die Mutter völlig ausgezehrt.

Die Freunde sind alle noch am Leben. Auch Schwab ist wohlauf. Das Unwahrscheinlichste: Jutta Sorge, ihre Eltern und Helmuth Cords sind aus den verschiedenen Gefängnissen und Lagern zurückgekehrt. Thilenius, der bald nach uns wegging, aber schon im April wieder nach Berlin zurückkam und kurze Zeit sogar Polizeipräsident von Dahlem war, hat furchtbare Dinge mitgemacht. Von der DAZ sind zwei Kollegen verschollen und zwei in russischer Gefangenschaft, darunter Fritz Dettmann, der nicht aus Berlin fort wollte; Schüddekopf ist in Hamburg. Er schickte mir durch Bärchen einen Brief. In den anderen Zonen scheint die Post bereits zu funktionieren. Fiedler, Fechter, Silex, Beer – sie alle leben. «Leider wissen wir aber definitiv», schreibt Schüddekopf, «daß Friedo Lampe am Wannsee mit neun in Zivil gekleideten SS-Leuten erschossen worden ist[1] – eine so gräßliche Szene, die mich mehr erschüttert hat als alles aus dem Füllhorn des Grauens in dieser erbarmungslosen Zeit.» Dort oben scheint man Pläne zu haben. Schüddekopf schreibt von zahllosen Projekten für Zeitschriften und Zeitungen.[2] «Der Mensch sei in das seelische Vakuum gestürzt, die Introversion stoße auf schrecklich entleerte Seelen, es gehe um die innere Erneuerung des deutschen Menschen – so raunt es mit seelenvollem Augenaufschlag auf den Straßen und predigt es in den Büros. Dabei meinen die Herrschaften nur das köstliche Pöstchen, und was sie jagt, ist die Existenzangst. Es ist ein groteskes Schauspiel. Worum es eigentlich geht, wissen nur ein paar Leute ... Windstille, die nach jeder Katastrophe einsetzt, als seien Mensch und Land und vielleicht auch der liebe Gott erschöpft. Was sich im Mai an Impulsen zeigte, an Elan und Einsicht, das ist wieder versteinert, verstockt. Wir werden eine harte und vielleicht ganz und gar vergebliche Arbeit haben, bis endlich einer mit dem Knüppel in der Hand ins Zimmer kommt und uns wie einen tollen Hund totschlägt. Bis dahin aber bin ich entschlossen, die Donquichotterie zu beschreiben, die da sagt, wir müssen nun von dem ‹Schatz der guten Werke› leben, der in der deutschen Kultur steckt. Die Berliner Kolonie ist zahlreich und sehr verhaßt in Hamburg. Es ist ein merkwürdiges Phänomen, daß die Berliner gewisse Maßstäbe unsichtbar mit sich tragen, und weil sie Flüchtlinge, Habenichtse sind, haben sie auch mehr Energie.»

In der russischen Zone fahren wieder Züge, allerdings eingleisig. Warum geht es dort, hier aber nicht? Grauenvoll Bärchens Schilderung vom Anhalter Bahnhof; auf der nackten Erde liegen die zurückgekehrten Verwundeten, kriechen ohne Krükken umher, Rotkreuzschwestern bitten um einzelne Scheiben Brot.

1 Friedo Lampe, Schriftsteller und Lektor, wurde aufgrund eines Mißverständnisses am 2. Mai 1945 von sowjetischen Soldaten in Klein-Machnow bei Berlin erschossen.

2 Jürgen Schüddekopf nannte in dem Brief vom 1. Oktober 1945 über 300 geplante Zeitungsgründungen und über 100 Zeitschriftenprojekte in Hamburg.

8. September 1945

Dreiviertel der Nacht habe ich wach gelegen. Morgen werde ich nach der Messe zur katholischen Kirche übertreten. Ich möchte diesen Schritt vor der Reise tun.

9. September 1945

Ich bin nun katholisch. Beichte und Kommunion folgen, wenn ich wieder zurück bin. Brachte dem Pfarrer das Heft mit den Aufzeichnungen, die ich in den letzten Wochen über meine Gedanken zu religiösen und theologischen Fragen gemacht habe. In dieser chaotischen Zeit ist die neue Bindung richtig für mich. Ich denke, es ist so gelenkt worden und hat seinen Sinn. Oft habe ich mich an Seebergs Ausspruch erinnern müssen: «Wir werden unseren kleinen evangelischen Kahn an den großen Dampfer des Katholizismus anhängen.»

Mit einer kleinen Feier in der Meierei Zeiner – unwahrscheinlich freundliche und freigiebige Leute – endete dieser denkwürdige Tag.

10. September 1945

Letzte Nacht im sauberen Bett, wer weiß für wie lange Zeit. Morgen um sieben Uhr starten wir zu viert an der Autobahn. Bärchen und ich, ihr Verehrer, ein Buchhändler, und Nick, ein Freund von Dusi, der aus englischer Gefangenschaft entlassen worden ist. Er ist Maler und Architekt und kann Russisch.

11. September 1945, Ludwigsburg

Sehr viel haben wir am ersten Tag nicht geschafft, aber wenigstens zwei Zimmer im Kathreiner-Bürohaus ergattert. Die Fahrt ging glatt, in den verschiedensten Wagen. Meist versteckten wir die Männer und das Gepäck hinter großen Büschen und pendelten allein am Rand der Autobahn auf und ab. Ziemlich bald hielt dann auch ein freundlicher Jeep, ich sprang hinein, Bärchen rief: «Just a moment, our luggage», und auf den Buckeln unserer beiden Kumpanen kam unser Gepäck herangewankt. Dieser Trick brachte uns fast immer weiter, wenn auch nur um kleine Strecken. Denn leider setzte uns die MP[1] regelmäßig nach kurzer Zeit wieder heraus. Zum Schluß hockten wir auf deutschen Lkws.

1 MP – Military Police, US-Militärpolizei.

12. September 1945, Illingen

Nach langsamem Start aus Ludwigsburg haben wir ein gutes neues Gefährt, einen riesigen Drei-Tonnen-Wagen, erobert und fahren in prächtigem Tempo nach Frankfurt. Wenn der Wagen hält, schütteln wir die Obstbäume am Rand der Chaussee. Haben schon einen ganzen Rucksack gefüllt. Ich habe mein schottisches Kleid angezogen, das aus einem alten Mantelfutter entstanden ist und ganz adrett aussieht, dazu die langen Kommißstiefel, die Bürklins Bursche zurückließ. Mit Hilfe von viel Papier passen sie mir einigermaßen. Die Landschaft ist bezaubernd, ferne graublaue Hügel, grüne Wiesen, kleine unzerstörte Städte. Ich könnte laut singen vor Vergnügen.

13. September 1945, Hanau

Sitze in einem Dreiradwägelchen, das auf den Fahrer warten muß. Die Nacht war fürchterlich: in einem Massenquartier in Seligenstadt, wo wir um zehn Uhr abends verfroren und hungrig ankamen. Kein Licht, nur einige Kerzenstummel brannten. Aber so sahen wir wenigstens den Dreck nicht. Fünfzig unruhige Leute beiderlei Geschlechts schliefen in diesem Notquartier. Dazu dauernd das Gefühl, es krabbelten Wanzen herum.[1]

1 Im Tagebuch folgt an dieser Stelle: «Na ja, weit gebracht haben wir es. Die Sieger in den noch restlich verbliebenen Hotels und Häusern und in schnellen Autos auf den Autobahnen, man selbst zur Landstreicherin herabgesunken.»

Bei Fulda

Wir hocken im Straßengraben. Nachdem wir dreimal den Wagen wechseln mußten und zuletzt in einem Pferdefuhrwerk auf Hafersäcken saßen, sind wir nun hier an einer reichlich aussichtslosen Ecke gelandet. Nirgends ein Gasthof, wenig Verkehr. Die Sonne brennt, Bärchen wütend, Nick ergeben in sein Schicksal. Ich fange allmählich an, Personenautos zu hassen. Am widerlichsten sind die deutschen Herrenfahrer, die es auch schon wieder gibt. Sie winken nicht einmal ab, wenn sie an uns vorüberfahren. Darmstadt, Mannheim, Hanau – Kraterlandschaften von äußerster Tristesse. Dazu die stacheldrahtumzäunten Gefangenenlager mit den Wachtürmen, die Ruinen, die gesprengten Brücken und Autobahn-Viadukte. Verbrannte Erde, ganz wie Hitler sie sich für sein Volk erträumte.

Mitternacht, Eschwege

Einzelzimmer mit fließendem Wasser. Kaum zu glauben. Bärchen kannte die Wirtsleute, versprach ihnen, ihre Mutter aus Berlin herauszuholen. Falle in mein köstliches Bett.

14. September 1945

Diesmal sitzen wir zwischen Milchkannen auf einem Milchauto, das uns an die Grenzstation Heldra bringen soll. Bärchen, etwas grün im Gesicht, versucht die Panik zu unterdrücken. Sie hat am Vormittag unentwegt die schlimmsten Gerüchte gehört und weiß aus Erfahrung, was uns bevorstehen kann.[1] Jetzt raucht sie eine Zigarette nach der anderen. Ich hingegen, für die dies alles neu ist, bin ruhig. Neben Bärchen sitzt ein nett aussehender Mann, der sich als ein Bekannter von ihr entpuppt. Er ist Frauenarzt. In Heldra wollen wir bei einem Bauern übernachten und morgen früh um fünf Uhr den Übergang wagen. Wir sind jetzt sechs, der Arzt, Nick, ein Unteroffizier, den wir «Kumpel» getauft haben – er ist Berliner und aus der Gefangenschaft entlassen –, eine hübsche junge Frau, die wir «Annabella» nennen, Bärchen und ich. Der Buchhändler ist in Eschwege zurückgeblieben. Bärchen ist völlig in ihrem Element. Sie duzt den Fahrer, redet ihn mit «Hein» an und hilft beim Ausladen der Milchkannen. Die Straße ist voll von Grenzgängern, grauen Gestalten. Überdies regnet es, und die Landschaft ist häßlich, aber vielleicht bilde ich mir das auch nur ein, weil drüben die russische Zone liegt – merkwürdiges Gefühl.

1 Bis 1946 durfte man die Zonengrenze nur mit einem sogenannten Interzonenpaß passieren, den im allgemeinen nur erhielt, wer wichtige berufliche Gründe geltend machen konnte.

Heldra

Haben eben ein herrliches Pellkartoffelessen bei dem Bauern hinter uns und gehen nun gleich in die Scheune, wo wir im Heu schlafen können.

15. September 1945, bei Heldra

Jetzt ist es Mittag, und wir sitzen immer noch diesseits der Grenze. Alles ging schief. Von unserem Lager im Heu, in dem ich traumlos schlief, nur ab und zu durch ferne Schüsse aufgestört, machten wir uns pünktlich um fünf Uhr auf den Weg. Es goß in Strömen. Unser Bauer, der uns für fünfzig Mark führte, verließ uns vor dem amerikanischen Posten, der in einer Art Schäferkarren schlief. Ungehindert kamen wir an ihm vorbei. Nach zehn Minuten hatten wir das Niemandsland durchquert und näherten uns der russischen Grenze. Plötzlich heftige Schüsse. Drei fledermausähnliche Gestalten tauchten in langen Regencapes vor uns auf: die Russen. Vergebliches Verhandeln. Kurz vor uns waren ihnen drei Grenzgänger entwischt, nun waren sie wütend. Auch unser Bitten nützte nichts. Wir machten kehrt. Als Bärchen und ich dann noch einmal allein zu ihnen zurückgingen, knallten sie mit ihren Maschinenpistolen um sich wie wild. Davon wachte der Amerikaner auf und schoß nun seinerseits in die Luft, drohte mit Verhaftung. Endgültiger Rückmarsch. Versuch an einer anderen Stelle. Es ist ein steiler Bahndamm. Die Rucksäcke ziehen die letzten Kräfte aus dem Leib. Die Kehle springt fast aus dem Hals. Kaum haben wir den russischen Posten erreicht und wollen mit ihm zu verhandeln beginnen, da wird er in seinem Häuschen antelefoniert. Oben auf den Anhöhen sitzen Offiziere, die alles genau beobachten. Daraufhin scheucht auch er uns wieder zurück. Ich will ihm eine Uhr anbieten, als er seinen Arm entblößt, der mit ungefähr zehn Uhren bestückt ist. Zum zweitenmal mit den Lasten wie die Maulesel den Damm erklommen, auf dieser Seite fast hinuntergekullert. Tränen der Wut.[1] Gestern sollen hier sieben Leute erschossen worden sein.

1 Im Tagebuch heißt es: «Wie man als Deutscher mitten in Deutschland so demütigend betteln muß, das treibt einem tatsächlich die Tränen der Verzweiflung in die Augen.»

Abends

Es ist noch nicht ganz dunkel, ich kann gerade noch in mein Heftchen kritzeln, hocke mit Bärchen in einem großen Gebüsch im Niemandsland. Um zwölf Uhr sollen wir von einem jungen Russen über die Grenze geführt werden. Der Kumpel und Nick kriechen in den Feldern herum, auf der Suche nach dem Arzt und Annabella, die verlorengegangen sind. Leider mußten wir eine Flasche Schnaps den Amerikanern geben, damit sie uns bis hierher durchließen. Unsere letzte Flasche bekam der Russe, ein freundlicher Bessarabier, den wir das «Osterei» getauft haben.

Wo die anderen nur bleiben? Es ist Sonnabend, von den Höhen hallt fröhliches Geschrei. «Sie» feiern, mit unserem Schnaps. Diese Nacht könnte so schön sei, aus den Wiesen steigt ein «weißer Nebel wunderbar», genau wie Claudius es beschreibt.[1] Sind wir nicht mitten in Deutschland? Und müssen doch Räuber und Prinzessin spielen? Bei jedem Geräusch zusammenzucken? Trotzdem habe ich nicht die geringste Angst, nur wieder einmal das Gefühl, im Theater zu sitzen und diesem Abenteuer zuzusehen. Eben einige Schüsse.

1 Aus Matthias Claudius' Gedicht «Abendlied».

16. September 1945, Treffurt

Russische Zone. Wartesaal. Wir haben es geschafft. Eine Grenzüberquerung, wie Karl May sie nicht spannender hätte erfinden können. Als der kleine Russe, unser Osterei, gegen zwölf erschien, waren die anderen vier immer noch nicht da. Bärchen und ich beschworen ihn zu warten. Ab und zu fuhren Scheinwerferstrahlen über unser Gebüsch, wir warfen uns in die Brennesseln zurück. Das Osterei wollte wissen, wie alt wir sind. Wir hoben unsere zehn Finger im Mondschein viermal hoch, da resignierte er. Ich hätte nie gedacht, daß es mir einmal Freude machen würde, freiwillig mein Alter zu erhöhen. Schließlich schlich Nick heran. Langer Fußmarsch mit unseren viel zu schweren Rucksäcken. Jetzt weiß ich aus Erfahrung, was «asten» und «wuchten» bedeutet.

An einer Jagdhütte trafen wir den Doktor und Annabella, der Kumpel fand sich nicht ein. Wieder langes Palaver, wir durften nicht weitergehen, weil nun erst ein Unteroffizier geholt werden mußte. In Windeseile sausten wir wieder in ein Gebüsch. Der Doktor kollerte im Eifer einen kleinen Abhang hinunter, worüber ich unbeherrscht zu lachen begann.

Dann kam der russische Unteroffizier. Wir standen im Kreis um ihn herum. Langsam fuhr seine Taschenlampe uns allen ins Gesicht. Strich auf und ab. Lastendes Schweigen. Schließlich Bärchen, mit heller, aufgeregter Stimme zu Nick: «Sage ihm auf russisch, daß ich zu Hause zwei Kinder habe.» Ich bewunderte ihre Erfindungsgabe. Darauf der Russe in fehlerfreiem Deutsch, mit einem tiefen Don-Kosaken-Baß: «Ich habe auch zwei Kinder». Dann, nach einer Pause: «Ihr könnt gehen.» Wir stolperten in die Dunkelheit, betteten uns auf einer Wiese in eine Mulde, denn erst gegen Morgen, nach der Sperrstunde, durften wir uns blicken lassen. Es war kalt, aber gerade noch erträglich. In der Nähe Geräusche von schattenhaften anderen Grenzgängern, die einen Bach durchwateten. Ein Käuzchen klagte von ferne, gleichzeitig fielen Schüsse, dann Geschrei. Seltsame Lichter erschreckten uns, bis wir merkten, daß es Signallampen des Bahnhofs waren. Sternschnuppen. Ich dachte an Mama und Klaus und wie ich sie wohl wiedertreffen würde. – Eine Grenze zwischen zwei Ländern erscheint auf der Karte als roter Strich. Dies hier nennt man eine grüne Grenze. Wir sind organisierte, registrierte Bürger des 20. Jahrhunderts der Technik – wir sind mitten in unserem eigenen Land. Wir haben noch viel zu lernen.

Mühlhausen

Sitzen bei Bärchens Schwägerin und trinken Kaffee. Eigentlich wollen wir hier übernachten, aber sie ist voller Angst. Gestern war Haussuchung. Ein Wort – wie oft gehört –, das ich endlich aus unserem Vokabular verschwunden glaubte. Niemand darf Fremde aufnehmen.[1] Also geht es bald weiter.

Im Morgengrauen sah ich die ersten Russen am Bahnhof. Eine Kompanie im Laufschritt. Kahlgeschorene Köpfe, stämmige Gestalten, merkwürdig gleichartige Gesichter.

Unseren Kumpel fanden wir am Bahnhof wieder. Große Freude, er war zweimal hin- und hergekrochen, um uns zu suchen. Lag einmal dicht an der Landstraße, eine alte Frau mit Kinderwagen fuhr ihn beinahe an: «Trübe Tasse, fahr mir doch nicht die Beene ab», hatte er ihr zugeraunt.

1 Über die Wohnraumvergabe verfügten die Besatzungsmächte. Die Behörden konnten einen Hausbesitzer verpflichten, ungenützte Räume freizugeben. Es durften nur Personen aufgenommen werden, die Zuzugs- und Wohnberechtigung vorweisen konnten.

Erfurt, Mitternacht

In den Unterführungen am Bahnhof, auf dem schmutzigen Boden, haben wir Quartier gemacht. Hunderte sitzen hier auf den Treppen, finstere Gestalten darunter. Ich hocke, an eine Wand gelehnt, auf meinem Rucksack, damit er nicht gestohlen wird, die Füße auf einem anderen Rucksack, mit einem Mantel zugedeckt. Gestern im feuchten Wald war es kälter, aber appetitlicher. Nick, unrasiert, mit Bärchens Schal und Dusis Baskenmütze, die letzte Zigarette schief im Mund, sieht aus wie ein Ganove vom Alex.[1] Vor uns aufgeregte Flirtszenen zwischen einem blonden Mädchen und einem Russen, die im Stadium der Butterofferte angelangt sind.

1 Alex – Alexanderplatz in Berlin.

17. September 1945, sieben Uhr früh

Die Nacht war übel. Rücken, Kreuz und Nacken, alles tut weh. Machte nur ab und zu ein Nickerchen, dämmerte meist vor mich hin. Saß inmitten der Geräusche ringsum wie im Gehäuse einer Glocke, sehr allein. Bärchen hatte sich einen Mantel über den Kopf gezogen und kauerte unbeweglich neben mir. Alle Kinder waren merkwürdig still, sie sind zu elend, zu schwach, um ungezogen zu sein.[1] Der Russe hatte trotz Butter bei der Blonden keinen Erfolg. Er zog mit steifem Schritt wieder ab.

1 Im Tagebuch heißt es: «Die Kinder dieser Jahre sind merkwürdig still und lethargisch, großes Geschrei oder Ungezogensein habe ich auf der ganzen Fahrt nicht bemerkt.»

Halle, Bahnsteig

Schaurige Bilder, Trümmer, zwischen denen Wesen herumwandern, die nicht mehr von dieser Welt zu sein scheinen. Heimkehrer in zerfetzten, wattierten Uniformen, mit Schwären bedeckt, an selbstgemachten Krücken schleichend. Lebende Leichname. Wir gaben ihnen unser letztes Brot. Mit Mann und Roß und Wagen – hat sie der Herr geschlagen.[1]

Auf der Bahnfahrt hierher saß ich auf einem Puffer. Gar kein unbequemer Sitz, störend nur die Funken von der Lokomotive, die mir Löcher in den Regenmantel brannten.

1 Anfangszeile des Gedichts «Fluchtlied» über den Rückzug Napoleons aus Rußland.

Wittenberge, zehn Uhr abends

Zuflucht in einem alten Bunker. Ich stehe vor dem Waschraum, an die Wand gelehnt, in der Nähe der einzigen Birne, die hier brennt, und mache meine Notizen. Im Klo, das keine Tür hat, rasiert sich vor einem Spiegelscherben unser Doktor, die Rot-Kreuz-Binde am Ärmel. Meine Beine sind geschwollen, das Gesicht brennt, die Haare verstecke ich unter dem Turban. Wie ich diese Turbane hasse. In meinem Rucksack ist die mühsam ergatterte Butter ausgelaufen, auf mein Kostüm.

Wie unwahrscheinlich schnell haben sich die Rollen vertauscht. Die Russen, in sauberen (wenn auch unkleidsamen) Uniformen, fahren in halbleeren Zugabteilen, und auf den Wagendächern hocken die zerlumpten Deutschen und ziehen die Köpfe ein, wenn es durch einen Tunnel geht. Alle Schilder hier, mitten in Deutschland, sind kyrillisch beschrieben, die Bahnbeamten tragen Armbinden mit russischen Aufschriften, die Schupos haben den roten Stern an der Mütze. Morgen früh um vier Uhr soll angeblich ein Güterzug nach Berlin gehen. Wir haben Kartoffeln auf einem Acker in der Nähe geklaut und sie draußen auf einem Feuerchen aus Zweigen in der Schale gebraten.

Der Kumpel, der Maschinenschlosser ist, organisiert so etwas vorzüglich.

18. September, Jüterbog

Halt auf freier Strecke. Ich hocke in einem Güterwagen, habe einen Platz an der Wand ergattert. Dank Pervitin vor dem Einschlafen bewahrt, denn in der Nacht wurden wir von unserem Lager auf dem Steinfußboden im Bunker alle zwei Stunden durch grelle Taschenlampen hochgeschreckt, weil russische Soldaten jemanden suchten. Bärchen durchlief jedesmal ein konvulsivisches Zucken. «Zitteraal», flüsterte ich ihr zu, was sie wenigstens etwas erheiterte.

Unser Wagen ist brechend voll. Hauptsächlich Arbeiter. Auch ein KZler ist dabei, der seinen Ausweis herumzeigt, er ist Mitglied der KPD.[1] Unser Kumpel hat hinten an der Wagenwand einen unrasierten Genossen entdeckt und ruft: «Mensch, dir kann man ja als Drahtverhau an die Front einbauen!» Er ist ein echter Berliner, witzig und stets gutgelaunt. Große Debatten brechen aus. Ein Arbeiter mit Schirmmütze greift die Russen an, sagt dann allerdings: «Wenn wa den Krieg gewonnen hätten, dann liefen wa nur noch uff de Augenbrauen.» Ein anderer: «Die Engländer und Russen halten uns für doof, aber was der Hitler an Bescheißen gekonnt hat, det könn' wir noch lange.» Es ist eng wie in einer Sardinenbüchse. «Is bei Ihnen noch 'n Stehplatz?» wird mein Nachbar gefragt. «Ja, wenn Se uff meene Beene stehn wolln», ist die Antwort, «det kost aba Umsteiger.» Jetzt berichtet der KZler, der Botschafter Schulenburg sei noch am Leben.[2]

Die Männer titulieren sich mit «Sportsfreund». Ich komme aus dem Lachen nicht heraus. «Die dunkelweiße Farbe von meen Jesicht jefällt ma», sagt ein ganz Bleicher neben Bärchen, «det is direkt Täng.» «Bei deinem Wasserkopp geht ja nich mal ne Zigarette an», sagt der Kumpel. O Heimat Berlin – wie ich dich liebe. Wir durchfahren einen völlig zertrümmerten Bahnhof. «Det merk ick mir», sagt einer, «wo son mieser Bahnhof is, koof ich keene Fahrkarte mehr, an den andern dafür zwei.» «Na, Sportsfreund», sagt er dann, als er an den Füßen eines schäbigen Elegants modisch gestreifte Socken entdeckt: «Wenn du mit deene Strimpe üban Kurfürstendamm jehst, bleibt keena nüchtern.»

Wir stehen nun schon fünf Stunden auf einem Abstellgleis. Der Kumpel organisiert wahrhaftig einen heißen Kräutertee. Der Doktor untersucht die Karbunkel an den Händen des KZlers und macht ihm einen neuen Verband. Jetzt kommt die Sonne heraus. Da ich dauernd in mein Büchlein kritzle, soll ich auf allgemeinen Wunsch vorlesen: «Entweder wir rauben Ihnen det Schriftstück oder Ihre Tugend.» Aber schon fährt unser Zug an. Allgemeines Freudengeschrei. Ich komme in ein Gespräch mit einem ausgemergelten Mann. Auch er hat als Kommunist im KZ gesessen, sechs Jahre lang, und als er schließlich nach Hause kam, nach Dresden, fand er seine mehrfach vergewaltigte Frau in einem solchen Zustand vor, daß er sie in ein Krankenhaus bringen mußte. «Da waren Sie wohl sehr entsetzt», sage ich. «Ja», sagt er und wird noch grauer. Nun hält ein Mitzuhörer Propagandareden über die Freundlichkeit der Russen, erzählt, die Amis dagegen, die hätten am Anhalter Bahnhof, einfach weil sie Platz haben wollten, in die Menge geschossen und drei Menschen verletzt. Als der KZler begeistert von der englischen Besatzung spricht, bricht wieder ein Streit aus. Eine junge Eisenbahnerin mit offenem Haar, die stehend strickt, ruft in den Tumult: «Kinder, zankt euch nicht, strickt lieber!»[3] Mein Nachbar sagt: «Laß mal, wenn die Soldaten gesund zurückgekommen wären, hätten sie die Partei noch schön verkloppt.» Wir stehen schon wieder. Neben uns rangiert eine Lokomotive, da entdeckt eine Frau auf dem Dach des Tenders ihren Mann. Mit einem regendurchnäßten Hütchen über dem gelben Gesicht, tiefe Kerben um den Mund, steigt er, eine Rübe kauend, zu uns über. Sieht todkrank aus, feuert aber mit ernstem Gesicht ganze Salven von Witzen auf uns ab. Holt ein Stück Brot heraus: «Ik eß jetzt imma Stulle mit Brot, man kanns ooch kalte Brotsuppe nennen.» Wir rollen wieder. Bald werden wir in Berlin sein. Ich habe Angst. Wie werde ich die geliebte Stadt nach sechs Monaten wiederfinden? Wird Mama schon dort sein? Wird Bärchens Vater noch leben? Wir sind jetzt tatsächlich in Lichterfelde-Süd.

Heiß, häßlich ist es hier und stinkt (wie wir selbst). Wir fahren nur an Ruinen vorüber.

1 Die *Kommunistische Partei Deutschlands* (KPD) wurde in der Sowjetzone als erste Partei am 10. Juni 1945 wieder zugelassen. In der US-Zone wurde das Parteiverbot im August aufgehoben, die Briten folgten im September, die Franzosen im Dezember. 2 Entgegen dieser Annahme war Friedrich Werner Graf von der Schulenburg am 10. November 1944 zum Tode verurteilt und hingerichtet worden. Im Tagebuch folgt an dieser Stelle: «Alle [die Todeskandidaten] mußten vorher tagelang mit einem schwarzen Kreuz auf der Stirn [herumlaufen], ehe sie hingerichtet wurden.» 3 Im Tagebuch folgt an dieser Stelle: «Neben ihr ruft eine gerade: ‹Ach KZ, die kommen alle gepflegt und gut genährt jetzt heraus, aber unsere Männer in Rußland, die haben sie ganz anders fertig gemacht.› Worüber sich der KZ'ler wieder ärgert.»

20. September 1945, Berlin

Das ist nun Berlin. Faszinierend und deprimierend zugleich. Ringsum Hungersnot.[1] Alle Menschen hier haben einen halbirren Blick, der Kampf ums Leben füllt sie völlig aus; trotzdem sind sie herzlich, rührend gastfrei und witzig. Aber das Ganze ist grauenhaft.

Wir schlafen in Bärchens alter Wohnung am Savignyplatz, in einem Zimmer, dessen Außenwand fehlt. Mutter Bähr ist zu einem Strich abgemagert. Der Vater wird, glaube ich, nicht mehr lange leben. Er hat schon das gleiche, hagere, jenseitige Gesicht wie Papa in seinen letzten Tagen. Gott gebe ihm bald einen sanften Tod.

Sie haben hier die Hölle durchgemacht, während wir im Schwabenland Fettlebe hatten. Es ist beschämend, aber keiner der Freunde wirft's uns vor. «Wir waren froh, daß ihr dort wart und wir nicht auch noch um euch zittern mußten wegen der Russen», sagen sie.

War abends noch am Kurfürstendamm. Hübsche Mädchen mit Schleifen im Haar und Umhängetaschen schlendern zwischen englischen, amerikanischen und französischen Soldaten einher.[2] Bei den deutschen jungen Männern fällt der betont zivile Haarschnitt auf. Hot Jazz klingt aus Lokalen, in denen es nur Heißgetränke und nichts zu essen gibt. Zeitungen mit neuen Namen werden ausgerufen. Dabei ist der Kurfürstendamm nur eine Kulisse. Ausgebrannte Fassaden, darin zu ebener Erde provisorische Räume. Wer hochschaut, sieht den Himmel durch die Fensterhöhlen.

1 Im Tagebuch heißt es: «Dieser Hunger ist ganz entsetzlich. Da man hier kaum zu essen wagt, wird man schlapp und schlechter Laune.»
2 Berlin war in vier militärische Besatzungsformen aufgeteilt. Als oberste Aufsichtsbehörde fungierte seit 7. Juli 1945 die Berliner Alliierte Kommandatur.

21. September 1945

War bei Jutta Sorge, wo mir zu meiner großen Freude mitgeteilt wurde, daß Mama hierher unterwegs sei. Sorges haben es – nach allen Schrecken der Vergangenheit – nun endlich wieder gut. Nachdem herausgekommen war, daß sie einen Offizier aus dem Kreis vom 20. Juli beherbergt hatten,[1] mußte Jutta noch scharfe Vernehmungen in der Prinz-Albrecht-Straße über sich ergehen lassen. Als sie entlassen wurde, war ihre Mutter wunderbarerweise schon zu Hause. Was sie vor dem Transport von Ravensbrück nach Auschwitz bewahrt hat, weiß man nicht – vielleicht die Tatsache, daß sie die Schwester von Frau Stresemann ist.[2]

Bald nach Helmuths und ihres Vaters Entlassung[3] – beide kamen am gleichen Tag – sind Jutta und Helmuth in der Dahlemer Dorfkirche getraut worden. Thilenius und Schwab waren Trauzeugen. Nun leben sie alle wieder fast normal, beinahe luxuriös. Jutta sieht man die schwere Zeit kaum an, sie ist hübsch und gepflegt wie immer, aber hinter dieser Fassade verbirgt sich zuckende Nervosität. Die ganze Familie betreibt die Auswanderung nach Amerika mit aller Intensität.

Fuhr auf Schwabs Rad durch die Stadt. Von der Wilhelmstraße steht nichts mehr, das Auswärtige Amt eine Ruine.[4] Nur das Promi, Stätte unserer Angst, ist unversehrt. Auch am Pariser Platz nur Ruinen. Das Adlon völlig ausgebrannt. Mein Haus vorn eingestürzt, in das Hinterhaus traute ich mich nicht hinein; hatte Angst, Schwabs Rad einzubüßen, wenn ich es draußen stehenließ. Auf dem Platz ein Riesenbild von Stalin – die Wachgebäude am Brandenburger Tor zertrümmert. Soldaten aller vier Besatzungsmächte laufen hier herum, wodurch diese Trümmerlandschaft einen verblüffend lebendigen Aspekt bekommt. Hinter dem Brandenburger Tor, vor den Resten des

Reichstags, Gruppen eifrig schwarzhandelnder Menschen, obwohl das streng verboten ist.

Auf dem Rankeplatz Gräber russischer Soldaten. Warnschilder: «Achtung Minen». Zerstörte Panzer liegen wie gestrandete Schiffe auf dem Trottoir. Sie sind beklebt mit Plakaten, auf denen sich Tanzschulen, neue Theater und Zeitungen anpreisen. Auf den drehbaren Sitzen in der Kanzel spielen graue Zille-Kinder.[5] Radelte auch am Franziskus-Krankenhaus vorüber, das sich einsam aus einer Wüste erhebt. Wenn die Nonnen dort in ihren zeitlosen Gewändern auf den von rötlichem Staub bedeckten Trümmerpfaden entlangwandeln, glaubt man, irgendwo auf der kastilischen Hochebene zu sein. Der Tiergarten, verbrannt und chaotisch, sieht aus wie ein Schlachtfeld.

Auf dem Kulturamt traf ich Fiedler. Er hat alles auf echt fiedlerische Weise überstanden, indem er mit dem russischen Offizier, der ihn eigentlich erschießen sollte,[6] aus dem geplünderten Lokal «Gruban und Souchay» mitten im Granatenhagel noch einige Flaschen Schnaps herausholte. «Gräßlich süßen», wie er schaudernd erzählte. Dann haben beide heftig gesoffen, zwischendurch küßte ihn der Russe überströmend vor Herzlichkeit, dann wieder wollte er ihn erschießen, war aber schließlich so blau, daß er alles vergaß.

Sollten wir in Bärchens einst feudalem Zimmer im Dunkeln zwei Schritte zu weit nach vorn gehen, könnten wir vier Stockwerke hinunterstürzen. «Sperlings-Lust» heißen solche dreiviertel verbombten Wohnungen in Berlin.

Wie wird der Winter hier aussehen? Mir graut, wenn ich daran denke. Wo sollen Kohlen, Kartoffeln, Mehl herkommen? Ein Pfund Mehl kostet 150 Mark.

Bärchens Mutter erzählt trocken, in leicht schlesischem Dialekt, von den letzten Kriegswochen, in denen der Tod so viel näher als das Leben war. Wie sie Trinkwasser in Einmachgläsern abgekocht, wie sie verwundete Soldaten, die im Keller lagen, gepflegt hat, wie sie ein erschossenes Pferd auf der Straße ausweidete und Eimer von Fleisch durch den Granatenhagel in den Keller schleppte. Wie sie die Russen beschwor, das Haus nicht anzustecken, als man die Soldaten fand. (Sie hat etwas von einer russischen Frau, wohl deshalb drang sie mit ihrem Flehen durch.) Und wie sie schließlich die Nerven beinahe verlor, als man ihrem schwerverwundeten Mann auf der Suche nach Gold und Uhren immer wieder den Verband abriß. Sie durchstreifte die Umgebung von Berlin, nächtigte unter Brücken, um im Dunkeln irgendwo Kartoffeln zu stehlen, damit sie nicht verhungern mußten.

Nie war sie früher an Ostarbeitern oder Juden vorübergegangen, ohne ihnen ein Stückchen Brot zuzustecken oder eine Zigarette. Darum vielleicht wird auch heute der Suppentopf bei ihr, wie im Märchen, niemals wirklich leer. «Wer gibt, wird bekommen», ist ihr ständiger Spruch. Auch jetzt finden sich unentwegt Hungrige bei ihr ein. Ach, gäbe es mehr Menschen ihres Schlages – die Welt bekäme ein christliches Antlitz.

1 Die Familie Sorge hatte Hauptmann Ludwig Gehre Unterschlupf gewährt. Gehre, Mitarbeiter von Admiral Canaris im Amt Ausland/Abwehr des OKW und Mitverschwörer, war schon seit dem 8. August 1944 auf der Flucht. Er wurde am 8. November dennoch festgenommen und am 9. April 1945 im Lager Flossenbürg hingerichtet. 2 Eva Sorge, geborene Seefeld, war die Schwester von Käte Stresemann, der Frau des ehemaligen Reichsaußenministers Gustav Stresemann. Wenngleich der Weimarer Politiker wegen seiner Verständigungspolitik mit den Nachbarstaaten von den Nationalsozialisten besonders angefeindet worden war, dürfte seine Familie weiterhin über Verbindungen zu einflußreichen Persönlichkeiten verfügt haben. 3 Helmuth Cords wurde am 25. April 1945 mit den anderen Insassen aus dem Gefängnis in der Lehrter Straße entlassen. Kurt Sorge wurde von den Sowjets aus Plötzensee befreit, wo er nach dem Todesurteil täglich mit seiner Hinrichtung hatte rechnen müssen. 4 Im Tagebuch heißt es an dieser Stelle: «Das AA eine Ruine, und seine Insassen zum größten Teil verhaftet, sie waren bis auf wenige Ausnahmen ja auch alles feige Konzessionisten, die sich kaum untereinander trauten, aufrichtig zu sein.» 5 Der Berliner Zeichner Heinrich Zille hatte um die Jahrhundertwende das Milieu der Armutsviertel und Hinterhöfe in Berlin portraitiert. 6 Werner Fiedler, Feuilletonredakteur der DAZ, war in den letzten Kriegswochen noch zum «Volkssturm» eingezogen worden und in sowjetische Gefangenschaft geraten.

23. September 1945

Wir haben uns polizeilich angemeldet. Wollen den Anspruch auf eine Rückkehr nach Berlin keinesfalls verlieren. Aber ob ich es hier auf die Dauer aushalte? «Euch fehlt eben ein Glied in der

Kette», sagte Schwab. Er hat recht. Diejenigen, die nicht geflohen sind, sondern der Gorgo ins Antlitz schauten, hängen geradezu fanatisch an Berlin. Sie wollen es nie mehr verlassen. Wir saßen im Dämmern mit Schwab auf Bärchens Restbalkon. Er aß alle Brote und drei Teller Suppe mit der Hast eines Menschen, der immer hungrig ist. Sein Jungengesicht ist kantig geworden. Ab und zu peitschen Schüsse durch die Straßen. Ein Geräusch, das jedem hier so gewohnt ist, daß man gar nicht mehr fragt, woher es kommt.

Berlin ist eine Stadt ohne Eros geworden. Frauen über dreißig sehen hier alt aus, gierig und traurig. Schminke übertüncht so wenig. «Frau, komm», der Ruf, der durch die Stadt hallte, als der Sieger sich das Recht nahm, zu vergewaltigen, zu plündern, zu erschießen, klingt noch jedem in den Ohren. Hitler hat mit seinem Krieg die Dämme angestochen. Die rote Flut, in der halb Deutschland zu ertrinken droht, ist sein Werk.

Im Viktoria-Studienhaus haben sich acht Mädchen und die Leiterin aufgehängt. Hörte von einem Mädchen, das von fünf Russen vergewaltigt wurde – nun hat ihr adliger Bräutigam die Verlobung aufgelöst. Hörte auch die folgende Geschichte: Ein deutsches Mädchen freundete sich mit einem Engländer an. Eines Tages auf dem Spaziergang sahen sie einen zerlumpten deutschen Soldaten. «Das ist auch so ein Kriegsverlängerer», sagte das Mädchen, darauf ohrfeigte sie der Soldat. Der Engländer schenkte ihm Zigaretten – und ließ das Mädchen stehen.

Ich besuchte eine Freundin in Zehlendorf. Sie ist üppig und hübsch, hatte sich, als Russen in ihre Straße kamen, hinter einem Kohlenverschlag versteckt, wurde aber von einer Frau verpfiffen, die auf diese Weise ihre Töchter retten wollte. «Dreiundzwanzig Soldaten hintereinander. Ich mußte im Krankenhaus genäht werden. Nie wieder will ich etwas mit einem Mann zu tun haben.» Sie will so bald wie möglich auswandern.

Ähnliche Geschichten höre ich ununterbrochen. Es ist, als glaubten die Menschen zu ersticken, wenn sie sich nicht aussprechen. Alles an ihnen rührt mich: ihre mageren Hälse, ihre Falten, ihr unsteter, aber gutmütiger Blick, ihre Zähigkeit, ihre Verzweiflung und ihre Schnoddrigkeit.

Besuchte Tante Kathinka Kardorff[1] bei Fleming. Auch in dieser Wohnung, angefüllt mit Antiquitäten, verdreckten Möbeln, fehlt ein Stück der Außenwand. Tante Kathinka saß auf einem zur Hälfte heruntergebrochenen Balkon ohne Geländer. Sie brach in Tränen aus, als ich kam. Wir gingen ins Esplanade. Bekamen auf Grund ihrer Beziehungen aus alten Zeiten ein Kartoffelsüppchen, serviert im einzig übriggebliebenen Saal. Mußten für jedes Besteck 80 Mark Pfand hinterlegen, weil sie so oft gestohlen werden. Die Suppe kostete soviel wie früher ein ganzes Menü.

Hinterher gingen wir durch das trostlose Stadtmitte-Viertel, das zum russischen Sektor gehört. Man kann die Sektorengrenze ungehindert passieren, nur ein Schild «you are leaving the British sector» weist hier auf den Übergang hin. Dann durch Ruinenstraßen, ohne eine Menschenseele zu treffen, zur SPD-Zentrale, wo Tante Kathinka den Sohn ihres alten Freundes Friedrich Ebert besuchen wollte. Ebert sah klapprig und verhungert aus. Er ist eine Art Gauleiter von Brandenburg.[2] Sagte, wenn er aufs Land führe, nähme er sich ein paar trockene Scheiben Brot mit, das sei alles. Um allein die Kartoffellieferungen für Berlin sicherzustellen, brauche er ein paar tausend Güterwagen. Doch die Bahnen fahren nur eingleisig. Bis zum Signalpfosten wird alles von den Russen abmontiert.[3] «Sie können sich also denken, wie weit man dabei kommt», schloß er mit einer entmutigten Handbewegung. «Ach, ich wünschte, ich könnte mit Ihnen fahren», sagte er zu mir, als ich von Jettingen erzählte, «aber man liebt diese Stadt ja so, man will ihr helfen.»[4] Onkel Siegfried lebt noch, in Templin, aber schwer leidend.

1 Katharina (Kathinka) von Kardorff-Oheimb, die Ehefrau des Politikers Siegfried von Kardorff, hatte dem Reichstag in der Weimarer Zeit als Abgeordnete der Deutschen Volkspartei, der Wirtschaftspartei und später als parteilose Abgeordnete angehört. 2 Friedrich Ebert, Sohn des ersten Weimarer Reichspräsidenten, von 1928 bis 1933 Abgeordneter der SPD im Reichstag, gehörte später zu den Mitbegründern der DDR. 1945 war er nach der Aufhebung des Parteienverbots Sekretär des SPD-Bezirksverbandes Brandenburg-Land. 3 Die Demontage deutscher Produktionsanlagen zur Erfüllung der Reparationsansprüche ging auf einen Beschluß der Alliierten in Jalta zurück, der auf

der Potsdamer Konferenz bekräftigt wurde. Die Siegermächte drosselten den anfangs rigorosen Abtransport von Wirtschaftsgütern bald wieder. Die UdSSR gab die Demontage allerdings erst in den fünfziger Jahren ganz auf. 4 Im Tagebuch folgt an dieser Stelle: «[Ebert] schimpfte auf den 20. [Juli] als planlos. Aber auch verzweifelt über S[owjets]. Sie seien vollkommen unberechenbar, das ist übrigens das, was einfach jeder einzelne Mensch einem sagt.»

25. September 1945

Mama ist da! Als ich von einer Radfahrt durch die Stadt zurückkam, öffnete mir Bärchen mit verheißungsvoller Miene die Tür. Ich wußte es sofort. Stürmte hinein – und da war sie. Abgemagert bis auf die Knochen, aber rotbackig vor Aufregung, wie ein junges Mädchen. Wir fielen uns weinend in die Arme.

26. September 1945

Mama erzählte stundenlang. Trotz meiner Anrufe, Briefe und Telegramme ist sie in Böhlendorf geblieben, weil die Verwandten in Mecklenburg einfach nicht glauben wollten, daß etwas so Unfaßbares wie eine endgültige Niederlage oder gar Russenbesatzung wirklich eintreten könne. Im Gegenteil, man lebte bescheiden und korrekt, verzichtete auf Schwarzschlachtungen, sparte den Wein, der in den Kellern lagerte, verachtete alle, die flohen. Selbst als Stettin schon in russischer Hand war und die Front täglich näher rückte, war man in einer eigentümlichen Mischung von Stolz und Müdigkeit außerstande, etwas zu planen. Die Gerüchte wechselten stündlich: Wenn überhaupt fremde Soldaten kämen, dann könnten es selbstverständlich nur die Engländer sein, ritterliche Menschen, halbe Vettern. Es gab keine Rundfunksendungen mehr, auch keine Telefonverbindungen. Ununterbrochen rollten die Trecks mit den Flüchtlingen aus Ostpreußen und Pommern durch. Sie mußten verpflegt und beherbergt werden. Als den Verwandten schließlich dämmerte, daß es nun wohl auch für sie an der Zeit sei, fortzugehen, wollten sie nicht mehr. Mama harrte mit ihnen aus. Nur meine Kusine ist mit ihren beiden Söhnen wenigstens noch im letzten Augenblick getreckt.

Dann waren eines Tages, an einem Maimorgen, die Russen

da. Kosakenschwärme tauchten am Horizont auf. Sie kamen in Massen, mit Panzern, auf Motorrädern, zu Fuß, zu Pferde, sogar auf winzigen Schlitten, vierspännig von Hunden gezogen. Ein Teil der Vorhut fiel in den Weinkeller ein und betrank sich gründlich. Dann wurde geplündert und demoliert, die Möbel, die Ahnenbilder, das Haus. Papas Bilder, die Mama doch hatte retten wollen, natürlich auch. Während Onkel Egon und Mama im Wald einige Koffer hüteten, nahmen Tante May und Onkel Willi Zyankali. Schon lange hatten sie davon gesprochen, wie von einer Selbstverständlichkeit. «Die Kardorffs haben seit fünfhundert Jahren hier gesessen, was sollen wir in der Fremde, ich denke, Gott wird uns in Gnaden annehmen», hat Tante May gesagt.

Als Onkel Egon, einst als Kavalleriekommandeur von Eberhards Regiment der «Schimmelprinz» genannt, zum Gutshaus zurückging, sah er die Leichen. Kam wieder zu Mama, küßte ihr die Hand und sagte: «Ich muß dich jetzt allein lassen. Ich kann ein solches Leben nicht ertragen und ich habe keine Furcht vor dem Tod.» Dann ging er auf die kleine Grabstätte im Wald, wo seine Eltern und auch Papa begraben liegen, und nahm ebenfalls Gift.

So war Mama ganz allein. Mit einem Rucksack, in dem die letzten Wertsachen waren, machte sie sich zu Fuß auf den Weg. In der näheren Umgebung ähnlich fürchterliche Szenen wie in Böhlendorf. Betrunkene Soldaten, tote Gutsbesitzer. Eine Frau hatte fünfzehn Angehörige eigenhändig erschossen und sich ertränkt. Schrei im breiten Mecklenburgisch: «Kommandant, Kommandant!» Dazwischen wieder hochgewachsene Kosakenoffiziere, die ihre eigenen Leute verprügelten und gestohlenes Gut zurückgaben.

Mama wanderte weiter. Soldaten nahmen ihr die Armbanduhr, die Wertsachen im Rucksack weg. Handwerker und später eine Pastorenfrau in einer kleinen Stadt gaben ihr Quartier – was mutig war, denn Angehörige von Gutsbesitzern waren verfemt –, bis der Ausweisbefehl kam: «Alle Flüchtlinge haben den Ort sofort zu verlassen.»

Weiter ging die Odyssee. Sie kam nach Güstrow. Fand bei einer Bäckersfrau Aufnahme in einer Dachkammer. Ab und zu malte sie Bilder, gab Unterricht im Zeichnen, Nähen und Stikken, half sogar einmal einem Maler bei einem Porträt von Stalin. Dafür bekam sie zu essen. «Aber es war wie in einem Schattenreich», sagt sie, «um mich herum Kranke und Sterbende, Ruhr, Typhus, vom Tode gezeichnete Kinder. Nachts Haussuchungen, Frauengeschrei, Schüsse. Jeden Sonntag verkündeten die Pfarrer in der Kirche neue, unzählbare Todesfälle.» Aber sie erzählt auch von russischen Soldaten, die gütig und großzügig waren, die Bevölkerung beschenkten und sogar in die Kirche gingen.

Auf ihren Rundbrief aus Güstrow antwortete als erster (und einziger) Thilenius. Er schrieb, sie solle nach Berlin kommen. Nach drei strapaziösen Reisetagen kam sie nun an. Ich kann es noch gar nicht recht begreifen. Wir wollen versuchen, in einer Woche nach Hannover zu starten und Klaus und Uta zu finden.

28. September 1945

Berlin frißt mich auf.[1] Man ist ununterbrochen in Anspannung. Fällt Menschen, die man kaum kennt, um den Hals, nur weil sie noch leben. Duzt alle, ist hektisch fröhlich, dann wieder abgrundtief traurig. Hörte Geschichten, die das Blut erstarren lassen. Starke, unser Verbindungsmann zum SD,[2] der uns unschätzbare Dienste leistete, wurde denunziert und gleich von den Russen geholt. Er mußte niederknien zum Genickschuß, dann aufstehen, ein paar Schritte laufen, dann wieder knien – Katz- und Mausspiel. Doch plötzlich stand er vor einer Tür, die ins Freie führte, und konnte türmen. Der Bruder einer Sekretärin aus der DAZ wartete vier Tage lang mit einem gegen Schnaps eingetauschten Sarg neben einem Massengrab – bis die Leiche seiner Braut, die beim Anstehen nach Fleisch von einer Granate getroffen worden war, herausgeholt wurde. Über Nacht stellte er den Sarg bei Bekannten ab. Lächelnd wird dies vorgebracht, nicht ohne auf die Verse von Ringelnatz und seine Seemannsbraut anzuspielen.[3] Man ist auch zynisch in Berlin.

Vorhin klingelte es: Graf Hardenberg. Er hat das KZ tatsächlich überstanden. Sah elend aus, war aber voller Initiative. Wir saßen in Bährs Küche. Mutter Bähr hatte wieder einmal Suppe gezaubert und schenkte mit vollen Löffeln aus.

Hardenberg erzählte in Stichworten: Marsch aus Oranienburg – Flucht in den Wald – schließlich Berlin. Alle Kinder und seine Frau sind am Leben. Fritz, der einzige Sohn, wurde als Sohn eines «Verräters» noch an die Kurlandfront geschickt, konnte aber mit einem Floß vor den Russen fliehen.

Ob Fritzi Schulenburg wirklich im August hingerichtet worden ist oder erst später, weiß niemand. Charlotte ging gleich nach Kriegsende zum englischen Oberkommandierenden in Lübeck und bat um Auskunft. Immer wieder habe sie doch im Soldatensender gehört, daß er noch am Leben sei. «Das war nur Propaganda», hat der Engländer verlegen geantwortet.

1 Im Taschenkalender heißt es: «Dies Berlin ist toll. Anstrengend, abgründig, rührend, elegant und ganz ärmlich. Tiefstes Elend – größter Luxus.» 2 Der Sicherheitsdienst (SD) des Reichsführers SS, der zuletzt sämtliche Nachrichtendienst- und Überwachungsaufgaben im NS-Staat kontrollierte, war von Reinhard Heydrich aus einer unbedeutenden Informationsstelle der Partei aufgebaut worden. 3 Joachim Ringelnatz' Gedicht «Seemannstreue» in: Kuttel Daddeldu oder das schlüpfrige Lied.

1. Oktober 1945

Gerade, als ich bei Bährs in der Küche, dem gemütlichsten Ort der chaotischen Wohnung, an einem Artikel schrieb – ich will ihn an eine der neuen Zeitschriften schicken, die wie Pilze aus dem Boden sprießen[1] – Invasion: eine Kusine von Bärchen mit vier kleinen Mädchen. Sie wurden aus Polen ausgewiesen.[2] Ein scharfes, verhungertes Gesicht, der Kopf ganz kahl geschoren, die dünnen Beine nach hinten durchgedrückt. Sie sah aus wie ein düsterer Vogel. Erzählte mit monotoner Stimme von ihrem Kampf, die Kinder vor dem Verhungern zu retten. Das Jüngste, ein Baby, starb kurz vor der Abfahrt. «Wie ein kleiner Engel sah er aus, wie ein kleiner Engel», wiederholte sie mechanisch. Die vier Mädchen mit alten Gesichtern, vereiterten Fingern, Läusen, Wunden sitzen still um die zerfledderte Glucke herum. Bärchen wäscht, bürstet, entlaust und verbindet.

Abends kamen Beers (seine Frau und Töchter sind nach Schreckenswochen wohlbehalten aus Schlesien zurückgekehrt), Paul Bourdin mit seiner Frau, dazu Schwab. Ach, die Freunde! Und doch ist mir Berlin, diese aufregende, abgründige und begeisternde Stadt, meine Heimat, im Moment so fremd. Vielleicht weil das Glied in der Kette fehlt, die schlimmste Zeit.

Alle Eindrücke verschwimmen wie in einem zerbrochenen Kaleidoskop. Schicksale, die Bände füllen könnten. Was man so hört: «Die hat sich umgebracht – oder nein, ich glaube, sie wurde verhaftet, von der Gestapo oder der GPU,[3] ich weiß nicht mehr genau – oder ist sie nur in die englische Zone gegangen?» Der wurde von der SS erschossen, weil er die weiße Fahne zehn Minuten zu früh gehißt hat; jener wurde von einem betrunkenen Russen erschossen, weil er keinen Alkohol mehr hatte; die war drei Tage bei der GPU, wurde gut behandelt und dann wieder entlassen.

Ein Freund von Bärchen, auf der Straße aufgegriffen und einem Gefangenentrupp eingegliedert, wurde wieder entlassen, nur weil ein Offizier ihn gefragt hatte: «Du bist verlobt? Ist Braut schön? Nun, dann geh wieder.» Die anderen aus dem Trupp sind jetzt vielleicht schon hinter dem Ural.

War mit Bärchen in der Dreigroschenoper.[4] Doch das Agressive wirkt nicht mehr, wenn man vorher einen Fußmarsch durch das Gespensterviertel am Anhalter Bahnhof machen muß. «Erst kommt das Fressen, dann kommt die Moral.» Welche Aktualität.

«Willkommen in Shanghai», sagte Guenther, Etzdorfs Freund. Doch wir kamen nur, um Abschied zu nehmen. Ich könnte das Fiebrig-Hektische hier jetzt nicht mehr lange ertragen, die Blicke, die nie auf einem Punkt ruhen können, die Hände, die nervös nach Zigaretten greifen, die Unsicherheit; die Geschichten von Verschleppungen in die russische Zone; die Schüsse nachts, die zermürbende Jagd nach Lebensmitteln, nach ein paar Kartoffeln, die überfüllten S- und U-Bahnen. Und Mama muß unbedingt hier heraus.

1 Von 1945 bis 1948 entstanden in den vier Besatzungszonen 150 kulturpolitische Zeitschriften. Anspruchsvolle Neugründungen wie *Der Ruf*, *Frankfurter Hefte*, *Aufbau* oder *Die Wandlung* bestimmten maßgeblich die öffentliche Diskussion der Nachkriegszeit. 2 Noch bevor der Alliierte Kontrollrat am 17. Oktober 1945 offiziell einen Ausweisungsplan verabschiedet hatte, begann die Zwangsumsiedlung der deutschen Bevölkerung aus Polen und den Ostgebieten. Die zwangsweise Vertreibung geschah keineswegs in der «geordneten und huma-

nen» Weise, wie es der Plan vorgesehen hatte. Insgesamt kamen bis 1950 rund 4,5 Millionen Vertriebene und Flüchtlinge aus den ehemaligen deutschen Ostgebieten und etwa 400 000 aus Polen nach Deutschland. 3 GPU – sowjetische Geheimpolizei. 4 Mit der Aufführung von Brechts «Dreigroschenoper» vom 8. August 1945 an hob sich am Berliner Hebbel-Theater erstmals nach dem Krieg wieder der Vorhang.

2. Oktober 1945

Wir hocken am Bahnhof Grunewald. Der Kumpel, der zu seiner Frau nach Hamburg möchte, Bärchen, die in Jettingen Lebensmittel für den kranken Vater organisieren will, und ich. Mama und die Mutter der Wirtsleute in Eschwege haben wir nebenan im Bahnwärterhäuschen untergebracht.

Heute nacht um drei Uhr soll es einen Zug geben, der kurz hier hält, so daß man aufspringen kann. Sieht aber unwahrscheinlich aus. Alle zehn Minuten schauen wir hinaus. Doch kein Zug kommt.

3. Oktober 1945

Nachmittags. Sind in Spandau-West in einem Güterwagen untergekommen. Englische Soldaten gaben uns sogar Stroh. Heute früh hierherzukommen war nicht einfach. Die alte Dame, die wir nach Eschwege mitnehmen, konnte nicht mehr gehen. Fanden einen Mann, der sie in einem Handwagen herzog – für fünfzig Mark. Nun warteten wir alle auf die Abfahrt.

Abends elf Uhr. Man soll den Tag nicht vor dem Abend loben. Noch in letzter Minute entdeckte uns eine Offiziersstreife und setzte uns an die Luft. Wir blickten dem davonrollenden Zug nach, aus dem die Soldaten uns freundlich und bedauernd zuwinkten. Dann suchten wir, beladen mit unseren abscheulichen Bündeln, eine neue Möglichkeit. Von ferne tauchte ein Offizier auf. «Der wird uns helfen», dachte ich, weil er mich irgendwie an Klaus erinnerte, eilte auf ihn zu und brachte stotternd unseren Wunsch vor. «Get out here immediately», war alles, was ich zur Antwort bekam. Gleichzeitig griff er nach einer Reiterpeitsche. Ich verlor die Beherrschung, weil ich so enttäuscht war. Schrie ihn wütend an, worauf er entgegnete:

«I will put you in prison» und einen Sergeant herbeiwinkte, der uns alle aus dem Bahnhof vertreiben mußte. Während mir die Tränen der Wut hinunterliefen, bändelte Bärchen mit dem Sergeant an. Nach Mitternacht will er uns wieder auf die Gleise führen.

4. Oktober 1945

Sind in der Nähe von Magdeburg. Unser Zug steht. Schafften es gestern dank Bärchens Diplomatie tatsächlich mit Hilfe des freundlichen Sergeant, zweier rührender deutscher Polizisten und eines Eisenbahners. Die Waggontüren sind plombiert. Aber das Schlimmste liegt noch vor uns, wenn wir die Grenze von der russischen in die britische Zone passieren. Unser Wagen steht gerade unter einer Brücke, über die ein Trupp russischer Soldaten zu marschieren scheint: melodischer, aber wilder Gesang erschallt.

Vier Uhr früh. Endlich drüben! Kurz vor der Grenze schmuggelte ein Eisenbahner noch seine Frau zu uns herein, die uns erzählte, wie oft schon Waggons aufgebrochen und die Leute herausgeholt worden seien. Verängstigt von diesen Geschichten, lagen wir im Dunkeln, aneinandergepreßt, wagten kaum zu atmen. Dann hielt der Zug, zweimal. Geschrei, Stimmen, die verebbten, schließlich wieder Halt. Der Kumpel schlich durch den Vorderwaggon nach draußen, dachte, wir wären schon jenseits der Grenze. Als wir zum vierten Male hielten, kam der Eisenbahner: «Jetzt haben wir's geschafft! Aber warum», fragte er den Kumpel, «mußten Sie ausgerechnet austreten, als der russische Kontrollposten kam?»

Braunschweig, Wartesaal

Es gibt keine trostloseren Orte in dieser Zeit als die überfüllten Wartesäle. Sie gleichen sich alle. Derselbe Gestank nach Muckefuck[1] und ungewaschenen Körpern, dieselben stumpfen, von der Not gezeichneten Gesichter, dieselben Gespräche zwischen den Leuten, die sich fremd sind und trotzdem ungehemmt ihre Schicksale erzählen, wobei keiner dem anderen zuhört. «Hätte ich bloß meine Herbstschlüpfer noch mitgenommen», hörte ich eine Frau sagen, nachdem ihre Nachbarin gerade geschildert hatte, wie ihr Mann erschlagen worden war.

1 Muckefuck – sehr dünner Ersatz-Kaffee.

6. Oktober 1945, Hannover

Kam vorgestern mit Mama hier an. Eigentlich wollten wir im Bahnhofsbunker übernachten. Doch war es uns dort unter den Ganovengestalten zu unheimlich, und so schlichen wir mit letzter Kraft fünf Minuten vor Beginn der Sperrstunde zu Utas Mutter. Wir wissen nun, daß Klaus, der nicht mehr in Gefangenschaft kam, etwas außerhalb von Hannover lebt – und das Schönste: Uta hat einen Sohn bekommen, der wie Papa Konrad heißt.

7. Oktober 1945

Fuhren hinaus zu Klaus und Uta. Durften ihren Sohn, der noch auf der Säuglingsstation in der Klinik bleiben muß, durch ein Glasfenster bewundern. Wir saßen mit ihnen und den Eltern Witzleben zusammen und fühlten uns fast wie eine glückliche Familie.

Mama wird hier in der Nähe, in Gronau, bleiben. Ich starte wieder nach Jettingen. Dort muß ich versuchen, mir darüber klarzuwerden, welchen Weg ich jetzt gehen werde. «Den Unverzagten tragen noch die Trümmer», schrieb Jürgen einmal. Daran mußte ich mich halten. Es wird wieder einen Weg nach oben geben. Aber die Toten, die vielen Toten werden immer mit uns sein.

Rückblenden

Es hat mich Überwindung gekostet, dieses Buch noch einmal durchzulesen. Wer steigt gern in das Bergwerk seiner Vergangenheit? Vergilbtes, Verwischtes, Verlorenes. Die Konfrontation mit dem Ich ist strapazierend. Trotzdem war ich dafür, die Berliner Aufzeichnungen noch einmal neu herauszugeben und länger zu kommentieren, vor allem für die Jugend. Krieg und Nachkriegszeit sind bereits Historie. Wie sollen junge Menschen wissen, wie es damals war? Der Alltag. Glanz, Furcht und Elend. Jenseits von Analysen. Ein Augenzeugenbericht.

Je mehr alte Briefe, Tage- und Notizbücher ich jetzt – widerwillig und fasziniert zugleich – aus Schubladen gekramt und gelesen habe, desto mehr wird mir klar, wie sehr auch meine Familie vom NS-Staat integriert worden ist, wie feinmaschig das Netz war, das uns gefangenhielt. Welche Verführungen. Außer meinem Vater – unbestechlicher Gegner der ersten Stunde – hatten wir Phasen, in denen auch wir schlicht Mitläufer waren, mindestens in den Jahren vor Kriegsausbruch.

Rückblende I

Ich bin in einem liberalen Elternhaus aufgewachsen, man könnte es gutbürgerlich nennen, gemildert durch den Umstand, daß meine Eltern keinerlei Vermögen besaßen und beide Künstler waren. Mein Vater, Mischung aus Bohème und Aristokrat, war Maler, Schüler Liebermanns, Professor an der Grunewald-Akademie für Zeichenlehrer. Meine Mutter hatte eine Werkstatt für Kunstgewerbe, belieferte Einrichtungshäuser mit Stoff- und Tapetenentwürfen, Kissen, gesteppten Dekken, Lampenschirmen, Faschingskostümen und Sets, stellte auf der Leipziger Messe aus, schrieb in Zeitschriften wie «Der Bazaar» und «Die Dame», lehrte an Modeschulen Handarbeitstechnik, obwohl sie selbst nicht nähen konnte. Alles, was sie verdiente, steckte sie wieder in das Lager des Ateliers. Wallensteins Lager ist Wallensteins Tod, witzelten wir.

Wir hatten nie Geld, aber immer Gäste – und einen Mops, der schlank und sportlich war. Manchmal konnten wir die Miete nicht zahlen, aber stets griff dann doch der «Malergott» ein, kam ein Porträtauftrag. Dann tranken wir Wein zu Tisch.

Wir lebten meist über unsere Verhältnisse, in schönen Wohnungen in guten Gegenden (alle sieben wurden im Bombenkrieg vernichtet), bis zum Jahr 1934 hatten wir zwei Dienstmädchen, dann nur noch gelegentlich Putzfrauen. Mitunter wohnten «paying guests» bei uns, Franzosen, Amerikaner, Engländer, meist Studenten (Mädchen wollen immer bügeln, sagte meine Mutter); mit einigen befreundeten wir uns. Guy Wint, ein philosophisch ausgezeichnet gebildeter Oxfordstudent, wurde später beim «Manchester Guardian» China- und Indienexperte, er starb jung an Schlaganfall. Lorrain Cruse, achtzehnjähriger Pariser, entzückte uns mit seinem Esprit und brachte sogar meine Mutter zum Lachen, wenn er Hitler und Röhm imitierte: «Je suis le désir pervers.» Er ist heute wohlbestallter Bankier, Herrscher über viele Kinder und Enkelkinder. Und immer noch witzig.

1934 wurde mein Vater vorzeitig pensioniert, weil er «nicht auf dem Boden des Dritten Reiches» stand, wie das so hieß. Aber immerhin pensioniert. Um diese Zeit waren schon fast alle unsere jüdischen Freunde emigriert. Merkwürdig still ging das vor sich. Ich erinnere mich an keinen dramatischen Abschied. Sie waren plötzlich fort. 1928 war mein Vater von der Kunstakademie in Breslau wieder zurück nach Berlin berufen worden. Meine Eltern verkehrten beim Verleger Samy Fischer, bei Baby Goldschmidt-Rothschild, bei Alfred Kerr, den jüdischen Bankiers Wassermann, Solmssen, Hugo Simon und dem Völkerrechtler Erich Kaufmann. Ludwig Mies van der Rohe, der eine Kusine meiner Mutter geheiratet hatte, wanderte aus nach Amerika und wurde einer der berühmtesten Architekten seiner Zeit. Der Schriftsteller Otto Flake, Schwager meiner Mutter, Hitlergegner, blieb, auch der Bruder meines Vaters, Siegfried Kardorff, Abgeordneter der Volkspartei, Vizepräsident des Reichstags. Seine Frau Kathinka, Abgeordnete der Demokratischen Partei, die einen politischen Salon hatte, nahm ebensowenig ein Blatt vor den Mund wie die besten Freunde meiner Eltern, Purrmanns und Grossmanns, wobei der überaus witzige Zeichner Rudolf Grossmann mitunter ironische Kompromisse machte, ähnlich wie der Herausgeber des «Querschnitt», H. von Wedderkop, und der Theologieprofessor Erich Seeberg.

Mein Vater war pessimistisch und voller Verachtung, wenn es um Hitler ging, jedoch nicht aktiv im Widerstand. Nie kam ihm die Idee auszuwandern. Meine Mutter gehörte zu der weitverbreiteten Spezies: «Davon weiß der Führer bestimmt nichts.» Hatten wir Gäste, kam das Gespräch unweigerlich auf Politik. Ab und zu gelang es meiner Mutter, national Begeisterte einzuschmuggeln; dazu gehörte ihre baltische Freundin Susi Zimmermann, begabte und verrückte Malerin, Frau des Museumsdirektors Geheimrat Zimmermann; sie war allerdings so skurril, daß selbst mein Vater ihre Tiraden nicht ernst nahm. Obwohl sie anfangs für Hitler schwärmte, erfand sie für ihn bald den merkwürdigen Decknamen «Tante Beisel», den wir beibehielten. Auch in unseren Briefen.

Alle waren wir tief betroffen, als der erste Judenboykott im März 1933 inszeniert wurde. Ich schrieb damals an meine Freundin Hanna Boye, die alle Briefe aufgehoben hat, nach Lübeck: «Bei uns ist wahnsinnige Depression wegen all dem politischen Unfug. Gestern war es so schauerlich, daß wir einfach zu Hause saßen und heulten. Es ist eine Schande, daß man das alles ansehen muß, ohne helfen zu können. Unsere ganze Familie macht dauernd Besuche, um zu trösten, wir rufen alle jüdischen Freunde an. Papa schreibt Briefe, in denen er sich entschuldigt. Man geniert sich bald, Deutsche zu sein. Du kannst Dir nicht vorstellen, wie schrecklich es auf der Straße war, überall die Schilder ‹Deutsches Volk, wehr Dich, kauf nicht beim Juden. Die Juden aller Welt wollen Deutschland vernichten!› Schwab-Felischs Vater ist verhaftet worden. Man weiß nicht, warum.»

Aber wir versteckten keine Juden, sondern erbrachten, wie das Gesetz es befahl, unseren «arischen» Nachweis, der in den Ahnenpaß eingetragen wurde. Kommunisten kannten wir überhaupt nicht. Das Wort «Gesellschaft» existierte für mich nur in dem einen Sinn: «Wir geben eine Gesellschaft.» Mein Bruder Jürgen, Schüler des Französischen Gymnasiums, wurde wie alle seine Freunde, die nicht emigrierten, Jungvolk-Mitglied in einem selbstgegründeten «Reiterfähnlein», das erst später übernommen wurde. Mein Bruder Klaus, Schüler im Internat Salem, trat mit der Oberprima kurzfristig in die SA ein. Wir kriegten Lachanfälle, wenn er am Kurfürstendamm die Hand zum Gruß erhob. Er zog die Uniform nur einmal an und ging gleich nach dem Abitur zur Reichswehr. Beide Brüder wurden gern Offizier, obwohl der jüngere lieber Geschichte studiert hätte.

Rückblende II

Meine Mutter bekam nun in ihrer Werkstatt Staatsaufträge, zum Beispiel weiße mit weißen Blumen applizierte Mullgardinen, die Frau Himmler erhielt, und ein Taufkleid, das irgend jemand Göring für Klein-Edda schenkte. «Meine Frau ist jeden Augenblick voller patriotischer Hoch- und Glücksgefühle», schrieb mein Vater, «mir geht das Hurrageschrei und die unausgesetzte Betonung des Deutschtums enorm auf die Nerven.» Als der «Tag von Potsdam», an dem Hitler sein Schauspiel mit dem greisen Hindenburg vor dem Grabe Friedrichs des Großen aufführte (über Lautsprecher) auf uns hereinbrach, malte ich still vor mich hin, lauter kleine Aktfigurinen, was meine Mutter, die natürlich vom National-Brimborium mitgerissen war, heftig schockierte.

Als der Krieg unerbittlich nah rückte, schrieb meine Mutter: «Wenn auch alle anderen den Krieg wollen, so bin ich sicher, einer wird uns davor beschützen, das ist der Führer.» – Wie verschieden die Eltern auf Menschen reagierten, geht aus einem Brief aus dem Jahr 1940 über einen Regimentskameraden meines Bruders Jürgen hervor. Meine Mutter schrieb: «Vor ein paar Tagen war sein Oberleutnant bei uns. Ein idealer Mensch und voll von Tugend. Dazu ein Nationalsozialist von der allerbesten Sorte.» Mein Vater setzte hinzu: «Ein netter, hübscher Mensch, der aber permanent Propagandareden à la Völkischer Beobachter hielt. Nichts für mich und Ursel, aber zur hellen Begeisterung meiner Frau, ‹die Polen und Juden müßten ausgerottet werden›, sagte er. Man erschrickt, wie ein an und für sich sympathischer Mensch durch Propaganda so verroht und verblödet werden kann. Ich befinde mich jetzt geistig meist bei den alten Griechen, Burckhardt und Curtius, und genieße es.» (Der Oberleutnant fiel übrigens kurz darauf.)

So lange es ging, verschaffte mein Vater sich ausländische Zeitungen, bis zum Schluß hörte er Beromünster und BBC, das waren Momente, in denen meine Mutter weinend aus dem Zimmer lief, das dann er wiederum wütend verließ, wenn sie ihres Führers Stimme selig in sich einzog. Daß die Ehe gut blieb – trotz solch tiefer Differenzen –, lag daran, daß sie sich innig liebten. Erst als mein Bruder Jürgen fiel, war meine Mutter endgültig vom Hitlerglauben geheilt.

War ich selbst je Nazi? Rückwärts gesehen gab es bestimmt Epochen der Zufriedenheit, des Nicht-Nachdenkens, des Genießens, des privaten Glücks – auch des Nichtwissen-Wollens. Ich war oberflächlich, amüsierlustig. Erlebte ich als ganz junges Mädchen noch hingerissen Reinhardt-Aufführungen, durfte bei Purrmanns Jakob Wassermann, den Maler Rudolf Levy, den Kunsthändler Flechtheim kennenlernen, bei Samy Fischer schwärmerisch Remarque bewundern, elegante Bälle bei Solmssens mitmachen, im Hause von Hugo Simon sogar einmal mit Ernst Toller tanzen und mit dem jungen Kurt Ullstein ausgehen – so vollzog sich die Änderung nur langsam, für mich jedenfalls nicht einschneidend. Unsere jüdischen Freunde gingen fort – andere kamen eben! Ich ging auf Tanztees und Bälle in hausgeschneiderten Pannekleidern zum Rot-Weiß-Tennisklub am Hundekehlensee. Meine Verehrer gehörten zum Teil zur Reiter-SS, weil die schwarze Uniform so kleidsam war. Mit jungen Attachés tanzte ich in «Jonnys Nightclub», im «Jockey», im «Ciro» und in der «Königin-Bar». Später kamen dann die Regimentsbälle des Infanterieregiments 9 in Potsdam, oder Bälle im Blau-Weiß-Tennisklub mit «schicken» Fliegerleutnants. Begeistert besuchte ich die Kostümfeste der Akademie «Die Rote Laterne» in selbstgebastelten Kostümen mit meiner Freundin Regine Schütt. Einmal stellte sie mir dort einen blendend aussehenden Freund vor, Harro Schulze-Boysen, einer der späteren Chefs der kommunistischen Widerstands- und Spionageorganisation «Die Rote Kapelle». Regine liebte ihn, hatte sich schon um ihn bekümmert, als er 1933, drei Monate verhaftet und im berüchtigten «Kolumbushaus» am Potsdamer Platz, schwer mißhandelt worden war. Im Kriege ließ er mich über Regine fragen, ob ich ein Konto hätte, auf das er getarnt Geld einzahlen könnte. Zum Glück hatte ich kein Konto. Auch seine eigenwillige Frau Libertas kam einmal zu uns. Meine Eltern kannten ihren Vater, den exzentrischen Modeschöpfer Haas-Heye, sie war eine Enkelin des Fürsten Philipp zu Eulenburg und äußerte ihren Haß gegen Hitler auf unserer Veranda mit fast selbstmörderischer Unvorsichtigkeit.

Wann Schulze-Boysens verhaftet wurden, erfuhren wir natürlich nicht. Erst am 22. Dezember 1942 – ich werde das nie vergessen – erschien Regine bei Bärchen und mir in der Redaktion und brach mit einem Weinkrampf zusammen. Sie wußte Bescheid. Es war der Tag, an dem Harro Schulze-Boysen am Galgen starb. Auch Libertas, die bis zuletzt gehofft hatte, wurde hingerichtet. Regine, Modejournalistin und Designerin, lebt heute verheiratet in Kanada.

Doch diese Zeiten waren noch weltenfern, als wir auf den Kostümfesten hingegeben tanzten, zu den schmelzenden Melodien von «Night and Day», «Stormy Weather» und «The last Round up». Ich besuchte, eher erfolglos, die Zeichenschule Marcks und die Modeschule Breuhaus, arbeitete – noch erfolgloser – im Atelier meiner Mutter und war hauptsächlich im Rot-Weiß-Klub zu finden. 1932 fuhr ich nach Paris zu einer englischen Tante und war begeistert vom Montparnasse, 1936 und 1937 konnte ich als «au-pair»-Mädchen, obwohl es diesen Ausdruck noch nicht gab, zur Familie des Professors Fourneau wieder nach Paris reisen. Ernest Fourneau war Wissenschaftler am Institut Pasteur, ein reizender, politisch naiver Gelehrter, der Deutschland liebte. Er wurde Vorsitzender des Comité France-Allemagne und wurde mit 80 Jahren noch als Kollaborateur eingesperrt; dabei war er ein wohlmeinender Mann gewesen, der sich nur für die falschen Deutschen begeistert hatte; vor allem auf der Olympiade, als er Tränen der Rührung vergoß über den Beifall, den die in das Stadion einmarschierenden Franzosen erhielten. Vergeblich suchte mein Vater ihn vor den falschen Göttern zu warnen.

Wir waren keine «Nazis». Weiß Gott nicht. Keiner ging in die Partei, wir flaggten, wenn wir mußten, schwarzweißrot, mokierten uns über den «Eintopf» und die scheußlichen braunen Uniformen. Lasen natürlich weder den «Völkischen Beobachter» noch den «Angriff» und schauten angewidert weg von den Kästen mit Streichers Pornohetzblatt «Der Stürmer», die allerdings während der Olympiade ebenso verschwanden wie die Schilder «Juden unerwünscht». Berlin sonnte sich im internationalen Glanz. Auf Empfängen in der französischen Botschaft bei François-Poncet lernte ich die Halbgötter jener Woche kennen: die Olympiareiter.

Erst nach der Olympiade manifestierte sich das Böse wieder, mit den Rassegesetzen, denen man den Namen der Stadt Dürers gab.

1935 starb Max Liebermann, dessen Witz umlief: «Ich kann gar nicht soviel essen, wie ich kotzen möchte.» Selbstverständlich ging mein Vater mit seinem Freund Hans Purrmann zur Beerdigung, auf der Karl Scheffler eine Rede hielt. Außer Käthe Kollwitz hatte sich kaum ein Künstler blicken lassen, kein Mitglied der Preußischen Akademie der Künste erschien, deren Präsident Liebermann zwölf Jahre lang gewesen war.

Immer öfter sahen wir die Möbeltransportkästen der Auswanderer nach Übersee in den Straßen stehen, sahen sie mit dem Gefühl der Erleichterung, die Emigranten würden den schändlichen Diffamierungen entgehen, doch auch mit einer Spur von Neid. Emigration stellte ich mir verlockend und abenteuerlich vor, fremde Länder zu sehen, war uns durch die Devisengesetze unmöglich geworden.

Hitler selbst erlebte ich aus der Nähe nur einmal, als ich in Begleitung eines Freundes im Hotel Kaiserhof Tee trank. Es war noch vor dem Krieg. Er machte mir – und hier interpretiere ich mich nicht nachträglich – keinen Eindruck, ließ mich ebenso kalt, wie die Suada seiner österreichischen Stimme, die aus den Lautsprechern quoll und die ich nur entnervend fand. Dennoch berichteten die Brüder, der eine als Hitlerjunge bei Aufmärschen, der andere als Fahnenjunker bei Paraden, sie wüßten es genau, Hitler habe sie, sie ganz persönlich, angesehen.

Im Jahr 1935 hatte ich eine glühende Liebesgeschichte. Ich liebte einen PG, einen Parteigenossen, einen Regierungsrat im Reichssportministerium. Er war verheiratet. 1936 war die Affäre aus. Wenn ich jetzt seine Briefe noch einmal lese, wundere ich mich, daß wir über Politik offenbar niemals gesprochen haben in jener Zeit. Wir hatten Wichtigeres. Auch in den späteren, den Feldpostbriefen, war von Politik nicht die Rede, nur einmal schrieb er 1942: «Ich habe unvorstellbar viel Elend gesehen – in vielen Ländern Europas.» Immer kam er wieder auf jenen Sommer 1935 zurück, noch nach sieben Jahren. Er war Reserveoffizier und begeisterter Soldat, Fallschirmjäger, sprang in Kreta ab, bekam das Ritterkreuz – klammerte sich im russischen Winter 1942 an etwas, was wohl alle Männer im Krieg berührte: die Kameradschaft, und schrieb Weihnachten 1942: «Das Fest hier bei den Kameraden ist so, wie man es nie wieder erleben wird. Hier ist keiner allein oder vergessen, und die vielen Beweise der Liebe von Menschen, die man gern hat, verbunden mit der Treue, der man hier bei jedem begegnet, lassen einem diesen Tag als eines der vielen unverdienten Geschenke erscheinen, die das Leben bereitet.» Er fiel 1944 in Frankreich. Es heißt, er habe den Tod gesucht. Aus Verzweiflung. Seine Todesanzeige: «Gefallen für Führer und Reich» – stand in derselben Nummer des «Völkischen Beobachter» wie die Meldung, daß sein Bruder Fritz-Dietlof Graf von der Schulenburg wegen Hochverrats hingerichtet worden war.

Wenn ich an Wolfi zurückdenke, taucht seine große Gestalt in englischen Tweedjacken wieder vor mir auf. Trug er je das Parteiabzeichen? Ich erinnere mich nicht, es spielte keine Rolle. Er hatte dieselbe Art zu reden wie sein Bruder Fritzi, dieselben lässigen Gesten, mit denen er seine Schilderungen unterstrich. Ich höre seine spöttische, etwas belegte Stimme, wechselnd gleichgültig und passionierend, höre ihn seinen Lieblingsdichter, Richard von Schaukal, zitieren: «Wenige nur und Gleiche sollen / gern mich grüßen / Kaum gestatte ich, daß die Schar / An meines Gitters goldene Stäbe / ihre Finger legt.» Untergegangene Welt!

Die Geschichte des wilden Geschlechts der Mecklenburger

Junker Schulenburg ist komplizierte preußische Zeitgeschichte. Der Vater, Kavalleriegeneral im Ersten Weltkrieg, Gutsbesitzer in Mecklenburg, trat mit den Söhnen früh in die Partei ein. Die Tochter Tisa, Bildhauerin, attraktiv und begabt, heiratete den jüdischen Industriellen Fritz Hess und emigrierte nach London, kehrte 1939 an das Sterbebett ihres Vaters als bereits geschiedene Frau zurück und heiratete dann einen Jugendfreund, von dem sie sich ebenfalls nach dem Kriege scheiden ließ. Sie konvertierte zum katholischen Glauben – und ist heute Ordensschwester bei den Ursulinerinnen. Sie überlebte ihre fünf Brüder, einer verunglückte, zwei starben an Krebs, einer fiel und einer wurde aufgehängt.

Irgendeinmal hatte ich in einer Handelsschule Stenographie (vergeblich) und Schreibmaschine erlernt. 1937 ging ich als Sekretärin auf das Gut Neuhardenberg, mehr wie ein Kind des Hauses – es gab vier Töchter und einen Sohn – denn als Angestellte behandelt. «Ich lebe hier in einem Schloß», schrieb ich an die Lübecker Freundin, «von Schinkel erbaut mit Cranachs und Breughels an weißen Wänden und den amüsantesten historischen Andenken an den Staatskanzler Hardenberg. Es ist märchenhaft – und abends sitzt man in einem Zaubersaal mit Kerzen in Abendkleidern und geniert sich trotzdem nicht wegen Popligkeit, da die Menschen alle besonders nett, gebildet und verständnisvoll sind ... Willst Du glauben, daß ich stundenlange Jagdgespräche voll nicht erheuchelten Interesses gern anhöre?»

Ich blieb nicht lange bei den Hardenbergs, doch überaus gern, erledigte die Privatpost und schrieb Briefe des Staatskanzlers aus dem 19. Jahrhundert ab. Mußte ich einmal im Rentamt aushelfen, kamen alle von mir ausgestellten Zahlkarten prompt wieder zurück.

Rückblende IV

Im November bewarb ich mich um eine «Schriftleiteraufnahmeprüfung», wie das im NS-Amtsdeutsch hieß, weil ich bei der «Deutschen Allgemeinen Zeitung» volontieren wollte, nachdem dort einige kleine Artikel von mir erschienen waren und der Feuilletonchef Bruno E. Werner mir freundlich zugeraten hatte. So wurde ich eines Tages in das «Haus der Presse» bestellt, vorher hatte ich ein bißchen NS-Geschichte gepaukt und ein Bändchen gelesen: «Was muß ich vom Dritten Reich wissen?» Es begann am Nachmittag. Nachdem man uns eine Weile hatte schmoren lassen, mußten wir uns an einen langen Tisch setzen, rechts von mir zwei Jünglinge mit Parteiabzeichen, links zwei in SS-Uniform. Dann erschien der Leiter des Presseverbandes und erzählte, daß von ihm 5000 «Schriftleiter» abhingen, wie die Redakteure damals hießen. Er war begleitet von zwei Trabanten. Sie setzten sich uns gegenüber und musterten uns scharf. «Ich eisern ohne Brille», schrieb ich an die Freundin, «ab und zu kesse Blicke werfend.» Viel anders wird es heute auch nicht sein, wenn ein Mädchen zur Prüfung muß.

Die erste Frage schmetterte auf uns herunter: «Wer von Ihnen hat ‹Mein Kampf› noch nicht durchgearbeitet.» Darauf meldete sich der eine SS-Mann und sagte, er hätte das Buch des Führers zwar schon siebenmal gelesen, könnte aber dennoch nicht sagen, daß er es schon ganz «intus» hätte. Ich hatte es überhaupt nicht gelesen, war immer an den ersten urlangweiligen Seiten hängen geblieben. Nach außenpolitischen Fragen kam Innenpolitik an die Reihe, bei der der Leiter es speziell auf mich abgesehen hatte, die einzige Nicht-Parteigenossin, die weder Arbeitsdienst noch BDM, noch Frauenschaft aufzuweisen hatte. Ich versagte total. Welche Worte sagte Hitler in Pasewalk, Bismarcks Sozialistengesetz in der Sicht des Nationalsozialismus, und so weiter. Schließlich wollte er mich endgültig reinlegen und fragte nach den Namen der 16 Toten des 9. November 1923, da aber fiel er nun rein, denn diese Namen hatte ich in den Wäldern von Neuhardenberg auswendig gepaukt. Ich kann sie heute noch, nach dem Alphabet.

Einzeln mußten wir dann in sein Zimmer treten, wo mir der rundköpfige, dicke, braununiformierte Leiter mitteilte, daß er die feste Absicht gehabt habe, mich durchfallen zu lassen, da ich einen politisch unzuverlässigen Eindruck gemacht habe, doch hätte ich die Namen der 16 Toten so gesagt, als ob sie wirklich etwas für mich bedeuteten, was ich – wie ich an die Freundin schrieb «urdeutsch und markig bejahte, hast Du je so einen Quatsch gehört?» Ich bekam den Vermerk «Bestanden, nur für Unpolitisches».

Wenn ich durchgefallen wäre, hätte ich in keiner Zeitung öfter als einmal im Monat schreiben können. Wie gesagt, das Netz war fein gesponnen, das uns gefangenhielt. Ich begann am 1. Januar 1938 meine Volontärszeit in der DAZ und mußte nach Abschluß drei Monate in die «Reichspresseschule» gehen, dort auch wohnen, obwohl sie in Berlin war.

Eine seltsame Zeit, an die ich mich nur nebelhaft erinnere. Wir waren fünf Mädchen, davon zwei von der DAZ, genannt die «Dazen», und etwa 20 Männer. Mit ihnen mußten wir beim Frühsport Handgranaten aus Holz werfen. Politisch wurden wir getrimmt und geschult, lernten freilich auch einiges für den Beruf, machten Besichtigungen, hörten Vorträge, gingen ins Theater. Beim Leiter der Schule fiel ich wieder unangenehm auf. «Alles, was Sie mir reichen, kommt von links», sagte er einmal, als ich bei Tisch neben ihm sitzen mußte. Wir hatten eine heimliche Clique gegründet, die sich nachts bei Rotwein traf: Rudolf Hagelstange, Martin Wiebel und ein Feuilletonist von der «Kölnischen Zeitung» namens Mießner, dazu Alfred Haußner von den «Münchner Neuesten Nachrichten». Wir feierten viel und sangen im Chor die Schlager des Jahres, «Kann denn Liebe Sünde sein?» und «Liebesgeschichten sind meistens nicht wahr, doch wenn sie wahr sind, sind sie wunderbar.»

Meine Liebesgeschichten waren meistens nicht wahr – doch immer wunderbar. Sichtlich nicht als «Mutti» oder gar «Oma» vorprogrammiert, mit starkem Freiheitsdrang belastet, endeten sie für mich folglich auch niemals vor dem Traualtar, obwohl ich es zweimal stark gewünscht hätte. Man war damals so auf Ehe gedrillt, daß man sich ein freies, unverheiratetes Dasein kaum vorstellen mochte.

Rückblende V

Bei Kriegsausbruch war ich schon Redaktionsmitglied der «Deutschen Allgemeinen Zeitung». Ich erlebte diese spannungsgeladenen Tage zusammen mit Jürgen Schüddekopf, DAZ-Kollege, wohl der gebildetste Mensch, der mir je begegnet ist. Ich erinnere mich an Gespräche im Feuilleton, bei denen Paul Fechter Namen ins Spiel brachte, die ich noch nie gehört hatte. Schüddekopf konterte und wußte auch gleich sämtliche Werke des Betreffenden, die längst verschollen waren. Halbe Nächte saß ich mit ihm in Kneipen herum, in denen die Leute sich betranken und ziemlich laut schimpften.

Am 28. August 1939 waren bereits Lebensmittelkarten ausgegeben worden. Stoff, Strümpfe und Seife nicht mehr zu haben. Durch die Straßen rollten Panzer und Militärwagen. Und wir durchschauten immer noch nicht, daß alles längst geplant – längst gelaufen war. Hofften immer noch. Das Netz zog sich zusammen. Noch ein Jahr zuvor, bevor Daladier und Chamberlain in München Hitlers Vereinnahmung der Sudetengebiete in der Tschechoslowakei zugestimmt hatten, wäre ein Krieg möglicherweise vom Volk nicht toleriert worden, hätte es Auflehnung gegeben. Doch jetzt schien sich eine Art Ergebenheit in Unabwendbares auszubreiten. Waren wir schon Opfer der Kriegspropaganda geworden? In den Wochenschauen berichteten weinende Frauen in oberschlesischem Dialekt von Polengreueln.

Am 31. August wurde Berlin teilweise verdunkelt. Ich saß mit «Schüdde» in einem Bräu bei gräßlicher Marschmusik. Um Mitternacht gingen wir noch einmal zurück in die Redaktion. Bärchen, rechte Hand des Chefredakteurs Silex, kochte die ersten von später folgenden tausend Tassen Tee zur Besänftigung; dazu gab es Bier und Korn, um die Spannung etwas abzureagieren. Man wartete auf Weisungen vom «Promi« – Goebbels Propagandaministerium. Graf Ludwig Douglas, unser Verbindungsmann, hetzte schließlich um ein Uhr nachts herein: «Alles nach Hause gehen, der Führer sitzt in seinem Privatkino, für heute ist nichts mehr zu erwarten.»

Die Würfel waren längst gefallen, wir wußten es nur nicht. Beide Brüder standen an den Grenzen Polens mit ihren Regimentern. Ich ging mit Schüddekopf noch in die «Taverne», ein Weinlokal in der Kurfürstenstraße. Durch den Chianti wurden wir wie mit dem Kran wieder herausgehoben, sprachen von sehr unmilitärischen, sehr zivilen Dingen, die nur uns angingen. Auf dem Nachhauseweg sahen wir, daß im Kriegsministerium alle Fenster hell erleuchtet waren. Wir setzten uns in den kleinen Opel einer Freundin, der dort stand, und redeten und redeten bis fünf Uhr früh. Immer mit dem Blick auf diese Fenster.

In der Nacht träumte ich etwas Erschreckendes. Ich ging zu einem Regimentsball nach Potsdam, doch als ich das strahlende Kasino betrat, standen an den Wänden plötzlich Lazarettbetten, darin Schwerverwundete und Sterbende. Beschämt stand ich in meinem Abendkleid da, als ich aufwachte – meine Mutter saß weinend an meinem Bett mit der Nachricht: «Seit einigen Stunden wird zurückgeschossen.» Der Gleiwitzer Sender, hieß es, sei von Polen (die in Wirklichkeit verkleidete Deutsche waren) überfallen worden. Das gab den vorgetäuschten Anlaß zum Überfall auf das Nachbarland. Das war der Krieg!

Vormittags saß die ganze Redaktion bei Silex, aus dem Lautsprecher kreischte die hassenswerte Stimme: «Gewalt gegen Gewalt.» Wir gingen schweigend hinaus. Ich heulte.

Zu Hause gab es den ersten Fliegeralarm, gigantische Maschine, die Löcher ins Gehirn bohrte; jahrelang würde sie uns nun ins Ohr gellen. Mein Vater stand im Hof mit Johannes Semler (dem späteren Mitbegründer der CSU), beide gleicherweise wütend und pessimistisch.

Ich hatte die Ahnung – und schrieb es damals auf –, daß dieser Krieg sehr lange dauern und mein Bruder Jürgen und Wolfi fallen würden.

Abends raste ich in die Redaktion. Jetzt war die ganze Stadt verdunkelt. Omnibusse mit blauem Licht durchsegelten sie wie Geisterschiffe. Die Menschen hatten keine Gesichter mehr. Lange stand ich am Fenster der leeren Feuilletonredaktion. Unten auf der Kochstraße rief ein Betrunkener wieder und wieder nur ein Wort: Demokratie, Demokratie. Zwei Volontäre mit Gestellungsbefehl nahmen Abschied. Hitler hatte den Orden des Eisernen Kreuzes wieder eingeführt und einen neuen dazu, das «Ritterkreuz». In den Lokalen, die Schüdde und ich anschließend besuchten, hörten wir jedoch kein lautes Wort, keinen Widerspruch, keinen Protest. Man war wie gelähmt.

Am nächsten Tag ging ich mit Schüddekopf in den Garbofilm «Anna Christie»; er nahm uns so gefangen, daß wir alles vergaßen. Der Schauder kam erst wieder, als wir auf die dunkle Straße traten. Huschende Menschen wie Mäuse, als verschlucke die Dunkelheit jeden Laut.

Der 3. September war ein Sonntag. Ich lag auf dem Balkon in der Sonne und dämmerte vor mich hin, als über die Lautsprecher der Straße plötzlich eine peitschende Stimme aufklang: «Wir lehnen die Forderung Englands damit ab.» Mein Vater kam mir leichenblaß entgegen: «Das ist der Weltkrieg.» Jürgen war gerade Leutnant geworden, Klaus Oberleutnant. Wir saßen stumm bei Tisch, meine Mutter in Tränen aufgelöst. Lorrain und Guy, das sollen nun unsere Feinde sein? Nur unser Mops verstand nichts und lief wedelnd von einem zum andern.

Am Nachmittag ging ich mit meiner Freundin Tina Flemming auf den Wilhelmplatz, um «Geschichte» zu erleben. Aber es gab nichts zu sehen, nur eine stumme Menge stand vor der Reichskanzlei. Niemand rief: «Wir wollen unsern Führer sehn.» Frauen unter schicken Blumenhütchen hatten verweinte Gesichter. Danach setzten wir uns zu Kranzler Unter den Linden auf den Balkon, neben uns angejahrte Damen, die penetrant fröhlich waren. Plötzlich brannte vor unseren Augen ein Militär-Lkw ab, und ich bekam die schaurige Vorstellung: So wird Jürgen umkommen. Die Angst krallte sich in mich. Mit dieser Angst mußte ich nun leben.

Abends traf ich mich wieder mit Schüddekopf. Wir gingen spät nachts über den Schloßplatz. Von Mondlicht übergossen, bekam er etwas Märchenhaftes, wurde zur unwirklichen Szenerie, Theater ohne Menschen. Wir begannen plötzlich, Dialoge zu sprechen, die in diese Mondkulisse gehörten, spielten wie auf einer Bühne, lebten auf einem anderen Stern. Seltsam verzauberte Stunde.

Jürgen Schüddekopf wurde Anfang 1942 als Kanonier eingezogen und kam später als Kriegsberichterstatter nach Rußland, wo er auf meinen Presseschulfreund Alfred Haußner traf, mit dem er sich anfreundete. Haußner kam 1944 bei einem Bombenangriff auf die «Münchner Neuesten Nachrichten» im Keller der Redaktion um. Schüddekopf, Erfinder des «Nachtprogramms» beim Norddeutschen Rundfunk, starb am 2. März 1962 an einem Herzschlag.

Der Krieg ließ sich in den Anfangstagen nicht so an, wie man sich das als Leser von Remarques «Im Westen nichts Neues» vorgestellt hatte. Doch der erste Schock kam schnell. Am 24. September wurde mein Bruder Jürgen todkrank mit Ruhr aus Polen in ein Berliner Lazarett überführt. Ich hielt den Ausgezehrten für einen Sterbenden. Aber wie durch ein Wunder überlebte er und erholte sich. Wir hatten ihn noch eine Weile zu Hause.

Der Winter verging mit dem «drôle de guerre» ohne Katastrophen. Im Frühjahr 1940 dröhnte die Siegesfanfare der Sondermeldung im Radio immer öfter. Hitler schien unaufhaltbar alles zu überrennen: Dänemark, Norwegen, Holland, Belgien, Luxemburg, schließlich fiel auch überraschend schnell Frankreich mit der Maginotlinie. Als Paris besetzt wurde, gingen wir vom Feuilleton mit Karl Korn in die «Taverne» und betranken uns.

Mein Bruder Jürgen wurde leicht verwundet. In Paris suchte er seinen Freund Lorrain Cruse auf und brachte ihn in Verlegenheit, weil er in Uniform kam. Cruse, der später in der Résistance Adjutant vom Widerstandsführer Chaban-Delmas wurde, zeigte Jürgen erst einmal stolz die Trikolore über seinem Bett und ein ganzes Waffenarsenal, das er nicht abgegeben hatte. Dann gingen sie essen.

Als nach der Kapitulation von Jugoslawien und Griechenland die deutschen Truppen schließlich am 22. Juni 1941 die Sowjetunion überfielen, begriff ich nicht, daß dies der Anfang vom Ende war. Der Vormarsch ging zu schnell. Von den Pogromen und Massakern in Litauen, Polen, der Ukraine, von den Massenerschießungen in Kiew mit 34000 Toten erfuhren wir erst nach und nach. Beide Brüder hatten Massengräber gesehen, doch Menschen wie meine Mutter – und sie waren in der Mehrzahl – konnten einfach nicht glauben, daß Deutsche so etwas taten: «Hört auf, das kann einfach nicht wahr sein!» Daß 1941 bereits die ersten Vergasungsversuche in Auschwitz unternommen wurden, wußten selbst die Aufgeklärten um diese Zeit noch nicht.

Am 15. September 1941 wurde der «Judenstern» eingeführt.

Seltsamerweise finde ich in meinem Notizbuch keinen Hinweis auf diese schändliche Tat. Abtransporte jüdischer Familien habe ich nie gesehen. Es geschah nachts, wenn alle schliefen. Ahnten wir, daß sie in den Gastod gingen? Ich stellte mir eine furchtbare, eisige Ferne vor. Etwas Grausiges. Wir waren realistisch und pessimistisch. Aber Auschwitz?

Auf der Suche nach der verlorenen Zeit entdeckte ich in einem Brief an die Freundin vom 17. Oktober 1942 folgenden Satz: «Hier geschehen augenblicklich die deprimierendsten Dinge. Alle Juden bis zu 80 Jahren werden nach Polen abtransportiert. Man sieht nur verweinte Gestalten auf den Straßen. Es zerschneidet einem das Herz, daß man so furchtbar wenig helfen kann. Sie dürfen nur ein kleines Bündel mit sich nehmen.»

Wir in den großen Städten, wir wußten viel. Sage keiner, der erwachsen war, er habe es nicht gewußt. Die Namen der ersten KZ-Lager – Dachau, Oranienburg, Buchenwald – wir kannten sie alle. Wären wir sonst so feige gewesen? Doch selbst als das Land in den letzten Kriegsmonaten im Chaos unterging, überdauerte das lückenlose System der Überwachung: Lebensmittelkarten, Arbeitsbuch, Ahnenpaß, Meldepflicht, Reisebescheinigung... Das Netz war feinmaschig und immer noch haltbar.

Am 15. August 1943 lernte ich Fritz-Dietlof Schulenburg in Neuhardenberg kennen, der viel bedeutender war als sein Bruder. Ich hätte für ihn – wenn es gegen das Regime ging – alles gewagt, jede Weisung ausgeführt, wäre jedoch niemals auf den Gedanken gekommen, mich in ihn zu verlieben. Dazu strahlte er zu sehr den Zauber aus, der in seiner Ehe mit Charlotte und in seiner glücklichen Familie wurzelte. Auch meine spätere Schwägerin, Uta Witzleben, war von «Fritzi» so fasziniert wie ich, sah jedoch die Aktion, bedingt durch ihr Elternhaus, mit mehr Skepsis an. Für diese Neuausgabe meiner Aufzeichnungen schrieb sie mir dazu einen Brief, der ihren Standpunkt erläutert.

Rückblende VII

Liebe Ursel,
da für mich die Erinnerungen eigentlich in der Begegnung mit Fritzi Schulenburg in Deiner kleinen Wohnung am Pariser Platz kulminieren, möchte ich sie gern noch einmal aufschreiben. Du schilderst die Szene am 15. Juli ziemlich kurz, wahrscheinlich ganz auf den Ausgang konzentriert, der Begegnung mit Frau Leber im Krankenhaus, ein Auftrag, der Dir das Leben kosten konnte. Es mag interessant sein, das Bild abzurunden:

Kurze Zeit vorher lernte ich Fritzi Schulenburg kennen und war fasziniert von ihm. Ich erinnere mich nicht so sehr an die Einzelgespräche mit ihm, als mehr die Gesamtheit vertrauter Gesichter; das Kommen und Gehen der Freunde, mit denen wir die Nächte durchdiskutierten, und daß es besondere Momente gab, ein Gesicht, eine Geste, Worte, das Erkennen eines Menschen, der Probleme, des Schicksals, das uns alle bedrohte.

Ich hatte am 14. wieder bei Dir übernachtet und war noch da, als Schulenburg auftauchte. Damals wohnte ich nicht mehr zu Hause in Dahlem bei meinen Eltern, weil ich meinem Vater Weihnachten 1943 eröffnet hatte, daß ich seit Monaten engen Kontakt zu einem Kreis von Hitlergegnern hatte, die entschlossen waren, dem Regime ein Ende zu bereiten, und zwar durch ein Attentat auf den Führer. Mein Vater, in begreiflicher Angst, verbot mir jeden weiteren Umgang mit diesen Leuten und versuchte mir klarzumachen, daß sie mich in Lebensgefahr bringen könnten. Er verlangte ein Versprechen von mir, diese Beziehungen abzubrechen, das ich ablehnte. Er verdächtigte meinen Vetter, Helmuth James Moltke aus Kreisau, in diesem Fall irrtümlicherweise, mich mit seinen Ansichten beeinflußt zu haben, und glaubte außerdem, daß mein Stiefvater, Günther von Poseck, den meine Mutter nach ihrer Trennung von ihm geheiratet hatte, zu diesen Verschwörern gehörte. Auch das stimmte nicht. Poseck, ehemaliger Generalstäbler und wegen seiner Umsicht und Klugheit überall angesehen und beliebt, hatte sich von seinen alten Freunden, die sich mit solchen Plänen befaßten, distanziert. Nicht, weil er anderer Ansicht gewesen wäre, sondern weil er glaubte, daß so, wie die Sache vorbereitet wurde, alles vergebens sein würde, da es sich um «Dilettanten» handle, die nicht in der Lage seien, eine solche Tat angesichts eines Gegners, den sie vermutlich unterschätzten, erfolgreich auszuführen. Wie sehr Poseck mich durch seine Ansicht bedrückte, ahnte er nicht. Er verurteilte die Leichtfertigkeit, mit der die Beteiligten über die ganze Angelegenheit unter angeblich Gleichgesinnten redeten. Ich erinnere mich weiter daran, wie mein Onkel, Generalfeldmarschall Erwin Witzleben, bei uns im Familienkreis, vor meinem Vater und dessen Bruder und mir darüber sprach, daß Hitler beseitigt werden müsse, sonst sei Deutschland verloren. Für mich waren solche Gespräche ein Schock, denn mir schien, daß ohne Verschwiegenheit das Urteil über uns alle bereits gesprochen sei.

Insofern kann ich mich an jedes einzelne Wort, das Fritzi damals in großer Erregung sprach, so genau erinnern, weil es für mich eine Vorbestätigung des Mißlingens war, zumal es sich jetzt darum handelte, daß einer der wichtigsten Männer innerhalb der Verschwörung einem Spitzel zum Opfer gefallen war und am 5. Juli verhaftet wurde.

Fritzi bat Dich, Du solltest Frau Leber mitteilen, daß man die Spur ihres Mannes Julius Leber gefunden habe, um mit ihm Verbindung aufzunehmen und zu erfahren, wieviel die Gegenseite wisse. Es müsse schnell gehandelt werden. «Die Gestapo weiß jetzt Bescheid, sie kann jeden Augenblick zuschlagen. Wir befinden uns in einer Zwangssituation.» Durch diese Worte waren wir beide Zeugen eines Augenblicks von fürchterlicher Tragweite geworden. Ich erinnere mich, daß ich sagte: «Um Gottes willen, wie können Sie vor mir so offen reden?» Er sei in der Lage zu erkennen, wen er vor sich hätte, war seine Antwort.

Meine Bewunderung für ihn blieb die gleiche, das Bild des Helden, den Fritzi für mich verkörperte, veränderte sich, er mußte gegen die Übermacht unterliegen. Von da an gab es für mich nicht mehr den siegenden Helden, sondern nur den zwar äußerlich, nicht innerlich Besiegten. Mein eigener Konflikt, mich für eine Sache einzusetzen, die im Grunde keine Chance hatte, wog von da an schwerer.

In den langen Verhören bei der Gestapo später, wo man mir datumsmäßig geordnet alle Zusammenkünfte, die wir gehabt hatten, vorlegte und Fragen stellte, wie zum Beispiel: «Was hat der und der am Abend des Soundsovielten zu Ihnen gesagt?»

sah ich die Gesichter all jener vor mir, die in ihren geheimen Gedanken längst vom Gegner erkannt worden waren und nur selbst noch in dem Glauben lebten, sie seien frei in ihrem Tun. Ich wunderte mich dabei über das eigene Gefühl totaler innerer Freiheit, angesichts meiner persönlichen Situation, und empfand es als ein unerwartetes und bis heute nie verlorengegangenes Geschenk.

Ich sehe die Dinge nicht so rationalistisch. Wäre dieser Aufstand, der mißlang, nicht gewagt, wären diese Opfer nicht gebracht worden, ich hätte keine Achtung mehr vor meinem Volk haben können.

Rückblende VIII

Die Berliner Aufzeichnungen enden im Oktober 1945 in Hannover. Aber das Leben ging weiter. Ich fuhr mit Bärchen per Anhalter nach Stuttgart-Uhlbach zu Dörtenbachs und lernte dort Ulrichs Schwester Luise kennen, die fortan zum guten Geist von Jettingen wurde, wenn sie mit Wein vom eigenen Weinberg und Tresterschnaps wohlausgerüstet zu Besuch kam.

Wir hatten im schwäbischen Bilderbuchdorf eine Art Kommune gegründet, Bärchen, ich und Richard Thilenius, der nach harten Erlebnissen in der Berliner Russenzeit zu uns gestoßen war. Eine Zeitlang war er Polizeikommandant von Dahlem gewesen, hatte aber genug von den Besatzern. Scharen der Berliner Freunde wohnten auf kürzere oder längere Zeit in den Jettinger Gasthöfen, Ex-Journalisten, Ex-Soldaten, Ex-Diplomaten. Es kam Gerhard Starke, von Bärchen über die Grenze gelotst. Die Russen hatten ihn zweimal zum Genickschuß niederknien und dann doch laufen lassen. Er wurde später Chefredakteur der «Welt». Es kam Schwab-Felisch, ausgestattet mit einer Papiertüte, in der sich ein dicker französischer Roman und eine Zahnbürste befanden, er ist heute Studioleiter des Westdeutschen Rundfunks und Mitarbeiter der «Frankfurter Allgemeinen Zeitung». Es kam seine Schwester, Franziska Violet, heute beim Institut für Zeitgeschichte, zwei Schwestern Hardenberg und die Schwestern Mutius, die schwierige Zeiten als Landarbeiterinnen im polnisch besetzten Gebiet auf dem ehemaligen Gut ihres Bruders Bernhard durchzustehen hatten. Es kam dünn und mittellos Christoph Thun, Flüchtling aus einem Fürstenschloß in Böhmen, in dem Velasquez an den Wänden hingen, er ist heute Konfektionär in Mickhausen. Alle kamen irgendwann einmal in Jettingen vorbei, Rupprecht Keller, die Geschwister Veltheim und Kusine Karin, Heinz Barth, Tisa Schulenburg, Karl Korn, Schüddekopf – auch Guy Wint aus Berlin mit einem Paket blutiger Steaks und einer Büchse Kaffee – und schließlich meine Mutter, die im Stauffenbergschloß ein Zimmer erhielt. Sie wurde 91 Jahre alt und starb 1972 in München.

Wir feierten natürlich wieder Feste, bei Roderich Thun, der eine Holzspielzeug-Fabrik mit Christa von Doymi gegründet hatte – oder bei Bärchen, die ihre nackte Glühbirne im Mietzimmerchen mit rosa Fetzen verhüllte, oder bei Thilenius, der seine Bachplatten gerettet hatte – und natürlich auch bei mir, im Dachzimmer beim Doktor. Nach unendlichen Kämpfen hatte ich ein Öfchen mit Rohr erhandelt, Torf gestochen, Holz geklaut und das Zimmer mit aufgeklebten Parisfotos aus «Life» in eine Montparnassebude verwandelt. Eine Militärdecke und zwei Kissen machten aus dem Bett eine Couch, der Marmorwaschtisch wurde mit Blaudruckdecken verhüllt, die Fotos der Gefallenen und ein paar Bücher standen darauf. Blumen prangten in Konservenbüchsen, noch höre ich das Sommergeräusch des Mähdreschers vom Dorfplatz. Ein Elektroöfchen verstrahlte winters Wärme und Dämmerlicht. Auf einem Kocher brutzelte ich Mehlklöße. Die ersten Pakete emigrierter Freunde aus Amerika brachten Gaumenglück.

Die Niederschrift des Tagebuches tippte ich 1947 auf die Rückseite von Protokollen des Nürnberger Kriegsverbrecherprozesses, zu dem mich Franz Joseph Schöningh für die «Süddeutsche Zeitung» als Berichterstatterin geschickt hatte. Thilenius wurde Hilfsverteidiger für Neurath.

In Jettingen aßen wir mittags unter den robusten Fittichen der Adlerwirtin meist Kartoffelgemüse und rote Rüben. Ab und zu bekamen wir für Formularübersetzungen von den Bauern etwas Speck. Die Dorfschneiderin zauberte aus Mantelfutter neue kniekurze Kleider, der Dorffriseur, der zweimal in der

Woche erschien, verlangte zwei Scheite Holz und Seife. Noch rieche ich den aseptischen Geruch der roten Seife, die Presseleute von Amerikanern in Nürnberg bekamen, nicht zu vergessen den Nescafé, der uns nächtelang nicht schlafen ließ.

Ich las mit Leidenschaft «L'Etat de siège» (Der Belagerungszustand) von Albert Camus und «Darkness at Noon» von Arthur Koestler. Die Ausstellung französischer Maler in München wurde zur Offenbarung, wie auch Thornton Wilders «In unserer kleinen Stadt» und «Wir sind noch einmal davongekommen». Für beide Aufführungen bekamen wir vom wiedergefundenen Axel von Ambesser Karten. Doch fuhren wir nur selten in das zertrümmerte, kalte, überfüllte, triste München. In Jettingen gab es Wälder, in denen man Beeren und Pilze suchen konnte – und Ruhe.

Wir tanzten Swing im Dorfgasthaus. Einmal brachte die gute Luise einen Koffer voll alter Abendkleider, mit denen wir uns verkleideten. Wir diskutierten nächtelang über Religion und Politik und gründeten ständig neue Zeitschriften, aus denen nie etwas wurde. Wir hatten keine Sehnsucht nach der Stadt.

In der Rückblende war es eigentlich eine schöne, vitale Zeit, durchsetzt mit Melancholien. Wir hungerten und froren oft. Doch waren wir voller Illusionen – und bescheiden. Ich war so naiv zu glauben, nach Hitlers Untergang müsse die Welt friedlich werden, entstände Europa, würden die Menschen einfach gut.

Es gab natürlich auch viele Liebesgeschichten bei uns, Verlobungen, Hochzeiten – das meiste ging schief. Die Dorfbewohner staunten über das Wechselspiel. Der Klatsch blühte.

Einmal feierten wir Fasching bei Gunter Groll in München bis morgens um acht bei spärlichem, doch wirksam schwarzgebranntem Schnaps. Ich sehe noch die schmale Oda Schäfer mit Horst Lange tanzen, Hans Egon Holthusen, Franziska Violet, Walter Kiaulehn, schwankende Gestalten zwischen Traum und Tag.

Die Jettinger Jahre waren für mich auch eine Zeit des Wartens auf Eberhard Urach, der nur selten aus der englischen Gefangenschaft kühle Lebenszeichen gab. Vierzehn Jahre lang – mit Unterbrechungen – hatte unsere Bindung bestanden, die auf einem Rot-Weiß-Kostümball 1934 begann. Er kämpfte mit seiner Familie, als jüngster Sohn des Herzogs von Urach, um Änderung der «Hausgesetze». Ich war ahnungslos in die heile Welt des «Fürstengotha» (rot III. Abteilung) getreten und verstand die Schwierigkeiten einfach nicht. Kurz ehe Urach in Gefangenschaft geriet, schrieb er mir: «Nachdem nun von meiner Seite alles klar ist, nimmst Du hoffentlich diesen Brief als eine Bitte auf, endlich meine Frau zu werden.» Ich fühlte mich verlobt und verkündete es unkorrekterweise auf der Hochzeit meines Bruders Klaus im August 1944. Drei Jahre später, am 29. August 1947, stand Eberhard plötzlich in meiner Jettinger Flüchtlingsbude, fremd, ernst, verändert. Mit Schnurrbart. Selbstverständlich setzte die Familie alles daran, diese Ehe zu verhindern. Sie hatten sogar recht. Ich war eine Frau von 35, die nicht mehr als drei Flüchtlingskoffer und eine Schreibmaschine besaß; er war nicht vermögend und als Exmajor ohne Beruf. Der Bruch kam Anfang 1948. Im Mai heiratete Eberhard Urach Iniga von Thurn und Taxis und zog auf Schloß Niederaichbach. Er wurde sehr glücklich, zeugte fünf Kinder und starb am 29. August 1969 an den Spätfolgen des Rußlandkrieges.

Rückblende IX

Für mich war die Zeit zunächst wahrhaftig nicht heiter, «beschissen wäre geprahlt», sagt der Berliner; daß wir freilich kreuzunglücklich zusammen geworden wären, merkte ich erst später. Der Winter war hart. Pro Person standen uns Besiegten als Monatsration in der «110. Periode» folgendes zu: 1 Liter Magermilch, 200 g Fleich, 150 g Fett, 6000 g Brot, 1 Pfund Zucker, 1 Viertelpfund Kaffeersatz, 1 Pfund Mehl, 1 Pfund Nährmittel und 1 Pfund Suppenerzeugnisse. Das Pfund Butter kostete auf dem Schwarzmarkt 250 RM, für einen Artikel, ich bot sie reichlich in Hamburg, Stuttgart, München an, erhielt ich 50–100 RM Honorar. Bärchen war schon nach Gauting gezogen, wo sie mit Hans Eberhard Friedrich an der Zeitschrift «Prisma» arbeitete.

Im März 1948 ging ich nach München als Redakteurin zur «Neuen Zeitung» und wohnte in wechselnden Unterkünften in der ungeheizten, aber drolligen Pension Erna Morena. Es war der Tiefpunkt meiner journalistischen Karriere, ich schrieb in der Nachrichtenredaktion Notizen um, die niemals erschienen, und wurde nach kurzer Frist rausgeschmissen. Der amerikanische Chefredakteur Fleischer schrieb mir: «Unmittelbar nach Ihrer Ankunft machten mehrere (deutsche) Mitglieder des Redaktionsstabes mich auf die von Ihnen geschriebenen Artikel aufmerksam und drückten ihre Verwunderung und Unzufriedenheit darüber aus, daß Sie von der ‹Neuen Zeitung› angestellt worden waren...» Es handelte sich hauptsächlich um eine Reportage über Flakhelferinnen, die ich in der DAZ geschrieben hatte und die der neu erstandene «Tagesspiegel» 1947 auszugsweise an einer Art Pranger nachgedruckt hatte, woraufhin die kommunistische «Weltbühne» eine Glosse «Unheilige Ursula» veröffentlichte. Auf beides hatte ich die Amerikaner vorher aufmerksam gemacht.

Ich konnte es zunächst kaum fassen: ich als Nazi entlassen! Doch es wurde mein Glück. Schöningh holte mich an die «Süddeutsche Zeitung», ich fuhr zunächst nach Jettingen zurück und ging dann nach Nürnberg zum sogenannten Wilhelmstraßen-Prozeß gegen Staatssekretär von Weizsäcker als Berichterstatterin. Hier traf ich wieder alte Bekannte, Sigismund von Braun, Helmut Becker, Etzdorf und Richard von Weizsäcker. Hier erlebte ich die Währungsreform, die mich im Gegensatz zu anderen, nicht besonders aufregte. Von den berühmten vierzig D-Mark, die arm und reich ausgezahlt erhielten, kaufte ich zunächst zwei Weingläser, einen Korkenzieher, eine Flasche Wein und zwei Eintrittskarten zu dem Film «Kinder des Olymp».

Im Herbst zog ich endgültig nach München, das mir jetzt als schönste Stadt erschien. Meine Heimat Berlin machte mich nur unendlich traurig. Thilenius ging für die «Süddeutsche» nach Bonn. In zweiter Ehe – die erste war mit Luise Dörtenbach – heiratete er Renata Pferdmenges, geborene Nostiz, die ich als bildhübsches Mädchen in den Berliner Tagen gekannt hatte. Thilenius starb in München auf der Durchreise nach Prag mit 56 Jahren an einem Herzinfarkt am 13. Oktober 1964. Ich verlor meinen besten Freund. Bärchen war 1949 nach Frankfurt als Redaktionssekretärin an die «Frankfurter Allgemeine Zeitung» gegangen und hatte ihren aus der Emigration zurückgekehrten

Jugendfreund, den Arzt Theo Goldschmidt, geheiratet, der 1961 starb. Mein Bruder Klaus begann eine Kaufmannslehre von der Pieke auf in Hannover bei der amerikanischen Firma Westinghouse, zu der ihm sein Schwiegervater verholfen hatte. Heute ist er dort Geschäftsführer. Seine Frau Uta arbeitete als Redakteurin an hannoverschen Zeitungen, richtete für das Auswärtige Amt Botschaften ein und ist Inhaberin und Geschäftsführerin einer Exportfirma, deren Teilhaber und Geschäftsführer ihr Sohn Konrad in Hamburg geworden ist. Sie schreibt weiter Artikel und auch Bücher.

Dem SS-Mann Schwarz van Berk gelang die Flucht aus einem Lager, er besuchte mich in München als Illegaler unter falschem Namen, wurde später wieder legal und arbeitete in einer Werbeagentur. Der begabteste Journalist der NS-Zeit – ein Gegner von Goebbels – hat nie wieder versucht, in eine Redaktion zu kommen. Er starb in den sechziger Jahren. Jutta Sorge-Cords lebt in Amerika, Charlotte Schulenburg in München. Sie hat bereits elf Enkelkinder. Willi Bürklin geriet nicht mehr in Gefangenschaft, er wurde Leiter einer Weinvertriebsgesellschaft und starb 1968 an den Spätfolgen seiner Verwundungen. Konrad Zweigert wurde Richter am Bundesverfassungsgericht.

Rückblende X

Als ich 1948 nach München kam, gab es natürlich wieder einen neuen (und alten) Freundeskreis und auch Amouren. Ich liebe nach wie vor meinen Beruf, käme ich noch einmal auf die Welt, würde ich wieder Journalistin. Politisch bin ich heute linksliberal. Die rechten Rechten haben den Deutschen wenig Gutes gebracht. Die Linksextremen auch nichts. 1948 waren Begriffe wie DDR, Archipel Goulag und die Mauer noch unbekannt. Dennoch bin ich für die Aussöhnung mit dem Osten, seit ich in Rußland und Polen Stätten des Grauens gesehen habe. Und ich bin im Grunde optimistisch – auch wenn das Wirtschaftswunder an mir eher vorübergegangen ist. Ich besitze weder ein Haus noch ein Auto, keine Edelsteine, Nobelpelze und Aktien und schon gar kein Ferien-Zweithaus. Aber ich halte mich an die Devise meiner Eltern: wenig Geld, doch viele Gäste. So gibt es in meinem Ein-Zimmer-Appartement weiterhin Fêten (heute sagt man Partys), und wenn ich mich umschaue, stelle ich meist fest, daß ich mit Abstand die Älteste bin.

Ursula Kardorff
München, Herbst 1976

Abkürzungsverzeichnis

AA	Auswärtiges Amt
ADGB	Allgemeiner Deutscher Gewerkschaftsbund
BDM	Bund Deutscher Mädel
BT	Berliner Tageblatt
DAF	Deutsche Arbeitsfront
DAZ	Deutsche Allgemeine Zeitung
DNB	Deutsches Nachrichtenbüro
DNVP	Deutschnationale Volkspartei
DVP	Deutsche Volks-Partei
Flak	Flugzeugabwehrkanone
FZ	Frankfurter Zeitung
Gestapo	Geheime Staatspolizei
KDF	Kraft durch Freude
KPD	Kommunistische Partei Deutschlands
KZ	Konzentrationslager
MdR	Mitglied des Reichstags
NS	Nationalsozialismus
NSDAP	Nationalsozialistische Deutsche Arbeiterpartei
NSV	Nationalsozialistische Volkswohlfahrt
OKH	Oberkommando des Heeres
OKL	Oberkommando der Luftwaffe
OKW	Oberkommando der Wehrmacht
O.T.	Organisation Todt
PG	Parteigenosse
PK	Propagandakompanie
SA	Sturmabteilung
SD	Sicherheitsdienst
SS	Schutzstaffel
SPD	Sozialdemokratische Partei Deutschlands
UFA	Universum Film AG
WHW	Winterhilfswerk
ZBV	Zur besonderen Verwendung

Bildquellen

Erna Bähr: Frau Eva-Maria Bram, Frankfurt am Main
Adelheid von Veltheim: Adelheid von Veltheim, Bonn

Alle übrigen Fotos aus dem Nachlaß Ursula von Kardorff, Institut für Zeitgeschichte, München ED 348.

Namenregister

Die *kursiv* gesetzten Seitenangaben verweisen auf biografische Angaben zur Person in den Fußnoten.

Zeitzeugnisse

Günther Anders
Tagebücher und Gedichte
1985. VIII, 394 Seiten. Broschiert

Else R. Behrend-Rosenfeld
Ich stand nicht allein
Leben einer Jüdin in Deutschland 1933–1944
Mit einem Nachwort von Marita Krauss
1988. 270 Seiten. Paperback
Beck'sche Reihe Band 351

Christabel Bielenberg
Als ich Deutsche war 1934–1945
Autorisierte deutsche Fassung von Christian Spiel
Nachdruck der 5. Auflage. 1991. 320 Seiten. Paperback
Beck'sche Reihe Band 326

Adam Czerniaków
Im Warschauer Getto
Das Tagebuch des Adam Czerniaków 1939–1942
Mit einem Vorwort von Israel Gutmann. Aus dem Polnischen übertragen von Silke Lent. Übertragung des Vorworts aus dem Hebräischen von Wolfgang Lotz
1986. XXVI, 303 Seiten. Gebunden

Alfred Heller
Dr. Seligmanns Auswanderung
Der schwierige Weg nach Israel
1990. 354 Seiten, 2 Abbildungen. Paperback
Beck'sche Reihe Band 414

Verlag C.H. Beck München